A CIÊNCIA E A FILOSOFIA DOS MODERNOS

FUNDAÇÃO EDITORA DA UNESP

Presidente do Conselho Curador
Herman Jacobus Cornelis Voorwald

Diretor-Presidente
José Castilho Marques Neto

Editor-Executivo
Jézio Hernani Bomfim Gutierre

Conselho Editorial Acadêmico
Alberto Tsuyoshi Ikeda
Célia Aparecida Ferreira Tolentino
Eda Maria Góes
Elisabeth Criscuolo Urbinati
Ildeberto Muniz de Almeida
Luiz Gonzaga Marchezan
Nilson Ghirardello
Paulo César Corrêa Borges
Sérgio Vicente Motta
Vicente Pleitez

Editores-Assistentes
Anderson Nobara
Henrique Zanardi
Jorge Pereira Filho

PAOLO ROSSI

A CIÊNCIA E A FILOSOFIA DOS MODERNOS

ASPECTOS DA REVOLUÇÃO CIENTÍFICA

Tradução de
Álvaro Lorencini

Copyright © 1989 by Bollati Boringhieri editore s.p.a.
Título original em Italiano: *La scienza e la filosofia dei moderni:
Aspetti della Rivoluzione scientifica*

Copyright © 1992 da tradução brasileira:
Editora UNESP da Fundação para o Desenvolvimento
da Universidade Estadual Paulista (FUNDUNESP).

Praça da Sé, 108
01001-900 - São Paulo - SP
Tel.: (0xx11) 3242-7171
Fax: (0xx11) 3242-7172
www.editoraunesp.com.br
www.livrariaunesp.com.br
feu@editora.unesp.br

Dados Internacionais de Catalogação na Publicação (CIP)
(Câmara Brasileira do Livro, SP, Brasil)

Rossi, Paolo, 1923-
R741c   A ciência e a filosofia dos modernos: aspectos da Revolução Científica / Paolo Rossi; tradução Álvaro Lorencini. - São Paulo: Editora UNESP, 1992. - (Biblioteca básica)

Bibliografia.
ISBN 85-7139-028-2

1. Ciência e civilização 2. Ciência - Filosofia 3. Ciência - História I. Título. II. Título: Aspectos da Revolução Científica. III. Série.

92-1976   CDD-509.3

Índices para catálogo sistemático:
1. Ciência: História moderna   509.03
2. Revolução Científica: História moderna   509.03

Editora afiliada:

SUMÁRIO

9   Nota prévia

13   Introdução
O processo de Galileu no século XX

27   Primeiro capítulo
Sobre o declínio da astrologia nos inícios da Idade Moderna

A astrologia: uma lei universal da natureza   Astrologia
e heliocentrismo   O céu vivo   Uma mistura híbrida de ciência
e religião   Um texto de Shakespeare e outro de Bacon

49   Segundo capítulo
Leonardo e a aurora da ciência

59   Terceiro capítulo
Bacon e a Bíblia

A profecia de Daniel   Aristóteles como anticristo   O retorno aos
Textos Sagrados   A recusa do exemplarismo   A ciência não é
mefistofélica   A redenção pelas obras   O mundo não é a imagem
de Deus   Um processo de secularização

87   Quarto capítulo
Galileu Galilei e o Livro dos Salmos

A límpida razão e a túrbida magia   Intervenções da censura   A carta
a Castelli   Os filósofos naturais intérpretes das Escrituras   O livro

divino da natureza   A diferença entre opinião e demonstração
Hermenêutica bíblica na carta a Dini   A Bíblia contém a verdade
copernicana   Conformar as passagens sagradas às doutrinas
naturais novas   A límpida razão e a túrbida magia: o contexto
A carta a Cristina   Um terreno minado

119 Quinto capítulo
Os aristotélicos e os modernos: as hipóteses e a natureza

O mito da continuidade O universo de Zabarella Objetos naturais e
objetos artificiais   O mecanicismo e os modelos artificiais   A crise
da distribuição das competências   Ordem natural e ordem
artificial   A experiência e os experimentos   A invencibilidade do
método   O radicalismo dos modernos   Oportunismo sem
escrúpulos

153 Sexto capítulo
Bacon e Galileu: os ventos, as marés, as hipóteses da Astronomia

O Bacon dos manuais e a revolução copernicana   Os contactos
entre Bacon e Galileu   As marés e a recusa dos influxos lunares
Os ventos constantes e o voo dos pássaros   Mundos subjetivos
e mundo objetivo   Hipoteticismo e realismo   Por que Bacon refuta
Copérnico?   Bacon contra Galileu: entusiasmos e desilusões
A natureza como selva e a natureza como livro   Juízos divergentes
sobre as 'antecipações'   Ciências galileanas e ciências baconianas

213 Sétimo capítulo
A pluralidade dos mundos e o fim do antropocentrismo

A astrobiologia e a desordem cósmica   Cinco teses cosmológicas
revolucionárias   Ciência e ficção científica: o Sonho de Kepler
O lugar pior e mais distante dos céus   O antropocentrismo de Kepler
Os astros são terras habitadas   Declínio e fim do antropocentrismo
As conjecturas verossímeis: o *Cosmotheoros* de Huygens
Conclusões

265 Oitavo capítulo
Línguas artificiais, classificações, nomenclaturas

Premissas   Tradições, problemas, termos   A língua universal: uma
multiplicidade de projetos   A língua universal: Wilkins e Dalgarno
Uma imensa quantidade de plantas: os lembretes para a memória

A CIÊNCIA E A FILOSOFIA DOS MODERNOS

Regras demasiado inflexíveis para a natureza   Nomear equivale a conhecer   Contra os sistemas: o convencionalismo   Nomenclaturas botânicas e simbologia química   A lanterna mágica de Foucault

333 Nono capítulo
Os crustáceos e os vulcões: ordem e desordem no mundo

O problema de um 'geólogo' newtoniano   Grandes alternativas   Os dias da criação e as épocas da natureza   A negação do Caos   A ordem do mundo   As regras da ordem: os fatos e as hipóteses   Os milagres, a ciência, as catástrofes   Um 'naturalíssimo sistema'

365 Bibliografia

381 Fontes

383 Índice remissivo

NOTA PRÉVIA

Os ensaios que compõem os capítulos deste livro procuram esclarecer, de ângulos diferentes e num período de tempo que vai da metade do século XV à metade do século XVIII, alguns temas que têm uma importância central na chamada Revolução Científica: o declínio do mundo mágico e da tradição hermética; as estreitas conexões entre o nascimento da nova ciência e os problemas da teologia; as discussões de física e de cosmologia que acompanharam e determinaram o fim da visão aristotélico-ptolomaica do Universo; a disputa sobre a infinitude e a habitabilidade dos mundos e sobre a posição do homem no cosmos; o problema das classificações naturais e a formação de uma linguagem rigorosa na botânica, na zoologia, na química; as grandes alternativas presentes na discussão sobre a história da Terra e o peso exercido sobre elas pelas perspectivas cartesiana e newtoniana.

A maior parte dos ensaios foi escrita entre 1965 e 1969 e recolhida no volume *Aspetti della Rivoluzione scientifica*, Morano, Nápoles, 1971. Solicitada uma nova edição, submeti-os a uma reescritura que compreende, além de um rigoroso repolimento, numerosas integrações e referências a uma série de estudos publicados posteriormente ao aparecimento daquele livro. Eliminei dois apêndices e dois ensaios: um 'perfil' de Galileu Galilei e um capítulo sobre Thomas Burnet que, nesse ínterim, tinha sido inserido, com as mudanças oportunas, no volume *I segni del tempo: storia della Terra e storia delle Nazioni da Hooke a Vico*, Feltrinelli, Milão, 1979. Acrescentei quatro ensaios, escritos ao longo dos últimos dez anos, sobre Leonardo, sobre Galileu e o texto bíblico, sobre o conflito entre os modernos e os aristotélicos, sobre o geólogo newtoniano Anton Lazzaro Moro.

Preferi não tocar no texto da *Introdução* que foi escrita nos últimos meses de 1969. Como já adverti em 1971, o título e o texto dessa introdução tinham intenções claramente polêmicas. Não se dirigiam certamente à comunidade dos historiadores da filosofia, das ideias ou da ciência, mas principalmente contra aqueles literatos e jornalistas, filósofos improvisados, epistemólogos de fim de semana, cientistas aposentados que estavam interessados sobretudo em apresentar a um grande público uma imagem totalmente negativa da ciência e da sociedade industrial, e que estavam também convencidos de que tal operação ofereceria uma contribuição decisiva não apenas à 'realização na práxis' de suas nem sempre inocentes fantasias, mas também ao advento de uma iminente e purificadora revolução das massas.

Hoje eu eliminaria ou então reformularia de maneira muito diferente as referências a *Krisis* de Edmund Husserl, sobretudo, aquelas páginas que contêm juízos não totalmente aceitáveis (como observa com grande cortesia Sofia Vanni Rovighi, que escreveu um livro importante sobre o eminente filósofo). Mas tive presente duas coisas: o atual e impetuoso renascimento de um clima 'idealístico' e a ampla penetração na cultura italiana e nos meios de comunicação de massa da mensagem anticientífica e antimoderna, proclamada aos berros na época, e principalmente por causa dessa potência vocal, tão forte e tão penetrante. As tradicionais propensões itálicas para uma cultura exclusivamente retórico-literária contribuíram fortemente para a ampla difusão dessa mensagem, enormemente amplificada por redatores de jornais e semanários que tendem a apresentar todo livro recente como 'o surgimento de um novo modo de pensar' e dificilmente resistem ao prazer insano de 'ver a casa cair'.

A CIÊNCIA E A FILOSOFIA DOS MODERNOS

Uma cultura que concebe as mudanças de paradigma como processos que se efetuam da noite para o dia e na qual o Tempo assiste a 'partos masculinos' a cada vinte e quatro horas, para os homens da minha geração (pior ainda se forem historiadores de profissão), cria sérios problemas de adaptação. Jamais pude compreender como foi possível aceitar como excitantes novidades as apressadas ruminações, efetuadas nos anos sessenta e setenta, dos temas característicos do anticientificismo do início do século XX. Mas já que esses temas encontram ainda amplo espaço, reforçando aquelas tendências, preferi reapresentar essas páginas na sua forma original.

A edição anterior do livro era dedicada à memória de Antonio Banfi, um dos poucos mestres autênticos da filosofia italiana do século XX, com quem tive a sorte de trabalhar, muitos anos atrás. Banfi, aluno de Husserl e de Simmel, jamais compartilhou das teses do cientificismo positivista ou neopositivista. Nos anos entre as duas guerras, jamais acreditou que a 'crise' da cultura europeia pudesse ser abafada recorrendo às fórmulas crocianas ou à mística gentiliana do 'pensamento pensante'. Nos anos do após-guerra, não teve qualquer simpatia pelas liquidantes teses de Lukács sobre o irracionalismo. Com todas as limitações que lhe eram próprias, com todas as incertezas e os dogmatismos que caracterizavam o marxismo daqueles anos, tomou para si a antiga e infeliz batalha dos iluministas lombardos para uma renovação das linhas de fundo e das estruturas da cultura italiana. Justamente em 1930, num período em que a maioria dos filósofos italianos se abandonava a uma orgia de retórica espiritualista, Banfi publicou um livro sobre Galileu que, ao contrário de muitos outros publicados em anos mais recentes, pode ser lido ainda hoje com notável proveito. Nesse livro, no que diz respeito a Galileu e seu significado para a modernidade, Banfi chegava a conclusões radicalmente diversas daquelas a que deveria chegar, cinco anos depois, numa célebre conferência, o seu amado e jamais renegado mestre Husserl.

Entre as muitas heranças de 1968, uma sem dúvida é aquela capilar difusão de fortes doses de trivialidade linguística e de agressividade intelectual. Embora em zonas marginais da filosofia italiana, estas dimensões nem sempre apreciáveis do espírito voltaram à tona recentemente (no discurso trôpego de alguns 'gloriosos sobreviventes'), com referência específica à obra de Antonio Banfi. É por isso que, a uma distância de quase vinte anos, renovo com prazer ainda maior a dedicatória daquela época: 'com o sentimento de uma dívida profunda que cresce com o transcorrer dos anos'.

Paolo Rossi
Universidade de Florença,
junho de 1988.

INTRODUÇÃO

O processo de Galileu no século XX

1. 'Nasce a ciência, desaparece o pensamento'. Nesta forma, a expressão é de Heidegger, mas as variações em torno deste tema, na cultura contemporânea, são quase infinitas. 'A ciência não tem nenhuma consciência de si', 'a aspiração à verdade não está nas ciências naturais', 'da ciência não se pode esperar nenhum despertar do espírito', 'o industrialismo reifica as almas', 'a máquina é a *ratio* estranhada'. Poderíamos continuar, citando autores diversos, por páginas e páginas. Entre filósofos e ensaístas, literatos e cultores de ciências humanas, teóricos da Recusa e partidários da Ação, voltaram à moda hoje todos os ingredientes da revolta neorromântica do início do século contra a ciência.

A recusa de todo tipo de conhecimento científico e racional do mundo juntou-se a um apaixonado requisitório contra a modernidade: daí nasceram uma identificação da modernidade com o diabólico, o vulgar, o absolutamente negativo; uma reivindicação da subjetividade como lugar de salvação; um profetismo vago, ameaçador e moralístico, incapaz de previsões. O lugar de uma análise dos componentes históricos reais do mundo da ciência, da técnica e da indústria, o lugar de um discurso sobre as relações objetivas entre os homens e suas articulações e as estruturas da sociedade, foram sendo ocupados por um discurso filosófico global que – segundo a perigosa tradição filosófica do espiritualismo – não opera distinções, não conhece a historicidade, mas fala 'em geral' da ciência, da técnica e da indústria. E, *em geral*, elas constituem o mundo da alienação e do estranhamento. A racionalidade, e não uma estrutura particular da sociedade, torna-se o lugar originário da crise.

Foi-se formando lentamente uma espécie de base teórica e cultural comum sobre a qual se superpõem – de maneira diversa e muitas vezes mal-misturados – temas e motivos tratados indiferentemente por Kierkegaard e pelo jovem Marx, por Nietzsche e por Freud, por Heidegger e por Tillich, pelo último Husserl e por Adorno. Um heideggerismo tardio que veste com frequência as roupas do marxismo, um obscurantismo anticientífico disfarçado de pensamento revolucionário: esse parece ser o parto, na verdade não masculino, do nosso tempo.

2. Na conferência de 1933 sobre a *Questão da técnica*, Heidegger chegou a conclusões claríssimas. A ciência 'reifica as coisas em objetualidade e falsifica o Ser'. A τέχνη grega liga-se à ποίησις e à ἐπιστήμη, termos que designam 'o poder encontrar-se em alguma coisa, e o poder reconhecer-se nela'. Por conseguinte, a técnica, no mundo antigo, não *fabrica*, mas *revela*, dirigindo as coisas 'para a realização de sua plenitude'. Mediante a τέχνη, sai do esquecimento, por obra do homem, a história do Ser. A técnica do mundo moderno tem características opostas: é violência exercida sobre o Ser pelo existente, uma violência que 'provoca para produzir', que obscurece o mundo em lugar de 'despertá-lo para a aurora da verdade'. O homem moderno é um ser 'insurreicional': no assassinato de Deus, a metafísica e a tomada do poder por parte da técnica encontram a sua realização.

Escravidão, opressão, exploração, desumanização não dependem da organização da sociedade, do uso da ciência e da técnica, da propriedade dos meios de produção, da hierarquia dos valores que nasce sobre a base das relações entre os homens, mas estão irremediavelmente ligados ao empreendimento, diabólico e prometeico, de uma conquista e uma sujeição do mundo natural. O *Eclipse da razão* de Horkheimer é de 1947, mas as conclusões não são diferentes: "No domínio sobre a natureza" – escreve o sociólogo de Frankfurt – "está incluído o domínio sobre o homem." Por outro lado, a ciência moderna identifica-se com uma forma de imperialismo, nasce e se desenvolve por um ímpio desejo de domínio, *seus métodos e suas categorias* são fruto da pecaminosa insaciabilidade da espécie humana, são produtos da luta do homem contra o homem, da vontade prepotente: "A natureza é objeto de uma exploração total (...) a sede de poder do homem é insaciável. O domínio da raça humana sobre a terra não encontra paralelos naquelas épocas da história natural em que outras espécies animais representavam as mais altas formas de vida, já que os apetites daquelas raças animais eram limitados pela necessidade de sua existência física. O desejo insaciável do homem de estender o seu poder para dois infinitos, o microcosmo e o Universo, não tem raízes na sua natureza, mas na estrutura da sociedade (...) A luta contínua do homem contra o homem explica a insaciabilidade da espécie, as atitudes práticas que são sua consequência e também as categorias e os métodos do saber científico."

3. A este clima de cultura estão relacionados, para entender o seu sentido, muitos dos discursos contemporâneos sobre as origens da ciência moderna, sobre o significado e o valor daquela Revolução Científica que permanece, para o bem e para o mal, nas raízes da civilização moderna. Se a fetichização da ciência está ligada ao empreendimento científico como tal, se a ciência é aquilo que aliena e desumaniza o homem, se a 'teoria' tem por si mesma uma função coisificante e reificante, se as raízes de uma sociedade desumana não dependem da sua organização capitalística, mas da ciência 'em geral', se o trabalho é uma maldição que perpetua a estrutura repressiva da sociedade; então, é claro que aos chamados fundadores do pensamento moderno e aos maiores teóricos da Revolução Científica podem ser atribuídas responsabilidades precisas. É possível refazer o processo de Galileu, fazendo a este personagem acusações muito mais pesadas que as que lhe fizeram

os juízes da Santa Inquisição, e podemos renovar, nos confrontos do Lorde Chanceler, as acusações que em outros tempos lhe foram feitas por De Maistre e por Liebig.

Os textos que contêm os requisitórios mais importantes e articulados, pronunciados durante este processo, vieram à luz nos anos do fascismo e da guerra: entre 1935 e 1942. São a *Krisis* de Husserl e a *Dialektik der Aufklärung* de Horkheimer e Adorno.

Galileu, para Husserl, é o iniciador daquela crise que leva à dissolução da filosofia, à separação da ciência de seus fundamentos filosóficos, à recusa de todo problema acerca do sentido da existência humana. Galileu é o primeiro responsável por aquela 'ingenuidade' filosófica para a qual a ciência julga que 'o mundo objetivo' coincide 'com o universo de tudo aquilo que é'. Através da matematização e da quantificação da natureza, a ciência galileana substituiu a *Lebenswelt* cotidiana pelo universo científico, cindiu a razão da *humanitas* racional, deu lugar a um tipo de saber que é 'insciente de sua própria fundação'. O processo de matematização coincide com um 'esvaziamento de sentido' da realidade, é algo que se sobrepõe ao único mundo real que é 'o mundo-circunstante-da-vida'; a 'natureza idealizada' é desse modo identificada com 'a natureza intuitiva pré-científica'. O 'verdadeiro ser' é substituído por um método que permanece 'incompreensível e jamais compreendido' na sua natureza profunda. Para além das 'distorcidas interpretações' fornecidas pelos cientistas, o sentido 'originário e autêntico' das teorias físicas permanece desse modo 'oculto'. A ciência natural matemática tornou-se assim apenas 'uma maravilhosa técnica', a racionalidade de seus métodos e de suas teorias é apenas relativa, de tal modo que 'a revolução de Einstein (...) não reforma o espaço e o tempo dentro dos quais se desenvolve a nossa vida vivente'. O racionalismo 'descambou para naturalismo e objetivismo', da ciência moderna nasceu 'um racionalismo contraditório (...) incapaz até de apreender os problemas mais imediatos do espírito'. Da atitude 'objetivista' nasce, já na época antiga, o materialismo, ainda que Demócrito tenha sido recusado 'pelos espíritos maiores da filosofia'. A crise da Europa 'finca suas raízes

A CIÊNCIA E A FILOSOFIA DOS MODERNOS 17

num racionalismo errôneo' e a razão do iluminismo 'era um erro, embora compreensível'. A natureza, conclui Husserl, "na sua verdade científico-natural é apenas aparentemente autônoma, e apenas aparentemente pode ser conhecida racionalmente por si mesma através das ciências naturais. Já que a verdadeira natureza no sentido das ciências naturais é um produto do espírito que a interroga e pressupõe assim a ciência do espírito (...) É um erro da parte das ciências do espírito o fato de lutar pelo reconhecimento de uma paridade de direitos com as ciências da natureza. Como aquelas reconhecem nestas últimas objetividade e autonomia, caem por sua vez no objetivismo. E, com efeito, da maneira como agora se apresentam (...) são privadas daquela racionalidade última, real, que é própria da intuição espiritual do mundo (...) Somente se o espírito renunciar a uma atitude voltada para o exterior, somente se retornar a si e permanecer perto de si, ele pode dar razão de si próprio."

A matematização galileana da natureza, afirmam por seu lado Horkheimer e Adorno, 'reifica-se num processo automático'. A própria forma dedutiva da ciência 'reflete coação e hierarquia'; 'ao longo do caminho para a nova ciência, os homens renunciam ao significado'. A violenta polêmica contra o Iluminismo, 'que proclama impassível o domínio como cisão e a fratura entre sujeito e objeto', é acompanhada, como ocorria no pensamento reacionário do século XIX, pela imagem de um Bacon culpado pela degeneração da cultura e da sociedade europeia: "A estéril felicidade de conhecer é lasciva tanto para Bacon como para Lutero (...) O Iluminismo ignorou a exigência clássica de pensar o pensamento." Os autores da *Dialética do Iluminismo* substituíram a imagem do 'vulgar utilitarista' dos filósofos da Restauração pela imagem muito mais refinada, embora perfeitamente equivalente, do arauto de uma época em que 'o que importa não é a verdade mas a *operation*, o procedimento eficaz'. O saber proposto por Bacon e retomado pelos iluministas coincide com a instrumentalização total, está por trás dos processos de mercantilização da cultura, da sociedade industrial moderna, reino da 'alienação da tecnologia'.

Estas avaliações e estas diagnoses deram frutos abundantes, que certamente não devem ser procurados nas lamentações espiritualistas e estetizantes de um Bernanos na França ou de um Zolla na Itália, mas numa série de posições que têm notável relevância histórica e teórica. E convém começar por Karl Löwith, ambíguo crítico de Heidegger, partidário de um naturalismo que se reporta às antigas cosmologias, a Schopenhauer, a Nietzsche, e autor de uma célebre antologia na qual Kierkegaard é apresentado como o ponto de chegada do movimento intelectual e político da esquerda hegeliana. A ciência 'não poupa nada' e é 'uma potência que destrói a tradição'. Nasce, como queria Paul Valéry, de um irrefreável impulso para a curiosidade puramente objetiva. Produz aquele 'desencanto do mundo' que, infelizmente, 'condena à morte rituais mágicos, histórias gregas sobre deuses e histórias bíblicas'. O verbo *ser* 'não diz mais nada' e a antiga sabedoria da filosofia, de um lado, 'é superada pela engenhosidade das ciências da natureza' e, de outro, 'é ameaçada nos seus hábitos mais antigos e profundos pela análise da linguagem'. Como esclareceu Weber, não se pode trabalhar cientificamente sem esperar que outros nos ultrapassem no futuro. O progredir, o 'arrastar-se' próprio da ciência 'tende por princípio ao infinito, ou seja, ao sem fim, ao jamais terminado'. Por que, pergunta-se Löwith, devemos inserir-nos 'numa atividade que não tem qualquer perspectiva de término?' O lema da ciência moderna é o baconiano 'saber é poder', mas 'a ação racionalmente dirigida significa desencanto do mundo'. E Löwith volta-se, com nostalgia, para a natureza intacta e misteriosamente virgem dos gregos, ainda não alterada e violentada pela intervenção sem meta e sem sentido dos seres humanos. O primitivo não é o ser 'completamente oprimido pelas dificuldades da existência, pelas dificuldades da luta com a natureza' (como afirmava um conhecido adepto de Marx), mas sim um ser 'que conhece os seus instrumentos e o mundo que o circunda de maneira incomparavelmente superior à nossa'.

Essa mesma nostalgia, ainda que não acompanhada do vigor teórico que caracteriza as intervenções de Löwith, está presente no ensaio sobre a *Vida ativa* de Hannah Arendt, que vê na civilização moderna apenas 'uma progressiva sujeição do homem às condições de *animal laborans*'.

Um elemento de 'violação e violência está presente em toda fabricação'; o *homo faber*, como criador do mundo artificial humano, 'sempre foi um destruidor da natureza'; o trabalho é uma atividade 'na qual o homem não está com o mundo, nem com outras pessoas, mas sozinho com o seu próprio corpo'. Sobre essas bases, Arendt discute longamente o significado histórico de Descartes e de Galileu, o alcance político e cultural da Revolução Científica do século XVII. Mas duas coisas interessam sobretudo a esta discípula de Jaspers. A primeira é a expressão de uma nostalgia dos critérios sólidos e da verdade dos bons velhos tempos, quando o homem não tinha ainda tomado para si a responsabilidade de construir um mundo seu: "A atitude do *homo faber* (...) privou o homem artesão e construtor daqueles metros e medidas fixas e permanentes que, antes da Idade Moderna, sempre lhe serviram de guias no seu fazer e de critérios no seu julgamento." A segunda é reapresentar, só para simplificar: 'da direita', teses familiares aos leitores de Marcuse: os sindicatos, defendendo os interesses da classe trabalhadora, 'são responsáveis pela sua incorporação na sociedade moderna'; os partidos políticos da classe operária são 'partidos de interesse, de maneira nada diversa dos partidos que representam as outras classes sociais'.

Na discussão entrou também Arthur Koestler com um brilhante e bem documentado livro de história da ciência, que na realidade é uma das muitas expressões da revolta do humanismo 'metafísico' contra o trabalho, a técnica e a ciência. Singular interesse apresentam as sua páginas sobre Copérnico e o seu retrato de um Galileu 'sonâmbulo', 'um insolente e arrogante trapaceiro' que, servindo-se de 'expedientes ilusionistas', polemiza contra a visão plenamente aceitável da ciência anunciada e defendida pelo cardeal Roberto Bellarmino. O magnífico universo de Dante e de Milton, repetem Koestler e Burtt, foi revirado, o espaço agora se confundia com a geometria e o tempo com a continuidade numérica. Por culpa da ciência desapareceu o mundo em que os homens tinham acreditado viver, rico de cores, de sons e de perfumes, pleno de alegria, de amor e de beleza, onde tudo falava dos fins últimos e de harmonia. Esse mundo a ciência substitui por um mundo duro, frio, incolor, silencioso, um mundo da quantidade e do movimento matematicamente calculável. O homem universal do Renascimento ficou em pedaços: "A arte perdeu a sua inspiração mitológica, a ciência a sua inspiração mística e o homem tornou-se surdo à harmonia das esferas." A ciência nasce dessa 'progressiva dissecação espiritual' (*progressive spiritual dessication*); é ao mesmo tempo o signo e a causa de um 'refluxo espiritual sem precedentes'. Expressões paralelas e em tudo equivalentes a esta dissecação e refluxo são para Koestler (mas precisava dizer?) as 'ideologias científicas' da Alemanha nazista e da Rússia soviética.

Nas páginas de Arendt (que é também uma jornalista de alto nível) e de Koestler (que é também um notável escritor), a 'crítica à ciência' de Husserl e de Heidegger, de Horkheimer e de Adorno, transforma-se num desfile de lugares comuns, capazes sobretudo de atingir a imaginação dos numerosos leitores que não têm muita familiaridade com os textos maiores da filosofia contemporânea. Mas, na história das ideias, a difusão destas é um problema de não pouca relevância e um dado a ser tomado na devida consideração. Por essa razão, não será inoportuno recordar o livro *La crise du monde moderne*, que René Guénon publicou em 1946 e que teve até hoje umas vinte edições. Um defensor do ocultismo e de um orientalismo misticizante apresenta aqui, levando-as à exacerbação, teses bem-conhecidas e familiares. Quais são os caracteres mais salientes e visíveis do mundo moderno? A 'necessidade de agitação incessante e de mudança contínua'; a 'dispersão numa multiplicidade não mais unificada'; a 'análise levada ao extremo'; a 'fragmentação indefinida'; a 'desagregação de todas as atividades humanas'; a 'não aptidão à síntese e a impossibilidade de qualquer concentração'.

O livro de Guénon tem o mérito que têm as caricaturas: o de fazer-nos descobrir de repente os traços salientes e disformes de um rosto que nos é familiar. Mas um mérito indubitável deverá também ser reconhecido nas páginas que Arendt e Koestler dedicaram ao significado da ciência na Idade Moderna: o de haver repetido, com a clareza que é própria dos bons jornalistas e a independência que é característica dos bons romancistas, algumas teses que, de forma muito mais refinada, embora literariamente menos sedutoras, tinham formulado, anos antes deles, alguns dos maiores teóricos da 'teoria crítica da sociedade'.

4. Mas não se trata apenas disso. A temática heideggeriana condicionou fortemente o desenvolvimento do chamado 'marxismo ocidental', fundiu-se com algumas teses presentes em *História e consciência de classe*, exerceu uma influência decisiva sobre todo o discurso de Sartre e aflora de maneira variada no discurso de muitos filósofos marxistas contemporâneos. Karel Kosik, para dar um exemplo, tem certamente razão ao polemizar contra aquelas formas de cientificismo que são apenas 'produtos complementares' das várias tendências irracionalistas, e tem ainda razão ao sublinhar que o racionalismo dos empiristas lógicos "estimula a reação irracionalística pelo próprio fato de excluir a possibilidade de conhecer racionalmente vastos campos da realidade", que são desse modo abandonados à metafísica e à mitologia; mas tem certamente menores argumentos para chegar a demonstrar, como parece pretender, que a 'onda do irracionalismo' foi suscitada ou provocada na Europa 'pelo racionalismo dos séculos XVII e XVIII'.

Fazendo uso de um método já experimentado na *Dialética do Iluminismo*, Kosik *faz recair nos revolucionários a responsabilidade pela reação*. O irracionalismo do século XIX e do século XX não é para Kosik expressão de uma sociedade determinada, mas um 'produto da razão independente do homem cartesiano', que teria gerado conjuntamente a racionalização e o irracionalismo. As 'forças irracionais' diante das quais se encontra o indivíduo não são nem expressão da natureza nem produtos de uma organização social, mas algo que foi 'criado' pela razão racionalista. A redução da ciência à 'prática reificada', a sua progressiva instrumentalização e tecnicização, não dependem do modo de produção capitalista ou da cisão entre trabalho manual e trabalho intelectual, mas são *internas à ciência*, dependem da própria ciência, são consequência direta de seus métodos, de seus modelos teóricos, de suas estruturas lógicas. "A realidade humana se divide, prática e teoricamente, no campo da *ratio*, ou seja, no mundo da racionalização, dos meios, da técnica, da eficácia, e no campo dos valores e das significações humanas, que, de maneira paradoxal, tornam-se domínio do irracionalismo." De que depende, numa sociedade científica e tecnológica, esta cisão? Esta ausência de discussão sobre os fins? Esta divisão entre o mundo da manipulação e o da liberdade? De que depende a ausência de valores e a malograda interrogação sobre os valores? Kosik não tem dúvidas: as causas não devem ser procuradas na sociedade e nas relações sociais, mas na 'eficácia' e na 'utilidade', no 'processo puramente intelectual da ciência que transforma o homem numa unidade abstrata', na 'pretensão do homem em compreender a si próprio abstraindo a própria subjetividade', na matematização, na quantificação, na 'razão' tal como foi concebida por Bacon e Descartes, por Galileu e pelos autores da *Encyclopédie*.

Diante do discurso de Ernst Bloch, que falou de 'caráter prevalentemente matemático-quantitativo' e de 'um elemento de relativa exterioridade' presente na mediação homem-natureza, posta em ação pela técnica moderna; que protestou também contra 'a prepotência da natureza' imaginando o socialismo como uma superação tanto da fruição da natureza como da 'virgindade natural'; diante das páginas de *Das Prinzip Hoffnung*, nas quais Bloch 'flerta com uma objetiva não conclusividade das leis naturais', projetando 'correspondências cosmogônicas' da passagem marxiana da 'pré-história' para a 'história' do homem, Alfred Schmidt reivindicou com justa energia o caráter 'materialista' do pensamento de Marx. Marx 'não crê na completa conciliação entre sujeito e objeto', e se é verdade que o 'novo materialismo' de que fala nas *Teses* não considera mais a realidade 'sob a forma do objeto' mas do ponto de vista da práxis transformadora, também é verdade que a realidade, "justamente porque é mediada pelo homem, permanece um mundo objetivo existente em si; a indelével linha de demarcação entre sujeito e objeto do trabalho, para Marx, é também o limite que divide sujeito e objeto do conhecimento".

Schmidt lembra, muito oportunamente, vários textos de Marx sobre os quais costuma-se hoje passar apressadamente, em particular uma passagem do primeiro livro de O Capital: "O processo do trabalho (...) é atividade conforme a um escopo para a produção de valores de uso, apropriação dos elementos naturais pelas necessidades humanas; condição geral para o intercâmbio entre homem e natureza; condição natural eterna da vida humana; independente, portanto, de toda forma social de tal vida, sendo comum igualmente a todas as formas de sociedade da vida humana." Schmidt toca numa série de pontos decisivos e suas páginas contêm indicações de caráter geral que vão muito além de uma polêmica com Bloch e podem valer para muitas das posições até aqui consideradas e para todas as filosofias que tendem a liberar-se das responsabilidades de uma crise histórica, projetando-a na distância de uma crise cósmica: "Não há caminho que reconduza às *qualitates occultae* (...) quando Bloch critica o abstracionista da concepção da natureza própria do mundo moderno, ele, sem perceber, repropõe uma imagem da natureza de tipo pré-científico e 'qualitativo' que, no fundo, é característica da concepção mágica e animista do mundo."

O animismo, à magia, à cabala, a Jakob Boehme e a William Blake, ao misticismo tibetano e à alquimia chegam também aqueles autores – cujo representante mais insigne e característico é Norman Brown – que procuraram diluir a dura mensagem de Freud no caldo de uma mística da anulação total, onde se assistiria a uma 'elevação da história ao mistério', à passagem da realidade à 'realidade como jogo' e, enfim, ao 'silêncio do darma'. É difícil encontrar, nos primeiros trinta anos deste século, uma 'defesa' da razão e da ciência que tenha a amarga e angustiada lucidez das páginas escritas por Freud em 1927, justamente o ano da publicação de Sein und Zeit. O nosso deus, que é o λόγος e a razão, – escrevia Freud – talvez não seja muito poderoso e só possa realizar uma pequena parte daquilo que seus predecessores prometeram. Estamos dispostos a reconhecer esse fato, a aceitá-lo com resignação, e isso não será suficiente para eliminar nosso interesse pelo mundo e pela vida: "Cremos que o trabalho científico pode aprender algo sobre a realidade do Universo e que, mediante isso, podemos aumentar nosso poder e organizar nossa vida (...) A ciência tem muitos inimigos declarados e um número muito maior de inimigos ocultos que não podem perdoá-la por haver enfraquecido a fé religiosa e ameaçado abatê-la. Reprovam-na por ter-nos ensinado pouco e ter deixado na obscuridade um número incomparavelmente maior de coisas. Mas esquece-se o quanto ela é jovem, como foram fatigantes os seus inícios e como é infinitamente pequeno o lapso de tempo transcorrido desde o momento em que o intelecto humano tornou-se suficientemente forte para enfrentar as tarefas a que se propõe (...) Não, a ciência não é uma ilusão. Ilusão, ao contrário, seria acreditar poder encontrar em outra parte aquilo que ela não nos pode dar." Quem não sofre de neurose – escreveu ele naquelas mesmas páginas a propósito da 'ilusão' religiosa – 'não tem necessidade de intoxicar-se para acalmá-la'. Percebendo o caráter ilusório da religião, "o homem certamente se encontrará numa situação difícil, deverá reconhecer sua fatal e solitária impotência, sua insignificância: não mais será o ponto central da criação, nem o objeto dos cuidados de uma benévola providência. Estará na mesma situação de uma criança que deixou a casa paterna onde se encontrava tão protegido e tão confortável. Mas por acaso não é verdade que o estágio da infância destina-se a ser superado? O homem não pode permanecer criança para sempre, deve finalmente aventurar-se na 'vida hostil'. Esta pode chamar-se 'educação para a realidade': será que preciso dizer que a minha intenção aqui é chamar a atenção sobre a necessidade de dar este passo adiante?" Se a ilusão religiosa for desacreditada, então parece que o Universo "desaba com ela e não resta outra coisa a não ser desesperar de tudo, da civilização e do futuro da humanidade. Desta escravidão, eu estou, nós estamos, livres. Já que estamos prontos a renunciar a uma boa parte de nossos desejos

A CIÊNCIA E A FILOSOFIA DOS MODERNOS

infantis, podemos também suportar que algumas de nossas expectativas se revelem como sendo ilusões". Podemos continuar repetindo que o intelecto humano "é sem força comparado à vida dos instintos e podemos ter razão nisso. Mas existe algo de particular nessa fraqueza: a voz do intelecto é baixa, mas não cala até encontrar ouvidos. No fim, após inúmeras e repetidas recusas, ela os encontra. Esse é um dos poucos pontos sobre os quais se pode ser otimista quanto ao futuro da humanidade, mas não é um ponto de pouca importância".

Não foi certamente por acaso que sobre estas afirmações de Freud muitos filósofos e cultores da psicanálise preferiram estender um véu piedoso. Na atmosfera característica da cultura da primeira metade do século, estas páginas deviam parecer um puro e simples 'resíduo do otimismo e do racionalismo setecentista', se não a prova absoluta de 'uma atitude acrítica de Freud', nos confrontos do intelecto com a ciência. Freud, em outros termos, teve o grave defeito de não ter sido aquele irracionalista e aquele místico que alguns de seus adeptos queriam e desejariam que fosse. Por isso, Brown, ao sublinhar como a psicanálise pode ser utilizada para 'um ataque à grande deusa da Ciência', culpa-o por não ter identificado história e doença, por não ter visto na psicanálise 'uma via de liberação da eterna insatisfação faustiana, uma via de liberação da eterna neurose humana e da história'. Freud, em outros termos, – isto lhe é censurado – não soube projetar a imagem de um homem que "comece a viver em vez de criar história, a gozar em vez de saldar velhos débitos, a entrar naquele estágio do Ser que é a meta do seu devenir".

Uma dupla operação foi levada até seus pontos extremos: Marx foi 'libertado' do seu materialismo, Freud do seu racionalismo. Esta operação – sobretudo ela talvez – também alimentou a revolta contra a ciência e o intelecto desta primeira metade do século. De qualquer modo, no decorrer do longo 'processo de Galileu', que caracterizou grande parte da cultura do século XX, Jakob Boehme, Roberto Bellarmino e Paracelso, os magos, os alquimistas e os feiticeiros foram ocupar o lugar de Bacon, de Galileu, de Diderot.

Tornaram-se os novos 'heróis do pensamento' e os símbolos da modernidade. Mas a crítica 'global' da técnica e da indústria moderna que se dilui numa recusa da ciência e do intelecto não tem em si nada de revolucionário. Representa apenas o ressurgimento na cultura europeia dos velhos temas do arcaísmo, da nostalgia do nada, da tentação do não humano. Não a religião como ilusão, mas a *ciência como ilusão*: a revolta contra a razão tornou-se o triunfo do instinto de morte. Essa recusa é apenas o signo de um desejo de autodestruição, de um impulso cego para eliminar a própria história, de uma fuga das escolhas e das responsabilidades do mundo real.

Universidade de Florença, 1969-70.

PRIMEIRO CAPÍTULO

SOBRE O DECLÍNIO DA ASTROLOGIA NOS INÍCIOS DA IDADE MODERNA

A astrologia: uma lei universal da natureza

Num ensaio publicado na revista *Isis*, em 1955, Lynn Thorndike formulou uma tese muito importante sobre a função exercida pela astrologia na cultura europeia desde a época clássica até a revolução newtoniana. No período anterior a Newton, isto é, antes da determinação exata da lei de gravitação universal, foi geralmente aceita e reconhecida outra 'lei universal da natureza' – precisamente a astrologia – destinada a ser suplantada e substituída pela descoberta newtoniana. A astrologia e o aristotelismo concordavam de fato em conceber: 1. que o céu e os corpos celestes eram inalteráveis e imutáveis; 2. que o seu movimento era eterno, circular e perfeito; 3. que existia uma 'quinta-essência' superior, distinta do 'mundo inferior' da terra e seus elementos; 4. que neste mundo inferior prevaleciam os processos de geração, alteração e decomposição, como as mudanças das estações, os movimentos geológicos, o nascimento e a morte das plantas e dos animais.[1]

No âmbito do 'sistema' astrológico todos esses movimentos e processos correspondem aos movimentos e às posições dos corpos celestes. Estes últimos, eternos e imutáveis, não são afetados pelo

---

1. Thorndike (1955), p. 273-78.

seu próprio movimento nem pela sua própria luz: seu movimento e sua luz agem sobre o mundo dos elementos determinando os fenômenos meteorológicos, as marés, as gerações, etc. As 'coisas inferiores' são governadas pelas 'coisas superiores'. Para além das causas próximas de origem terrestre, a astrologia pesquisa a ação dos corpos celestes, que são, em todo caso, a causa remota e primária de todos os eventos. Deste ponto de vista, as 'genituras' são apenas um setor particular ou aplicativo da astrologia: sua validade – como no caso da medicina astrológica – está ligada ao pressuposto de que todo o mundo natural seja governado e dirigido pelo movimento celeste e que o homem, enquanto ser natural, esteja sujeito às regras e às leis que governam o mundo superior.

A contraposição astrologia-ciência moderna, segundo Thorndike, não nasce portanto nem no terreno da 'descoberta' de uma lei universal da natureza (ou da concepção da natureza como um 'todo' sujeito a leis imutáveis) nem, muito menos, no terreno metodológico de uma aplicação da matemática às indagações sobre a natureza (aplicação que, sublinha ele, está *amplamente presente* na tradição astrológica). O fim da astrologia, que não era uma forma de superstição, mas uma coerente e orgânica visão do mundo, foi determinado pela gradual obliteração da distinção entre céu e terra que se verificou no curso dos séculos XVI e XVII e, enfim, pela radical destruição, operada por Newton, de qualquer diferença entre o mundo superior dos corpos celestes e o mundo inferior dos elementos.

Estas teses de Thorndike (formuladas, em muitos casos, com clareza muito menor) são compartilhadas por muitos historiadores da ciência. A 'derrota' da astrologia foi repetidamente apresentada como devida à substituição do sistema aristotélico pelo sistema copernicano. Esta afirmação tornou-se quase um lugar comum: estudiosos distantes no tempo e de diferentes orientações chegaram, sobre esse ponto, a conclusões semelhantes.[2]

---

2. Carrière (1887); Soldati (1906); Koyré (1951); Kuhn (1957); Graubard (1958).

Não há dúvida de que a aceitação da hipótese copernicana e os sucessivos desenvolvimentos da física e da astronomia deram um golpe decisivo na crença astrológica, que estava solidamente ancorada na imagem de uma Terra colocada no centro das esferas celestes e na convicção de uma diferença qualitativa entre a imutabilidade celeste e os movimentos presentes no mundo sublunar. Não é isso, obviamente, que se quer contestar aqui. O que se pretende é lançar luzes sobre o caráter excessivamente esquemático dessa interpretação.

No âmbito de uma interpretação como essa, a polêmica antiastrológica de Pico foi entendida como a manifestação de uma mentalidade 'incoerente e desordenada', ou como um exercício de caráter retórico-literário, privado de qualquer incidência sobre os desenvolvimentos do saber científico.[3] É também muito significativo, deste ponto de vista, que a maior parte dos manuais de história da ciência não façam qualquer menção à discussão efetuada por Pico sobre os métodos, as características e os procedimentos da astrologia.[4] Cada um desses estudiosos parece conceber que o advento da nova astronomia, de Copérnico a Galileu, foi o fator *único e determinante* do 'desaparecimento' da astrologia, da liquidação de uma visão da natureza e do lugar do homem na natureza, que tinha origens antiquíssimas. De fato – para o que nos interessa mais de perto aqui – eles concordam sobre a irrelevância das *Disputationes* de Pico della Mirandola. Classificadas como 'especulativas' ou 'literárias', são consideradas como pertencentes a outras e diversas 'histórias', que não têm ou têm apenas frágeis elos com a história da ciência.

Astrologia e heliocentrismo

Quem tiver em mente a amplitude das discussões suscitadas pela obra de Pico, sobretudo quem se reportar a uma concepção

---

3. Thorndike (1923-56), v. 4, p. 529; Boas (1962), p. 168.
4. Abetti (1949); Butterfield (1949); Dampier (1953); Lenoble (1957); Singer (1959); Dreyer (1959); Crombie (1959); Forbes e Dijksterhuis (1963).

diversa das relações supervenientes entre as várias 'histórias especiais', será levado a sublinhar a existência de alguns problemas. Embora seja sabido que cada um deles requereria um tratamento muito mais amplo, tentarei, nesta parte, enumerá-los brevemente.

1. Por trás da tese de uma astrologia definitivamente 'derrotada' pelo advento do sistema copernicano, que está presente em tantos manuais de história da ciência, existe frequentemente, em primeiro lugar, um pressuposto bastante discutível: o de um desenvolvimento da ciência concebido como um progresso contínuo e linear, que não conhece dispersões, erros, tentativas falhas e crises intelectuais. Em segundo lugar, essa interpretação (e é o caso do quadro traçado por Thorndike) fundamenta-se na arbitrária redução da astrologia ao plano de uma consideração meramente 'cognoscitiva' do mundo natural, que elimina ou relega a segundo plano três aspectos centrais e constitutivos da astrologia: a mistura dos temas 'religioso-emotivos' e dos temas 'matemáticos'; a dimensão operativa de uma série de técnicas utilizadas para 'persuadir' ou para dominar as forças presentes numa natureza tida como ameaçadora e hostil; o processo de 'humanização do cosmos' e a extensão a todo o universo dos comportamentos e das emoções humanas.

2. Os resultados a que chega a nova astronomia, enquanto puras e simples 'descobertas' astronômicas, não foram suficientes para destruir a astrologia. A sua história continua bem além de Copérnico – como documentou o mesmo Thorndike numa obra insigne – e, por mais de um século, entrelaça-se profundamente com as pesquisas de astronomia e de ciência da natureza, com a reflexão filosófica e com os movimentos da cultura.[5] Basta refletir um instante sobre o riquíssimo material que está presente em alguns livros de história das ideias,[6] para perceber que a 'aceitação' do sistema copernicano e, em seguida, a adesão à imagem do Universo como 'máquina' implicaram uma série de discussões, de

---

5. Boll-Bezold (1931); Garin (1937); Garin (1976).
6. Stimson (1917); Craig (1952); Lovejoy (1957); Nicolson (1960b).

refutações, de tomadas de posição que evoluíram em vários níveis e sobre terrenos muito diferentes. A *Mechanization of the World Picture*, de que falou E. J. Dijksterhuis,[7] não foi apenas o resultado de pesquisas de física, de ótica ou de astronomia. Mesmo sem nos determos aqui sobre os temas 'solares' ou hermético-ficinianos da obra de Copérnico, ou sobre a atitude assumida por Kepler frente ao 'pitagorismo' e a astrologia, convém recordar que na obra dos dois grandes fundadores da astronomia moderna seria inútil procurar um corte nítido ou a consciência de uma separação precisa entre a 'ciência' e uma consideração 'teológica' do mundo natural. Como observou Pauli, entre outros, essas cosmologias constituíam uma espécie de 'etapa intermediária' entre a antiquíssima visão mágico-simbólica do mundo e uma consideração quantitativa e mecânica das forças presentes na natureza.[8]

3. O lento processo de substituição do geocentrismo pelo heliocentrismo, a substituição da concepção tradicional do ser como uma 'grande cadeia' pela imagem do mundo como 'máquina' não podem absolutamente representar uma pura e simples substituição de uma 'verdade científica' por outra 'verdade científica'. Essa mudança profunda tampouco parece confundir-se com uma forma de 'progresso' semelhante àqueles progressos muitas vezes verificados na história da ciência. Crer que exista uma *única* tradição científica, isto é, conceber que a ciência (diferentemente da filosofia) não se apresenta como uma série de teorias contrapostas e de *ismos*, mas como um processo no qual até mesmo as reviravoltas mais revolucionárias 'salvam' o núcleo essencial adquirido pelas gerações precedentes, apresentando-se como teorias mais gerais que incluem as teorias 'velhas' como casos particulares:[9] tudo isso é típico e característico da mentalidade 'moderna'. Mas não se atenta muito para o fato de que a própria ideia de um 'progresso científico', assim entendido, também tem origens históricas preci-

---

7. Dijksterhuis (1961).
8. Garin (1958), p. 190-215; Jung e Pauli (1952).
9. Geymonat (1960), p. 111 ss.

sas e vem à luz na Europa, como o produto mais típico de uma situação nova da civilização, entre meados do século XVI e meados do século XVII.[10] A chamada Revolução Científica – que muitos 'medievalistas' procuraram apagar da história do Ocidente – teve realmente o caráter 'revolucionário' que foi tantas vezes sublinhado, porque não consistiu na modificação de resultados parciais no âmbito de um sistema aceito, mas no questionamento de todo esse sistema, na adoção de princípios contrários à 'razão' e à 'experiência', tal como vinham se configurando dentro da tradição, na construção de um novo quadro do mundo no qual se tornam problemáticas ou privadas de sentido muitas 'verdades' que tinham sido óbvias por quase dois milênios, enfim, na elaboração de um novo conceito de 'razão', de 'experiência', de 'natureza', de 'lei natural'. Como escreveu Alexandre Koyré a propósito da moderna teoria da inércia, "não se tratava de combater teorias errôneas e insuficientes, mas de transformar o próprio quadro da inteligência, de inverter uma atitude mental, naturalíssima em seu conjunto, substituindo-a por outra que absolutamente não o era". A passagem de um tipo de natureza para outro, afirma Robert Lenoble, pressupõe "uma modificação em profundidade da mentalidade científica e da mentalidade *tout court*. A renovação científica do século XVII na realidade é apenas um aspecto de uma aventura de muito maior amplitude".[11]

4. Sendo assim, é claro que a adoção de um novo quadro do Universo nasceu com base numa atitude nova, diante da realidade, que a 'transformação dos quadros da inteligência' e a 'modificação profunda da mentalidade científica' foram possíveis por um modo novo de entender o homem e o seu lugar na natureza, por uma concepção nova da história. A mesma possibilidade, que se oferecia agora ao sábio, de *efetuar uma escolha* entre doutrinas diversas e contrastantes tinha origem num particular modo de considerar o passado e a tradição. Deste ponto de vista, a polêmica contra a

---

10. Cf. Rossi (1962), p. 68 ss.; Rossi (1977), p. 15-70.
11. Koyré (1939), v. 1, p. 9; Lenoble, in Daumas (1957), p. 370.

mistura de motivos 'religiosos' e de temas 'científicos' presentes na astrologia, a tentativa de esclarecer os seus métodos e examinar sua história, a construção de uma imagem nova do homem resultam como elementos decisivos no próprio desenvolvimento do saber científico. Por essa razão, penso que se deva retomar e ulteriormente aprofundar o julgamento de Ernst Cassirer: "Não foram argumentos de ordem empírico-naturalistas, não foram novos métodos de observação e de cálculo que levaram a ultrapassar a concepção que a astrologia tinha do mundo. A batalha decisiva já tinha sido travada, antes mesmo que estes métodos tivessem atingido toda a sua perfeição." As razões últimas da oposição de Kepler à astrologia parecem a Cassirer justamente de caráter 'moral'.[12]

O céu vivo

Se reconsiderarmos agora, com base no texto de Thorndike a que nos referimos no início, as *Disputationes* de Pico della Mirandola, perceberemos que as teses enumeradas pelo estudioso americano como típicas e constitutivas da astrologia estão todas presentes na obra piquiana. No capítulo quarto do terceiro livro das *Disputationes*, Pico afirma explicitamente: 1. que o céu e os corpos celestes são perfeitos, incorruptíveis e inalteráveis ('*Caelum corpus naturale est, omnium corporum naturalium perfectissimum (...) immarcescibili quoque substantia*'); 2. que o movimento do céu é eterno e circular ('*Nullus motus perfectior orbiculari, nulla qualitas perceptibilis sensu luce perfectior. Erunt igitur haec caelestis corporis propria*'); 3. que existe, distinto dos elementos terrestres, um 'calor celeste' que penetra e ordena tudo e que, contendo em si todas as propriedades dos elementos, é causa de todas as mudanças que se verificam no mundo perecível ('*Sequitur lucem, quasi proprietas eius, calor quidam non igneus, non aereus, sed caelestis (...) calor, inquam, omnia penetrans, omnia fovens, omnia*

---

12. Cassirer (1935), p. 191 ss.; Seznec (1940), p. 59; Kocher (1953), p. 201-24.

moderans (...) Huius beneficentissimi vim caloris in toto corruptibili mundo pervidemus (...) Si caelesti calore destituantur, nec frigiditatem agere frigus poterit, nec calor caliditatem'); **4.** que a luz e o movimento dos corpos celestes, enfim, agem sobre o mundo 'inferior', colocando-se como causa universal dos fenômenos meteorológicos, das marés e das gerações (*'Caelum qualiter motu agat et lumine, et elementorum meteorologicorum, mineralium, viventiumque universalis causa sit'*).[13]

Embora não faltassem estudiosos menos avisados que censuraram Pico por não ser 'copernicano', deveria ficar claro para todos que, nas *Disputationes*, Pico não está polemizando contra um sistema ligado à tradição aristotélico-ptolomaica, nem contra uma consideração do cosmos que encontra sua base teórica na distinção qualitativa entre o mundo celeste e o mundo terrestre.[14] Pelo contrário, o objeto das suas críticas e das suas análises destrutivas são aqueles aspectos do 'sistema' astrológico sobre os quais muitos preferiram passar rapidamente, mas que deveriam estar sempre presentes. Já que (como se disse) a astrologia não consistiu apenas, nem predominantemente, numa visão 'física' do Universo: nasceu no terreno de uma mistura híbrida de 'religião' e de 'ciência', de uma total 'humanização' do cosmos, de uma extensão a todo o universo dos comportamentos e das emoções do homem. Para a visão que a astrologia tem do mundo, as estrelas não são apenas 'corpos' movidos por 'forças', mas seres animados e vivos, dotados de sexo e de caráter, capazes de risos e de lágrimas, de ódio e de amor. Os nomes dos planetas não são meros 'signos'; as 'figuras' não são símbolos convencionalmente aceitos: têm poder evocativo, seduzem e aprisionam a mente, 'representam' o objeto no sentido pleno da palavra, isto é, tornam real sua presença, revelam as qualidades essenciais dos seres que se identificam com as estrelas e nelas se incorporam:

---

13. Pico (1952) ,v. 1, p. 194, 196-98.
14. Cf. Walker (1958), p. 55.

A CIÊNCIA E A FILOSOFIA DOS MODERNOS

Sete astros errantes giram ao redor dos tronos do Olimpo; com eles o Tempo executa sua perene revolução; a Lua que brilha na noite, o lúgubre Kronos, o doce Sol, Afrodite que prepara o leito nupcial, o impetuoso Áries, Hermes de rápidas asas e Zeus, autor primeiro de toda geração da qual derivou a natureza. Estes mesmos astros receberam para si a raça humana e estão em nós a Lua, Zeus, Áries, Afrodite, Kronos, o Sol, Hermes. Este é o nosso destino: extrair do fluido éter lágrimas, riso, cólera, geração, palavra, sono, desejo. Kronos é a lágrima, Zeus a geração, Hermes a palavra, Áries o ímpeto, a Lua o sono, Afrodite o desejo, o Sol o riso: e é através dele, o justiceiro, que riem o espírito dos mortais e o mundo infinito.[15]

O astrólogo opera neste terreno de 'poderes', que podem ser favoráveis ou inimigos, diante de um céu, povoado de formas, que é palco incessante de combates e de amor. Ele se move num plano "mais próximo da retórica, da política, da estratégia que da lógica das ciências. O ponto de vista do qual parte é a necessidade de convencer, de persuadir as forças da natureza que nos ameaçam, aliando-se com algumas delas para combater as outras".[16]

Estamos habituados a considerar as estrelas como corpos extremamente distantes da Terra, movidos pelas leis da mecânica, determináveis, mediante instrumentos adequados, na sua composição química; ouvimos falar de problemas de engenharia e química astronáutica, de navegação espacial, de medicina espacial. Mas quem se ocupa de história da ciência ou de história das ideias fará bem em seguir a advertência de Franz Cumont e deverá ter sempre presente que as palavras de Kant sobre o céu estrelado nascem num terreno muito diferente daquele em que tem origem a emoção 'cósmica', que foi uma das características da civilização antiga e medieval. A astrologia, nascida nos templos da Caldeia e do Egito, jamais conseguiu libertar-se, na sua longa história, nem de suas origens 'sacerdotais' nem de suas características de crença religiosa.[17]

---

15. Stobeo; citado em Festugière (1950), v. 1, p. 94.
16. Garin (1954), p. 183.
17. Boll-Bezold (1931), p. 126 ss.; Festugière (1950), p. 94 ss.; Cumont (1960), p. 78 ss.; Garin (1954), p. 181 ss.

Uma mistura híbrida de ciência e religião

Se aceitarmos o ponto de vista de Lynn Thorndike, sua definição e caracterização da astrologia, todo o discurso desenvolvido por Pico nas *Disputationes* perde consistência e parece realmente 'apressado, retórico e superficial'. Mas é justamente esse ponto de vista que deve ser refutado. Nas *Disputationes*, Pico pretende atingir uma mistura híbrida de 'religião' e de 'ciência', uma contaminação de 'cultos' e de 'técnicas'. A discussão sobre o determinismo astral, a redução do plano da necessidade ao mundo corpóreo e natural apenas, a afirmação da liberdade da mente que é capaz de transceder o destino e a lei: estes temas já estão presentes nos escritos herméticos e não deixaram de exercer sua influência sobre o pensamento de Ficino.[18]

Mais que ao tema, embora tão importante, da centralidade e liberdade do homem (sobre o qual Cassirer insistiu tanto e às vezes unilateralmente), convém fazer referência a outras páginas de Pico. Nelas são mostrados os equívocos que estão presentes na astrologia: um tipo de saber que jamais consegue configurar-se como um saber rigoroso, e que, entretanto, queria ser considerado como tal. Para superar esta dificuldade, os astrólogos misturam a matemática com as cerimônias e, simultaneamente, apelam para uma temática 'religiosa'.

Examinar a astrologia, para Pico, que dizer diluí-la nos elementos, tão profundamente diferentes e de origem tão diversa, que a constituem: de um lado, a *astronomia*, "arte segura e nobre, plena de dignidade por seus méritos (...) que mede a grandeza e o movimento das estrelas com um método matemático"; a *medicina*, liberada da teoria dos dias críticos e da influência dos signos zodiacais, reconduzida ao método de Hipócrates que procura 'no exame das urinas' e não no dos astros, no 'pulsar das veias' e não no movimento das esferas os sinais do futuro desenvolvimento da doença; a *meteorologia*; a *doutrina das marés*, que exclui o recurso a

---

18. Garin (1937), p. 176; Yates (1969), p. 77-79.

A CIÊNCIA E A FILOSOFIA DOS MODERNOS

uma força oculta ligada ao movimento e à luz da lua; de outro lado, toda uma série de *superstições*, de *cultos* e de *cerimônias*, nascidos junto a povos 'de índole pouco apta ao saber', 'inexperientes de raciocínios físicos' e 'rústicos de engenho' como os caldeus e os egípcios, 'que não puderam abster-se de imputar aos astros as próprias culpas e as próprias penas, derivando deles tanto os males da alma como do corpo'.[19]

Pico sabe muito bem que o fascínio que a astrologia exerceu por tantos séculos sobre o gênero humano nasce justamente deste seu caráter compósito, do fato de apresentar-se como uma 'arte' e uma 'ciência' que, ao contrário do que ocorre com as outras artes e ciências, pode fazer 'grandes promessas' e, portanto, estimular a 'curiosidade e a cupidez humanas', a natural veneração dos homens por tudo que é antigo. Daí vem 'o ar de verossimilhança' da astrologia, a sua 'loucura' que 'tem na superfície um falso aspecto de sapiência' e que da sapiência 'ostenta o aspecto e o hábito', daí a sua aparência 'bela e veneranda e plena de séria autoridade'.

> Ela mostra de longe o céu e os planetas, de modo que se creia facilmente na possibilidade de prever tudo com absoluta segurança num espelho tão límpido e elevado. Mas (...) olhando-se mais de perto, nota-se que sobre o seu manto estão bordadas efígies monstruosas em lugar das celestes, que as estrelas são transformadas em animais, que o céu é pleno de fábulas, que nem é o verdadeiro céu feito por Deus, mas um céu falso, forjado pelos astrólogos (...) É extraordinário até que ponto, iludindo a vista com brumas e névoas, consiga aparecer como bela e veneranda e plena de séria autoridade. Mas assim que, à luz da razão e num exame diligente, se dissipam essas trevas e essas ilusões, vê-se que naqueles livros não há nada de ponderado, nos autores nenhuma autoridade, nas razões nada de racional, nos experimentos nada de congruente, de constante, de verdadeiro, de verossímil, de sólido, mas apenas contradições, tolices, falsidades, absurdos, sendo difícil admitir que quem escrevia acreditava nisso.[20]

---

19. Pico (1952), v. 2, p. 41, 323, 359, 361-63, 321, 493, 501.
20. *Ibid.*, v. 2, p. 43.

A astrologia promete 'o reino do mundo, a emulação da divindade e a cognição do bem e do mal'. Mas não só é incapaz de proporcionar coisas úteis, como tem ainda a responsabilidade

> de corromper a filosofia, inquinar a medicina, enfraquecer a religião, gerar e reforçar as superstições, manter viva a idolatria, destruir a prudência, corromper os costumes, infamar o céu, tornar os homens mesquinhos, atormentados, inquietos, transformando-os de livres em escravos.[21]

Não é necessário prosseguir numa análise das várias argumentações desenvolvidas por Pico. Desejo, todavia, deter-me brevemente sobre três pontos que me parecem de grande relevância: 1. as reflexões de Pico sobre algumas atitudes mentais características dos defensores da astrologia; 2. as suas considerações sobre o método (ou melhor, sobre a ausência de método) da astrologia; 3. a sua tentativa de uma história da astrologia, de esclarecer suas origens e determinar as razões de sua extraordinária difusão e fortuna.

1. Um dos componentes essenciais da mentalidade astrológica, para Pico, é o desejo de suscitar espanto e admiração. A escolha da 'via mais fácil e mais cômoda' é característica de uma arte que tem como fim não o conhecimento da realidade, mas 'a glória e o lucro'. Frente à objeção da falsidade de suas predições, o astrólogo contenta-se com o reconhecimento da presença, na sua atividade, de algo satisfatório, e jamais se serve de um argumento baseado na verdade de suas predições. Diante do especialista em meteorologia ou do agricultor – que efetuam verdadeiras previsões – o astrólogo percebe que não está em condições de auxiliar efetivamente as várias artes: então, esconde 'o absurdo da sua profissão com a grandeza das coisas sobre as quais afirma o falso' e com a 'amplidão de suas promessas'. Posto diante da irracionalidade de suas promessas ou das dificuldades lógicas implícitas em seus raciocínios, o astrólogo afirma 'já ter experimentado tudo': a experiência, assim entendida, constitui um típico 'refúgio' ou 'asilo' da mentalidade astrológica. Esta não deixa porém de 'colocar-se elegantemente a

---

21. *Ibid.*, v. 2, p. 45.

salvo de toda acusação de falsidade' quando afirma poder responder a qualquer pergunta na hora da própria pergunta, desde que o interrogador tenha sido 'movido por um impulso natural'.[22]

2. À condenação 'moral' das atitudes características da astrologia corresponde a relevância da impossibilidade, para a própria astrologia, de configurar-se como uma 'ciência'. Ela não só é incapaz, como vimos, de dar lugar a resultados eficazes e ajudar efetivamente as técnicas particulares, mas também as 'regras' segundo as quais ela opera revelam-se incapazes de configurar-se como 'método'. Por isso, Pico considera desprovida de sentido a acusação que Ptolomeu lançou contra os astrólogos, por não terem unificado sua arte com base num método: a tarefa a que eles se propõem é 'infinita' e não pode ser codificada segundo um método ou segundo as regras de uma arte. A 'verdade' jamais é 'achada', mas sempre 'encontrada por acaso'. De fato, a própria prática das predições é conduzida com extrema negligência e descuido: "não se pode confirmar a arte de prever com as predições, porque, mesmo que se apoiasse em sólidas bases racionais", estaria destinada a errar justamente por causa desse descuido. Recorrendo a generalizações apressadas e a analogias arbitrárias, a astrologia substitui a disposição real dos corpos celestes por uma disposição imaginária baseada em signos.[23] A estas imagens, cuja escolha não se baseia em 'razões', mas no uso desenfreado de procedimentos analógicos, ou derivados das 'ficções e das fábulas dos poetas', os astrólogos atribuem um poder real, transformando-as em 'potências admiráveis capazes de determinar o destino':

> Eles estão totalmente convictos de que no céu se encontram as verdadeiras efígies e naturezas de todas essas coisas, e que descem delas sobre nós potências admiráveis (...) Essa superstição difundiu-se a tal ponto e com tanta loucura que, quando se grava uma imagem semelhante sobre qualquer metal, eles acreditam que a imagem celeste sopra sua virtude no metal.[24]

---

22. *Ibid.*, v. 3, p. 507; vol. 2, p. 137, 363, 457, 505.
23. *Ibid.*, v. 3, p. 463-65; v. 2, 157-61; v. 3, p. 423; v. 2, p. 359.
24. *Ibid.*, v. 3, p. 275 (cf. p. 265, 273).

Os descendentes aumentaram a invenção dos ancestrais, o tempo aumentou a autoridade da astrologia, enquanto a fraude originária, que constitui sua raiz, foi cada vez mais se encobrindo e se escondendo. A humanização do cosmos e a atribuição de emoções e sentimentos aos astros baseou-se em 'conjeturas fragílimas' e em 'tênues analogias com as coisas terrenas'. Os navegantes, os médicos e os agricultores não se baseiam em Júpiter ou Saturno ou, pior ainda, em imagens fabulosas, mas constroem sua ciência e suas previsões observando as nuvens e os ventos, a disposição do ar, o comportamento do doente, isto é, 'o ar pelo ar, o doente pelo doente, quer dizer, pelos próprios princípios'.[25]

3. Privada de rigor metódico e de critérios lógicos, a astrologia configura-se portanto como uma pseudociência. Mas proceder à sua liquidação quer dizer também revelar suas origens, compreender as razões da sua fortuna e de seu sucesso equívoco, defini-la dentro de limites precisos de tempo e espaço, ligá-la à situação particular da civilização antiga na qual ela nasceu e da qual se alimentou. As páginas do décimo segundo livro das *Disputationes*, dedicadas a traçar um breve perfil da história da astrologia, estão, deste ponto de vista, entre as mais importantes e significativas de toda a obra. A 'divina sapiência' dos caldeus e dos egípcios versava exclusivamente sobre as cerimônias e o culto dos deuses. Os gregos, persuadidos de que a suma sapiência consistia na religião, dedicaram-se amplamente a esse tipo de saber e receberam de egípcios e caldeus convicções e crenças astronômicas. Mas, 'tudo o que os filósofos gregos corretamente pensaram em matéria de filosofia natural mediante demonstrações racionais' não deriva de modo algum dos caldeus e dos egípcios. Estes povos foram na realidade 'rústicos de engenho' e 'de índole pouco apta ao saber', não tiveram habilidade nenhuma nas coisas de física, exercitaram-se pouco nas disciplinas filosóficas, foram ignorantes de dialética e dominados pela superstição e pela idolatria. Seu engenho voltou-se todo para

---

25. *Ibid.*, v. 2, p. 361.

as estrelas e 'todas as coisas para eles eram estrelas e tudo relacionavam com as estrelas'. Não tendo considerado suficientemente a realidade física, acreditaram que tudo o que toca aos homens provinha de causas celestes e que poderiam ser previstos os eventos futuros. Acabaram por atribuir aos astros as próprias culpas e as próprias penas e, contra toda razão, conceberam que algumas estrelas eram boas e outras más.[26]

Um texto de Shakespeare e outro de Bacon

Em 1981, (a uma distância de quinze anos da composição das páginas precedentes), um estudioso que leciona no departamento de História da Universidade de Canberra publicou um livro sobre Pico della Mirandola, do qual cinquenta páginas são dedicadas a discutir a atitude de Pico em relação à astrologia.[27] O livro de Craven dedica-se principalmente à destruição de um mito: o de um Pico como 'símbolo vivo' do Renascimento, defensor da dignidade e da centralidade do homem, adversário implacável da astrologia *porque* estrênuo defensor da liberdade. Através de uma análise minuciosa e pontual, Craven pretende mostrar as 'espantosas discrepâncias' que ocorrem entre os textos de Pico e as interpretações dos historiadores, pondo em questão a imagem codificada dos manuais que foi criada por Burckhardt e sucessivamente partilhada e reforçada por Ernst Cassirer, Eugenio Garin e Paul Oscar Kristeller, John Hermann Randall, D. P. Walker. Os historiadores do Renascimento, segundo Craven, 'assemelham-se a uma comunidade científica que opera à sombra de um paradigma'.[28] Craven procurou fazer de Pico um 'caso' historiográfico, um exemplo das persistentes mitologias que operam na historiografia e condicionam o trabalho dos historiadores: "A literatura sobre Pico é um

---

26. *Ibid.*, v. 3, p. 493-507.
27. Craven (1984), p. 257-303.
28. *Ibid.*, p. 317.

exemplo extremamente perspícuo do modo pelo qual se desenvolve uma tradição historiográfica e de como esta pode cristalizar-se numa ortodoxia."[29] Como o ponto principal destes 'mitos' é o de um Pico defensor da liberdade e *por isso* adversário dos astrólogos, Craven (que emite juízos de singular aspereza) julgou o presente texto como expressão de 'uma posição mais equilibrada'.[30]

É sempre um prazer não ser incluído entre os adeptos de um paradigma codificado ou, pior ainda, de uma persistente ortodoxia voltada ao culto de uma entidade mitológica. Mas deve ser dito não só que Craven precisa esforçar-se muito para chegar a determinar a existência de um paradigma capaz de abranger a obra de historiadores tão diversos entre si, mas também que suas conclusões pessoais relativas à polêmica de Pico contra os astrólogos parecem realmente inconsistentes. As *Disputationes* seriam "um tratado amplamente técnico, com o qual se quer refutar as teorias e as práticas efetivas dos astrólogos, mostrando sua inconsistência intrínseca e sua incompatibilidade com o cosmos aristotélico e escolástico".[31] Craven está firmemente convicto de que a coisa absolutamente mais importante é 'o contexto'. O paradigma dentro do qual ele opera é o da existência de contextos objetivos, que os historiadores teriam de, por tarefa, reconstruir fielmente mediante uma acumulação de dados cada vez mais ampla. Eu também creio (como já escrevi muito antes de Craven: veja-se anteriormente) que o tema da 'liberdade' em Pico foi unilateralmente supervalorizado. Como procurei demonstrar num ensaio de 1977, a imagem do homem que está presente no *Asclepius* e que será retomada por Ficino, Pico e Bovillus, estava estruturalmente ligada à imagem (de derivação hermético-platônica) de um Universo organizado segundo uma ordem constituída por 'graus'. O tema do homem e de seu lugar no Universo, no pensamento dos expoentes da Revolução Científica, coloca-se de maneira radicalmente diversa. O uso

---

29. *Ibid.*, p. 307.
30. *Ibid.*, p. 12, 268.
31. *Ibid.*, p. 301.

do método tende (como escreve Bacon) a igualar as inteligências. Para chegar à verdade, não se requer qualquer processo de 'dignificação', porque as regras que levam a ela são (como escreve Descartes) 'certas e fáceis' e não requerem 'o inútil consumo de qualquer esforço da mente'. Não se trata absolutamente de renunciar à condição de 'homens naturais', tornando-se iguais aos anjos. Em todo homem (às vezes nas crianças e nos iletrados mais que nos filósofos) existe tudo o que é necessário para chegar à verdade. Não existe nenhuma separação entre a plebe ignara e o sábio.[32] Bacon contrapunha sua nova filosofia ao 'saber contencioso' dos escolásticos, ao 'saber supersticioso' dos magos e dos alquimistas e ao 'saber delicado' dos Humanistas. Eu não creio na existência de uma 'continuidade' entre a cultura dos Humanistas do século XV e a dos expoentes da Revolução Científica. A polêmica (presente em Bacon, em Descartes e em muitos outros autores) contra o modelo de cultura teorizado pelos humanistas, a recusa do 'caráter exemplar' da civilização clássica, a tese da 'igualdade das inteligências', o nascimento e o reforço de uma visão decididamente não antropocêntrica do mundo (cf. cap. 7), enfim, o caráter verdadeiramente 'revolucionário' (e considerado como tal pelos seus protagonistas) da chamada 'Revolução Científica', parecem-me os cinco principais obstáculos com que se defronta todo defensor de uma 'continuidade forte' entre a época do Humanismo e a da Nova Ciência. Todavia, ainda continuo acreditando (ao contrário de Craven) que as páginas das *Disputationes* contêm coisas que tiveram e conquistaram significados relevantes até mesmo para os homens que operaram (e operam) em contextos diferentes daquele que foi próprio do Conde de Mirandola.

A recusa da astrologia como superstição nasceu, no início do mundo moderno, sobre um terreno dúplice e convergente. O de uma reivindicação da liberdade de ação e o de uma polêmica contra as falsas ciências, privadas de fundamentos teóricos e incapazes de

---

32. Rossi (1977), p. 71-108.

fornecer provas empíricas ou critérios de falsificação. No *Rei Lear* de Shakespeare, Edmundo expressa o primeiro desses dois temas:

> Eis aqui a estupenda imbecilidade do mundo: quando a sorte nos é adversa, muitas vezes por causa de nossa própria conduta, atribuímos a culpa de nossas desgraças ao Sol, à Lua e às Estrelas, como se fôssemos infames por necessidade, insensatos por compulsão celeste, patifes, ladrões e traidores por influxo das esferas; beberrões, mentirosos e adúlteros por obediência forçada à influência dos planetas; como se toda a nossa maldade tivesse por causa um impulso divino. Admirável evasiva de amante de putas; deixar sua lascívia caprina a cargo de uma estrela.[33]

Para Bacon, a astrologia é condenada porque é um saber não refutável que despreza as evidências que lhe são desfavoráveis. Uma vez satisfeito por uma teoria – escreve ele – o intelecto a aplica a todos os casos possíveis, procurando levar todo o resto a sufragá-la e a concordar com ela.[34] Mesmo que o número de casos contrários à teoria seja muito grande, o intelecto não se ocupa deles, remove-os à força de distinções. Na astrologia, na interpretação dos sonhos, nos prognósticos leva-se em conta apenas os casos positivos, jamais os negativos:

> Por isso justamente aquele a quem mostravam quadros pendurados num santuário, como promessa de pessoas salvas de um naufrágio, quando lhe perguntavam com insistência se não reconhecia o poder dos deuses, perguntou por sua vez: 'E onde está o retrato daqueles que, embora tenham feito a promessa, também estão mortos? Esta consideração vale para todas as outras superstições, como a astrologia, os sonhos, as adivinhações, as maldições e outras que tais. Os homens que se comprazem com tais vacuidades notam os eventos que se verificam, mas desprezam ou não prestam atenção àqueles (e são a maioria) que não se verificam.[35]

Nem Mercúrio nem Marte, afirma Kepler em *Harmonices mundi libri*, de 1619, mas Copérnico e Tycho Brahe foram as minhas estrelas. Na sua consideração sobre a astrologia, ele se

---

33. W. Shakespeare, *Rei Lear*, I, 2.
34. F. Bacon, *Novum organum*, I, 46.
35. Bacon (1975), p. 563.

refe diretamente a Pico.[36] Da mesma maneira, nas *Quaestiones in Genesim*, de 1623, Mersenne, empenhado numa áspera polêmica em torno das 'falsas ciências', refere-se ao *'magnus ille Hercules Mirandulae comes'*.[37]No que concerne a Bacon, não existe nenhuma documentação de um conhecimento direto dos textos de Pico por parte do Lorde Chanceler; entretanto, as páginas do *De augmentis* de 1623, nas quais discorre sobre a astrologia, sobre a necessidade de 'depurá-la' e de reduzir a astrologia 'sadia' a um setor da física, parecem revelar, até nas incertezas da posição baconiana, uma consideração do texto piquiano.[38]

Pico della Mirandola não é certamente representativo como um pensador 'livre de toda superstição astrológica',[39] e não convém insistir muito, como faz Yates, sobre a distinção entre a magia 'astral' de derivação ficiniana e a astrologia adivinhatória e determinista contra a qual ele toma posição. Que sentido pode ter, num defensor da magia astral, baseada em imagens e talismãs, a passagem antes citada? A polêmica antiastrológica de Pico está ligada a uma atitude substancialmente negativa inclusive nos confrontos com a magia. Nisto estou de acordo com Craven. Mas pergunto: será que o 'tratado amplamente técnico' de que fala Craven bastaria para explicar os juízos de Kepler e de Mersenne? Ou devo conceber que Mersenne e Kepler também pensavam dentro do paradigma construído por Ernst Cassirer?

Algumas páginas das *Disputationes*, algumas análises (presentes em Pico) sobre as atitudes, os métodos e o 'estilo de pensamento' da astrologia, a tentativa que ele empreende para esclarecer sua gênese e sua fortuna fazem sem dúvida pensar em outras páginas, escritas muitos anos mais tarde e em contextos históricos muito diversos. Para os quais – convém não esquecer em nome da 'dialética interna' ou de uma mito-

---

36. Kepler (1858-71), v. 2, p. 578, 635; v. 3, p. 29.
37. Mersenne (1623), p. 967.
38. Bacon (1857-92), v. 1, p. 553-60.
39. Yates (1969), p. 107.

lógica 'autonomia' dos vários setores do saber – contribuíram também aqueles textos da época humanista que tendiam a mudar a atitude do sábio diante do mundo, a libertar os homens de antigos e recorrentes terrores.

SEGUNDO CAPÍTULO

LEONARDO E A AURORA DA CIÊNCIA

O retrato, agora irremediavelmente distante, de Leonardo como '*un rat de bibliothèque repu de scolastique*' (como escreveu Roger Dugas em polêmica com Duhem) nasceu dentro de um clima cultural preciso que, por sua vez, deve ser posto em relação com as hipóteses do chamado continuísmo historiográfico e com a filosofia que constituía seu fundamento histórico.[1] As páginas de John Hermann Randall, de George Sarton, de Alexandre Koyré, de Eugenio Garin, no início dos anos cinquenta, configuram-se como uma severa e salutar chamada à realidade. Para além das diferenças muito relevantes, havia nelas uma polêmica eficaz contra as arbitrariedades de Duhem, contra a tese dos milagres e das antecipações, contra os sistemáticos e pouco úteis confrontos entre o pensamento de Leonardo e a grande tratadística científica do século XVII.[2]

Depois de tanta insistência sobre o Leonardo 'precursor', tinha sentido insistir sobre o desprezo manifestado por Leonardo para com a tipografia e a imprensa, sublinhar o caráter impreciso e lacunoso de seu conhecimento sobre o desenvolvimento das teorias óticas, os aspectos decididamente 'medievais' da sua dinâ-

---

1. Dugas (1953), p. 92.
2. Randall (1971); Sarton (1953); Koyré (1948); Garin (1954).

mica. As indagações de Leonardo, afirmava enfaticamente Koyré, movem-se sempre no plano do 'pensamento técnico do senso comum', jamais chegam a ser *teorias*.

A partir do centenário de 1952, como corretamente se afirmou, o modo de ler os fragmentos de Leonardo mudou sensivelmente. Não só porque se foram determinando melhor as diferenças entre as diversas fases da atividade e do pensamento de Leonardo, mas também porque se difundiu amplamente a ideia de que cada um daqueles fragmentos devia ser considerado dentro de uma rede bem-definida de relações lógicas e cronológicas, com referência a homens, textos e tradições que exprimiam modos de pensar difusos. Sobre este terreno, como sabem os estudiosos, muito caminho foi andado. As análises tornaram-se ao mesmo tempo mais cerradas e mais sutis, enfrentando temas específicos e pontos particulares. Estabeleceram-se diferenças relevantes entre o período da formação e o da maturidade. Insistiu-se não apenas sobre a importância e o significado da ascensão social e intelectual das novas classes de artesãos, artistas e técnicos, mas também sobre a necessidade de considerar com maior atenção a cultura daquela camada intermediária entre cultos e não cultos, à qual, como afirma Carlo Maccagni, Leonardo sem dúvida pertencia. Como escreveu certa vez Bertrand Gille, a descoberta de ligações reais entre Leonardo e a tecnologia de seu tempo é muito mais importante que as intermináveis disputas sobre as suas 'antecipações'.

Creio porém que, mesmo na situação presente dos estudos, convém voltar a discutir o significado da ciência de Leonardo. Sobretudo por uma razão: porque muitas das diferenças e divergências sobre problemas específicos nascem quase sempre no terreno de conclusões de caráter geral. Estas operam em profundidade nas interpretações, mesmo quando são mantidas implícitas, como ocorre na maioria dos casos. Da ciência, nós temos uma *imagem*. Esta é constituída por uma série de elementos que consideramos estreitamente interligados, às vezes não separáveis entre si. Essa imagem é baseada em afirmações, crenças, pressupostos, atribuições de valor que fazem parte integrante da nossa

A CIÊNCIA E A FILOSOFIA DOS MODERNOS

cultura e que se configuram, portanto, como 'evidência' não só para os membros das diversas comunidades científicas, mas também para o mundo (bastante vasto e extremante compósito) dos intelectuais e, ligado a este, o mundo do 'senso comum'.

A ciência aparece para nós como um terreno dentro do qual a *verdade* sempre se configura como algo que é submetido à prova da experiência, ao confronto com o mundo real, à discussão e à competição contínua com teorias alternativas. A transmissão, a ilustração, a exibição pública de provas (ou supostas provas) de cada afirmação são elementos constitutivos daquele saber que chamamos científico. Este, por definição, é uma forma de conhecimento não privado que toma corpo em comunidades mais ou menos amplas, que dá lugar a produtos que não só são oferecidos a outras aprovações ou falsificações, mas que também são concebidos, no mesmo momento da oferta, como destinados a ser inevitavelmente superados. A ciência apresenta-se, na sua essência, como pensamento que tende à sistematização, à colocação de afirmações particulares em contextos teóricos muito amplos. Mas de nossa imagem da ciência também faz parte integrante a ideia de especialização: vale dizer, a ideia de que a própria existência dos *objetos* de uma ciência específica pressupõe definições e teorias. As entidades de que falam as nossas ciências não são nem as entidades do senso comum, nem os objetos que encontramos na vida cotidiana. São entidades construídas dentro de teorias com frequência não facilmente acessíveis ou acessíveis a poucos.

Após o declínio da imagem positivista (e também neopositivista) da ciência, sabemos que divergências, conflitos e alternativas operam dentro do saber científico, mas aceitamos também (e corretamente) a ideia de que no seu interior opera uma forma de 'saber convergente', vale dizer, um tipo de conhecimento de certo modo codificado ou codificável que pressupõe o consenso de grupos de homens, a existência de instituições e de linguagens comuns. Sabemos que divergências, conflitos e mudanças se manifestam, de maneira positiva e fortemente inovadoras, dentro dessas comunidades, dessas instituições e dessas linguagens aceitas e codificadas. Justamente por isso, as mudanças tendem a não ser marginais, mas a invadir o núcleo conceitual das teorias, permitindo o aparecimento do novo, o entrelaçamento de linguagens diversas, a constituição de objetos novos.

Eu dizia que esta imagem da ciência tornou-se para nós algo óbvio. Somos sempre tentados a fazer dela ou um dado eterno da cultura (alguma coisa que sempre existiu) ou, simplesmente, uma forma do Espírito Universal. Tendemos continuamente a esquecer que essa imagem, pelo contrário, foi edificada lentamente, peça por peça, no curso daquela grande revolução intelectual que teve lugar no Ocidente, no período de tempo compreendido entre o *De revolutionibus* de Copérnico e a *Ottica* de Newton. Essa imagem foi laboriosamente construída por Galileu, Bacon e Mersenne. Como elemento de novidade, abriu-se caminho num mundo em que não existiam ainda (pela simples razão de que estavam nascendo *naquele momento*) nem a figura, nem a mentalidade, nem a função social do cientista moderno, nem as instituições e as linguagens daquele fenômeno histórico que, *após* a Revolução Científica, designamos pelo nome de 'ciência moderna'.

É inútil procurar em Leonardo as linhas essenciais e constitutivas da *nossa* imagem moderna da ciência. É difícil não estar imediatamente de acordo com Randall, Sarton ou Koyré quando estes salientam que a pesquisa de Leonardo, plena de intuições brilhantes e visões geniais, jamais ultrapassou o plano dos experimentos 'curiosos', para chegar àquela sistematização que é característica fundamental da ciência e da técnica modernas. A sua pesquisa, sempre oscilante entre experimento e anotação, aparece como dispersa e pulverizada numa série de observações esparsas, de apontamentos escritos para si mesmo. Leonardo não tem qualquer interesse pela ciência como *corpus* organizado de conhecimentos, nem concebe a ciência como um empreendimento público e coletivo. Para aqueles que creem que a Revolução Científica não se esgota num elenco ou numa soma de teorias, instrumentos e experimentos, essa diferença é muito importante. Incluir Leonardo entre os fundadores da ciência moderna significa colocar o seu retrato num lugar errado da galeria. Sobrepor à sua ciência e à sua imagem de ciência nossa própria imagem só tem ajudado a obscurecer a questão.

A história da fortuna de um autor ajuda a constituir as linhas de seu retrato: torna-se dificilmente separável dele. Quando se recorda tudo o que se disse até aqui, torna-se justificada e de certo modo explicada a longa insistência sobre as antecipações e sobre o 'milagre' Leonardo. Mesmo porque não deixa de ser verdade que toda leitura ou releitura de seus textos nos dá não só a sensação de um extraordinário vigor, mas também a sensação de uma singular emergência de coisas novas. Deste ponto de vista, a própria fragmentariedade pode configurar-se como fruto de uma atitude precisa: a recusa consciente de um saber escolástico, entendido como construção de teorias invioláveis e globais, que resolvem todos os problemas e são capazes de responder a todas as perguntas possíveis.

Nas páginas de muitos dos modernos, a ciência dos aristotélicos tornou-se, não por acaso, o símbolo e a encarnação histórica de um saber que não está em condições de interrogar a natureza, mas de interrogar apenas a si próprio, fornecendo sempre respostas satisfatórias às suas perguntas. Nesse cenário – como escreverá Bacon – só havia lugar para o personagem do mestre e o do discípulo. Não havia espaço para o personagem do inventor. Diante desse tipo de ciência, dirá ainda o Lorde Chanceler, a exposição mediante breves aforismos é melhor que a do tratado. Porque o estilo ou o método aforístico dá a impressão do incompleto, do caráter não hiperconclusivo do saber, da necessidade de acrescentar sempre alguma coisa nos espaços vazios que todo saber contém e deve conter para ser capaz de crescimento e de progresso.

Quem tem alguma familiaridade com os textos dos grandes expoentes da Revolução Científica e com as obras dos chamados pais fundadores da ciência moderna, encontra imediatamente nos fragmentos de Leonardo afirmações que voltarão a circular com força, em contextos diversos, dentro da cultura da Idade Moderna: a ideia de uma necessária conjunção entre a matemática e a experiência e a dificuldade de projetar-se essa relação; a polêmica fortíssima contra as vãs promessas da alquimia; a invectiva contra os 'recitadores e trombeteiros de obras alheias'; o protesto contra o recurso à autoridade que é próprio de quem usa a memória em lugar do engenho; a imagem de uma natureza 'que não rompe suas leis', que é uma cadeia ao mesmo tempo inexorável e admirável de causas; a afirmação da conjunção necessária entre o conhecimento dos práticos e dos teóricos; a polêmica contra os empíricos puros, contra aquele adversário que afirma 'que não quer tanta ciência, que lhe basta a prática'; a afirmação de que os resultados da experiência são capazes de 'impor silêncio à língua dos litigantes' e à 'eterna gritaria' dos sofistas.

Seria fácil, e em muitos casos já foi feito, lembrar passagens precisas: a 'certeza que é dada pelos olhos' e os 'doutores de memória' de Galileu, a sua imagem da natureza 'surda e inexorável aos nossos vãos desejos' que produz seus efeitos 'de maneiras inimagináveis por nós', as alusões à 'frequente prática' do Arsenal vêneto. E ainda: a recusa do saber dos empíricos puros por parte de Bacon, a sua imagem do homem que pode agir sobre o mundo e que só é dono da natureza se for capaz de obedecer às suas leis inexoráveis.

Estou totalmente de acordo com o que escreveu Enrico Bellone: é justo refutar a imagem de uma 'infância da ciência' da qual Leonardo teria sido a expressão. O uso desse conceito é desnorteante e levou a caminhos exauridos ou não mais percorríveis.[3] Mas, num plano diverso, a metáfora permanece rica de sugestões. Porque em toda infância existem certamente menos coisas, um conhecimento e uma riqueza menor que na maturidade. Mas existe também uma potencialidade mais ampla, uma gama de virtualidades à espera de expressão, uma série de possibilidades que podem tornar-se reais. Depois que as escolhas foram feitas e algumas daquelas coisas possíveis tornaram-se reais, olhando para o passado, pode-se ter a ilusória sensação de uma riqueza maior que a

---

3. Bellone (1982).

presente, de um entrelaçamento mais sólido de problemas. Muitas possibilidades então presentes permaneceram como tais, muitas coisas não passaram a fazer parte daquilo que somos. É por isso também que os homens geralmente olham com nostalgia para a sua infância e, no curso de sua história intelectual, sempre olharam com nostalgia a infância do gênero humano. É uma tentação regressiva da qual os homens maduros e as civilizações maduras dificilmente conseguem libertar-se.

As grandes escolhas que estão na raiz de nossa condição de homens modernos (o matematismo, o corpuscularismo, o mecanicismo) levaram aquilo que chamamos arte e aquilo que chamamos ciência a seguir vias diversas, a mover-se segundo perspectivas que tendem a divergir fortemente e a distanciar-se progressivamente. Tentar aproximá-las, tornar a ligá-las é um empreendimento sem sentido, ou que parece não ter mais sentido. Como ressaltou Cesare Luporini há mais de trinta anos, os desenhos e as pinturas de Leonardo não são o simples instrumento de uma pesquisa científica 'cuja metodologia e cuja lógica estão alhures'. Muitos daqueles desenhos de rochas, plantas, animais, nuvens, movimentos de ar e de água, são 'eles próprios atos de conhecimento científico, ou seja, investigação crítica sobre a realidade natural'. O que qualifica a arte de Leonardo e a torna inconfundível, concluía Luporini, 'é a cientificidade (dentro dos limites históricos que lhe são próprios) de sua mente e de seus interesses'.[4]

Os papéis de Leonardo que chegaram até nós – apontamentos, desenhos e aquela mistura original de textos e desenhos – são como uma janela que permite ver aqueles homens e aquele ambiente para os quais a aproximação e a interpretação, para nós impossível e ilusória, entre ciência e arte pareceram possíveis e se configuraram como reais.

Certa vez, num de seus esplêndidos ensaios, Ernst Gombrich publicou duas fotografias diferentes de Bertrand Russel: uma retratava-o aos três anos de idade, outra (muito conhecida e

---

4. Luporini (1953), p. 136.

frequentemente publicada) com mais de oitenta anos. Dois rostos irreconhecíveis como o mesmo rosto. Reconhecíveis, entretanto, por uma mesma e vivaz atenção do olhar, por uma mesma e concentrada atenção para o mundo. Irreconhecíveis, porém reconhecíveis: esse reconhecimento, uma vez efetuado, configura-se como algo de óbvio e, ao mesmo tempo, como uma percepção estranha, algo que nos perturba. Os historiadores das ideias (uma comunidade à qual pertenço) e os especialistas em Leonardo (uma subcomunidade da qual não faço parte) têm razão: cada fragmento de Leonardo deve ser recolocado num contexto lógico e cronológico preciso, suas fontes devem ser individualizadas e sua gênese esclarecida. Mas a leitura desses fragmentos, o exame daqueles desenhos, uma vez efetuada esta operação necessária, continuam a deixar em cada um de nós aquele mesmo tipo de perturbação.

TERCEIRO CAPÍTULO

BACON E A BÍBLIA

A profecia de Daniel

"O fim do saber é o de reparar a queda de nossos primeiros progenitores, reconquistando o justo conhecimento de Deus". São palavras escritas por John Milton no início do seu *Of Education*. Trata-se de uma expressão significativa, que se refere a uma tradição antiquíssima e que, de formas diversas e com ênfase e intenções diferentes, encontramos em muitos textos do século XVII, já que não poucos poetas, literatos, cientistas e filósofos daquela época tiveram um senso muito vivo da cultura, do saber, da própria poesia como resgate e redenção, como atividades que têm por fim a anulação do 'maldito pecado de Adão' (*that first accursed fall of Adam*, como escreve Philip Sidney na *Apologie*) e a reintegração do homem, a restauração de uma primitiva, feliz e perdida condição humana.

A revolta dos anjos rebeldes, a criação, a tentação e o pecado, a expiação, a regeneração: estes temas atravessam não só os *Hymns* de Spenser e a obra-prima de Milton, mas ainda constituem – como foi ressaltado muitas vezes – um grandioso *esquema teológico* que permeia uma parte muito relevante da cultura. Nos próprios anos

---

As passagens latinas de autores citados e da Bíblia, não esclarecidas pelo contexto, foram traduzidas de forma literal, em notas de pé de página. (N. E.)

da Revolução Científica, esse esquema teológico constitui não o simples resíduo de um distante medievo, mas uma força real e operante, que age sobre a vida e as atitudes, fornece à cultura uma série de orientações, um conjunto de pontos de referência, uma direção ideal, uma terminologia.[1]

Sem dúvida – e este ponto deve ser sublinhado – era possível servir-se do mesmo esquema teológico para teorizar o fatal e inexorável envelhecimento e decadência do mundo, como fizeram não poucos autores entre meados do século XVI e meados do século XVII, ou, pelo contrário, para apresentar-se como defensores do progresso, apologistas do aumento do saber e das invenções, numa época que tinha assistido à descoberta de novos mundos e de novas estrelas.[2]

No prefácio da *Clavis Apocalyptica* de Joseph Mede (o mestre de Whichcote, de More e de Cudworth, que foi um dos maiores estudiosos de assuntos bíblicos da Igreja Anglicana), o calvinista William Twisse referia-se, em 1627, à profecia de Daniel 12, 4: '*Many shall runne to and fro, and knowledge shall be encreased.*' Ele via aí a confirmação de que a sua época estava destinada a assistir ao mesmo tempo à abertura do mundo mediante a navegação e o comércio e ao progresso cada vez mais rápido da ciência. Neste texto, a adesão ao milenarismo e as esperanças numa total redenção conjugavam-se, de maneira significativa, com a interpretação baconiana da profecia de Daniel.

'*Multi pertransibunt et multiplex erit scientia*': a exploração das regiões da Terra e da ciência – tinha escrito Bacon na *Redargutio philosophiarum* – parecem ligadas uma a outra como por um vínculo. As duas pareciam-lhe unidas não só pela razão, mas também pelo oráculo do profeta: '*ac si orbis terrarum pertransitus sive peragratio, et scientiarum augmenta sive multiplicatio, eidem aetati ac saeculo destinarentur*'.[3]

---

1. Tillyard (1963), p. 29; Villey (1950), p. 57-95.
2. Tuveson (1964); Haydn (1960).
3. Bacon (1857-92) ,v. 3, p. 584. "(...) como se a translação e o percurso da órbita das terras e os aumentos e a multiplicação das ciências, se juntassem na mesma idade e no mesmo século."

A presença na obra de Bacon de toda uma série de referências ao texto bíblico, de uma simbologia extraída do Antigo e do Novo Testamento, também foi sublinhada por Benjamin Farrington.[4] O título do *Temporis partus masculus, sive instauratio magna imperii humani in universum*, que será não por acaso retomado na obra maior de 1620, faz referência à grande promessa do Gênese; a terceira parte da *Instauratio*, concernente à preparação da história natural, era designada por Bacon pelo termo *Parasceve*, que indica, no Novo Testamento, o dia de preparação para o sábado hebraico; Bensalem é o nome da ilha da *Nova Atlântida*, e a grande fundação que é dedicada ao estudo das obras e das criaturas de Deus chama-se Casa de Salomão ou Colégio das Obras dos Seis Dias. Mas não se trata de arrolar as inúmeras citações bíblicas que ocorrem na obra de Bacon, que se refere ao episódio da unção de Davi para explicar a diferença entre a antiga e a nova indução.[5] Trata-se sobretudo de levar em conta duas coisas: em primeiro lugar, o fato de que a recusa baconiana da cultura grega e da filosofia escolástica nasceu no plano de uma condenação moral, de uma acusação de impiedade religiosa e de uma contraposição da Bíblia à filosofia de Aristóteles; em segundo lugar, o fato de que a reforma do saber, pela qual Bacon trabalhou incansavelmente, foi por ele conscientemente inserida no grande esquema teológico do pecado, da expiação e da redenção.

Aristóteles como anticristo

A ideia de que o gênero humano se perdeu a si próprio e avançou tateando, como um cego, pelo caminho difícil do saber é um dos elementos centrais da filosofia de Bacon. Aos dezesseis anos, se acreditarmos nas palavras de William Rawley, Bacon

---

4. Farrington (1964), p. 21-26. "O Parto Masculino do Tempo ou a Grande Instauração do Império do Homem sobre o Universo." (Título da obra de Bacon)
5. Bacon (1857-92), v. 1, p. 620.

sentiu pela primeira vez um sentimento de decidida aversão pela filosofia de Aristóteles, que lhe aparecia como "adequada apenas às disputas e controvérsias, mas estéril de obras proveitosas para a vida do homem".[6] As obras contrapostas às controvérsias: a consciência de que uma diferente *função* atribuída ao saber comportava uma ruptura decisiva com uma tradição milenar atravessa toda a obra de Bacon, desde *Temporis partus masculus*, de 1602, até *De principiis et originibus*, de 1623-24. Na história da raça humana, teve início uma época nova: na crítica à tradição, não se trata apenas de refutar os erros e mentiras mais simples, acendendo aqui e ali alguma luz tênue que ilumine os ângulos mais escondidos. Trata-se de dissipar as trevas que os séculos adensaram; não de lançar-se no conflito para tomar a defesa de uma das partes em luta, mas de perceber que a batalha é travada por fantasmas e sombras, por corruptores dos espíritos e por falsificadores das coisas. Aquilo de que Bacon, no *Temporis partus masculus*, acusa os filósofos da antiguidade, chamando-os à barra dos tribunais para prestar contas de suas culpas, não é uma série de erros de caráter teórico. Platão e Aristóteles, Galeno e Cícero, Tomás e Duns Scot, Cardano e Paracelso podem ser colocados todos no mesmo plano, são merecedores das mesmas acusações e necessariamente partícipes do mesmo destino. A 'culpa' da qual essas filosofias são a expressão parece a Bacon tão monstruosa que ele não concebe que se possa tratar de argumentos '*tam profana et polluta*'[7] sem uma certa vergonha e sem profanar-se de algum modo. Trata-se de substituir essas filosofias não por uma filosofia que pretenda ocupar o lugar daquelas movendo-se no mesmo terreno, mas por uma atitude nova diante da natureza, uma atitude que requer não só um novo método de transmissão do saber e de comunicação entre as mentes, mas também um novo conceito de verdade, uma nova moralidade, uma lenta e paciente obra de refinamento e purificação do intelecto.

6. *Ibid.*, v. 1, p. 4.
7. *Ibid.*, v. 3, p. 536.

A CIÊNCIA E A FILOSOFIA DOS MODERNOS

Aquelas filosofias são a expressão de uma atitude moralmente culpada. Em lugar do apreço pela realidade, da consciência dos limites, do respeito pela obra do Criador que deve ser humildemente ouvida e interpretada, a tradição filosófica coloca 'as astúcias do engenho e a obscuridade das palavras' e 'uma religião adulterada'. Todas estas degenerações derivam daquele pecado de soberba intelectual que tornou a filosofia estéril de obras e semelhante a uma mulher incapaz de procriar. Esta esterilidade nada mais é que a consequência da dupla pretensão deixada como herança pela filosofia grega: a pretensão de substituir por soluções verbais perfeitas e harmônicas as tentativas pacientes de folhear as páginas do livro da natureza; a pretensão de encerrar, dentro da particularidade de um princípio e de uma doutrina, a universalidade do saber e a totalidade da natureza.

A variedade das doutrinas e das filosofias – afirma Bacon na *Redargutio philosophiarum* – é apenas aparente: na realidade, elas são apenas uma parte da filosofia grega que foi alimentada por séculos não nos bosques da natureza, mas nas escolas e nas celas dos monges. As ideias de Aristóteles, de Platão, de Hipócrates, de Galeno, de Euclides, de Ptolomeu são a única fonte da aparente variedade atual:

> Vede portanto que vossas riquezas estão nas mãos de poucos e que as esperanças e as fortunas de todos os homens estão colocadas talvez em seis cérebros. Deus não vos dotou de almas racionais para que presteis aos homens o tributo que deveis ao vosso Autor (vale dizer, a fé que deveis a Deus e às coisas divinas), nem vos concedeu sentidos firmes e eficientes para estudar os escritos de poucos homens, mas para estudar o céu e a terra que são obra de Deus. Celebrando os louvores de Deus e elevando um hino ao vosso Criador podeis aceitar que façam parte do coro até mesmo aqueles homens. Não há nada que vos impeça.[8]

À 'culpa' inicial dos gregos, que produziram uma filosofia incapaz de procriar, veio acrescentar-se uma segunda culpa ainda mais grave: os modernos confiaram e confiam o seu destino àquela

---

8. *Ibid.*, v. 3, p. 561.

estéril filosofia, substituíram o culto da natureza, que é obra de Deus, pelo culto de alguns filósofos da antiguidade. A esta atitude idolátrica corresponde uma renúncia às faculdades que Deus concedeu aos homens.

Quando se tem presente o terreno religioso sobre o qual nasce e do qual se alimenta esta condenação, não é de espantar a aproximação entre a figura de Aristóteles e a do Anticristo:

> Há uma pergunta que devemos fazer a nós mesmos: Aristóteles é realmente um grande homem porque dominou a época que o precedeu e a que o sucedeu? Grande sem dúvida, mas não maior que o maior dos impostores. A característica típica da impostura, do Príncipe dos impostores, o Anticristo, é a seguinte: 'Eu vim em nome do Pai – disse a própria Verdade – e vós não me recebestes; se alguém vier em seu próprio nome, vós o recebereis'. Ouvistes, meus filhos. Cristo disse que aquele que vem em nome do Pai – e num sentido piedoso e verdadeiro, embora não literal, isso quer dizer 'em nome da antiguidade' – não será recebido; mas aquele que subverte e destrói tudo o que existiu antes, que usurpa para si próprio a autoridade e vem em seu próprio nome, será seguido pelos homens. Se há alguém em filosofia que veio em seu próprio nome, este é Aristóteles que em cada argumento só pediu conselho a si próprio, que desprezou de tal modo a antiguidade que só se dignou a nomear algum dos antigos apenas para refutá-lo e insultá-lo.[9]

Basta ler as páginas da *Historia naturalis et experimentalis ad condendam philosophiam*, escritas por Bacon nos últimos anos de sua vida, para perceber não só a persistência do tema religioso que está na base da polêmica baconiana, mas também o modo pelo qual esta condenação do pensamento grego vai se entrelaçando com a discussão sobre a queda original e com o motivo da sapiência dos antigos:

> Nós expiamos e simultaneamente renovamos o pecado de nossos progenitores. Estes quiseram ser iguais a Deus; nós descendentes queremos mais, porque criamos mundos, elevamo-nos acima da natureza e a dominamos, pretendemos que todas as coisas sejam consentâneas à nossa fatuidade e não à sapiência divina, e que as coisas não sejam como elas são;

---

9. *Ibid.*, v. 3, p. 567. Cf. Rossi (1974), p. 88, 99-102.

e não sei se estamos torcendo mais as coisas ou os nossos engenhos. Imprimimos inteiramente as marcas da nossa imagem sobre as criaturas e sobre as obras de Deus, ao invés de observar com cuidado e reconhecer nelas as marcas do Criador. Por isso, não sem razão, caímos uma segunda vez da soberania sobre as criaturas. Se mesmo depois da queda nos era deixado, não obstante, um certo poder sobre as criaturas relutantes, o poder de vencê-las e subjugá-las com verdadeiras e sólidas artes, perdemos em grande parte também este poder pela nossa insolência e pela nossa pretensão de ser iguais a Deus e de seguir apenas os ditames da nossa razão.[10]

Portanto, confiando-se ao pensamento grego, os homens perpetuaram por séculos as consequências do pecado. Nos tempos remotos, anteriores à poesia de Hesíodo e de Homero, ainda não submetidos ao intelectualismo aristotélico, eles tinham conseguido, pelo menos em parte, resgatar-se do pecado e conservar um certo domínio sobre a natureza. Mas esta antiga sapiência, da qual nos restam traços através das fábulas antigas, foi novamente perdida. Renovou-se na Grécia a soberba pretensão de Adão e os homens perderam mais uma vez o seu domínio sobre a criação.

Deste ponto de vista, explica-se como a filosofia escolástica, que se dedicou principalmente ao ensinamento aristotélico, parece a Bacon uma *típica forma de impostura religiosa*.

No *Advancement of Learning*, de 1605, Bacon afirma que a soberba levou os escolásticos a desprezar os oráculos da palavra divina e a dissolvê-la na mistura de suas invenções; a mesma arrogante soberba que caracteriza a teologia dos escolásticos manifestou-se na sua filosofia: na atitude diante da natureza, no abandono das obras de Deus, na adoração das imagens falsas e deformadas do mundo, produzidas pela mente ou extraídas dos textos de uns poucos autores.[11]

A *impiedade* da escolástica manifesta-se numa dupla direção: na construção de uma teologia racional que visa definir e conhecer a essência divina; no abandono do grande livro da natureza e das

---

10. Bacon (1857-92), v. 2, p. 14.
11. *Ibid.*, v. 3, p. 287.

obras nas quais Deus manifestou sua potência. As palavras de Paulo '*devitans profanas vocum novitates et oppositiones falsi nominis scientiae*'[12] não valem apenas para o tempo em que foram escritas. Elas têm um valor profético, destinadas, como são, a atingir a novidade e a estranheza dos termos e o rigor dogmático que leva às altercações. O saber degenerado dos escolásticos nasce de seu sólido e agudo intelecto, de sua grande disponibilidade de tempo, da escassez de suas leituras, da pobreza de seus conhecimentos históricos, da insuficiência de suas noções de história natural. Quando a mente humana trabalha sobre as obras reais de Deus, encontra um limite nelas, mas quando trabalha apenas sobre si mesma, como uma aranha que tece sua teia, fica absolutamente privada de limites e produz tramas admiráveis, mas frívolas e inúteis.[13]

Daí a multiplicação quase infinita das distinções, das questões e dos comentários. Daí a atitude assumida ante as Sagradas Escrituras. Estas são como a fonte da água da vida; a água pode ser represada numa cisterna e passar através de canos para chegar à boca dos homens, ou pode ser bebida diretamente na fonte. Os escolásticos reduziram a teologia a uma arte, codificaram-na e conceberam-na como uma cisterna da qual derivam os rios das várias doutrinas e posições. A paixão pelo sumário e pela brevidade, típica da mentalidade dos escolásticos, se converte então no seu oposto. Os resumos parecem obscuros e a obscuridade requer explicações e comentários que se tornam enormemente mais amplos que os textos originais que tinham sido resumidos.

Os escritos originais e os textos dos Padres, que deviam ser explicados, são desse modo esquecidos. Como na investigação sobre a natureza aumenta o perigo de erro à medida que se afasta dos pormenores, assim também relativamente às Escrituras, afastando-se progressivamente do texto mediante 'inferências e conse-

---

12. Timóteo I, 6, 20. "... evitando as novidades profanas das palavras e as oposições da falsa ciência."
13. Bacon (1857-92), v. 3, p. 285 ss. (cf. v. 1, p. 453; v. 3, p. 187).

A CIÊNCIA E A FILOSOFIA DOS MODERNOS

quências', acaba-se por diluir o texto, perdendo-se o seu significado.[14]

A escolástica carrega portanto a responsabilidade histórica deste *processo de afastamento de Deus e das Escrituras*: ela "incorporou na religião cristã a filosofia contenciosa e desordenada de Aristóteles"; contribuiu para corromper profundamente a ciência de Deus e das obras divinas; afastou os homens de um contacto direto com os textos sagrados. Confundindo as coisas divinas com as coisas humanas, gerou enfim uma situação extremamente danosa para o progresso do saber. Nessa filosofia, parecem ter direito de cidadania só as opiniões já difundidas: as novas regiões da ciência, os territórios ainda inexplorados da cultura são considerados com suspeita por parte da religião.[15]

O retorno aos Textos Sagrados

O gosto pelas palavras destruiu a pureza da fé. A procura de um saber mais fecundo em resultados, mais respeitoso com a natureza, vinha identificar-se, sem resíduos, com a exigência de um retorno à pureza dos textos sagrados e à simplicidade da fé. Estas ideias tinham atravessado toda a cultura europeia. Em tom e forma diversas, a acusação de corrupção da mensagem evangélica, dirigida aos escolásticos, tinha sido expressa em inúmeros textos da época do humanismo:

> Neste século, os doutores da Igreja geram e acumulam sentenças sobre sentenças, mas obscurecem e depravam horrivelmente toda a teologia.[16]

A acusação de obscuridade está estreitamente ligada à de uma adulteração do cristianismo, derivada do conúbio com o ímpio Aristóteles:

---

14. *Ibid.*, v. 3, p. 483 ss.
15. *Ibid.*, v. 3, p. 596, 499; v. 2, p. 596 ss.
16. Citado em Cantimori (1936), p. 18.

> Na verdade, por cerca de quatrocentos anos, os teólogos escolásticos fizeram uso das impiedades de Aristóteles como fundamentos da fé (...) e procuraram construir a piedade por meio da impiedade.[17]

Erasmo, em textos muito conhecidos, tinha dado força a esses motivos:

> Este tipo de teologia é de tal modo contaminado por Aristóteles, por invenções humanas, por leis profanas, que não sei se ainda conserva algum sabor do puro e sincero Cristo (...) O que há de comum, por misericórdia, entre Cristo e Aristóteles?[18]

Justamente na Inglaterra, durante os primeiros trinta anos do século, na obra de John Colet, de Thomas Morus, de Tyndale, manifestou-se com particular intensidade a exigência de um retorno à original pureza da fé cristã. E voltou muitas vezes a acusação, dirigida às escolas, de dar lugar a uma danosa mistura de filosofia e teologia. Tyndale protestava contra o Papa e o clero que 'medle philosophye with the thynges of God'. John Colet, em 1521, ao insistir sobre a importância da leitura direta do texto sagrado, para além dos comentários, falava da 'arrogância' de Tomás de Aquino e via na sua obra a tentativa de misturar a doutrina de Cristo com as filosofias profanas. Três anos antes, em março de 1518, numa célebre carta dirigida às autoridades da Universidade de Oxford e escrita em defesa da cultura humanística, Thomas Morus tinha afirmado que, além do pouco e pobre latim necessário à leitura das *quaestiones*, era necessário voltar à compreensão dos textos de Agostinho e Jerônimo, de Ambrósio e Cipriano, de Crisóstomo, Gregório e Basílio, porque nesses textos, agora injustamente desprezados, e não naquelas insignificantes 'questões' de moda, estava solidamente presente a base da teologia cristã.[19]

Se considerarmos a *Scriptorum Ecclesiasticorum Historia Literaria*, do anglicano William Cave, um texto bastante conhecido

---

17. Citado em Garin (1961), p. 470.
18. *Opus epistolarum*, v. 2, p. 101.
19. Harbison (1956); Caspari (1954).

e importante composto no fim do século XVII, encontramos tanto a condenação da escolástica quanto aquela exigência de retorno à fé dos Apóstolos, além da tentativa de traçar um quadro histórico das alternâncias do pensamento cristão. Nos primeiros séculos da história da Igreja, os Apóstolos e os Padres difundiram a singela e pura doutrina de Cristo numa linguagem límpida, adaptada à compreensão de todos. Em seguida, com Abelardo e Pietro Lombardo e depois com seus adeptos, a teologia tornou-se uma espécie de *ars disputandi*, como que dispersa numa quantidade infinita de questões, perdeu-se nas distinções e nas argúcias, sendo construída para satisfazer à sutileza mental dos teólogos do século XIII. Apareceram as seitas dos Nominalistas, dos Realistas e dos Scotistas, as '*familiae Sententiariorum et Quodlibetariorum*', em perpétua luta entre si. A teologia escolástica, que reinou sobre as escolas cristãs, chamou em sua ajuda a filosofia de Aristóteles, extraída das fontes turvas e lacunosas dos árabes, e assim Aristóteles exerceu seu império sobre a própria teologia: "No lugar de Paulo, por muitos séculos, ditou cátedra quase só Aristóteles."[20]

Bacon certamente não tinha poupado críticas às atitudes e às doutrinas dos Humanistas. O culto excessivo dos antigos autores, o ódio pela filosofia das escolas, a insistência sobre o estudo de línguas, a necessidade de elaborar uma refinada arte de persuasão: estas, para Bacon, são as causas que deram origem ao fenômeno da eloquência humanística e que levaram os Humanistas a antepor os períodos bem-arredondados e o ritmo das desinências ao peso das coisas reais, ao vigor dos raciocínios, à força das invenções.[21] O saber delicado (*delicate learning*) dos Humanistas, feito de vãs afetações, é posto por Bacon no mesmo plano do 'saber contencioso' da escolástica e do 'saber fantástico' dos cultores da magia e da alquimia. Entretanto, um dos motivos centrais e decisivos da sua reforma da cultura derivava de modo direto justamente da

---

20. Cave (1705), p. 615.
21. Bacon (1857-92), v. 3, p. 282-85.

polêmica dos Humanistas (acolhida por não poucos expoentes da Reforma) contra a *impiedade* da filosofia de Aristóteles.

A recusa do exemplarismo

Não é o caso de ficar repetindo aqui coisas bem-conhecidas sobre a extraordinária importância da leitura da Bíblia no período da cultura e da vida inglesa que vai de Wycliffe a Bacon. Na realidade, como já foi sublinhado por muitos, a radical mudança de horizontes e de perspectivas culturais que se efetuou na Inglaterra na primeira metade do século XVII coincidiu com a substituição de Aristóteles pela Bíblia, com o reflorescimento dos estudos orientais e de hebraico, com a extraordinária difusão dos livros de devoção e de coletâneas de sermões.[22]

Esses livros e essas coletâneas são bem conhecidos por Bacon que lhes dá uma avaliação muito positiva. Nos últimos quarenta anos (lemos nas páginas do *Advancement*), dispersas numa quantidade de sermões, foram feitas na Inglaterra inúmeras observações sobre os textos das Sagradas Escrituras. Esta literatura, 'não reduzida à arte, não dilatada em anotações, não à caça de controvérsias', é contraposta à teologia sistemática e aos minuciosos comentários da Bíblia. Uma vez reunidas, escoimadas de inúteis prolixidades, dispostas numa sequência ordenada, essas observações constituiriam a melhor obra de argumento religioso já escrita desde o tempo dos Apóstolos.[23]

Uma das consequências mais evidentes da oposição de Bacon 'ao iníquo e falaz conúbio' entre ciência e teologia é a polêmica contra aquela literatura rabínica, cabalística e paracelsista que procura fundamentar a filosofia natural sobre o primeiro capítulo do Gênese, sobre o livro de Jó e outras passagens das Escrituras. Estes empreendimentos, que tentam desacreditar como pagãs e

---

22. Lockwood e Bainton (1941).
23. Bacon (1857-92), v. 3, p. 477 ss.

A CIÊNCIA E A FILOSOFIA DOS MODERNOS

profanas qualquer outra forma de investigação, resultam para Bacon não numa exaltação, mas num desprezo pelas Escrituras. O céu e a terra, que são coisas transitórias e não eternas, são em vão procurados nas palavras de Deus, das quais foi dito: "O céu e a terra passarão, mas não passarão as minhas palavras."[24]

A recusa das filosofias de tipo gnóstico-hermético, nas quais os temas do hermetismo misturam-se com uma cosmologia bíblico-neoplatônica, é clara e precisa nas páginas de Bacon. Em polêmica direta com Paracelso e talvez também com Robert Fludd, Bacon contrapõe ao alegorismo bíblico uma concepção diferente da natureza. Todavia, ele não exclui absolutamente a presença, no texto sagrado, de axiomas verdadeiros e próprios da natureza e de doutrinas cosmológicas e astronômicas. O Levítico parece-lhe conter tais axiomas,[25] o livro de Jó parece-lhe 'pleno e quase grávido dos mistérios da filosofia natural'; na pessoa do Rei Salomão, Bacon não vê apenas o compositor de insignes parábolas morais, mas também o autor da história natural dos vegetais e dos animais.[26]

Mas permanece o fato de que Bacon rechaça com decisão toda 'filosofia natural' que se baseia na leitura alegórica dos textos sagrados. Isto significava afastar-se dos temas do exemplarismo e do simbolismo, tão largamente difundidos na tradição filosófica e ainda bem vivos no século XVII; continha a recusa de uma imagem do mundo entendido como *explicatio* da infinita *complicatio* divina; comportava a negação de toda doutrina do analogismo do ser e a reafirmação da absoluta transcendência divina:

> Como todas as obras mostram o poder e a capacidade de seu artífice, e não a sua imagem, assim as obras de Deus mostram a onipotência e a sabedoria do seu autor, mas não a sua imagem. Neste ponto, a opinião dos pagãos difere da sagrada verdade: eles concebiam (*supposed*) que o mundo fosse a imagem de Deus e que o homem fosse um resumo ou uma compendiosa imagem do mundo.[27]

---

24. *Ibid.*, v. 3, p. 486; Marco 13, 31.
25. Levítico 13, 12-15.
26. Bacon (1857-92), v. 3, p. 297-99. Sobre Fludd veja-se Cafiero (1964).
27. Bacon (1857-92), v. 3, p. 349 ss.

Juntamente com a doutrina do homem-microcosmo caía a concepção do mundo como 'imagem viva' de Deus. A distinção, ampla e sutilmente teorizada nos textos de Bacon, entre a *vontade* e a *potência* de Deus, parece, deste ponto de vista, de importância singular. '*Erratis nescientes Scripturas et potentiam Dei*':[28] o Salvador nos propõe dois livros para estudar, 'o das Escrituras que revela a vontade de Deus, e o das criaturas que revela a potência de Deus'.[29] Nas escrituras 'escrutadas' revela-se a vontade, nas naturezas 'contempladas' revela-se a potência do Senhor.[30] '*Coeli enarrant gloriam Dei, atque opera manuum eius indicat firmamentum*':[31] este versículo dos Salmos é muitas vezes citado por Bacon. A imagem do mundo, logo após o Verbo, é índice da divina sapiência e potência e, todavia, as Escrituras não chegam a atribuir ao mundo a honra de ser chamado 'imagem de Deus'; limitam-se a considerá-lo 'a obra de suas mãos', nem falam de outra imagem de Deus que não seja o homem. A teologia sagrada deve então extrair seu alimento da palavra e do testemunho de Deus, não da luz da natureza, e a teologia natural (que é aquele vislumbre de conhecimento de Deus que se pode extrair da contemplação da criação) não pode extrair do conhecimento das coisas naturais conjecturas em torno dos mistérios da fé. Deus 'só é semelhante a si mesmo, fora de qualquer metáfora', e não tem nada em comum com as criaturas. Não é portanto legítimo esperar do estudo das coisas sensíveis e materiais qualquer luz sobre a natureza e a vontade divinas. A contemplação das coisas criadas produz conhecimento das criaturas. Em relação a Deus, porém, produz aquela maravilha que é quase a falência da ciência. É portanto verdadeira aquela sentença platônica, afirma Bacon referindo-se a Filone, segundo a qual os sentidos abrem para a luz das coisas naturais, mas fecham a vista para as coisas divinas.[32]

---

28. Mateus, 22, 29.
29. Bacon (1857-92), v. 3, p. 221, 597.
30. *Ibid.*, v. 3, p. 501.
31. Salmos 18, 2. "Os céus narram a glória de Deus e o firmamento proclama a obra de suas mãos."
32. Bacon (1857-92), v. 3, p. 218, 267.

A ciência não é mefistofélica

Até mesmo as considerações desenvolvidas por Bacon sobre o pecado original respondem a esta dupla exigência: manter nitidamente separados os dois campos da teologia e da ciência; mostrar que as preocupações dos homens religiosos diante do desenvolvimento da ciência não têm nenhuma razão de ser. A 'queda' inicial que selou irremediavelmente o destino do homem não depende, para Bacon, da *ciência natural* das criaturas, mas da pretensão humana à *ciência do bem e do mal*. O homem acreditou impiamente que os mandamentos e as interdições de Deus não eram os princípios do bem e do mal; quis conhecer sua origem apoiando-se unicamente em si mesmo e no próprio arbítrio, afastando-se de Deus.[33] Mas um ponto sobretudo Bacon pretende esclarecer: *a ciência da natureza não é mefistofélica*:

> O anjo da luz, na presunção anterior ao seu pecado, disse a si mesmo: *eu quero subir e ser igual ao Altíssimo*. Não Deus, mas o Altíssimo; porque ser igual a Deus na divindade não fazia parte da sua emulação. Sendo ele, pela criação, um anjo da luz, o conhecimento não era a necessidade que mais o solicitava. Só porque era um ministro, aspirava à supremacia, por isso sua escalada ou ascensão foi transformada numa queda e numa precipitação.
>
> De outro lado, o homem, quando foi tentado antes de pecar, pretendeu *tornar-se igual a Deus*. Mas como? Não genericamente, mas especificamente, *no conhecimento do bem e do mal*. Sendo investido, pela criação, da soberania sobre todas as criaturas inferiores, o homem não tinha necessidade de poder ou de domínio, mas, sendo um espírito há pouco encerrado num corpo de barro, estava pronto para ser estimulado pelo desejo da luz e pela liberdade de conhecer. Portanto, esta aproximação e intromissão nos segredos e nos mistérios de Deus foi punida com o afastamento e a separação da presença de Deus.[34]

A mente humana, saída das mãos do Criador, era semelhante a um espelho capaz de refletir a totalidade do mundo e desejosa de

---

33. *Ibid.*, v. 3, p. 264 ss.; v. 1, p. 132.
34. *Ibid.*, v. 3, p. 217.

compreendê-lo. Assim, como o olho deseja a luz, o homem estava possuído de um puro e primigênio conhecimento da natureza e, à luz deste conhecimento, foi capaz de impor nomes, segundo a sua natureza, aos animais do Paraíso terrestre. Não este puro e casto saber, mas a pretensão humana à ciência do bem e do mal, a vontade pecaminosa do homem de fazer suas próprias leis e de penetrar nos mistérios de Deus, estão na origem da queda. Com o pecado, o homem perdeu simultaneamente a sua liberdade e a pura iluminação do intelecto. O céu e a terra, originalmente criados para o uso do homem, ficaram também sujeitos à corrupção. Entre 'o espírito do homem e o espírito do mundo' surgiu uma fratura profunda e a mente tornou-se semelhante a um 'espelho encantado', que refletia, distorcidos, os brilhos das coisas. Os *idola*, os vários e vãos fantasmas que assediam e perturbam a mente, tiram vida não só dos estudos e da educação, mas da própria natureza humana.

Mas fêz-se ouvir a grande palavra da promessa: mediante a religião e a fé, o homem poderia recuperar o estado de justiça no qual Deus o tinha criado; mediante as artes e as obras poderia conquistar novamente o seu domínio sobre as coisas. Depois da maldição divina, o mundo não se tinha tornado completamente rebelde ao homem: com o suor do rosto seria ainda possível submetê-lo à utilidade da vida humana. Por meio daquele conhecimento da natureza que é poder sobre a natureza, os homens 'tinham conservado um certo poder sobre a natureza rebelde'. Mas eles renovaram o pecado de soberba de seus progenitores e, perpetuando-o nos séculos, pretenderam ser iguais a Deus. Criaram mundos fantásticos semelhantes a imitações do mundo real, acreditaram poder substituir o suor do rosto por algumas gotas de elixir, com espírito ímpio e arrogante imprimiram sua marca sobre as criaturas. São estes mundos fantásticos e estas ímpias construções que devem ser destruídos, a fim de que o intelecto tenha novamente condições de espelhar a realidade e a fim de que 'seja preparado o tálamo para as núpcias da Mente e do Universo'. Juntamente com aqueles mundos cairão aquelas 'antecipações'

A CIÊNCIA E A FILOSOFIA DOS MODERNOS

com as quais se quis *preceder* em vez de *entender* a experiência, e cairá também aquela atitude de arrogante soberba que despojou o homem da reverência e da humildade necessárias diante do livro do mundo.[35] Na raiz da teoria baconiana dos *idola* está, portanto, a convicção de que a situação da mente diante das coisas não é *de fato* a que deveria ser *de direito*. A obra de liberação e de purificação das mentes, para Bacon, coincide, desse modo, com uma reforma da atitude do homem diante do mundo. Insere-se não apenas numa tentativa de reforma do conhecimento, mas também em outra, muito mais ampla, de uma modificação profunda da moralidade e do espírito religioso.

'*Nisi conversi fueritis et efficiamini sicut parvuli, non intrabitis in regnum caelorum*':[36] a mesma disposição, afirma muitas vezes Bacon,[37] deve ser assumida para entrar no reino da natureza. A luta contra as falsas imagens presentes no homem parece um meio para realizar a divina promessa e levar a bom termo a obra da redenção. É preciso que o homem esteja novamente em condições de 'receber as verdadeiras imagens das coisas'. A este escopo deverá servir a lógica nova:

> Deus não nos permita oferecer sonhos da nossa fantasia em lugar de uma cópia fiel do mundo, mas antes consinta benignamente que possamos escrever um apocalipse e uma verdadeira visão dos vestígios e das marcas que o Criador imprimiu sobre as criaturas. E tu, ó Pai, que como primeiro fruto da criação deste às criaturas a luz visível e sopraste sobre o rosto do homem a luz intelectual como conclusão de tua obra, protege e guia esta obra que deriva da Tua bondade e visa à Tua glória. Depois que volveste a olhar as obras criadas pela Tua mão, viste que todas eram boas, e descansaste. Mas o homem, quando se voltou para olhar as obras realizadas pelas suas mãos, viu que tudo era apenas vaidade e tormento do espírito; e não descansou de maneira nenhuma. Se molharmos então com nosso suor as obras por Ti criadas, seremos partícipes da Tua visão e do Teu sábado. A Ti suplicamos para que nossa mente seja bem firme sobre estas

---

35. *Ibid.*, v. 3, p. 224, 241-45, 264 ss., 607, 617.
36. Mateus 18, 3. "Se não vos tornardes crianças, não alcançareis o reino de Deus."
37. Bacon (1857-92), v. 3, p. 617; v. 1, p. 620 ss.; v. 2, p. 14.

coisas e, mediante nossas mãos e as mãos daqueles aos quais deste a nossa mesma intenção, Te dignes dispensar novas esmolas à família humana.[38]

Com esta prece, Bacon encerrava, em 1620, a *Distributio operis*. Esta tinha sido inserida naquela *Instauratio* à qual Bacon tinha confiado suas mais altas esperanças e que resumia o trabalho de toda a sua vida.

A redenção pelas obras

A *Instauratio* configura-se então para Bacon como a tentativa de reconquistar aquilo que o pecado nos arrebatou. Surge como um *retorno* a um passado distante e perdido, às antigas e felizes condições de vida; é um caminho difícil e lento para reconduzir o homem ao seu originário estado de perfeição. A reforma da ciência era apresentada como uma interpretação do cristianismo:

> Se existe ainda humildade para com o Criador, se existe ainda reverência e admiração pelas suas obras, se existe caridade nos homens e ansiedade de elevar-se das necessidades e das tribulações, se existe ainda amor pela verdade nas coisas naturais e ódio pelas trevas, e desejo de purificar o intelecto; os homens devem ser instados e solicitados para que (destituindo ou deixando de lado aquelas filosofias volúveis e subvertidas, que antepuseram as teses às hipóteses e aprisionaram a experiência, triunfando sobre as obras de Deus) submissamente e com certa veneração se juntem para folhear o livro das criaturas, e se detenham nele e o meditem; e despojados e purificados das opiniões, com pureza e integridade o estudem. Aqui está contida aquela língua e aquela fala que brotou em todos os confins da Terra, e que não entrou na confusão babilônica; aqui aprendam os homens a ser de novo crianças e, uma vez crianças, se dignem reaprender o a-bê-cê desta língua.[39]

A ciência, para Bacon, não é uma realidade cultural indiferente aos valores éticos. Enquanto polemizava com os ideais da magia e

---

38. *Ibid.*, v. 1, p. 145.
39. *Ibid.*, v. 2, p. 14 ss.

A CIÊNCIA E A FILOSOFIA DOS MODERNOS

com o saber oculto dos alquimistas, recusava a redução da cultura à retórica, defendia o valor cultural das artes mecânicas, contrapunha à atitude daqueles que querem amplificar a potência de sua pátria a justa exigência de operar em favor de todo o gênero humano, Bacon referia-se ao estado de Adão antes do pecado:

> Não é o prazer da curiosidade, nem a tranquilidade da resolução, não é a elevação do espírito, nem a vitória ou a argúcia, não é a habilidade do discurso, nem o lucro na profissão, não é a ambição de honra e fama, nem a habilidade nos negócios que constituem os verdadeiros fins do conhecimento. Alguns desses são mais nobres que outros, mas todos são inferiores e degenerados. O verdadeiro fim do conhecimento é a restituição e a restauração (em grande parte) do homem à soberania e ao poder que ele tinha no primeiro estágio da criação (porque quando ele for capaz de chamar as criaturas pelos seus verdadeiros nomes, poderá novamente comandá-las). Para falar com clareza e simplicidade, esse fim consiste na descoberta de todas as operações e possibilidades de operação: desde a imortalidade (se é possível) até a mais desprezada arte mecânica.[40]

Exposto à morte e à doença, fechado nos breves limites da existência, posto diante da vaidade das coisas, o homem pode, *mediante as obras*, redimir-se do pecado e reconquistar o poder perdido sobre o mundo. Aquilo que se pede à religião, isto é, que a fé seja demonstrada pelas obras, vale também para a filosofia natural: mais que pelas argumentações e observações dos sentidos, a verdade é comprovada pelas obras.[41] Por meio dos milagres, o Salvador submeteu a natureza e mostrou a sua potência. Moisés, Elias, Elísio, Pedro e Paulo exterminaram milagrosamente seus inimigos e os inimigos da fé; os milagres de Cristo foram todos voltados ao bem do corpo e ao alívio de tristes condições humanas.[42] Ele foi movido apenas pela caridade. E é a caridade, na qual jamais é possível exceder, que pode tolher o veneno injetado na ciência pela serpente. Esse constitui o fim último do saber:

---

40. *Ibid.*, v. 3, p. 222.
41. *Ibid.*, v. 3, p. 612.
42. *Ibid.*, v. 3, p. 299; v. 1, p. 468.

Queremos advertir todos os homens para que aperfeiçoem e cultivem a ciência em espírito de caridade. A sede de poder causou a queda dos anjos; a sede de ciência a dos homens. Mas em matéria de caridade não se pode pecar por excesso: nenhum anjo e nenhum homem jamais esteve em perigo por causa dela.[43]

O saber mudou de *função*: não é nem contemplação nem tentativa de decifrar as estruturas últimas do real. Bacon concebe a ciência como *venatio*, como caça, como tentativa de penetrar em território desconhecido com vistas a fundar o *regnum hominis*. Até mesmo este tema, que constitui o elemento central do pensamento baconiano, é relacionado por Bacon com o texto da Bíblia. '*Gloria Dei est celare verbum, et gloria regis investigare sermonem*':[44] como se Deus se divertisse com a brincadeira inocente das crianças que se escondem para ser achadas. A glória da descoberta (ao contrário da glória que deriva do poder político) é o signo da nobilidade da natureza humana. A luz da ciência é pura e sem malefício. Seu uso pode ser pervertido, os homens podem extrair 'instrumentos de vício e de morte' das artes mecânicas. A luz da ciência, entretanto, enquanto desejo de descoberta, não pode de modo algum ser manchada por elas.[45]

O mundo não é a imagem de Deus

Empenhado numa batalha cultural que sabia áspera e difícil; disposto a adotar formas diferentes, que vão da polêmica violenta do *Temporis partus masculus* ao pacato alegorismo do *De sapientia veterum*; pronto a reescrever e a censurar suas próprias obras, eliminando tudo que pudesse soar como ofensa aos ambientes católicos e tradicionalistas; atento aos movimentos políticos, culturais e religiosos de seu tempo; cauteloso, diplomático e ao mesmo

---

43. *Ibid.*, v. 3, p. 185 ss., 265 ss.; v. 1, p. 131 ss., 435, 742.
44. Provérbios, 25, 2. "É próprio da glória de Deus ocultar as palavras e da glória do rei descobrir os seus termos."
45. Bacon (1857-92), v. 3, p. 610 ss.; v. 6, p. 660.

A CIÊNCIA E A FILOSOFIA DOS MODERNOS

tempo corajosamente profético, Bacon serviu-se de quando em quando de diferentes técnicas estilísticas e literárias para levar ao conhecimento da Europa culta, protestante e católica, seus projetos de renovação.

A esperança de que a sua doutrina se mostrasse capaz de constituir uma reviravolta na história humana, selando o fim de uma cultura e o início de uma nova época da qual se sentia o arauto, e a consciência de que esta reforma, para realizar-se concretamente, necessitava não só da ajuda de Jaime I, mas também do apoio das pessoas cultas da Europa e da adesão de um vasto público de leitores, levaram Bacon a deixar inédita toda uma série de obras (desde o *Temporis partus masculus* até o *Valerius*, os *Cogitata et visa*, a *Redargutio philosophiarum*), nas quais tinha exposto os conceitos fundamentais do seu programa de reforma e que insistiam todas sobre o conceito de que o saber anterior era completamente transviado, afirmando a necessidade de um ponto de vista radicalmente novo. Também estavam destinados a permanecer inéditos o *Cogitationes de natura rerum* e o *De principiis atque originibus*, onde afirmava com maior decisão um ponto de vista nitidamente democrítico e materialista. Depois dos *Ensaios* de 1597, Bacon publicou em 1605 o *Advancement of Learning*, cujo tom, em relação aos escritos inéditos acima lembrados, era bastante convencional e que o próprio Bacon uma vez definiu como '*a mixture of new conceits and old*' e, em 1609, o *De sapientia veterum*, cujo alegorismo era também a expressão daquela 'mistura de novo e de antigo' fora da qual não era possível fixar-se num ambiente cujas formas tradicionais de cultura pediam para ser respeitadas. O livro abria-se com uma dedicatória plena de obséquio à '*inclitae academiae cantabrigiensi*', uma daquelas universidades que Bacon, nos *Cogitata et visa*, tinha qualificado como obstáculos insuperáveis a qualquer progresso científico. Entre a publicação do *De sapientia veterum* e a da *Instauratio magna* (em 1620) decorrem onze anos durante os quais Bacon publicou apenas a segunda edição dos *Ensaios*. A *Instauratio*, afirma ele numa carta ao bispo Andrews, '*gives the new unmixed, otherwise than with some aspersion of the old for taste's sake'.*[46] Mas as relações precisas entre os escritos publicados e os inéditos, mesmo posteriores a 1620, ainda aguardam investigações pontuais.

Elementos essenciais do programa de Bacon, mesmo que expressos de formas diferentes, continuam sendo em todo caso a recusa do princípio aristotélico da abstração como base para a classificação do saber e a negação de qualquer possibilidade de passagem da física à metafísica como 'discurso em torno da natureza de Deus'. A metafísica, para Bacon, é uma *física generalizada* que tem a tarefa de enunciar uma série de leis sobre os comportamentos naturais, enquanto a filosofia primeira (que para Bacon é diferente da metafísica) enuncia alguns princípios ou regras que encontram aplicações nos vários campos da física. A retomada de temas democríticos, atomistas e materialistas, presente sobretudo nos escritos inéditos de Bacon, certamente não era feita para conquistar o favor daqueles meios acadêmicos e político-religiosos nos quais o filósofo procurava apoio e aos quais se dirigia, já que estava convencido – como muitas de suas páginas podem mostrar – de que só o patrocínio dos poderes públicos poderia levar à maturação aquele projeto que considerava realizável somente através da colaboração dos engenhos. O público a que se dirigia o conferencista imaginário da *Redargutio philosophiarum* era composto por homens do governo e por insignes sacerdotes, mais que por sábios provenientes das mais diversas nações da Terra.[47]

Nesta sua empresa, Bacon encontra-se diante de dois tipos de filosofia. Um aristotelismo que identifica o Primeiro motor da física e a Causa final da teologia natural com o Deus da revelação cristã, que herda da escolástica a mistura da filosofia de Aristóteles com as verdades da religião, a qual , como ocorreu no campo católico nas conclusões do Concílio de Trento, confiou a Aristóteles não poucos artigos da fé.[48] De outro lado, um platonismo que, em

---

46. *Ibid.*, v. 7, p. 10.
47. *Ibid.*, v. 3, p. 559.
48. *Ibid.*, v. 7, p. 164.

A CIÊNCIA E A FILOSOFIA DOS MODERNOS

oposição à escolástica, remete a Agostinho e aos textos dos Padres, que concebe o mundo natural como a imagem e a manifestação viva de Deus, que julga poder extrair das Escrituras um discurso sobre a natureza capaz de revelar a presença das ideias e dos arquétipos divinos no mundo. Bacon, como vimos, rejeita estas duas posições. Mas a recusa da mistura teologia-filosofia, presente de forma diversa no aristotelismo e no platonismo, não é suficiente. Um dos maiores obstáculos ao avanço do saber e ao progresso das ciências provém daquela superstição, mascarada de religiosidade, que contrapõe a piedade à pesquisa e a resignação às obras; que teme que uma pesquisa mais aprofundada sobre a natureza vá além dos limites estabelecidos por Deus; que distorce o sentido das Escrituras atribuindo aos mistérios da natureza aquilo que a Bíblia afirma sobre a inescrutabilidade dos mistérios divinos; que julga que, quando se ignoram as causas intermediárias, mais facilmente se pode atribuir os eventos à mão de Deus; que tem medo, enfim, 'com uma sapiência de animal', que as mudanças da filosofia possam abater-se sobre a religião. No ensaio *Of Superstition* (já incluído na edição de 1597), Bacon já sustentava explicitamente a superioridade do ateísmo sobre a superstição: o primeiro "não priva o homem do bom senso, da filosofia, dos afetos naturais, do respeito pelas leis"; a segunda é "a pior afronta que se possa fazer à divindade (...) destrói todo sustentáculo (...) convulsiona os Estados".[49] O 'zelo religioso cego e extremado' levou a acusar de impiedade aqueles primeiros sábios que descobriram as causas dos raios e das tempestades e não poucos Padres da Igreja condenaram os defensores da redondeza da Terra. O 'fastio prepotente', as 'vergonhosas suspeitas' daqueles teólogos que celebraram as núpcias ilegítimas da filosofia e da teologia fizeram com que fossem consideradas com favor apenas as doutrinas já incluídas na filosofia tradicional, eliminando e exterminando qualquer novidade e qualquer acréscimo.[50]

---

49. *Ibid.*, v. 6, p. 415 ss.
50. *Ibid.*, v. 3, p. 596 ss.

Quando se tem em mente o conceito de Bacon sobre a *natureza*, a sua tese de uma nítida separação entre ciência e teologia, a sua recusa de qualquer mistura entre os dois campos adquirem um sentido preciso. Quem não viu esta relação e discutiu a religião baconiana sem levar em conta a física de Bacon, transformou um problema real numa controvérsia verbal. O estudo do mundo, para Bacon, *não revela nada sobre a essência e sobre a natureza de Deus*. A descoberta e a análise das formas, dos processos latentes, dos esquematismos e metaesquematismos *não revelam nenhuma força divina operante no mundo*. A natureza é um contexto de causas suficientes por si mesmas. A tese de que o mundo seja a imagem de Deus e o homem a imagem resumida do mundo, para Bacon, parece muito distante daquilo que ele considera como a verdade cristã.[51]

Um processo de secularização

Bacon, como vimos, não só se serve amplamente do texto bíblico, mas muitas vezes faz derivar dele as suas teses mais inovadoras e revolucionárias. Não se trata evidentemente de uma perspicácia exterior, nem a sua posição é de modo algum ditada por uma 'astúcia' de natureza política. A fé de Bacon é bem sólida, e bem sólida a sua convicção de que a revolução da qual se sente o arauto é o cumprimento de uma mensagem mais antiga e, como tal, ela pode perfeitamente inserir-se dentro do esquema judaico-cristão do pecado, da expiação e da redenção.

Mas os conceitos e termos que Bacon extraía de uma veneranda tradição, inseridos no contexto do discurso baconiano e sucessivamente no contexto mais amplo da cultura europeia, iam mudando de significado. A tese de separação nítida entre filosofia e teologia era o registro de nascimento da autonomia da pesquisa científica; a insistência sobre as 'obras' coincidia com a formação da doutrina

---

51. *Ibid.*, v. 3, p. 349 ss.

do progresso e com a tese de uma cultura que se constrói, como ocorre nas artes, por acréscimos sucessivos; a afirmação do caráter não 'mefistofélico' da ciência entrelaçava-se com o ideal 'prometeico' de um saber capaz de modificar as condições de vida sobre a Terra; a 'caridade' como fim último da ciência soava como sinônimo do interesse ou do 'bem' da espécie humana, tornava-se a ideia de um saber de valor universal e cujos resultados seriam desfrutáveis por todos; a exigência de uma purificação das mentes e de uma liberação dos fantasmas que tornasse os homens novamente iguais a crianças desenvolvia-se na doutrina do método e da indução; por fim, a ideia de uma 'redenção' do gênero humano tomava corpo nas páginas da *Nova Atlântida* e na ideia de uma técnica capaz de ser utilizada para tornar o homem senhor da natureza.

Dentro do esquema teológico que Bacon tinha adotado comprimiam-se com força explosiva conceitos destinados a agir, com profundidade cada vez maior, na cultura e na sociedade dos séculos sucessivos.

QUARTO CAPÍTULO

GALILEU GALILEI
E O LIVRO DOS SALMOS

A límpida razão e a túrbida magia

Sobre as cartas de Galileu Galilei a Benedetto Castelli em 21 de dezembro de 1613, a Piero Dini em 23 de março de 1614, a Cristina di Lorena em 1615,[1] existe uma abundante literatura. Não há estudo ou livro sobre Galileu que não faça ampla referência a elas. Nas páginas que seguem, não me proponho a enfrentar o problema da relação, em Galileu e na cultura italiana do século XVII, entre verdade bíblica e certeza científica. Proponho-me a um objetivo mais determinado: esclarecer, no âmago desse problema, o significado de uma série de afirmações de sabor claramente 'platônico' ou 'neoplatônico' contidas na carta a Piero Dini e retomadas no ano seguinte, de forma mais abreviada, na carta a Cristina di Lorena.

As passagens da carta a Dini foram muitas vezes citadas como enunciados de convicções filosóficas precisas de Galileu e como expressão de crenças e teorias neoplatônicas que crescem e se insinuam entre os discursos rigorosos e as demonstrações matemáticas. A carta, com sua ampla utilização do Salmo 18 e a vasta referência à metafísica da luz do Pseudo-Dionísio, foi interpretada

---

1. Galilei (1890-1909), v. 5, p. 281-88, 297-305, 309-48.

como um documento sobre a dificuldade ou simplesmente a impossibilidade de efetuar, dentro do discurso astronômico galileano, uma separação ou distinção entre aquilo que é matemático e físico e aquilo que é místico ou metafísico, entre aquilo que deriva de Proclo, Plotino, Ficino e aquilo que deriva de Euclides e Arquimedes. As teses sobre o 'espírito fecundante' e sobre a 'luz distribuída no mundo inteiro', que se unem e se fortificam no corpo do Sol (por isso colocado no centro) e que depois se difundem a partir dele; a tese de que o esplendor do Sol seria 'uma reunião no centro do mundo dos esplendores das estrelas'; a comparação entre o coração do animal que regenera continuamente os espíritos vitais e o Sol fonte de vida, foram interpretadas como afirmações realmente singulares num implacável adversário da astrologia divinatória. Mais que a textos de Pietro d'Abano, Ibn'Ezrã e Pietro Pomponazzi, Eugenio Garin referiu-se à carta de Galileu para extrair dela uma conclusão de caráter mais geral: "O mito revelava-se inseparável do logos, a ciência rigorosa da fantasia transfiguradora, a límpida razão da túrbida magia, a religião da superstição e, por fim, os cálculos matemáticos da mística dos números."[2]

O ensaio de Garin sobre a astrologia do século XIV ao século XVI é uma contribuição importante. Utiliza textos pouco conhecidos e coloca, para todo historiador, perguntas de extrema relevância. Enfrenta também, como vimos, o tema das relações entre tradição hermética e Revolução Científica que esteve e está no centro de muitas discussões.[3] Neste caso, não estou de acordo com as conclusões de Garin, porque creio que não é possível servir-se das afirmações galileanas para defender a tese (em outros casos perfeitamente defensável) de uma *conjunção* (presente nos textos galileanos) entre a 'límpida razão' e a 'túrbida magia'. Prefiro o termo 'conjunção' ou 'mistura' porque a referência à *inseparabilidade* faz pensar que se trata mais de uma questão de princípio que

---

2. Garin (1976), p. 16. Cf. Garin (1965); Garin (1977).
3. Righini-Bonelli e Shea (1975); Westman (1977); Rossi (1977).

de uma questão de fato; por outras palavras, que é *sempre* inútil procurar distinguir, mesmo dentro daquilo que se apresenta de fato 'misturado', límpida razão e túrbida magia.

Ante as afirmações contidas nas cartas galileanas de 1614 e 1615, é oportuno colocar algumas perguntas:

1. Em que contexto estão inseridas aquelas afirmações?

2. Que tipo de operação cultural Galileu está efetuando naqueles anos?

3. Qual o sentido do seu recurso a uma metafísica platônica como 'alternativa' para aquela de seus adversários peripatéticos?

4. Em que universo de discurso se inserem aquelas suas proposições e qual a relação delas com sua atividade de filósofo natural?

De modo específico, procurarei responder a duas perguntas:

1. É verdade que o conteúdo da carta a Dini documenta a impossibilidade de separar, no próprio âmbito da rigorosa astronomia galileana, aquilo que é matemático e físico daquilo que é místico e metafísico?

2. É verdade que aquelas páginas são interpretáveis como o 'contexto' dentro do qual Galileu coloca a sua interpretação teórica do copernicanismo?

Intervenções da censura

"Não se cansando os heréticos e os inimigos (...) de semear continuamente os seus erros e heresias no campo da Cristandade com tantos e tantos livros perniciosos que se publicam todo dia, é necessário não cochilar, mas esforçar-se por extirpá-los pelo menos daqueles lugares que podemos." São palavras de uma circular enviada por Roberto Bellarmino aos Inquisidores provinciais em 26 de julho de 1614. Sobre a atmosfera de suspeita e sufocação que envolvia o mundo da cultura nos anos em que Galileu trabalhava; sobre as condenações de Giorgio Veneto, Telesio,

Patrizi, Reuchlin, Campanella e Bruno; sobre as intervenções do *Index* e sobre a obra dos censores já se chamou muitas vezes a atenção.[4]

É a essa atmosfera que é necessário referir-se ao considerar as vicissitudes do texto galileano da *História e demonstrações sobre as manchas solares*, que o príncipe Federico Cesi tinha mandado imprimir em Roma em 1613.[5] O texto tinha sido submetido a algumas interferências significativas da censura. Galileu tinha escrito que a 'divina Bondade' o tinha levado à difusão das suas teorias. Os censores fizeram-no substituir essas palavras pela expressão 'ventos propícios'. Em apoio à tese da corruptibilidade dos céus, Galileu tinha escrito que a tese oposta da incorruptibilidade era "opinião não apenas falsa, mas errônea e repugnante às indubitáveis verdades das Letras Sagradas, as quais nos dizem que os céus e o mundo todo (...) são gerados e dissolúveis e transitórios". Os revisores eclesiásticos – dir-lhe-á Cesi em 10 de novembro de 1612 – 'tendo aprovado todo o resto, não querem isto de maneira nenhuma'.[6] Galileu preparou então um novo texto, que mantinha a referência aos Textos Sagrados, mas acrescentava homenagens à autoridade teológica, além de um alto elogio à acuidade e à sublimidade de engenho dos sutis intérpretes da Escritura. A passagem, à qual Galileu deveria depois renunciar e que pareceu inaceitável aos censores, merece ser relida:

> Ora quem será aquele que, vendo, observando e considerando estas coisas, não se disponha a abraçar (excluída qualquer perturbação que algumas aparentes razões físicas pudessem trazer-lhe) a opinião tão conforme à indubitável verdade das Letras Sagradas, as quais em tantos pontos muito abertos e manifestos nos mostram a instável e caduca natureza da celeste matéria não privando, porém, dos merecidos louvores aqueles sublimes engenhos que com sutis especulações souberam adaptar aos dogmas sagrados a aparente discórdia dos discursos físicos. Os quais é de boa razão que agora, afastada também a suprema autoridade teológica,

---

4. Firpo (1950, 1951); Garin (1965), p. 115-19.
5. Shea (1975).
6. Galilei (1890-1909), v. 5, p. 238; v. 11, p. 428 ss.

cedam às razões naturais de outros autores seríssimos, e mais ainda às sensatas experiências, às quais eu não teria dúvidas de que o próprio Aristóteles teria cedido (...)[7]

As intenções de Galileu são evidentes. Em primeiro lugar, ele quer colocar as suas teses sob a autoridade da Escritura e descrever a hipótese dos adversários (defensores da incorruptibilidade) como contrária às Escrituras; em segundo lugar, pretende afirmar que a interpretação do texto sagrado que se refere à física peripatética pode ser substituída por outra que se refira a uma física diversa; em terceiro lugar, como vimos, pretende elogiar a atividade dos teólogos. Também esta versão foi recusada pelos censores. Estes estavam convencidos de que as passagens da Escritura citadas em apoio da tese da corruptibilidade dos céus podiam 'ser muito bem interpretadas por outros peripateticamente', e formulavam um pedido muito preciso: 'não querem que nesse ponto se diga nada da Escritura'.[8]

Em 14 de dezembro de 1612, Cesi solicita a correção: "Que Vossa Senhoria me escreva rápido como quer que fique o ponto em que o abrandamento não foi suficiente."[9] Em 28 de dezembro, sempre à espera da 'terceira moderação' que não chega, entra em ansiedade: "Não me chegando às mãos (...) só posso estar ansioso, tanto mais que dentro de dois dias a impressão vai chegar àquele ponto..."[10] Em 5 de janeiro de 1613, o novo texto foi enviado e Galileu exprime a esperança de que aquela 'terceira modificação (...) possa passar'.[11]

O terceiro texto preparado por Galileu passou pela censura. Nele, tinha sido eliminada qualquer referência à Escritura e apenas exortava a 'prestar atenção àqueles sábios filósofos que julgaram da celeste substância diversamente de Aristóteles' e dos quais não

---

7. *Ibid.*, v. 5, p. 139.
8. *Ibid.*, v. 5, p. 439.
9. *Ibid.*, v. 11, p. 446 ss.
10. *Ibid.*, v. 11, p. 450.
11. *Ibid.*, v. 11, p. 460.

teria discordado o próprio Aristóteles se tivesse tido notícia das presentes atestações sensíveis. Os revisores estavam satisfeitos e em 26 de janeiro Cesi podia escrever a Galileu: "A modificação foi imediatamente aceita pelo revisor, bastando que se fale naturalmente sem misturar nada de sobrenatural, que assim querem eles em coisas semelhantes."[12]

A carta a Castelli

No fim daquele mesmo ano – 1613 – e instruído por aquele tipo de experiência, Galileu escreve a célebre carta a Benedetto Castelli. Neste breve texto, ele pretende efetuar duas operações distintas: desenvolver algumas considerações 'sobre usar a Sagrada Escritura em disputas de conclusões naturais'; examinar a passagem de Josué (10, 12.13) à qual apelou a Grã-Duquesa Madre na discussão com Castelli para negar a legitimidade da tese sobre o movimento da Terra.

Embora as teses galileanas sejam bastante conhecidas, é o caso de resumir alguns pontos essenciais:

1. Diante do texto sagrado não podemos nos deter no 'puro significado das palavras', dado que muitas proposições quanto 'ao mero sentido das palavras têm aspecto diverso do verdadeiro' e são adaptadas à incapacidade do vulgo: para aqueles poucos 'que merecem ser separados da plebe' é necessário que sábios intérpretes esclareçam seu verdadeiro sentido.

2. Nas discussões científicas, a Escritura deve ser considerada 'em último lugar'. Deus exprime-se mediante a Escritura e mediante a Natureza. Deve-se ter presente que, enquanto a Escritura é adaptada ao entendimento dos homens e as suas palavras têm significado diverso, a Natureza pelo contrário é 'inexorável e imutável' e não se preocupa se as suas razões e seus modos de operar 'são ou não são expostos à capacidade dos homens'.

---

12. *Ibid.*, v. 11, p. 471.

3. A Natureza tem dentro de si uma coerência e um rigor que estão ausentes na Escritura: "Nem todo dito da Escritura está ligado a obrigações tão severas como todo efeito da natureza." Os 'efeitos naturais' que a experiência sensível nos apresenta ou que aparecem provados pelas demonstrações necessárias não podem de modo algum 'ser postos em dúvida por passagens da Escritura que pelas palavras tenham aparência diversa'.

4. O objetivo dos 'ensaios expositivos' do texto sagrado – uma vez que as duas verdades da Natureza e da Escritura não podem contrariar-se – é 'esforçar-se para encontrar os verdadeiros sentidos das passagens sagradas' que estejam de acordo com as conclusões científicas aceitas pelo sentido ou pelas demonstrações. Ademais, como as Escrituras admitem uma série de exposições 'distantes do sentido literal' e não temos realmente certeza de que todos os intérpretes sejam inspirados por Deus, seria prudente não permitir a ninguém que use as passagens sagradas da Escritura para apoiar como verdadeiras as conclusões naturais que, no futuro, possam ser invalidadas.

5. As Escrituras tendem a persuadir os homens daquelas verdades que são necessárias à salvação e que só por esta via podiam ser comunicadas aos homens. Mas não é realmente necessário crer que as informações acessíveis por meio dos sentidos, do discurso e do intelecto (que é dom de Deus) nos sejam fornecidas pela Escritura, que, no caso da astronomia, por exemplo, faz escassas referências em proposições isoladas.

6. O exame da passagem de Josué (à qual é dedicada a segunda e muito mais breve parte da carta) tende a demonstrar que as palavras do texto sagrado, segundo as quais Deus fez parar o Sol e prolongou o dia, a rogo de Josué, conciliam-se perfeitamente com o sistema copernicano, mas *não* com o aristotélico-ptolomaico. O dia e a noite, segundo este sistema, são efeitos do Primeiro móvel, enquanto do Sol dependem as estações e o ano. No sistema ptolomaico, parando o movimento do Sol, não se alonga realmente o dia: é preciso então alterar o sentido das palavras e afirmar que, quando o texto diz que Deus parou o Sol, queria dizer que parou

o Primeiro móvel. Ainda mais: não é concebível que Deus parasse a esfera do Sol deixando em movimento todas as outras esferas, porque, assim fazendo, teria perturbado sem nenhuma necessidade toda a ordem da natureza. Menos concebível ainda é que Ele parasse todo o sistema das esferas. Se as palavras do texto não devem ser alteradas, é necessário recorrer 'a outra constituição das partes do mundo'. Galileu descobriu e 'necessariamente demonstrou' que o Sol gira sobre si mesmo em um mês lunar aproximadamente. Ademais, é 'muito provável e razoável' que o Sol, "como instrumento e ministro máximo da natureza, quase coração do mundo", seja a fonte não só da luz, mas também do movimento dos planetas que giram ao seu redor. Para prolongar o dia sobre a Terra, 'sem absolutamente alterar o restante das relações recíprocas dos planetas', era então suficiente, como dizem as palavras da Escritura, que fosse 'parado o Sol'.[13]

Os filósofos naturais intérpretes das Escrituras

As consequências – no plano teórico e no plano prático – destas afirmações (como já se sublinhou tantas vezes) não eram certamente de pouca importância. Como sublinhou Cassirer em páginas justamente famosas, aquela carta constitui o primeiro manifesto do ideal intelectual, ao qual Galileu dedicou sua vida: "Em lugar da revelação através da *palavra* de Deus entra a revelação através da *obra* de Deus, a qual só pode ser corretamente entendida e interpretada se for estudada com os novíssimos métodos objetivos."[14]

Mas, para além das justas exaltações da reivindicação galileana da autonomia da ciência e do novo critério de verdade proposto por Galileu, permanecem de pé algumas perguntas. Em que sentido era aqui desfeita a tradicional ligação entre ciência e

---

13. *Ibid.*, v. 5, p. 281-88.
14. Cassirer (1967), p. 148.

teologia? No momento em que a linguagem rigorosa da natureza era contraposta à linguagem metafórica da Bíblia, os filósofos naturais não se tornavam intérpretes autorizados daquela linguagem? Os filósofos naturais, enquanto leitores e intérpretes do livro da natureza que é escrito por Deus, não devem também indicar aos intérpretes da Escritura aqueles 'sentidos' que concordam com a verdade natural? Estes não acabam então por invadir necessariamente o campo reservado aos teólogos? Se a Bíblia contém *apenas* proposições necessárias à salvação, que sentido tem afirmar que a passagem de Josué 'nos mostra manifestamente *a falsidade e impossibilidade* do profano sistema aristotélico-ptolomaico'?[15]

Na cultura da época de Galileu, especialmente em âmbito protestante, não faltavam soluções diferentes ou alternativas. Lembrar brevemente algumas, serve para responder a certas perguntas anteriores e a dar o sentido da difícil situação dentro da qual Galileu se movia.

Francis Bacon – entre 1608 e 1620 – também tinha percebido que o tipo de saber que estava nascendo na Idade Moderna comportava uma decidida ruptura com toda forma de teologia que se configurasse como um saber 'sistemático'. O fato de que "a contenciosa e desordenada filosofia de Aristóteles tenha sido incorporada na religião cristã" é, a seu ver, índice de uma decadência do saber e manifestação de uma atitude moralmente culpada. Se for estabelecido um 'pacto' ou um 'conúbio' entre teologia e filosofia, dá-se vida a uma união ao mesmo tempo 'iníqua' e 'falaciosa'. Ela torna impossível qualquer alargamento dos limites do saber. Qualquer acréscimo é visto com fastio e com suspeita. Naquele pacto estão de fato incluídas apenas 'as doutrinas já atualmente aceitas' e *todas as novidades* são por conseguinte 'excluídas e eliminadas'. As verdades da ciência não devem ser procuradas na Escritura e não é lícito nem possível procurar no texto bíblico uma filosofia natural. Quem se dedica a esse tipo de empresa dá

---

15. Galilei (1890-1909), v. 5, p. 286.

lugar não só a uma 'filosofia fantástica', mas também a uma 'religião herética'.[16]

A teologia dedica-se a conhecer o livro da *palavra* de Deus, a filosofia natural o de suas *obras*. O céu e a terra, que são coisas temporais, não devem ser procurados na palavra de Deus que é eterna. Na Escritura, fala-se das coisas naturais só 'de passagem' e todo saber teológico que aspire à plenitude e à totalidade viola a advertência de São Paulo, que disse: 'Conheçamos em parte'; e ainda: "Ó Senhor da riqueza, da sapiência e da ciência de Deus, como são incompreensíveis os seus juízos e não investigáveis as suas vias!"[17] À fé, portanto, deve ser dado 'só aquilo que à fé pertence'.[18]

Referindo-se a Mateus 22, 29 ('*Erratis nescientes Scripturas et potentiam Dei*'), Bacon insiste longamente sobre a distinção entre a *vontade e a potência* de Deus. O livro das Escrituras revela a vontade de Deus, e o da natureza a sua potência. *O estudo da natureza não oferece nenhuma luz sobre a essência e sobre a vontade de Deus.* O estudo das criaturas e das obras de Deus produz de fato *conhecimento* dessas obras e dessas criaturas, mas, com relação a Deus, não produz *conhecimento* mas apenas *maravilha* e esta última é uma espécie de 'saber interrupto', uma espécie de 'falência para a ciência'. Mas é a própria palavra de Deus que autoriza o homem a conceber o saber como *venatio*, como procura de novidade: '*Gloria Dei est celare verbum, et gloria regis investigare sermonem*'.[19] Como se a Majestade Divina se comprouvesse 'em esconder as suas obras para que sejam enfim achadas', como se Deus "se deleitasse com aquela brincadeira inocente das crianças que se escondem para ser achadas" e, para companheira deste jogo, tivesse escolhido a alma do homem.[20]

---

16. Bacon (1857-92), v. 3, p. 596; v. 1, p. 89, 65.
17. Coríntios I, 13, 9; Romanos 11, 33.
18. Bacon (1857-92), v. 3, p. 486; v. 1, p. 835.
19. Provérbios 25, 2.
20. Bacon (1857-92), v. 3, p. 597, 349 ss., 478, 218, 267.

A CIÊNCIA E A FILOSOFIA DOS MODERNOS

Com base nestes pressupostos era realmente possível – como teorizará em 1640 o teólogo puritano John Wilkins – manter as Escrituras 'fora das controvérsias filosóficas'. Basta contentar-se em reconhecer a Escritura como "perfeita para o escopo a que foi destinada, sem constrangê-la a atuar como juiz das verdades naturais que são descobertas pela nossa indústria e experiência". Wilkins também, como Bacon, vê nas descobertas naturais uma tarefa confiada aos homens por Deus. Para isso, remete ao Eclesiastes: "Observei o afã dado por Deus aos filhos dos homens a fim de que sejam atormentados."[21] A tradução inglesa de 'ser atormentado' era '*to be exercised*'.[22]

Alexander Ross, no *Commentum de Terrae motu*, tinha acusado de heresia os defensores da doutrina heliocêntrica. Afirmaremos que o valor do pi (π) grego é exatamente três – respondia-lhe Wilkins – se encontrarmos escrito na Bíblia que a circunferência de um tanque, que tem sete pés de diâmetro, é de vinte e um pés? As verdades astronômicas são encontradas pelos astrônomos e nada prejudicou mais a filosofia que 'as superstições ignorantes daqueles que aderem estritamente às palavras da Escritura'. Por outro lado, o estudo da astronomia (como o da filosofia natural) não só não é obstáculo à religião, mas favorece a difusão da verdade cristã: ele "incita nossos corações à admiração pela Onipotência divina e ao seu temor (...) a ordem e a regularidade daqueles corpos imensos requer uma sábia providência, uma presença poderosa, um guia sábio". À afirmação da autonomia da ciência corresponde, já nestas páginas, a imagem de uma ciência concebida como revelação da ordem maravilhosa e da admirável harmonia da criação. Esta encontrará expressão sobretudo nos escritos de Robert Boyle e de John Ray e permanecerá como central na cultura inglesa até a época de Darwin.[23]

---

21. Eclesiastes 3, 10.
22. Wilkins (1640), p. 2; Hooykaas (1974) p. 131.
23. Wilkins (1640), p. 48, 237-39; Westfall (1958), p. 33-35.

Para Bacon (e para Wilkins), as opiniões científicas modernas *não podem ser encontradas no texto sagrado*: portanto, não tem qualquer sentido a procura de um significado do texto que de quando em quando concorde com as verdades descobertas pela ciência. Wilkins também examina a passagem do Salmo 18, 6 e seguintes, já amplamente comentada por Galileu. A expressão "Como um esposo que sai do seu tálamo" refere-se "à concepção do vulgo ignorante, como se o Sol dormisse durante o tempo em que fica ausente de nossas vistas". A outra expressão 'nada foge ao seu calor' é usada 'em referência ao erro comum segundo o qual o Sol seria realmente quente em si mesmo'. Também a passagem de Josué sobre a parada do Sol deve ser remetida 'à opinião do vulgo'. A Escritura fala de muitíssimas coisas 'não do modo como elas são, mas do modo como nos aparecem'.[24]

O livro divino da natureza

Por trás do tipo de solução oferecido por Bacon e por Wilkins estava a posição calvinista que via na Bíblia um 'livro para profanos', acessível a qualquer um. "Quem quiser aprender astronomia e artes ocultas" – escreveu Calvino no *Comentário ao Gênese* (1, 15) – "deve procurar em outro lugar." No *Comentário aos Salmos* (13, 5.7), ele acrescentou que o Espírito Santo "preferiu pôr-se a balbuciar conosco, a proibir o conhecimento ao vulgo e aos incultos".[25] Ao escrever a Paolo Antonio Foscarini, em 12 de abril de 1615, o cardeal Roberto Bellarmino irá afirmar as conclusões bem diversas do Concílio de Trento:

> Eu digo que o Concílio, como o senhor sabe, proíbe explicar as Escrituras contra o consenso comum dos Santos Padres; e se a V. S. quiser ler não digo apenas os Santos Padres, mas os comentários modernos sobre

---

24. Wilkins (1640).
25. Hooykaas (1974), p. 133, 137.

o Gênese, os Salmos, o Eclesiastes e Josué, verificará que todos concordam em explicar *ad literam* que o Sol está no céu e gira ao redor da Terra com extrema velocidade, e que a Terra fica muito distante do céu e está no centro do mundo, imóvel. Considere agora o senhor, com a sua prudência, se a Igreja pode admitir que se dê às Escrituras um sentido contrário aos Santos Padres e a todos os comentaristas gregos e latinos.[26]

'*Oritur sol et occidit, et ad locum suum revertitur*': Salomão, que escreveu essas palavras, não só foi inspirado por Deus, mas "foi homem mais que todos sapientíssimo e doutíssimo nas ciências humanas e no conhecimento das coisas criadas, e toda esta sapiência ele a teve de Deus". Já que era inspirado por Deus, não é concebível que afirmasse uma coisa 'que fosse contrária à verdade demonstrada ou que se pudesse demonstrar'.[27]

Mas existe ainda uma razão mais estritamente filosófica que torna impraticável, para Galileu, o tipo de solução oferecido por Bacon. Ao contrário do 'empirista' Bacon, que concebe a natureza como uma *selva*, que vê no método um meio de ordenação e de classificação da realidade natural, Galileu vê na natureza a manifestação de uma ordem e de uma estrutura harmônica de tipo geométrico, vê um *livro* escrito em caracteres matemáticos, que só é legível quando se conhecem os caracteres particulares em que foi escrito. Esse livro, assim como o da Escritura, foi escrito por Deus. A ciência é capaz de dizer coisas verdadeiras sobre a 'verdadeira constituição do Universo' ou 'sobre a constituição das partes do Universo *in rerum natura*'. Só os filósofos naturais podem realmente 'ler' o livro divino da natureza. Para Galileu, era *necessário* – e sobre isto eram fundadas suas vãs esperanças – que os teólogos, antes de pronunciar-se sobre o significado de muitas expressões contidas no texto bíblico, ouvissem o que tinham a dizer aqueles que haviam efetuado essa difícil leitura.

---

26. Galilei (1890-1909), v. 12, p. 171 ss.
27. *Ibid*. "O sol nasce e morre e volta ao seu lugar."

A diferença entre opinião e demonstração

Galileu move-se num terreno minado. A Escritura contém só verdades 'morais', atinentes à salvação espiritual dos homens? Ou também estão presentes nela verdades concernentes à natureza? Admitindo-se que na Bíblia está contido um saber que concerne ao mundo da natureza, os filósofos naturais devem limitar-se a prosseguir na busca da verdade, deixando aos teólogos a tarefa de adaptar a interpretação do texto à novas verdades, ou se farão *eles mesmos* intérpretes daquelas passagens que tinham sido utilizadas para a confirmação de filosofias e visões do mundo superadas e invalidadas pelo progresso da ciência?

A teologia, escreverá Galileu na carta a Madame Cristina, não deve cuidar das 'mais baixas e humildes especulações das ciências inferiores', enquanto a estas últimas não concernem a beatitude e a salvação. Assumindo uma posição diversa, a teologia seria semelhante a um príncipe absoluto que não se limitasse a governar, mas quisesse, 'não sendo médico nem arquiteto, que se medicasse e se construísse à sua maneira'.[28] Para os defensores da tradição, esta era uma tese realmente cheia de perigos. Em que devia consistir na realidade o 'governo' da teologia? Quais os poderes reais e os limites daquele 'príncipe absoluto'? Quais os poderes daquele médico e daquele arquiteto? O cientista Galileu – como se viu – não é certamente um técnico que pode adaptar um saber neutro às exigências de uma verdade superior ditada pela teologia: é o intérprete, o único intérprete legítimo da ordem divina da Natureza.

Em que sentido, perguntará ainda Galileu, a teologia é 'rainha' das ciências? Porque contém dentro de si tudo aquilo que é ensinado pelas outras ciências, do mesmo modo que as práticas dos agrimensores estão compreendidas na geometria de Euclides? Ou porque o seu objeto supera em dignidade o de todas as outras ciências? A 'régia proeminência' da teologia, para Galileu, depende

---

28. *Ibid.*, v. 5, p. 325.

A CIÊNCIA E A FILOSOFIA DOS MODERNOS

desta segunda razão: da possibilidade, que só à teologia é oferecida, de dar aos homens aquelas verdades que concernem 'à aquisição da divina beatitude' e que 'por outros meios não podiam ser compreendidas pelos homens'. Nestas páginas, o *limite de soberania* da teologia era identificado com a impossibilidade de uma violação dos elementos constitutivos do comportamento e do discurso científico: é impossível mandar não ver aquilo que se vê, não entender aquilo que se entende, encontrar o contrário daquilo que se encontrou.

Deste ponto de vista, que sublinha uma diferença de fundo entre a 'ciência' e os outros tipos de discurso, Galileu convida os teólogos a considerarem a diferença existente entre as *opiniões* e os discursos jurídicos sobre o lícito e o ilícito e as *demonstrações* que, pelo contrário, caracterizam o saber científico:

> Eu queria rogar a estes prudentíssimos Padres, que considerassem com toda a diligência a diferença que existe entre as doutrinas opináveis e as demonstrativas; a fim de que (...) se assegurassem amplamente de que os professores de ciências demonstrativas não têm o poder de mudar as opiniões segundo a sua vontade, aplicando-se ora a esta ora àquela, e que existe uma grande diferença entre comandar um matemático ou um filósofo e dirigir um mercador ou um legista, e que não se podem mudar as conclusões demonstrativas sobre as coisas da natureza e do Céu com a mesma facilidade que as opiniões sobre aquilo que é lícito ou não num contrato, num patrimônio ou numa permuta.[29]

A impiedade destas teses não escapará a Niccolò Lorini. Embora ele traduza as teses copernicanas e galileanas numa linguagem tosca e aproximativa, alguns pontos particularmente delicados são apreendidos com acuidade. Na carta a Castelli, 'que corre aqui nas mãos de todos' – como está escrito na denúncia de 7 de fevereiro de 1615 – estão presentes muitas proposições suspeitas ou temerárias:

---

29. *Ibid.*, v. 5, p. 326.

que nas disputas sobre os efeitos naturais, a Escritura venha em último lugar, que os seus comentaristas muito frequentemente erram na sua exposição, que a mesma Escritura não se deve imiscuir em outra coisa que não os artigos concernentes à fé, e que nas coisas naturais tenha mais força o argumento filosófico ou astronômico que o sagrado e o divino.[30]

Hermenêutica bíblica na carta a Dini

A carta a Cristina di Lorena, que constitui um verdadeiro e breve tratado de hermenêutica bíblica, retoma (às vezes com as mesmas palavras) as considerações desenvolvidas na primeira e na segunda parte da carta a Castelli. Na carta a Piero Dini – que se coloca cronologicamente entre as duas – Galileu se defronta com o texto do Salmo 18, que Dini lhe havia assinalado como uma das passagens consideradas 'mais repugnantes' ao sistema copernicano:[31]

> In Sole posuit (Deus) tabernaculum suum; et ipse, tamquam sponsus procedens de thalamo suo, exultavit ut gigas ad currendam viam. A summo coelo egressio eius, et occursus eius usque ad summum eius; nec est qui se abscondat a calore eius.[32]

Comentando este texto e indicando significados 'congruentes' com as palavras do Profeta, Galileu apresenta (veremos em seguida com que cautelas) as suas teses 'ficinianas' e 'neoplatônicas'. Uma substância 'volatilíssima, tenuíssima e velocíssima', capaz de penetrar em toda parte sem contraste, tem sua sede principal no Sol. Daqui ela se difunde por todo o Universo e aquece, vivifica e torna fecundas todas as criaturas vivas. Assim como o fogo é fonte de luz e de calor e este último penetra todos os corpos, mesmo os sólidos e opacos, do mesmo modo a emanação do Sol é simultaneamente

---

30. *Ibid.*, v. 19, p. 297 ss.
31. *Ibid.*, v. 5, p. 301.
32. Salmos 18, 6 ss. "E Deus colocou no sol o seu tabernáculo e como um esposo que se dirige ao tálamo e como um gigante exultou, seguindo o seu caminho. E a sua marcha vai até o seu ápice; não há quem se furte ao seu propósito."

'lúcida e calorífica e a parte calorífica é a mais penetrante'.[33] Mas o Sol é apenas o abrigo ou depósito desta imensa luz acompanhada daquele espírito calorífico e penetrante ou é o seu princípio e sua fonte? A resposta ao quesito encontra-se na Bíblia. O texto sagrado afirma de fato que a luz foi criada no primeiro dia e o Sol no quarto dia. Ademais, em Gênese 1, 2 afirma-se que, antes da criação do Sol, o espírito de Deus 'com sua calorífica e fecunda virtude' passava sobre as águas para gerar aquilo que ainda devia ser gerado.[34] Pode-se então afirmar verossimilmente que a luz e o espírito fecundante se uniram e se fortificaram no Sol, colocado para isso no centro do Universo, e daqui novamente se difundem.

No Salmo 73, 16 têm-se, segundo Galileu, um novo testemunho desta luz primigênia que, antes da sua 'união e concurso' no corpo do Sol, era 'não muito esplêndida'. *'Tuus est dies et tua est nox, Tu fabricatus es auroram et Solem'*: antes do Sol, Deus criou então uma luz igual à da aurora, e portanto muito mais fraca e menos esplêndida que aquela depois recebida e 'fortificada' pelo Sol.

Neste ponto de seu comentário (e antes de iniciar a leitura analítica do texto do Salmo 18), Galileu insere o resumo da 'opinião de alguns antigos filósofos'. Estes acreditavam que o esplendor do Sol resultasse de um concurso, no centro do mundo, dos esplendores das estrelas. Sendo estas dispostas em torno do Sol como sobre a superfície de uma esfera que tem o Sol por centro, os seus raios concorrem e se entrecruzam no centro e aí 'aumentam e duplicam mil vezes' a sua luz.[35] Do Sol, a luz se difunde fortificada e como que repleta 'de másculo e vivaz calor' para 'vivificar' todos os corpos que giram em torno do centro. Como no coração, que recebe de fora alimento e nutrientes, se efetua uma contínua regeneração dos espíritos vitais que vivificam os membros, do mesmo modo no Sol o alimento vem de fora e "se conserva aquela

---

33. Galilei (1890-1909), v. 5, p. 301.
34. *Ibid.*, v. 5, p. 302.
35. *Ibid.* "É teu o dia, tua a noite, tu criaste a aurora e o sol."

fonte de onde continuamente derivam e se difundem esta luz e calor prolíficos", que é fonte de vida para os membros que estão ao seu redor.[36] A este propósito e em defesa desta tese, seria possível aduzir 'muitas atestações de filósofos e sérios autores'. Bastará lembrar uma passagem do *De divinis nominibus* de Dionísio, o Aeropagita.

Após haver traçado, desse modo, as linhas fundamentais de uma 'posição filosófica' que 'é talvez uma das principais portas por onde se entra na contemplação da natureza',[37] Galileu inicia o comentário analítico ao texto do Salmo 18, 6 seguintes. *'In Sole posuit (Deus) tabernaculum suum'*: ou seja, na sede mais nobre de todo o mundo sensível. *'Ipse, tamquam sponsus procedens de thalamo suo, exultavit ut gigas ad currendam viam'*: pode-se pensar que o texto fala do Sol irradiante, ou seja, da luz e do espírito calorífico e fecundante que se difunde pelo Universo. Cada uma das simples palavras soa como confirmação da interpretação proposta. *Sponsus* faz referência à virtude fecundante e prolífica. *Exultare* refere-se à emanação descontínua ou salteada dos raios solares. *Ut gigas* e *ut fortis* denotam a capacidade de penetrar os corpos e a suma, quase infinita, velocidade de movimento nos espaços imensos. *Procedens de thalamo suo*: é claro por esta expressão que tal emanação se refere à luz solar e não ao próprio corpo do Sol. O corpo do Sol é abrigo e 'como tálamo' da luz, e não teria sentido dizer que *thalamus procedat de thalamo*. *A summo coelo egressio eius*: estas palavras indicam que aquele espírito e aquela luz derivam das partes altíssimas do céu, das estrelas 'ou de sedes ainda mais sublimes'. *Et occursus eius usque ad summum eius*: eis aí o reflexo ou a 'reemanação' da mesma luz até a sumidade do mundo. *Nec est qui se abscondat a calore eius*, enfim, refere-se claramente à distinção entre a luz, que é incapaz de penetrar os corpos

---

36. *Ibid.*, v. 5, p. 302 ss.
37. *Ibid.*, v. 5, p. 303.

A CIÊNCIA E A FILOSOFIA DOS MODERNOS

densos, e aquele calor vivificante e fecundante que, por sua vez, é capaz de penetrar todas as substâncias corpóreas.[38]

Terminado o comentário, Galileu declara querer acrescentar algumas outras considerações não alheias ao seu propósito. Ele descobriu as manchas solares que de início são escuríssimas e depois se vão 'extinguindo e sumindo'. Talvez elas possam ser interpretadas como partes ou 'excrementos' daquele *pabulum* ou alimento do qual, sempre segundo 'alguns antigos filósofos', o Sol teria necessidade para sustentar-se. Demonstrou que o Sol gira sobre si próprio: é provável que o movimento dos planetas em torno do Sol dependa dessa rotação. O versículo dos Salmos que segue imediatamente os citados afirma: '*Lex Domini immaculata convertens animas*'. Galileu fecha com chave de ouro pondo em realce o termo *convertens*. A lei divina é mais excelsa que o próprio Sol. De fato, o ser imaculado da Lei é superior ao ser coberto de manchas do Sol. A capacidade de fazer girar as almas em torno de si é algo superior à capacidade de fazer girar os globos dos mundos em torno de si.[39]

A intenção do Salmo é a de louvar a lei divina, que é comparada pelo Profeta à mais bela, à mais útil e à mais potente entre as coisas corpóreas. Tendo cantado os louvores do Sol, o salmista quis, com aquele versículo, antepor ao Sol a lei divina. O salmista não só utiliza o sistema heliocêntrico, mas *conhece uma verdade fundamental da astronomia moderna*: sabe que a rotação do Sol é a causa do movimento dos planetas. Não lhe era 'oculto' – escreveu Galileu – que o Sol 'faz girar em torno de si todos os corpos móveis do mundo':

> Porém, tendo ele cantado os encômios do Sol e não lhe sendo oculto que este faz girar em torno de si todos os corpos móveis do mundo, passando às maiores prerrogativas da lei divina e querendo antepô-la ao Sol, acrescenta: *Lex Domini immaculata, convertens anima etc.*; quase querendo dizer que essa Lei é muito mais excelsa que o próprio Sol, que ser

---

38. *Ibid.*, v. 5, p. 303 ss.
39. *Ibid.*, v. 5, p. 304.

imaculado e ter a faculdade de converter em torno de si as almas é condição mais excelsa que ser semeado de manchas como o Sol e fazer girar em torno de si os globos terrenos e dos mundos.[40]

A Bíblia contém a verdade copernicana

São possíveis, a esta altura, algumas conclusões sumárias:

1. Oferecendo uma interpretação sua da passagem de Josué e dos versículos do Salmo 18 – que estão entre os textos aparentemente menos conciliáveis com a visão copernicana do mundo – Galileu pretende também demonstrar que nesses textos estão presentes, numa forma adaptada 'à incapacidade do vulgo',[41] algumas verdades próprias do sistema copernicano.

2. Essas estão de certo modo ocultas dentro do texto bíblico e podem ser cautelosamente decifradas apenas por aqueles que conhecem as verdades naturais e estão portanto em condições de indicar os 'verdadeiros sentidos' que estão 'sob' as palavras do texto.[42]

3. Na Bíblia está encerrado o conhecimento de que o Sol está no centro do Universo e que a rotação que ele executa sobre si mesmo é a causa do movimento dos planetas. É indubitável – como viu com clareza Hooykaas – que Galileu considera (ou finge considerar) que o salmista "usa o sistema heliocêntrico acoplado com as descobertas no século XVII das manchas solares e da rotação do Sol (...) Desse modo, mais uma passagem poética da Bíblia recebe de Galileu uma interpretação literal que projeta na Bíblia não uma imagem antiga e comumente aceita do mundo, mas descobertas e hipóteses seiscentistas".[43]

---

40. *Ibid.*, v. 5, p. 304 ss.
41. *Ibid.*, v. 5, p. 282.
42. *Ibid.*
43. Hooykaas (1974), p. 139.

A CIÊNCIA E A FILOSOFIA DOS MODERNOS   109

Conformar as passagens sagradas
às doutrinas naturais novas

Tanto a interpretação da passagem de Josué, como a dos versículos do Salmo 18 (mais ampla e articulada e, ao contrário da primeira, não mais retomada na carta a Cristina) nascem da tentativa galileana de mostrar, *no plano do comentário dos textos sagrados*, que a velha aliança que de fato se estabeleceu entre os comentaristas da Bíblia e a filosofia peripatética deve ser substituída por uma nova aliança. Galileu deslocou-se para o próprio terreno de seus adversários teólogos, daqueles que 'abriram um novo campo para atacar-me'.[44] Fez uso, com a provável ajuda de especialistas amigos, de seus métodos e de suas técnicas. Pretendeu não só demonstrar que não tem fundamento a contraposição entre algumas proposições das Escrituras e a verdade copernicana, mas também que o texto sagrado *contém* algumas verdades concernentes à natureza dos céus que podem ser esclarecidas pelos doutos e que os teólogos, que se dedicam profissionalmente à interpretação dos textos, devem levar em conta.

A maior parte dos intérpretes de Galileu insistiu – e com justa razão – sobre o grande tema galileano da distinção teologia-ciência, sobre a redução do texto sagrado ao plano das verdades morais, sobre a oposição de Galileu às *auctoritates*. A este propósito, Ludovico Geymonat insistiu na afirmação galileana da autonomia da ciência, no valor incontestável do discurso científico, no 'singelo iluminismo' do discurso de Galileu. Franz Brunetti interpretou as três cartas como 'uma defesa do direito da ciência a buscar a verdade'. Alberto Pasquinelli também sublinhou a rigorosa distinção ciência-teologia e a recusa do espírito de autoridade.[45]

Estas interpretações, assim como a de Cassirer a que já nos referimos, são plenamente aceitáveis, no sentido de que colhem

---

44. Galilei (1890-1909), v. 5, p. 291.
45. Geymonat (1957), p. 123-32; Galilei (1964), p. 523 ss.; Pasquinelli (1961), p. 89-104.

um aspecto essencial do discurso galileano que teve uma decisiva importância histórica. Mas Galileu movia-se ou era obrigado a mover-se num terreno difícil. Não é absolutamente verdade, por exemplo, como afirma Brunetti, que ele 'repele toda tentativa de servir-se das expressões da Escritura em favor de teses científicas'.[46] Pelo contrário, nesta direção ele se moveu com uma segurança mais aparente que real, mesmo se, como escreverá Piero Guicciardini a Cosme II, ele "tem extrema paixão dentro de si, e pouca prudência e fortaleza para saber vencê-la (...) e não percebe e não vê o que seria necessário, de tal modo que (...) continuará enganado dentro de si e se colocará em perigo".[47]

A muitos intérpretes escapou um ponto de importância central: no mesmo momento em que Galileu faz uso de toda sua sutileza e habilidade dialética para procurar no *texto sagrado* uma confirmação da nova cosmologia, ele corre o risco de comprometer – desde o início do seu discurso – o valor de sua tese de caráter geral de uma rigorosa distinção e separação entre o campo da ciência e o da fé e da salvação, entre a investigação de como 'vai o céu' e de como 'se vai ao céu'.[48] Como viu com clareza Antonio Banfi, Galileu não tendia apenas a separar a interpretação da Escritura das leituras tradicionais, tendia também a *reconduzi-la* a uma leitura baseada nas perspectivas abertas pela nova ciência.[49]

Na carta a Castelli, Galileu tinha confiado aos 'sábios comentaristas' do texto bíblico a tarefa de 'esforçar-se' para encontrar "o verdadeiro sentido das passagens sagradas, concordantes com aquelas conclusões naturais sobre as quais o sentido manifesto, ou as demonstrações necessárias, nos tivesse deixado antes certos e seguros".[50] Mas já na mesma carta, afirmando que a passagem de Josué 'mostra manifestamente a falsidade' do sistema aristotélico,

---

46. Galilei (1964), p. XXXII.
47. Carta de Piero Guicciardini a Cosme II, 4 de março de 1616 (nº 1185).
48. Galilei (1890-1909), v. 5, p. 319.
49. Banfi (1962), p. 137 ss.; Banfi (1949), p. 147.
50. Galilei (1890-1909), v. 5, p. 283; cf. v. 5, p. 316, 320.

A CIÊNCIA E A FILOSOFIA DOS MODERNOS

ele se projetava no terreno daqueles 'sábios comentaristas'. Em 28 de fevereiro de 1615, justamente sobre esse ponto (que tinha sido objeto de discussão durante a impressão da *História e demonstrações sobre as manchas solares*), Giovanni Ciampoli convidava Galileu à prudência: "Falar das Escrituras pretendem os teólogos que cabe a eles."[51] Galileu não está disposto a aceitar este convite. Avança com grande cautela, declara-se duvidoso da força de seu engenho, declara-se 'inferior a todos', 'submisso' a todos os outros sábios, disposto 'a obedecer ao sinal dos superiores' e a 'submeter-lhes todo o seu esforço'. Admite que outros possam apresentar interpretações 'muito mais congruentes', usa quase sempre o condicional, reconhece-se 'imperito nas Letras Sagradas' e confessa a sua 'excessiva ousadia' em querer 'meter-se a explicar sentidos de tão alta contemplação'. Mas desta vez está decidido a descer (ou subir) ao terreno de seus adversários: "Ouso dizer que encontro entre algumas passagens das Letras Sagradas e desta profana constituição (o sistema copernicano) muitas conveniências que na vulgar filosofia não me parece que concordem tão bem."[52] Chegando à certeza a propósito de algumas conclusões naturais – escreverá a Cristina – "devemos servir-nos delas por meios bem adaptados à verdadeira explicação das Escrituras e à investigação daqueles sentidos que estão necessariamente contidos nelas como verdadeiros e concordes com a verdade demonstrada".[53]

Escritura e Natureza 'procedem ambas do Verbo Divino'.[54] Dado que não é possível 'afinar duas cordas juntas ouvindo apenas uma delas', Galileu iniciou pessoalmente um exame da Bíblia que ensinasse a 'afinar passagens sagradas com doutrinas naturais novas e não comuns'.[55]

---

51. *Ibid.*, v. 12, p. 146.
52. *Ibid.*, v. 5, p. 301, 305.
53. *Ibid.*, v. 5, p. 317.
54. *Ibid.*, v. 5, p. 283, 316.
55. *Ibid.*, v. 5, p. 300.

A límpida razão e a túrbida magia: o contexto

Galileu então aventurou-se – cautelosa mas decididamente – pelo caminho extremamente escorregadio de uma pesquisa direta em busca de 'conveniências' entre algumas passagens da Bíblia e as novas verdades científicas. Tais conveniências deveriam – em concorrência com as interpretações oferecidas pela 'vulgar filosofia' – esclarecer o verdadeiro sentido de algumas passagens.

Dentro desta sua atividade de 'comentarista' ou intérprete das Escrituras – que na verdade foi bastante breve e fragmentária – Galileu avança as suas teses sobre a luz-poder calorífico, sobre a difusão do pábulo, e se refere aos textos de Dionísio, o Aeropagita. A mistura entre o 'místico' e o 'físico-matemático', entre aquilo que deriva de Proclo e de Ficino e aquilo que deriva de Euclides e de Arquimedes, *realiza-se neste contexto e efetua-se neste terreno*. Não pretendo entrar aqui naquela antiga e estéril discussão sobre o platonismo de Galileu. Uma coisa, todavia, parece certa: não parece legítimo servir-se *destas* afirmações 'neoplatônicas' de Galileu – que na carta a Dini procura arduamente fazer concorrência aos tradicionais intérpretes do texto bíblico – para afirmar a dificuldade ou a impossibilidade de distinguir e separar o 'místico' do 'físico' na filosofia ou, simplesmente, na *astronomia* de Galileu.

Mas uma vez reconhecido que a 'mistura' entre o místico e o físico se produz no plano da interpretação da Bíblia, trata-se ainda de entender o significado do termo 'mistura'. As expressões linguísticas usadas por Galileu na carta a Dini e na carta a Cristina são um índice preciso da sua atitude. A propósito da rotação do Sol, ele usa estas expressões: 'tendo eu descoberto e *necessariamente demonstrado*'; '*demonstrei* como o corpo solar *por necessidade* gira sobre si mesmo'.[56] Completamente diferente é a linguagem usada a propósito da 'substância volatilíssima' e do 'espírito calorífico': '*eu diria, parecer-me* que na natureza se encontre'; '*razoavelmente se pode estimar* tratar-se de algo mais que a luz'. A propósito da união

---

56. *Ibid.*, v. 5, p. 287 ss.; 304.

A CIÊNCIA E A FILOSOFIA DOS MODERNOS

de tal substância no corpo do Sol: 'muito *provavelmente podemos afirmar*'. A tese do concurso no centro do universo dos esplendores das estrelas não é apresentada como própria, mas algo a que '*alude*' '*a opinião* de alguns antigos filósofos'. Toda a tese exposta é '*talvez*' um ingresso válido ao estudo da natureza. Para as manchas solares o termo é '*descobri*'. Podem as manchas solares ser interpretadas como parte do alimento do Sol ou como 'excrementos' dele? "*Indiquei* como estas *porventura poderiam ser* consideradas parte daquele pábulo, ou talvez os excrementos dele, do qual o Sol, *conforme estimaram alguns antigos filósofos*, necessitaria para o seu sustento."[57]

A distinção entre as 'prováveis opiniões' e as 'verossímeis conjecturas' e a 'segura e demonstrada ciência'[58] está portanto fortemente presente também nestas 'singulares' páginas galileanas.

A carta a Cristina

Na carta a Cristina, as teses 'ficinianas' presentes na carta a Dini vinham condensadas em poucas linhas. Galileu renunciava à interpretação analítica do Salmo 18 e se detinha mais uma vez sobre a passagem de Josué. Os dois textos sobre Josué na carta a Castelli e sobre a excelência do Sol na carta a Dini – vinham fundidos e o segundo inserido no primeiro de forma extremamente abreviada. Permaneciam: a citação do *De divinis nominibus*; a afirmação da excelência do Sol fonte de luz; a hipótese do Sol como causa do movimento dos planetas; o paralelo entre o coração e o Sol. Não havia mais traços: da doutrina da 'substância volatilíssima' e do 'espírito fecundante'; da tese da união e sucessiva difusão da luz-espírito fecundante no Sol; da tese (ligada a esta última) do concurso dos esplendores das estrelas; não se falava mais do 'calor prolífico', nem do 'másculo calor' que infunde a vida.

---

57. *Ibid.*, v. 5, p. 301-04.
58. *Ibid.*, v. 5, p. 330.

Antes da citação de Dionísio, o Aeropagita, toda a questão vinha resumida como segue:

> Considerando a excelência do Sol, e sendo ele fonte de luz, pela qual, como eu necessariamente demonstro, não somente a Lua e a Terra, mas todos os outros planetas, igualmente tenebrosos por si mesmos, são iluminados, não creio que seja distante do bem filosofar dizer que ele, como ministro máximo da natureza e de certo modo alma e coração do mundo, infunde aos outros corpos que o circundam não só a luz, mas também o movimento, ao girar sobre si mesmo; do mesmo modo que, cessando o movimento no coração do animal, cessariam todos os outros movimentos de seus membros, assim também, cessando a rotação do Sol, cessariam as rotações de todos os planetas.[59]

Basta confrontar esta comparação entre o coração e o Sol com as afirmações contidas na carta a Dini,[60] que consideram a contínua regeneração de espíritos vitais que se efetua no coração, para perceber que desapareceram todas as referências ao Sol fonte de 'vida'. Todo o problema é apresentado em termos mecânicos: para Galileu, como para Kepler, não é necessária uma força centrípeta que impeça a fuga dos planetas ao longo da tangente; a força que emana do Sol não exerce uma atração central, serve para *promover* o movimento dos planetas e para *mantê-los em movimento*.[61]

Galileu julga haver 'concludentemente demonstrado' que o Sol, embora estável no mesmo lugar, 'gira porém sobre si mesmo fazendo uma rotação completa em um mês aproximadamente'; também 'necessariamente demonstrado' que o Sol ilumina não só a Lua e a Terra, mas todos os outros planetas que são corpos opacos. Num plano diverso do das demonstrações necessárias e das atestações dos sentidos, Galileu avança a *hipótese* do movimento do Sol como causa do movimento dos planetas: "Não creio que seja distante do bem filosofar."[62]

---

59. *Ibid.*, v. 5, p. 345.
60. *Ibid.*, v. 5, p. 302 ss.
61. Rossi (1977), p. 140 ss.
62. Galilei (1890-1909), v. 5, p. 345.

Um terreno minado

'Explicar os sentidos' das 'altas contemplações' da teologia,[63] para Galileu, era uma atividade imprópria e certamente não auspiciosa: "De bom grado deixo o trabalho das interpretações para aqueles que pretendem mais que eu."[64] Por causa da intemperança dos filósofos 'totalmente despidos' de cultura científica que 'me ficam atravessados na garganta' ao afirmar que as teses copernicanas são contrárias à fé;[65] por excesso de otimismo e de confiança em si próprio; por escassa consciência da complexidade da situação; porque constrangido de certo modo por seus adversários, Galileu então decidiu 'fazer-se de teólogo' e reduzir a melhor forma, 'raspando e polindo com afeição e paciência', o 'pequeno parto' representado pela carta a Dini;[66] decidiu ainda adotar um método *diverso* daquele 'expeditíssimo e seguríssimo' que tinha teorizado como seu próprio: "O método para mim expeditíssimo e seguríssimo para provar que a posição copernicana não é contrária à Escritura seria mostrar com mil provas que ela é verdadeira, e que a contrária não pode de modo algum subsistir; por isso, não podendo duas verdades contrariar-se, é necessário que aquela e as Escrituras sejam totalmente concordes."[67]

Sobre as ilusões de Galileu em matéria de 'política cultural', muitas coisas importantes foram escritas. Mas existe um pensamento, anotado à margem de um exemplar do *Diálogo* conservado na Biblioteca de Pádua, que dá a medida de quanto eram altas as esperanças galileanas: "Eu vos cedo em teologia, tanto quanto em matéria de escultura cedo ao Grão-Duque; todavia, tenho um único pequeno camafeu, mais belo que todos os do Grão-Duque; assim, neste único particular, de conhecer o que convém decretar em matéria da opinião de Copérnico, creio superar qualquer, no resto,

---

63. *Ibid.*, v. 5, p. 305.
64. *Ibid.*, v. 5, p. 300.
65. *Ibid.*, v. 12, p. 184.
66. *Ibid.*, v. 5, p. 305.
67. *Ibid.*, v. 12, p. 184.

grandíssimo biblista."[68] Impressionante, deste ponto de vista, a carta de Piero Guicciardini a Cosme II em 4 de março de 1616, já referida acima: "Tem extrema paixão dentro de si, e pouca prudência e fortaleza para saber vencê-la: de tal modo que se lhe torna muito perigoso este céu de Roma, sobretudo neste século, em que o Príncipe daqui aborrece as belas letras e estes engenhos, não pode ouvir falar destas novidades e destas sutilezas, e cada um procura adaptar o cérebro e a natureza aos do Senhor; assim é que mesmo aqueles que sabem algo e são curiosos, quando têm cérebro, mostram exatamente o contrário, para não levantar suspeitas e atrair dificuldades sobre si."

Referindo-se – numa carta de maio de 1614 – aos 'rumores' levantados contra si, Galileu negava ter sido 'o primeiro motor' daquele tipo de controvérsia. Se, como tinha afirmado na carta a Castelli, precisava dar precedência à revelação de Deus nas suas obras, e não à revelação baseada na palavra; se a autoridade da Bíblia tendia apenas a persuadir os homens das proposições 'necessárias à sua salvação'; se essas proposições podiam parecer críveis só através da revelação; se não era necessário crer que Deus nos deu meios diferentes dos sentidos e da razão para conseguir o conhecimento do mundo natural,[69] então aquelas controvérsias podiam realmente parecer privadas de sentido.

Quando se refere aos conhecimentos dos teólogos, Galileu usa quase sempre a palavra 'sublime'. A seu ver, aquele tipo de saber tem uma característica fundamental: com base naqueles 'sublimes' conhecimentos, uma vez demonstrada e conhecida como verdadeira uma tese científica, é *sempre* possível encontrar depois na Escritura 'exposições concordantes com aquela' e interpretações com ela congruentes: "Como de antemão a estimam falsa (a verdade copernicana) parece-lhes encontrar, ao ler as Escrituras, só passagens delas discordantes, mas se tivessem formado outro

---

68. *Ibid.*, v. 7, p. 545.
69. *Ibid.*, v. 5, p. 284.

A CIÊNCIA E A FILOSOFIA DOS MODERNOS

conceito, encontrariam por certo outros tantos que são concordantes."[70]

Nas anotações pessoais,[71] é possível captar a revolta de Galileu contra "ter que admitir que pessoas ignorantíssimas de uma ciência ou arte sejam juízes dos inteligentes, e pela autoridade que lhes é concedida possam dirigi-los a seu modo".

"Às objeções que por vezes te eram feitas" – escreverão os redatores da sentença de condenação – "respondias glosando a Escritura conforme o teu senso". Galileu, com efeito – embora por poucas páginas – tinha-se feito teólogo e 'comentarista' da Bíblia. Nessa ocasião e para interpretar *'Exultavit ut gigas ad currendam viam'* – uma passagem que parecia a Piero Dini o 'maior inimigo' do sistema copernicano contido na Escritura – Galileu referia-se a crenças e a mitos 'neoplatônicos' e 'ficinianos'. Na realidade, Galileu estava perfeitamente consciente não só da diversidade entre as demonstrações e as hipóteses verossímeis, mas também da diferença, de natureza quantitativa, entre o seu 'pequeno parto' de intérprete dos textos sagrados e o seu gigantesco trabalho de investigador do mundo físico: "Estas coisas teriam ficado sempre adormecidas para mim, refiro-me ao fato de entrar nas Sagradas Escrituras nas quais jamais entrou astrônomo algum, nem filósofo natural que se mantenha dentro de seus limites."[72]

Quase vinte anos mais tarde, na véspera da partida para Roma, onde era chamado pelo Santo Ofício, Galileu relembrava a carta a Madame Cristina. Esta tinha sido escrita 'no início dos rumores que se levantaram contra Copérnico'. Ora, o *Diálogo sobre os sistemas máximos* já tinha sido 'suspenso' e os jesuítas estavam persuadindo as autoridades supremas da Igreja a considerá-lo 'execrando e mais pernicioso à Santa Igreja que os escritos de Lutero e de Calvino'. Nesse 'longo escrito' – diz ele na carta a Diodati de 15 de janeiro de 1633 – Galileu apenas tentara mostrar,

---

70. *Ibid.*, v. 5, p. 347.
71. *Ibid.*, cf. por exemplo v. 7, p. 540-46.
72. *Ibid.*, v. 12, p. 184.

servindo-se de citações dos Santos Padres, "quanto é grande abuso querer valer-se das Sagradas Escrituras em questões naturais, e que ótimo conselho seria proibir que em tais disputas não se empenhassem as Escrituras".[73]

A difícil e ambígua tentativa de 'entrar nas Sagradas Escrituras' comentando o texto de Josué (e antes o dos Salmos) à procura de novas 'conveniências' entre as 'passagens sagradas' e as 'doutrinas naturais novas' não era mais lembrada. Era como se jamais tivesse acontecido. Esta lacuna é significativa, mesmo que se trate, como é muito provável, não de uma rejeição inconsciente, mas do desejo consciente de, numa situação já no limiar do drama, não relembrar uma tentativa frustrada.

---

73. Carta de Galileu a Diodati, 15 de janeiro de 1633 (nº 2348).

QUINTO CAPÍTULO

OS ARISTOTÉLICOS E OS MODERNOS: AS HIPÓTESES E A NATUREZA

O mito da continuidade

Creio que o mito historiográfico da continuidade entre a escola dos aristotélicos de Pádua e a ciência dos modernos não tem vida autônoma. Creio que a sua aceitação depende da adesão preliminar a um mito ou a um grupo de mitos de mais vasto alcance, dentro do qual a fábula particular (como ocorre em todos os mitos que se respeitam) se insere muito bem. Este mito filosófico-historiográfico mais amplo pode, para ser breve, ser resumido nas três proposições seguintes:

1. existe uma entidade unitária denominada 'ciência moderna';

2. existe um método (formulável com relativa clareza) que seria *o* método da ciência moderna;

3. este 'método científico' seria o motor ou o fator determinante do crescimento da ciência.

Em geral, e este certamente é o caso de Cassirer, a proposição 1 é considerada dependente da verdade da proposição 2. Sobre a proposição 2 insistiram todos os neopositivistas, mas pode-se crer na proposição 3, como faz por exemplo A. C. Crombie, e ser criticado por Alexandre Koyré que, em substância, aceita como válidas a 1 e a 2. As combinações são múltiplas e, muito provavelmente, serão dadas como realizadas combinações que são apenas potenciais. Parece-me todavia indubitável que, se há algo que fez emergir o trabalho desenvolvido pelos historiadores da ciência no último quartel do século, este algo consiste em ter demonstrado a grande fragilidade e a inconsistência daquelas três proposições.

Como não creio que seja honesto esconder dos próprios leitores os pressupostos de caráter geral, dedico três páginas deste capítulo a procurar esclarecer esses três pontos. Faço-o de modo extremamente sumário, embora esteja convencido de que, hoje, só é possível tentar uma abordagem não tradicional do tema das relações entre os aristotélicos e os chamados pais fundadores da moderna ciência da natureza, quando *não* se aceitam como verdadeiras as três proposições mencionadas.[1]

Sobre o *primeiro* ponto. Aquilo a que chamamos 'ciência moderna', embora os historiadores da ciência o tenham percebido com certo atraso, não se esgota nas chamadas ciências 'clássicas': matemática, astronomia, física, ótica, harmonia ou teoria matemática da música. Resulta da interação (que só no curso do século XIX chegará a efeitos explosivos) entre estas ciências, que têm por trás uma antiquíssima e consolidada tradição, e as novas ciências experimentais ou 'baconianas': o magnetismo, a eletrologia, o estudo do calor, a química, o estudo da Terra e dos fósseis. A chamada Revolução Científica não consiste apenas nas transformações radicais que se verificam na matemática, na física e na cosmologia. Consiste também na gestação e na laboriosa construção de ciências novas particulares; na emergência de novos territórios e âmbitos ou famílias de problemas que se tornam objetos novos de ciência.

Não só. Alternativas, escolhas entre teorias, entre modos diferentes de ver o mundo e de entender a ciência estão sempre

---

1. Para um tratamento mais amplo destes temas e para as correspondentes indicações bibliográficas, remeto a Rossi (1975), p. 253-80; Rossi (1977), p. 149-81; Rossi (1986), p. 21-58 e 163-210. Em particular, no que concerne às 'ciências baconianas', reporto-me a Kuhn (1977) e, no que diz respeito às 'tradições de pesquisa', a Laudan (1977).

em ação em toda a história da ciência. Nela estão presentes cânones explicativos variáveis, métodos diversos, tradições de pesquisa diferentes e contrastantes, imagens diversas e às vezes opostas da ciência. Baconismo, galileísmo, cartesianismo, newtonismo, leibnizianismo, como o termo aristotelismo, são certamente etiquetas que recobrem tendências e problemas diversos: são entidades não facilmente isoláveis, variáveis no tempo, mas são sem dúvida também *programas* ou *tradições* filosóficas e científicas em competição entre si. Em torno desses programas (ou, se preferirmos, dessas metafísicas), que implicam modos diferentes de conceber a ciência e de *praticá-la*, são construídas e consolidadas, no início da Idade Moderna, as novas ciências da natureza.

Sobre o *segundo* ponto. No que concerne à ciência do século XVII, durante muito tempo foram esquecidas algumas coisas: 1. que a ciência daquele século foi simultaneamente galileana *e* cartesiana e baconiana; 2. que a distinção entre os chamados dois métodos de pesquisa (matemático-dedutivo e experimental-indutivo) foi considerada naquele tempo (e por cerca de cento e cinquenta anos) como real; 3. que a distinção-oposição entre esses dois métodos estava ligada a duas imagens diferentes da ciência, a primeira das quais privilegiava a audácia das hipóteses, as 'antecipações', as construções apriorísticas, e a segunda os experimentos repetidos, as descrições, as classificações; 4. que essas imagens da ciência correspondiam a imagens diversas da natureza: concebida, de um lado, como ordem geométrica, como obra de um Deus que compõe o mundo *numero, pondere et mensura*, como realidade escrita em linguagem matemática, e, de outro lado, concebida como selva, como um desconhecido e infinito oceano, como um labirinto no qual, para orientar-se, o método oferece apenas um tênue e frágil fio.

Sobre o *terceiro* ponto. Uma tradição de pesquisa (como o aristotelismo, o galileísmo ou o darwinismo) consta de uma série de compromissos e de interdições ontológicas e metodológicas no sentido de que: 1. fornece uma série de diretrizes para a construção de teorias específicas; 2. reconduz os problemas empíricos à ontologia que é própria daquela tradição; 3. especifica alguns métodos de pesquisa aceitáveis (excluindo obviamente outros) para indagar sobre alguns problemas e para construir teorias. As teorias científicas particulares e específicas (por exemplo, a lei da gravidade) não são certamente *dedutíveis* das tradições de pesquisa. Estas últimas especificam apenas uma ontologia geral e um modo geral de resolver problemas.

O reconhecimento de uma pluralidade de tradições em conflito, no saber científico, leva necessariamente a formular algumas perguntas. As teorias são deriváveis dos métodos? Os métodos constituem a *origem* das teorias ou são apenas a sua *codificação*? Pode-se realmente falar de *continuidade* com base numa identidade ou numa semelhança entre os métodos, desprezando as ontologias? É realmente justificada a tese que identifica a história da ciência com a história do método científico? Que ciência porventura iniciou a sua história com um *tractatus de methodo* e progrediu baseada em regras estabelecidas *antes*? Privilegiar os métodos e a epistemologia não significa acreditar que a ciência galileana, cartesiana ou baconiana é apenas (ou predominantemente) o resultado da aplicação de uma metodologia?

Quando Alexandre Koyré escreveu uma longa resenha crítica sobre o livro (aliás belíssimo) do 'continuísta' Crombie, fez uma ironia que não me parece inoportuno recordar: parece, lendo aquele livro, que desde a época de Aristóteles até a de Galileu todos "sempre souberam que era necessário procurar reduzir as combinações complexas a elementos simples e que as 'suposições' ou hipóteses deviam ser verificadas ou negadas por deduções e confrontos com os fatos: eu seria tentado a aplicar à metodologia a célebre frase de Napoleão sobre a estratégia: os princípios são muito simples; o que conta é a sua aplicação."[2]

Para concluir: as perguntas que procurei fazer não dizem respeito aos métodos (que já foram muito e analiticamente estudados), mas às mudanças e diferenças de significado de termos como

---

2. Koyré (1966b), p. 62.

natureza, lei, ordem, experiência, artificialidade. Dizem respeito sobretudo às diferenças entre imagens diversas e alternativas da ciência. O plural *aristotélicos* do título, na realidade, é totalmente injustificado: as minhas citações são extraídas exclusivamente do *De rebus naturalibus* de Giacomo Zabarella.

O universo de Zabarella

No universo de Zabarella existem coisas necessárias, que acontecem porque devem acontecer, que não dependem de escolha, e existem, pelo contrário, coisas que não são necessárias, que podem do mesmo modo acontecer ou não acontecer, porque dependem da vontade. O primeiro mundo, o mundo das coisas necessárias, é constituído pelos entes de que se ocupam a matemática, a geometria, a filosofia natural, a metafísica. Aquilo que chamamos ciência tem por objetivo só as coisas necessárias. O segundo mundo, o mundo das coisas não necessárias, é constituído, diremos nós, pelos *comportamentos* e pela *cultura*. Na linguagem de Zabarella: pelos vícios e virtudes e pelas *effectiones* ou práticas humanas. Pertence às artes.

A lógica é 'um hábito intelectivo instrumental', isto é, um instrumento imaterial construído pelo homem para conhecer: pertence, por conseguinte, ao mundo das artes. A lógica nasce no plano das invenções e da cultura, mas isso não impede que a sua artificialidade finque as raízes no plano da natureza. No âmbito da natureza ocorrem de fato potencialidades culturais ou *faculdades*. É natural, por exemplo, 'a faculdade de passar disto para aquilo', que é uma espécie de instinto ou uma *vis innata*. A ordem artificial da lógica 'não é o da nossa mente natural', mas, na primeira, rude e confusa apreensão dos conceitos das coisas, está presente algo que não está em nosso arbítrio variar, que não depende dos *hábitos*. Nas informações confusas que extraímos dos sentidos está inserida uma ordem necessária que pertence à natureza e cujo estudo pertence não ao lógico mas ao filósofo natural, uma vez que o primeiro lida com os hábitos e o segundo com as faculdades.[3]

Se as *faculdades* coincidissem com os *hábitos*, se a natureza tivesse a mesma extensão que a cultura, não existiriam os lógicos e não seria necessário que os lógicos procurassem transmitir os preceitos de sua arte.[4] A distância entre natureza e cultura cria o espaço para as artes, dá o sentido da não coincidência entre *ordo naturalis* e *ordo scientiarum*, entre lógica e ontologia, traça uma nítida demarcação entre Zabarella e todos aqueles que (como Francesco Piccolomini) teorizam uma relação de imitação entre ordem das ciências, ordem da natureza e ordem divina.

A ordem da natureza passa dos princípios e elementos simples para os mais complexos. A ordem das ciências não pode repisar essa ordem nem identificar-se com ela. Só o método compositivo ou sintético ou demonstrativo, que é empregado na matemática, na geometria e na metafísica, permite a *demonstratio propter quid*, a passagem da causa ao efeito, o conhecimento 'segundo a natureza própria das coisas'. Na nossa relação com a natureza somos obrigados a servir-nos do método resolutivo ou analítico que vai do efeito às causas e que passa daquilo que é mais conhecido para nós àquilo que é mais conhecido pela natureza.[5]

O termo *natureza* não tem significado unívoco, porém é absolutamente necessário, para o filósofo natural, entender o seu significado preciso.[6] Fala-se de natureza até a propósito de coisas sobrenaturais, como, por exemplo, da 'natureza de Deus'. Aqui o termo é sinônimo de *essência* e não concerne ao filósofo natural. Fala-se ainda de *natureza* num significado extremamente restrito: referindo-se a uma faculdade que é de certo modo coarctada e restrita a apenas um dos termos de uma oposição: por exemplo, a coarctação a receber só um dos dois movimentos, em direção ao

---

3. Zabarella (1607) 1042 C, D, E. Nas referências a Zabarella (1607), os números e as letras remetem respectivamente à coluna e ao parágrafo.
4. *Ibid.*, 1041 D.
5. Zabarella (1597), p. 142-44, 299 ss.; Poppi (1972), p. 172, 194.
6. Zabarella (1607) 231 E.

A CIÊNCIA E A FILOSOFIA DOS MODERNOS

127

centro ou do centro.[7] Neste sentido, dado que a alma é capaz de movimentos opostos, *natureza* distingue-se *de alma* e aquilo que é *natural* daquilo que é *animado*. Nesta acepção, *natural* é sinônimo de *inanimado*. Existe finalmente um terceiro significado, de certo modo intermediário entre os dois primeiros: nesta acepção, *natureza* significa todo o gênero das coisas variáveis e mutáveis. Neste caso, *natural* significa 'aquilo que é de certo modo mutável' e *natureza* está por 'propensão interna a mudar'.[8]

A escolha entre o segundo e o terceiro significados é muito importante. Adotando a segunda definição (como fez Simplício, por exemplo), *exclui-se da natureza a faculdade de conhecer* e define-se *natureza* por oposição a tal faculdade. As faculdades (como vimos), diferentemente dos hábitos, pertencem à filosofia natural e o *conhecer* é também natureza. Deve-se adotar então a terceira definição. Aristóteles definiu de fato a natureza como 'princípio interno de movimento' e, deste ponto de vista, também à alma compete a definição de natureza.[9]

O termo *natureza*, por outro lado, deve ser cuidadosamente separado de *mundo*. Este último não é uma espécie de corpo natural, mas a agregação de todos os corpos naturais. Enquanto *mundo*, ele não tem uma natureza própria nem um movimento próprio. Usado no sentido de 'aquilo que contém todos os corpos', esse termo é ambíguo: a coleção de todas as coisas corpóreas e incorpóreas, mesmo se constituem um mundo, não o constituem *uno*, de modo a poder cair sob o domínio de *uma* ciência.[10] O mundo é sem dúvida estruturado hierarquicamente, e nele existem corpos mais nobres e corpos menos nobres. Mas *mais nobres* não coincide absolutamente com *mais natural*. Deve-se rechaçar a opinião segundo a qual os termos *natureza* e *corpo natural* competem em primeiro lugar ao Céu, como o mais nobre de todos os corpos, e só secundariamente aos outros corpos. Não é absoluta-

---

7. *Ibid.*, 235 D, 241 A.
8. *Ibid.*, 238 A-C.
9. *Ibid.*, 238 C.
10. *Ibid.*, 48 A-D.

mente verdadeiro que o homem é 'mais natural' que a pedra ou que é 'mais animal' que um asno, assim como não é verdadeiro que os elementos são mais naturais que os compostos ou que o homem gerador é mais natural que o homem gerado.

O filósofo natural, aquele que cultiva a *scientia* ou *disciplina naturalis*, ocupa-se do mesmo modo do Céu, dos Elementos, dos Compostos, dos Animais, da Alma enquanto natureza ou das Faculdades naturais do homem. Mas não existem mais ciências naturais, não existe uma pluralidade de abordagens e de métodos diferentes. Os objetos das ciências naturais não são múltiplos e também não são de modo algum construídos pelas teorias. A ciência natural é *una* e a sua unidade depende da *unidade do seu objeto*. Todas as coisas naturais pré-citadas (Céu, Elementos, Compostos, Alma, Faculdades) devem então ser colocadas sob um único gênero, o qual, reunindo todas sob si, possa ser chamado *objeto único* da filosofia natural.[11]

Para além das diferentes opiniões e das muitas controvérsias que ocorreram no passado, todos os adeptos de Aristóteles concordam hoje (*hac tempestate*) em identificar tal objeto "com o corpo entendido universalmente (que engloba todas as coisas celestes e as inferiores) enquanto natural, isto é, enquanto tem em si mesmo uma natureza definida como princípio de movimento".[12] A natureza é, portanto, 'propensão interna a mudar',[13] é 'princípio interno de movimento'.[14] Nas coisas naturais, a natureza é causa de movimento não só naquele corpo específico a que se liga, mas também em outros corpos. O movimento do Fogo para o alto provém, como um princípio interno, da própria natureza do Fogo, mas o aquecimento (mediante o qual outro corpo é aquecido) também faz parte da natureza do Fogo. O Fogo por sua natureza sobe e por sua natureza aquece. Mesmo se o *motus immanens* e a

---

11. *Ibid.*, 3 C, E.
12. *Ibid.*, 3 F, 4 A.
13. *Ibid.*, 238 D.
14. *Ibid.*, 232 E, 249 D.

operatio immanens devem distinguir-se (como ensinou Aristóteles) do *motus transiens* e da *operatio transiens*.[15]

Mas o princípio do movimento deve ser entendido como ativo ou como passivo? Se entendido como apenas ativo (e é esta a tese de Avicenna) e identificado com um *principium factionis*, identifica-se a natureza com a *forma* e nega-se que a *matéria* (que é apenas passiva) possa ser chamada *natureza*. Adotando esta tese, deve-se negar que seja possível falar de natureza a propósito do Céu e que seja possível falar do movimento do Céu como um movimento natural, uma vez que no Céu não há nenhuma natureza que seja princípio ativo de movimento, mas apenas uma natureza que é princípio passivo.[16] Segundo a outra tese oposta (defendida por Simplício), a natureza não é princípio ativo de movimento, mas apenas passivo. Aqui o princípio ativo é identificado com a alma, a alma é separada da natureza e nega-se que a alma seja natureza.[17]

A natureza é, ao mesmo tempo, princípio ativo e princípio passivo de movimento.[18] Mas enquanto o primeiro significado é definível com clareza recorrendo-se à alma dos animais que é '*effectrix motus*',[19] não é igualmente claro o que se deve entender por 'princípio passivo'. A natureza de um corpo, enquanto princípio passivo de movimento, é uma potência livre para receber um ou outro dos movimentos opostos, ou essa natureza é como que *restricta* e *contracta* a receber apenas um deles (por exemplo, para o alto no caso do Fogo)?[20] Muitos pensam a matéria como *libera potestas patiendi*, como aptidão a receber todos os movimentos e todas as formas: '*Hanc communem sententiam ego recipere nunquam potui.*' Esse princípio passivo de movimento que deve ser chamado *natureza* ('*quod dicatur natura*') 'é coarctado a receber só o movi-

---

15. *Ibid.*, 232 E.
16. *Ibid.*, 233 E, F; 234 A, B; com relação ao Céu, cf. 287-90.
17. *Ibid.*, 234 C, E.
18. *Ibid.*, 239 F.
19. *Ibid.*, 240 A.
20. *Ibid.*, 240 C, D.

mento que é chamado natural àquela coisa'.[21] *'Passivum principium ab Aristotele intelligi restrictum ad unum certum motum qui solus dicatur naturalis cuique rei.'*[22] Em caso contrário, *operatio immanens* e *operatio transiens* seriam idênticas e até mesmo o movimento de uma nave ou os movimentos da madeira trabalhada por um artesão deveriam ser chamados movimentos naturais.[23]

Objetos naturais e objetos artificiais

Este exemplo é significativo. A matéria não é natureza *per se* ou *'secundum se'*,[24] é natureza *per formam*. A matéria é natureza enquanto tem o poder de receber uma forma que é a própria natureza da coisa: *'prout potestatem habet recipiendi formam, quae est ipsa rei natura'.*[25] A *patibilitas* é da matéria, mas a *determinatio patibilitatis* ou a coarctação e restrição a esse movimento específico é da forma.[26] Uma *mutatio* é *naturalis* "quando uma coisa muda porque está apta a ser mudada pela sua natureza, isto é, segundo sua forma".[27] Quem considera apenas a matéria ou, como Scot e os scotistas, afirma que a matéria *secundum se* é natureza, é obrigado a considerar naturais *todos* os movimentos.[28]

Mas o mundo é pleno de objetos artificiais e de formas artificiosas. Os scotistas negam que a matéria tenha uma potência natural em relação às formas artificiais[29] e sustentam que a matéria natural que existe nas coisas construídas não tem *'aptitudo ad*

---

21. *Ibid.*, 241 A.
22. *Ibid.*, 241 C.
23. *Ibid.*, 240 D.
24. *Ibid.*, 246 B.
25. *Ibid.*, 244 E.
26. *Ibid.*, 245 C.
27. *Ibid.*, 249 B.
28. *Ibid.*, 246 B, 249 A.
29. *Ibid.*, 247 E.

recipiendas formas artificiosas.[30]Mas como pode ela receber essas formas se não tem a *potestas recipiendi?* Como se pode afirmar que não é possível aquilo que acontece de fato? A matéria, responde Zabarella, "é voltada principalmente para as formas substanciais e tem uma propensão maior para essas que para as formas acidentais".[31] O escopo universal da natureza ao estabelecer a matéria das coisas foi o de dispô-las a receber as formas substanciais.[32] A tese aristotélica coincide com o que devemos chamar, segundo a verdadeira filosofia, '*de opificis consilio in rerum creatione*'. A natureza foi criada principalmente como sujeito receptivo das formas substanciais, mas como era necessário que fosse receptiva também às formas acidentais introduzidas por causas externas, a matéria devia ter a potência universal de receber todas as formas, quer substanciais, quer acidentais.[33] Destas últimas, algumas são introduzidas por causas naturais, outras pela vontade humana. São deste tipo todas as *formas artificiosas* produzidas pelo homem '*per habitum artis*'.[34]

Diversamente do que pensam os scotistas, portanto, a matéria é provida da potência natural a receber também as formas artificiais. Desse modo, devemos crer que a natureza universal as tenha levado em consideração *in statuenda materia*.[35] Desta aptidão da matéria a receber as formas artificiais, esclarece Zabarella, pode ser dito aquilo que se disse sobre a natureza da lógica e suas utilidades. A lógica é produzida pelos filósofos naturais para fins exclusivamente filosóficos: em primeiro lugar, para a filosofia contemplativa; em segundo lugar, para a ativa; mas não para as '*artes effectrices*'. Ocorre, todavia, que os produtos da lógica são úteis para todas as disciplinas e para o aprendizado e a transmissão de todas as artes. A sua utilidade depende da sua natureza, não das intenções dos filósofos que a construíram. Do mesmo modo, a matéria tem

---

30. *Ibid.*, 246 D.
31. *Ibid.*, 247 F, 248 A.
32. *Ibid.*, 248 A.
33. *Ibid.*, 248 B. "Sobre o plano do artífice na criação das coisas."
34. *Ibid.*, 248 C.
35. *Ibid.*, 248 D; cf. 246 D.

aptidão a receber todas as formas e todos os acidentes: por intenção primária da natureza a receber as formas substanciais; por intenção secundária a receber as formas acidentais; '*praeter intentionem naturae universalis*' a receber as formas artificiais.[36]

Antes de voltar ao tema das formas artificiais (que é o grande tema das relações entre *Natureza* e *Arte*), queria abrir um breve parêntese que toca, porém, num tema essencial. O que é a *natureza universal* de que fala Zabarella? Que relação existe entre *a* Natureza e *as* naturezas? Existe de fato a Natureza como 'o gênero inteiro das coisas variáveis e mutáveis' ('*totum genus rerum variabilium ac mutabilium*'),[37] e existem as simples e específicas *naturezas*: do Fogo, da Terra, do Homem. Ainda mais: para cada coisa existe uma e só uma natureza ('*unius rei una debet esse natura, non plures*').[38] Ao lado da definição de natureza na sua acepção mais restrita de princípio interno de movimento, emergiu outra, de alcance mais amplo, que tem a ver com o conjunto dos objetos naturais, com o *mundo* entendido como 'coleção de todas as coisas', e como 'agregação de todos os corpos naturais'.[39] Esta definição engloba aquele conceito ambíguo de mundo que, para Zabarella, parecia não constituído como uno e de modo a não cair sob o domínio de uma ciência única.[40] Nesta definição mais ampla, aparece também o termo *lei*. "A Natureza Universal nada mais é que a ordem de todas as coisas, ou seja, de todas as causas dispostas segundo uma ordem certa e dependente de um princípio primeiro, de forma a estabelecer para cada coisa algumas leis próprias que não podem ser evitadas."[41] Num contexto que se refere de modo positivo a Pomponazzi, comparecem as expressões 'leis da natureza universal' ('*leges naturae universalis*'), 'segundo o curso da natureza'

---

36. *Ibid.*, 248 D, E.
37. *Ibid.*, 238 D.
38. *Ibid.*, 242 E.
39. *Ibid.*, 48 A, D.
40. *Ibid.*, 48 A-D.
41. *Ibid.*, 618 C, D.

('*secundum cursum naturae*'), e fala-se do 'curso de uma natureza particular submetida às leis da natureza universal'.[42]

O mecanicismo e os modelos artificiais

A natureza universal de que fala Zabarella identifica-se certamente com uma *ordem* e uma *legalidade* e é certamente compreensível através das teorias e das experiências. Mas não é a natureza dos 'modernos' por duas razões fundamentais: porque a sua ordem é uma ordem hierárquica e nela ocorrem intenções primárias e intenções secundárias; porque é fundamentalmente 'biológica' e 'antropomórfica'. Não é apenas teleologicamente orientada: é feita de propensões, de tendências, de desejos de atuação e realização de si. Cada um dos seres que a compõem é predisposto, internamente, a mudanças eventuais, mas não é igualmente disposto a toda mudança possível. Dentro de cada ser existe uma espécie de expectativa: como se o devenir fosse continuamente antecipado no presente.[43]

Existem movimentos naturais determinados por uma propensão restrita e delimitada; movimentos naturais determinados pela natureza da alma que é 'produtora de movimento' e não conhece tais delimitações; movimentos naturais determinados por 'ocasiões' oferecidas pelo ambiente: por exemplo, a eliminação casual de um obstáculo que impede a queda de um corpo. O termo *natural* – Zabarella insiste nisso muitas vezes – é fortemente ambíguo: os movimentos do raio e do vento são naturais enquanto produzidos por causas naturais (ou seja, enquanto entram na ordem e nas leis da *Natura Universalis*), mas, relativamente aos corpos que atingem, não são movimentos naturais, mas violentos. Na definição mais restrita de natureza não se admite de fato "outro movimento natural a não ser aquele que provém de um princípio interno (ao

---

42. *Ibid.*, 619 E, F.
43. Clavelin (1968), p. 23.

corpo) e tem sua causa no próprio corpo que é movido". *Generatio* e *interitus* são (também para Aristóteles) naturais no primeiro significado, mais amplo, porém, não no segundo. Isso vale também para as alterationes: o aquecimento da água é um movimento violento, é '*ad contrariam qualitatem*', assim como o *motus ascensionis* da água é '*ad contrarium locum*'.[44]

Na acepção mais restrita do termo *natureza*, todo processo de alteração (exceto os que se verificam nos seres animados)[45] é violento e não natural. Em particular os processos de alteração artificial da natureza, aqueles que são introduzidos nela por escolhas do homem, produzem (como vimos) '*formae artificiosae*', que são formas 'secundárias', não 'primárias'. A natureza, *para além de suas intenções*, é certamente capaz de acolhê-las, mas, nesta perspectiva, um ponto parece bem estabelecido: *não podemos servir-nos das formas artificiais como modelos para conhecer e interpretar a natureza.*

Eu queria chamar a atenção sobre este ponto. Que é decisivo. Porque naquilo que chamamos *mecanicismo* do século XVII opera não só a ideia de que os eventos naturais podem ser descritos mediante os conceitos e os métodos daquele ramo da física chamado *mecânica*, mas opera também, e com força extraordinária, a ideia de que os engenhos e as máquinas construídas pelo homem podem constituir um *modelo privilegiado* para a compreensão da natureza.[46]

Antes, escreve Kepler, "eu pensava que a causa motriz dos planetas fosse uma alma (...) O escopo que me proponho é afirmar que a máquina do universo não é semelhante a um ser divino animado, mas semelhante a um relógio (...) e nela todos os movimentos dependem de uma simples força ativa material, assim como todos os movimentos do relógio são devidos ao simples pêndulo."[47] "O que é o coração senão uma mola, os nervos senão

---

44. Zabarella (1607) 249 C, D.
45. *Ibid.*, 249 F.
46. Rossi (1962), p. 139-47; Rossi (1977), p. 153-57.
47. Kepler (1858-71), v. 1, p. 176, 184.

muitas cordas, e as articulações senão muitas rodas?", pergunta Hobbes.[48] As máquinas do nosso corpo, afirma Malpighi, são as bases da medicina.[49] Descartes escreveu: "Vemos que relógios, fontes artificiais, moinhos e outras máquinas deste tipo, embora construídos por homens, não são desprovidos da força de mover-se por si sós de maneiras diversas (...) E na verdade podemos muito bem comparar os nervos aos tubos daquelas fontes, os músculos e os tendões aos outros aparelhos e molas que servem para movê-las."[50] Para Robert Boyle, o Universo é 'uma grande máquina semovente' e, por isso, todos os fenômenos devem ser considerados nos termos 'dos dois grandes princípios universais dos corpos: a matéria e o movimento'.[51]

A máquina, real ou apenas pensada como possível, funciona como modelo explicativo da natureza, torna-se a imagem de uma realidade constituída de dados quantitativamente mensuráveis, na qual cada elemento (como cada peça da máquina) cumpre a sua função com base numa determinada forma, em determinados movimentos e velocidade de movimentos. Conhecer a natureza significa perceber o modo como funciona a máquina do mundo, e a máquina pode sempre (pelo menos teoricamente) ser desmontada nos seus elementos simples e depois recomposta, peça por peça: "Sobre as coisas naturais – escreve Gassendi – indagamos do mesmo modo que sobre as coisas das quais nós próprios somos os autores (...) Nas coisas da natureza em que isso é possível, fazemos uso da anatomia, da química e de auxílios de todo tipo, simplificando o mais possível os corpos e quase decompondo-os, de modo a compreender de quais elementos e segundo quais critérios eles são compostos."[52]

O mundo dos fenômenos assim reconstruíveis mediante a investigação científica e o mundo dos produtos artificiais, construí-

---

48. Hobbes (1955), p. 40.
49. Malpighi (1944), p. 40.
50. Descartes (1897-1913), v. 9, p. 4, 321.
51. Boyle (1772), v. 3, p. 14.
52. Gassendi (1658), v. 2, p. 122 ss.

dos ou reconstruídos pelo intelecto ou pelas mãos, são *as únicas realidades* das quais se pode ter ciência. Podemos conhecer ou as máquinas ou o mundo real enquanto ele seja reconduzível ao modelo da máquina. As impostações tradicionais sobre a relação entre Natureza e Arte ficavam conscientemente invertidas: a Arte não é a 'imitação' da natureza e não está 'de joelhos' diante da Natureza. Os produtos da Arte não são nem inferiores nem diferentes dos da Natureza. Sobre este ponto, Descartes também insiste energicamente: "Não existe qualquer diferença entre as máquinas que os artesãos constroem e os diversos corpos que a natureza compõe." A única diferença é que os aparelhos das máquinas são bem visíveis, "enquanto os tubos e as molas que produzem os efeitos naturais são geralmente pequenos demais para serem percebidos pelos sentidos".[53] Esta 'pequenez', como veremos, será um tema importante.

Descartes e Gassendi acolhem a tese de Bacon que nega qualquer distinção de essência entre objetos naturais e objetos artificiais: "Durante muito tempo, prevaleceu a opinião de que a arte seria diferente da natureza e que as coisas artificiais seriam diferentes das naturais (...) E um erro mais sutil insinuou-se na mente dos homens: o de considerar a arte como um complemento da natureza, que tem o poder de completar aquilo que a natureza iniciou, de corrigi-la quando ela comete um erro, de liberá-la de obstáculos, mas que jamais tem o poder de mudá-la, transformá-la, abalar seus alicerces (...) Isto deveria penetrar profundamente na mente dos homens: as coisas artificiais não diferem das coisas naturais pela forma ou pela essência, mas apenas pela causa eficiente."[54]

Se o mundo é uma máquina, ele não é mais construído *para* o homem ou *à medida* do homem. Dentro deste novo modo de conceber a relação Natureza-Arte, prevalece a tese de que o conhecimento das causas últimas é impedido ao homem, que não

---

53. Descartes (1897-1913), v. 9, p. 21.
54. Bacon (1857-92), v. 1, p. 496.

A CIÊNCIA E A FILOSOFIA DOS MODERNOS

interessa à ciência e é reservado a Deus, enquanto artífice, construtor ou relojoeiro do mundo. O critério do *conhecer como fazer* e da identidade entre *conhecer* e *construir* (ou reconstruir) não vale só para o homem, vale também para Deus: O intelecto do homem pode aceder apenas às *verdades construídas* da matemática e da geometria. Nos limites em que a Natureza foge ao modelo da máquina, ela é uma realidade não cognoscível. É difícil, escreve Mersenne, "encontrar verdades na física; pertencendo os objetos da física às coisas criadas por Deus, não é de admirar que não possamos encontrar suas verdadeiras razões (...) só conhecemos as verdadeiras razões daquelas coisas que podemos construir com as mãos ou com o intelecto".[55] E Hobbes, cujas posições são certamente muito diversas: "A geometria é demonstrável porque as linhas e as figuras a partir das quais raciocinamos são traçadas e descritas por nós mesmos; e a filosofia do direito é demonstrável porque nós mesmos construímos o Estado. Porém, como não conhecemos a construção dos corpos naturais, mas a procuramos pelos seus efeitos, não existe nenhuma demonstração de quais sejam as causas por nós procuradas, mas apenas de quais possam ser."[56]

Diante da natureza, a ciência não enuncia verdades, não fala nem de causas nem de essências, ocupa-se apenas dos fenômenos e só pode formular hipóteses.

A crise da distribuição das competências

A distância que medeia a física dos modernos e a dos aristotélicos já foi estudada por muitos. Bastará lembrar alguns pontos. Na física dos aristotélicos a localização das coisas não é indiferente, nem para as coisas, nem para o Universo. O movimento configura-se como *moto* no *espaço*, como *alteração* nas *qualidades*, como

---

55. Mersenne (1636), p. 8.
56. Hobbes (1839-45b), v. 6, p. 183 ss.

generatio e *interitus* no *ser*. O *moto* não é um *estado*, mas um *devenir* e um *processo*. Através desse processo, as coisas se constituem, se atualizam, se completam. Um corpo em movimento não muda apenas em relação a outros corpos: ele próprio é *sujeito a uma mudança*. Nessa física, não há necessidade de uma causa que explique a persistência de um repouso, há necessidade de uma causa que explique a presença e a persistência do movimento.

O espaço vazio da geometria cartesiana e galileana, no qual todos os lugares são lugares naturais de qualquer tipo de corpo e no qual todas as coisas estão no mesmo nível de ser, colocar-se-á como alternativo ao espaço qualitativamente diferenciado e concreto dos aristotélicos. Na nova física, o movimento aparece como um estado persistente dos corpos, a força é causa de aceleração e não de movimento; repouso e movimento são colocados no mesmo nível ontológico; a ideia de movimento de um corpo é separada da de processo de mudança do mesmo corpo; afirma-se a ideia de que um corpo pode ser isolado do seu contexto físico; o espaço real é identificado com o espaço geométrico. Não se trata apenas de um universo infinito, feito de cheio e de vazio. Essa ciência, como mostrou Alexandre Koyré, estava solidamente ligada a uma nova metafísica, a um mundo sem hierarquia de ser, a um modo diferente, não mais antropomórfico, de considerar e entender a ontologia da natureza.[57]

Hobbes, que tinha a ilusão de ser um grande matemático, mas que era certamente um grande filósofo, captou este ponto com impressionante lucidez: "Uma verdade da qual ninguém duvida é que quando um corpo está parado, permanecerá parado até que alguma coisa o mova. Entretanto, não se admite facilmente que um corpo em movimento permanecerá eternamente em movimento até que alguma coisa o pare (...) Isso depende do fato de que os homens medem não apenas os outros homens, mas todas as outras coisas, por si mesmos. Já que eles, depois do movimento, ficam num estado de pena e de cansaço, pensam que todas as coisas

---

57. Koyré (1966b), p. 157-66, 180-82.

A CIÊNCIA E A FILOSOFIA DOS MODERNOS

ficam cansadas de movimentar-se e procuram espontaneamente o repouso."

Neste terreno, dentro do qual não tenho qualquer intenção de penetrar é muito fácil medir a distância que separa a natureza dos aristotélicos da dos modernos. Desejo porém sublinhar um ponto sobre o qual a atenção dos estudiosos não se deteve suficientemente. Na nova ciência, não desaparecem apenas as *naturezas* dos corpos simples e não mudam apenas as categorias. Entra numa crise irreversível *a distribuição das competências*, efetuada com muito cuidado pelos aristotélicos. As quantidades matemáticas, escreve Zabarella, "são consideradas pelo matemático como separadas, por obra da mente, da matéria natural como se ocupassem o lugar do sujeito (*proinde ut habentes locum subiecti*) e consideradas pelo filósofo natural como atributos dos corpos naturais".[58] Aqui não existe apenas a teorização da inaplicabilidade das idealizações matemáticas à corporalidade da natureza (que é a tese continuamente exposta por Simplício no *Diálogo* galileano). Nesta, como em muitas outras passagens, é sancionada uma atribuição de tarefas específicas aos filósofos naturais, aos matemáticos e aos metafísicos, que perderá, na nova ciência, qualquer fundamento e qualquer sentido.

Ordem natural e ordem artificial

A propósito de Zabarella, falou-se muito de instrumentalismo. Frequentemente, as frases foram isoladas de seu contexto e, de certo modo, celebraram-se as núpcias entre uma metodologia aristotélica e um empirismo aristotélico que teriam gerado uma ciência antiaristotélica. Muitas páginas de Antonino Poppi, de Cesare Vasoli, de Charles Schmitt e de Christopher Lewis contribuíram para devolver-nos o senso das proporções e recolocar as afirmações nos contextos. Ou seja: dentro daquelas perspectivas

---

58. Zabarella (1607) 36 F.

metafísicas que os historiadores das ideias e da ciência não deveriam esquecer em qualquer ocasião.

Artificialidade, na linguagem de Zabarella, não se identifica absolutamente com *convenção*. *Arbítrio* não indica absolutamente a possibilidade de inventar novas lógicas. Existe uma só lógica, válida para todos os homens, que é capaz, como tal, de fornecer métodos e instrumentos a todas as disciplinas. Estes métodos e estes instrumentos são em certa medida variáveis, ou será que a filosofia natural é apenas uma *aplicação* da lógica às coisas da natureza? A lógica, uma vez colocada em ação, 'não se chama mais lógica, mas filosofia natural ou matemática'. Todavia, continua sendo verdade que ela "fornece a todas as disciplinas os instrumentos, ou seja, os métodos, de que nos servimos para conhecer as coisas".[59]

Zabarella, que considera totalmente irrelevante e não digno de consideração o acaso ou a ordem acidental das coisas, distingue com cuidado a ordem que 'é arbitrária e depende da nossa escolha' da ordem 'que é natural e necessária'.[60] Mas qual a relação entre as duas ordens? Que método artificial prescreve normas invioláveis? E se as normas são invioláveis, em que consiste essa artificialidade? O caminho a seguir é na realidade extremamente rígido e não admite, nem sequer internamente, uma pluralidade de direções e de escolhas. Mas não se trata apenas do método: para chegar à verdade é indispensável a compreensão da *estrutura artificiosa da ciência*. Existe uma 'natureza e condição' da filosofia natural, uma divisão dela em partes, existem escopos específicos de cada uma das partes e é necessário obter esta estrutura, em todos os seus complicados detalhes, para penetrar as causas ocultas das coisas e os 'arcana' da natureza.[61]

Não ocorrem outros caminhos que não sejam os das ciências já codificadas e provadas: a medicina não é ciência porque não

---

59. Zabarella (1597), p. 11, 14, 133.
60. Zabarella (1607) 1041 D.
61. *Ibid.*, 1 A, B.

conhece as causas primeiras das coisas, não faz referência à matéria-prima e à sua natureza, não conhece a forma verdadeira e toma por forma verdadeira um acidente qualquer. O médico, porém, sobretudo ele, tem uma culpa que é gravíssima, ao ver de Zabarella: "não respeita aqueles preceitos que devem ser observados em toda ciência especulativa para a obtenção da verdadeira ciência".[62] Uma coisa é conhecer a aptidão do corpo vivo e o que são saúde e doença, outra coisa é conhecer as causas particulares das várias doenças e não as coisas que conservam a saúde e a restituem. Com base nisso, a medicina deverá ser diferençada da filosofia natural como uma forma diversa de conhecimento.[63] Mas essa necessidade é uma subalternação: quem não é filósofo natural não pode ser bom médico, e ser bom médico significa *começar* onde o filósofo natural *termina*.[64] Mas em que consiste este *começar*? Numa aplicação rígida da teoria, na aceitação preliminar de um método já teorizado e de uma estrutura determinada. Método e teorias não se tornam modificáveis pela sua aplicação a casos particulares. Os casos servem para aplicar a teoria e confirmar sua validade. Como se configura então o conceito de experiência?

A experiência e os experimentos

Nas páginas que dedicou ao conceito de experiência e de experimento em Zabarella e no jovem Galileu, Charles Schmitt chegou a conclusões muito precisas, que subscrevemos inteiramente.[65] Na filosofia de Zabarella, a experiência desempenha um papel importante. Zabarella fornece ótimos exemplos e ilustra as teorias com referências à experiência e, em alguns casos, às artes mecânicas, mas jamais constrói situações experimentais a fim de resolver dificuldades particulares relativas a problemas particulares. Na

---

62. Zabarella (1597), p. 60 ss.
63. Zabarella (1607) 101 E.
64. *Ibid.*, 101 E, F, 102 A.
65. Schmitt (1969).

quase totalidade dos casos são lembradas experiências *anteriores* que têm a ver de algum modo com o problema tratado. Às muitas passagens indicadas por Schmitt, eu poderia acrescentar outras duas extraídas do *De rebus naturalibus*: a primeira faz referência 'àquilo que a experiência nos ensina' na navegação do Oceano;[66] a segunda, sobre a aceleração no movimento de queda, faz apelo 'àquilo que é comprovado pela experiência' relativamente ao movimento de uma nave numa corrente.[67] Estes dois textos, que mereceriam talvez ser analisados, confirmam de qualquer modo aquelas conclusões.

Creio ser conveniente integrar essas observações, insistindo sobre dois outros aspectos que diferenciam radicalmente a experiência dos modernos da dos aristotélicos. O primeiro desses aspectos refere-se à *artificialidade* das experiências e das observações; o segundo, ao *estatuto ontológico* dos objetos observados. Relativamente ao primeiro ponto (sobre o qual conviria alongar-se) creio que podemos utilizar uma preciosa observação de Thomas Kuhn: quando os adeptos do método baconiano, como Boyle e Hooke, tentam efetuar experimentos, raramente procuram demonstrar aquilo que já é conhecido ou determinar um pormenor que é requerido por uma teoria. Procuram ver como se comporta a natureza em circunstâncias não observadas anteriormente ou anteriormente inexistentes. A natureza é interrogada em condições a que ela jamais chegaria sem a intervenção do homem: os homens que, por exemplo, colocavam pequenos animais, sementes de plantas ou elementos químicos no vácuo criado por uma bomba pneumática, inseriam-se plenamente nesta tradição.[68]

Relativamente ao segundo ponto (e limitando-se sempre às ciências 'baconianas') convém não esquecer uma afirmação que, para os modernos, é de importância decisiva: '*melius est naturam secare quam abstrahere*', é melhor seccionar a natureza nas partes

---

66. Zabarella (1607) 550 D.
67. *Ibid.*, 340 A.
68. Kuhn (1977), p. 43 ss.

A CIÊNCIA E A FILOSOFIA DOS MODERNOS

que a constituem do que dissolvê-la em abstrações. Os fenômenos com os quais a experiência nos põe em contacto através da vista não são 'reais': são o resultado de atividades e de processos que se desenvolvem num nível microscópico inacessível aos sentidos quando estes não são auxiliados por instrumentos. O conceito baconiano de uma 'singular sutileza da natureza' (*exquisita subtilitas naturae*) é solidamente ligado ao da sua dissecação.[69] Configurações e mudanças das configurações dos corpos são *processos latentes* que 'em sua maioria escapam aos sentidos' e são 'desconhecidos e inexplorados pelas ciências atuais'. O conhecimento desses processos requer uma anatomia dos corpos: até mesmo daqueles que parecem de estrutura uniforme. Tal anatomia é diversa daquela que é aplicada aos corpos orgânicos, porque é voltada para objetos que não aparecem à vista e não são objeto dos sentidos.[70]

Por isso, as *formas* construídas por aqueles que *abstraem* e não *seccionam* não passam de ficções do espírito humano;[71] por isso, o caminho de Demócrito é preferível ao de Aristóteles.[72] Mas o ponto a sublinhar é outro: as observações e as experiências que são importantes e decisivas para a ciência da natureza e para o controle da natureza desenvolvem-se e efetuam-se num plano que não é o da experiência quotidiana e das coisas visíveis ao olhar.

Para concluir sobre este ponto, a experiência de Zabarella e dos aristotélicos (ao contrário da dos modernos): 1. não são construídas a fim de verificar ou invalidar teorias; 2. são extraídas da observação da natureza no seu estado espontâneo e não da natureza 'molestada'; recorrem a coisas ou entidades visíveis e a observações atinentes à vida quotidiana. São *exemplos* e *ilustrações* de teorias. Não têm quase nada a ver com os experimentos e as experiências da ciência experimental.

---

69. Rees (1980), p. 566 ss.
70. Bacon (1975), p. 645 ss.
71. *Ibid.*, p. 567.
72. *Ibid.*

A invencibilidade do método

Frente a esses exemplos e essas ilustrações, a pesquisa não se coloca como desafio e interrogação, mas tende a diluir-se no descobrimento de casos que confirmam a teoria. Quanto mais numerosos sejam os casos e as pesquisas particulares aos quais a teoria se aplica globalmente, mais a teoria se reforça e se torna invencível. Mas casos particulares e causas particulares são definíveis e interpretáveis apenas e sempre à luz de uma teoria global e abrangente. Quando isso não ocorre, como no caso da medicina, afirma-se que não existe ciência, mas apenas uma prática incerta e confusa operada por pessoas que não conhecem nem os métodos, nem os fundamentos do saber, nem a estrutura da ciência. Os preceitos do método e a estrutura do saber tinham sido, desde o início, teorizados como invencíveis.

Para Zabarella e para os aristotélicos, esta invencibilidade não é uma esperança, não é algo que pertença ao futuro da ciência. Ela já está presente, ou melhor: está presente porque *já esteve* presente. Trata-se de esclarecê-la, explicá-la, defendê-la dos ataques dos adversários, protegê-la das interpretações injustificadas, impedir desvios perigosos. O horizonte do saber coincide realmente (como foi dito) com os textos de Aristóteles e de Averróis. Dentro desse horizonte, é possível certamente acrescentar dados. Aristóteles jamais escreveu um tratado *De hominis risibilitate* ou *De hinnibilitate aequi*, mas dos fundamentos que lançou 'pode derivar o conhecimento até das coisas das quais jamais se ocupou'.[73] Imperfeita do ponto de vista da *matéria* das coisas consideradas, a ciência aristotélica é considerada perfeita quanto à *forma*, à *fábrica*, ao *artifício*.[74] Pode-se dizer de Aristóteles o que se diz dos livros de Euclides: existem teoremas que Euclides nunca demonstrou, mas a sua demonstração poderá ser extraída desses mesmos livros.[75]

---

73. Zabarella (1607) 131 F, 132 A.
74. *Ibid.*, 131 C.
75. *Ibid.*, 132 A.

Quando se compreende realmente o que Aristóteles disse, compreende-se realmente o próprio mundo.[76] O método e a lógica são produtos artificiais, a filosofia natural tem uma estrutura artificiosa. Mas do ponto de vista do artifício, da fábrica e da forma, *a perfeição já foi atingida*. O saber científico não é semelhante a uma exploração de novos continentes, não tem necessidade de novas regras. Consiste na aplicação de regras codificadas.

O radicalismo dos modernos

Só a seriedade, a força e, ao mesmo tempo, a extraordinária sutileza com que estas ideias foram defendidas por Zabarella e pelos expoentes do aristotelismo, só a irritante mas fascinante densidade da sua visão do mundo, podem explicar o radicalismo, que parece às vezes desconcertante, das tomadas de posição antiaristotélica presentes nos modernos.

Referindo-se ao Evangelho de São João 5, 43, Bacon aproxima, num texto publicado em 1608, a figura de Aristóteles à do Anticristo. Será seguido aquele que usurpa para si próprio a autoridade e vem em seu próprio nome: "Se há alguém que em filosofia veio em seu próprio nome, este alguém é Aristóteles (...) que desprezou de tal modo a Antiguidade que só se dignou a nomear alguém dentre os antigos apenas para refutá-lo e insultá-lo." Como o seu discípulo Alexandre que subjugou todas as nações, Aristóteles destruiu a variedade grega das opiniões e das filosofias. É igual a um príncipe da estirpe dos otomanos, que pensavam não poder reinar sem antes assassinar todos os seus irmãos.[77]

Não pretendo deter-me sobre este tema, que é obsoleto, que foi, de certo modo, 'esgotado' por tantos positivistas que identificaram Revolução Científica com antiaristotelismo. Não se trata

---

76. Schmitt (1969), p. 126.
77. Bacon (1975), p. 415, 226, 233.

disso. Essa recusa é uma defesa da variedade e do aspecto não definitivo das filosofias, indica uma imagem diversa do saber e da ciência. Aquilo que a muitos parecia um mérito parece agora uma culpa: Aristóteles pronuncia-se sobre qualquer coisa e resolve as questões 'de modo a que tudo pareça claro e definitivo'. Este justamente é o aspecto mais negativo da sua filosofia e é muito grave que, por obra de seus discípulos e sucessores, esse modo 'esteja ainda em uso'.[78]

A *ordem* interessa apenas à clareza da exposição, mas não atinge a substância da ciência; o *silogismo* foi tão vigorosamente estudado porque o homem deseja pontos de apoio e de repouso estáveis para a alma e teme qualquer oscilação da mente; a opinião de uma *uniformidade de método* na multiplicidade das disciplinas não só é frágil, mas reduziu o saber a vazias generalidades e mostrou "só o invólucro da ciência, já que o núcleo foi eliminado por causa da pressão e da violência exercida pelo método"; quem ama a ciência já codificada tende mais à satisfação do espírito que à busca do novo e tem mais medo da dúvida que do erro: então, "a vaidade impede quem fala de revelar a própria fraqueza e a preguiça impede quem ouve de revelar a própria força". As ciências 'ostentam a forma e a aparência da plenitude', e são transmitidas "com tal método e tais divisões que fazem pensar que tudo o que pode ser dito sobre aquele assunto pode estar contido e esgotado naquele tratamento". O erro dos aristotélicos é o de fixar e tornar eternos os problemas que Aristóteles suscitou. Por isso, eles transmitem a ciência 'ministrando simultaneamente os problemas e as suas soluções'. Esta é a tarefa dos professores, não dos inventores de coisas novas. Aquele saber 'completo', que torna fixos os problemas e que ministra simultaneamente os problemas e suas soluções, encarnou-se nas instituições e é típico das universidades. Nas academias e nos colégios, 'entusiasmo e não conformismo constituem obstáculos não pequenos a uma boa carreira'; quem levanta problemas 'será acusado de turbulência e de avidez por novidades'.

---

78. *Ibid.*, p. 579.

A CIÊNCIA E A FILOSOFIA DOS MODERNOS

Nessas instituições, "lições e exercícios são ministrados de tal modo que dificilmente passaria pela cabeça de alguém pensar algo de insólito". Mas a 'triste autoridade' dos mestres não conseguirá impedir 'as alegres tentativas de novas descobertas'.[79]

O método que Bacon defende, as suas 'fórmulas de pesquisa' não têm a pretensão a um valor necessário: os elaboradores de métodos têm a função de *guias*, não de *juízes*. A tentativa do *Novum organum* de estabelecer fundamentos mais sólidos para o conhecimento e para o poder não é a proposta de 'uma teoria universal e completa': 'não atribuamos a esta arte nem uma necessidade absoluta, nem a perfeição'. A arte da invenção só pode realmente aperfeiçoar-se 'com o progresso das próprias invenções' e "a arte da descoberta desenvolve-se com o aumento das próprias descobertas". Não é por acaso que, deste ponto de vista, os médicos trabalharam melhor que os filósofos. Ao invés de aderir à opinião 'de que existem na natureza formas primárias que a própria natureza esforça-se para realizar', dedicaram-se com mais proveito à observação das qualidades secundárias das coisas e às suas operações, estudando 'a atração, a repulsão, a condensação, a dilatação, a desagregação e a maturação'.[80]

O que espanta em Bacon é a força polêmica contra um saber entendido como construção de teorias invioláveis e globais, incapazes de confrontar-se com a experiência, que resolvem todos os problemas e conseguem eliminar todas as dúvidas. A imagem da filosofia como fonte de certezas inabaláveis, como meio de resistência às mudanças, nas páginas dos modernos, não é apenas atacada e recusada, mas analisada nas suas raízes, nas suas motivações psicológicas, nos seus reflexos sobre a cultura e sobre a sociedade.

"Uma vez estabelecida a ciência" – lemos ainda num texto de 1608, sobre o qual voltaremos no capítulo 6 – "se surgia alguma controvérsia em torno de algum exemplo que estava em contradi-

---

79. *Ibid.*, p. 231, 236, 276 ss., 274, 368, 372.
80. *Ibid.*, p. 421, 621, 627, 400, 637, 577.

ção com a sua teoria, não corrigiam a teoria, mas a mantinham firme e, servindo-se de alguma sutil e sapiente distinção, acolhiam no sistema aqueles exemplos que convinham ao seu escopo, ou então (já que, afinal de contas, não eram filósofos assim tão maus) deixavam-nos abertamente de lado como exceções." Este modo de proceder é um mal 'que se insinua sutilmente na filosofia e nas ciências'. À força de distinções, recusa-se tudo aquilo que está em desacordo com uma determinada concepção. Por isso, justamente, aquele a quem mostravam quadros pendurados num templo, como promessas de pessoas salvas de um naufrágio, perguntava onde estavam os retratos daqueles que, mesmo tendo feito a promessa, também estavam mortos.[81]

Nas páginas de muitos modernos, a ciência dos aristotélicos tornou-se o símbolo e a encarnação histórica de um saber que não tem condições de interrogar a natureza, mas que interroga só a si próprio e, às suas perguntas, fornece sempre respostas satisfatórias. Nesse palco, só há espaço para dois personagens: o professor e o discípulo, não há espaço para o personagem do inventor. Esta solidez e esta densidade, para muitos, é apenas aparente. Por trás dessa segurança escondia-se o temor do novo: "Tudo o que a eles próprios e as seus mestres parece desconhecido e inexplorado, eles colocam fora dos limites do possível e declaram impossível de conhecer-se e de realizar-se."[82]

Para os pais fundadores da nova ciência, esta não se apresenta como uma aprazível morada intelectual que dê a garantia de regras não modificáveis. "Por causa da imensa variedade dos temas dentro dos quais ela se move", a ciência é em tudo semelhante à Esfinge, que é um monstro multiforme e que faz perguntas inquietantes. A Esfinge é fonte de perturbações, mas os homens, como no mito de Atlas que carrega o Céu nas costas, queriam "ter perto de si um Atlas das meditações guiando as flutuações do seu intelecto, a fim de que o Céu não desabe sobre eles". Por isso, eles apressam-se

---

81. *Ibid.*, p. 434, 632, 563.
82. *Ibid.*, p. 368, 522, 586 ss., 431.

em fixar de imediato princípios generalíssimos: para subtraí-los à pesquisa, à crítica, à discussão. Queriam que a crítica se exercesse apenas sobre as proposições intermediárias, sem jamais colocar em discussão a estrutura inteira do edifício do saber.[83]

Se é verdade que a ciência é um monstro multiforme e que a arte da descoberta só progride com o aumento das descobertas; se é verdade que a Natureza é uma selva e um labirinto e que o método só oferece para ela um tênue fio; se é verdade que o conhecimento baseado na natureza 'tem nascentes e fontes perenemente novas como as águas vivas' e que nas artes e nas ciências "tudo deve ressoar em novas obras e em novos progressos como nas minas de metal",[84] então é preciso correr o risco de viver sem o conforto de Atlas e enfrentar o sempre possível desabamento do céu das meditações. É preciso abandonar a imagem de um *saber hiperinclusivo* no qual não se dão hipóteses, mas só certezas.[85]

Essa imagem do saber é sólida e muito antiga, está ligada à própria natureza do homem e nasce da 'natureza peculiar do seu intelecto'. Está ligada a convicções, temores, emoções que se insinuaram na mente de maneira não controlável. Por isso, a filosofia nova pode realmente parecer a seus fundadores "semelhante a um abril ou uma primavera que pode dissolver o gelo e abrir a estreiteza das mentes". Por isso, o ingresso no reino da natureza é apresentado como semelhante ao ingresso no Reino dos Céus, ao qual não se pode aceder sem voltar a ser criança.[86]

Oportunismo sem escrúpulos

No que diz respeito a Galileu, creio que Charles Schmitt tem razão quando afirma que não tem muito sentido perguntar se Galileu era fundamentalmente platônico, um adepto do método

---

83. *Ibid.*, p. 503; Bacon (1857-92), v. 3, p. 392 ss.
84. Bacon (1975), p. 430, 373.
85. Rossi Monti (1984).
86. Bacon (1975), p. 432, 397.

aristotélico, um discípulo de Arquimedes, ou um engenheiro que conseguia generalizar experiências específicas e concretas.[87] Para cada uma dessas tradições, Galileu teve uma dívida profunda: sua visão do Universo como uma entidade matematicamente estruturada está certamente ligada ao platonismo; a distinção entre método compositivo e resolutivo tem a ver certamente com o aristotelismo; a aplicação da análise matemática aos problemas da física deriva certamente do 'divino' Arquimedes; sua construção e o uso da luneta, sua valorização dos instrumentos e das artes mecânicas estão certamente ligados à tradição e ao trabalho dos 'artesãos superiores' do Renascimento. Como procurei demonstrar no capítulo anterior, ele não hesitou em referir-se à metafísica da luz do PseudoDionísio e à tradição hermético-ficiniana quando, por um breve período de sua vida, adentrou no terreno escorregadio e difícil da exegese bíblica, tentando fazer-se comentarista ou intérprete das Escrituras, para mostrar que nelas estão contidas algumas das verdades do sistema copernicano.

Ao lado das certezas metafísicas sobre a estrutura harmoniosa e matemática do Universo, ao lado da obstinada convicção de que a ciência pode dizer algo 'sobre a constituição das partes do Universo *in rerum natura*', está presente em Galileu a polêmica contra a 'vã presunção de entender o todo', que 'não pode haver princípio a não ser o de jamais ter entendido nada', e a firme convicção de que "não existe efeito algum na natureza, por mínimo que seja, a cuja cognição total possam chegar os mais especulativos engenhos". Galileu não está apenas convencido de que "é temeridade querer tornar o nosso debilíssimo discurso juiz das obras de Deus"; ele contrapõe as dúvidas e as incertezas da nova ciência às pretensas completitudes e às antigas 'firmezas': "Parece-me (...) ser tal a condição humana acerca das coisas intelectuais, que quanto menos alguém entende e sabe, mais resolutamente queira discorrer sobre elas; e que, ao contrário, a multiplicidade das coisas conhecidas e entendidas torne mais lento e irresoluto sentenciar acerca

---

87. Schmitt (1969), p. 128 ss.

A CIÊNCIA E A FILOSOFIA DOS MODERNOS 151

de alguma novidade (...) Se acaso lhes parece frieza censurável num estudioso das causas naturais estar às vezes duvidando, e lhes agradasse mais uma ousada resolução pela qual jamais se duvidasse de nada, podem muito bem acusar disso o senhor Galileu, que lhes confessará abertamente estar por meses e anos indeciso sobre um problema natural e totalmente sem esperança de chegar à ciência de infinitos outros."[88]

A Revolução Científica não consistiu certamente na substituição do aristotelismo pelo platonismo. Galileu utilizou, sem dúvida, elementos importantes da metodologia dos aristotélicos, mas uma coisa (ao contrário dos aristotélicos) ele jamais aceitou: a existência de uma metodologia capaz de ditar de uma vez para sempre as normas que devem ser seguidas e as regras que não devem ser violadas. Cada uma das tradições em que se inspirou ditava normas e impunha proibições que tinham um alcance – simultaneamente – ontológico e metodológico: diziam *como* se deve estudar o mundo e, ao mesmo tempo, *o que é* o mundo. Mas fazer emergir o novo significa substituir velhos mapas geográficos por mapas geográficos novos. Estes últimos falam, obviamente, do mesmo mundo, mas, do mundo, dizem coisas diversas. Os velhos mapas estão sempre, por assim dizer, absorvidos dentro dos novos, mas as relações entre os elementos configuram-se de modo irremediavelmente diverso.

Mapas novos são construídos muito raramente. Mas quem os constrói em geral não teme utilizar fontes diversas e mover-se com desenvoltura entre regras e proibições codificadas há tempos. Frequentemente, essa desenvoltura parece aos contemporâneos coisa pouco séria ou inadmissível ou simplesmente proterva. Está ligada ao fato de que seu defensor está construindo regras novas, está dando vida a algo que *ainda não é*, mas *virá a ser*, uma nova tradição científica. No processo laborioso da construção, os inovadores manifestam, em geral, pouco respeito pelo trabalho dos construtores de epistemologias. Não estão dispostos, como escreveu neste século Albert Einstein, 'a aceitar condições demasiado

---

88. Galilei (1890-1909), v. 7, p. 127, 395, 279 ss.; v. 4, p. 564 ss.

restritivas', baseadas na autoridade de um sistema epistemológico e, aos olhos dos filósofos, acabam inevitavelmente parecendo 'oportunistas sem escrúpulos'.[89] Galileu também o sabia muito bem: "Parece-me que a lógica ensina a conhecer se os discursos e as demonstrações já feitas e descobertas avançam concludentemente; mas que ela ensine a descobrir os discursos e as demonstrações concludentes, isso realmente eu não creio."[90]

---

89. Einstein (1979), p. 228.
90. Galilei (1890-1909), v. 8, p. 175.

SEXTO CAPÍTULO

BACON E GALILEU:
OS VENTOS, AS MARÉS,
AS HIPÓTESES DA ASTRONOMIA

O Bacon dos manuais e a revolução copernicana

No curso da primeira metade do século XIX, Bacon foi comparado a Hércules que destrói os monstros da superstição e a Sólon que lança as bases de uma construção válida para sempre. Mas, depois dos anos sessenta do século XIX, o Bacon dos manuais não é mais um herói positivo. Criticar Bacon por não ter sido Galileu ou Newton tornou-se até, como escreveu Marie B. Hesse, um dos passatempos favoritos do século XIX. Os principais ingredientes que constituem esse retrato 'crítico' de Bacon, infalivelmente presente nos manuais, são em geral três: 1. a incompreensão de Bacon para com Copérnico, Kepler e Galileu; 2. a compreensão falha da função exercida pelas matemáticas na ciência da natureza; 3. a 'esterilidade' do método indutivo.[1]

O problema das relações Galileu-Bacon é fortemente condicionado por estas avaliações. Não se pode tentar enfrentá-lo, não se pode sequer procurar determinar quais foram as relações entre estes dois pensadores, o conhecimento que cada um deles teve da obra do outro, sem procurar ao mesmo tempo conhecer as origens e o significado desses juízos que – como ocorre frequentemente

---

1. Rossi (1986), p. 95-118; cf. Urbach (1988).

quando motivos polêmicos se misturam com avaliações parcialmente verdadeiras – se tornaram lugares-comuns repetidos à saciedade, transmitidos, não modificados, de um manual para outro, até se tornarem e parecerem coisas óbvias: verdadeiros *não problemas* que não vale a pena discutir ou reexaminar.

Todos conhecem os juízos de Justus von Liebig: "Quase todo dia ocorrem novas descobertas: as que dizem respeito aos satélites de Júpiter, às montanhas da Lua, às leis do movimento dos planetas pertencem à época de Bacon. De todos estes grandes trabalhos e resultados que, como os elos de uma longa e ininterrupta corrente, se ligam aos da nossa época, Bacon não compreendeu e nem soube absolutamente nada (...) Numa época em que nenhum astrônomo negava a rotação da Terra e seu movimento em torno do Sol, Bacon o negou descaradamente."[2] Para encontrar estes juízos repetidos quase com as mesmas palavras, basta abrir um manual qualquer. Um insigne estudioso do pensamento galileano, que é também autor de uma ótima história da filosofia, escreveu por exemplo: "A surdez de Bacon para a matemática encontra correspondência perfeita na sua incompreensão do gravíssimo conflito cultural que veio à luz nas grandes controvérsias astronômicas da época (...) Trata-se de uma posição (a de Bacon) agnóstica que esconde um verdadeiro retrocesso científico (...) Esse retorno a concepções pré-científicas, nos mesmos anos em que Kepler e Galileu travavam com métodos quase inteiramente modernos a sua batalha em favor da hipótese copernicana, não pode deixar dúvidas sobre a existência de muitos equívocos na concepção do inglês (...) Bacon mostrava-se incapaz de compreender os mais basilares progressos da ciência do seu século."[3]

Sobre os 'métodos quase inteiramente modernos' adotados por Kepler e por Galileu – sobretudo por Kepler – para defender a doutrina copernicana, haveria muitas coisas a dizer, mas o que chama particularmente a atenção nestas avaliações é o fato de que o agnosticismo diante das teses astronômicas – um 'agnosticismo'

---

2. Liebig (1863), p. 85.
3. Geymonat (1955), v. 2, p. 73 ss.

A CIÊNCIA E A FILOSOFIA DOS MODERNOS

que se manifesta entre 1610 e 1623 – seja apresentado como a manifestação de um 'descaramento' ou um 'retrocesso científico'. Seria totalmente inútil procurar por detrás de juízos deste tipo referências a uma situação real ou a posições efetivamente assumidas e defendidas. Por isso, sob pena de insistir sobre coisas conhecidas, conviria lembrar não só o pitagorismo místico de Kepler e as páginas da carta de Galileu a Piero Dini (de 23 de março de 1614), onde uma 'filosófica posição' que se liga a temas hermético-ficinianos é apresentada como 'uma das principais portas por onde se entra na contemplação da natureza', não só as incertezas da *Philosophia nova* de William Gilbert entre o sistema de Tycho e o de Copérnico, mas também a decisiva 'incompreensão' de Galileu pela obra de Kepler e de Tycho Brahe, as 'incertezas' diante do sistema copernicano que não foram só de Bacon nos primeiros vinte anos do século, mas que caracterizaram as atitudes de Mersenne, de Gassendi, de Roberval, de Pascal, entre 1625 e 1660.

Nem vale a pena apresentar estas incertezas como devidas (depois das condenações de 1616 e 1633) a preocupações de caráter religioso. Nas *Quaestiones in Genesim* de 1623, Mersenne nega de maneira decisiva que a doutrina heliostática de Copérnico deva ser considerada herética: '*Facile est iudicare sententiam illam quae terrae motum tribuit, coelo vero denegat, non esse haereticam*'. Poucas páginas antes, polemizando com o ocultismo de Kepler, tinha cuidadosamente confrontado o sistema ptolomaico ao copernicano e enumerado as vinte e oito razões que, a seu ver, militavam em favor do copernicanismo. Cada uma dessas razões parece-lhe discutível e o seu conjunto insuficiente. Diante da ausência de provas e da incerteza que daí deriva, diante da presença de um terceiro 'sistema do mundo' (o de Tycho Brahe), é preferível a manutenção da hipótese tradicional. Já que em todo caso se trata de 'hipóteses': os três sistemas são '*efficta*' construídos para 'salvar as aparências', são modelos possíveis de compreensão do Universo físico real.[4] Por essas mesmas razões e desse mesmo ponto de vista,

---

4. Mersenne (1623), p. 879-900, 912-16, 893-96. Cf. Lenoble (1943), p. 394-98. "(...)

a hipótese copernicana parece a Mersenne, na *Impiété des Déistes*, publicada em Paris no ano seguinte, absolutamente 'irrefutável'.[5] De maneira não diferente, a Bacon, já em 1612, pareceu inútil a confutação das hipóteses dos astrônomos, já que, no plano da astronomia tradicional que constrói hipóteses sem preocupação com a realidade, podem ser construídas teorias contrastantes entre si, igualmente capazes de 'salvar os fenômenos'. Nos anos que vão de 1630 a 1634 (o Lorde Chanceler morreu em 1626), Mersenne 'se converte' ao copernicanismo. Na carta a Peiresc de 4 de dezembro de 1634 – a um ano e meio de distância da fatal condenação – ele toma posição explícita em favor de Galileu. No mesmo ano, traduz para o francês *Le meccaniche*, em 1639 os *Discursos*. Mais tarde, escreve o conhecido elogio de Galileu *'qui, inconcussa adhuc mortalibus gloria, coelorum provinciam auxit et universo dedit incrementum; non enim vitreos sphaerarum orbes, fragilesque stellas conflavit, sed aeterna mundi corpora Medicae beneficentiae dedicavit'*. Estamos em 1644. Mas, observando bem, o seu elogio, como o de Bacon na *Descriptio globi intellectualis* (que é de 1612), refere-se mais às grandes descobertas telescópicas que à construção do sistema astronômico.[6]

Diante do qual – preocupações religiosas à parte – permaneciam vivas reservas de fundo, e exprimia-se uma cautela ligada à ausência de provas e de demonstrações. Naquele mesmo ano, em abril, escrevendo ao teólogo polonês Martin Ruarus, Mersenne confirmava o caráter 'hipotético' do sistema copernicano: *'Terra sit mobilis: sed non adeo certum, quam contrarium vere esse possit; et ex mille modis, quibus potuit Deus eadem phaenomena nostris obtutibus exhibere, quem elegerit nescimus'*. Dez anos antes, nos *Novarum observationum libri*, publicados em 1634, Roberval tinha reafirma-

---

é fácil julgar como herética a sentença que atribui movimento a terra, mas que o nega em relação ao céu."

5. Mersenne (1624), p. 188 ss.

6. *Ibid.*, p. 393 ss. "Que a terra seja móvel: mas de tal modo certo que não possa ser justamente o contrário; e entre mil modos pelos quais Deus pôde exibir os mesmos fenômenos aos nossos olhares, não sabemos qual tenha escolhido."

A CIÊNCIA E A FILOSOFIA DOS MODERNOS

do, por seu lado, a tradicional interpretação não realista do sistema de Copérnico e, embora aderindo a essa hipótese, confirmava que não se podia de modo algum dizer qual dos três sistemas concorrentes correspondia à real estrutura do mundo: "Pode ocorrer que os três sistemas sejam falsos e que o verdadeiro nos seja desconhecido". Bastante semelhante a esta sob muitos aspectos é a posição de Gassendi, que manifesta muitas vezes suas simpatias por Galileu e pela hipótese copernicana, que polemiza com o anticopernicano Morin, que nega a tese segundo a qual a imobilidade da Terra deva ser considerada um artigo de fé, mas que reafirma, ele também, em contraste com o 'realismo' de Kepler e de Galileu, o caráter meramente hipotético do copernicanismo, asseverando que o sistema de Tycho mostra-se também perfeitamente apto a 'salvar os fenômenos'.[7]

O *Institutio astronomica* de Gassendi é de 1647. Nesse mesmo ano, Pascal escrevia ao padre Noël que todas as três hipóteses correspondiam aos fenômenos celestes e, dez anos mais tarde, ao exprimir a sua recusa ao decreto romano como meio apto a resolver controvérsias científicas, reafirmava a insuficiência das 'provas' aduzidas em favor do sistema copernicano:

> Foi também em vão que obtivestes contra Galileu esse decreto de Roma que condenava sua opinião sobre o movimento da Terra. Não será isso que provará que ela permanece em repouso; e *se tivéssemos observações constantes que provassem que é ela que gira*, todos os homens juntos não a impediriam de girar e também não deixariam de girar com ela.[8]

Com referência a Bacon, também não convém esquecer algumas atitudes características da cultura inglesa diante do copernicanismo.[9] Os primeiros defensores e difusores da verdade copernicana na Inglaterra não podem ser facilmente incluídos entre os pensadores 'modernos' ou entre adeptos do novo método científico: ao contrário, eles parecem estreitamente ligados aos temas do

---

7. Cf. Gassendi (1647).
8. Pascal (1950), p. 673.
9. Johnson (1937); Kocher (1953); Koyré (1957); Yates (1964).

platonismo místico, do hermetismo e da cabala. Robert Recorde, em *The Castle of Knowledge*, de 1551, apresenta a doutrina de Copérnico como uma ressureição do antigo pitagorismo e de Aristarco de Samos, mas não defende sua 'verdade', concebendo a astronomia como *'ancilla astrologiae'*; o matemático copernicano John Dee é autor, além do célebre prefácio a Euclides, também da *Monas hieroglyphica*, de 1564, que pretende revelar os segredos das virtudes supracelestes através dos mistérios da cabala, das composições numéricas dos pitagóricos e do sinete de Hermes; ao Trimegisto e ao *Zodiacus vitae* de Palingenio Stellato refere-se, em 1576, Thomas Digges, adepto do novo modelo do Universo e da infinitude dos mundos, que vê todavia na órbita infinita das estrelas fixas "o palácio da felicidade e a verdadeira corte dos anjos celestes livres de aflições, que ocupam a morada dos eleitos". Em 1585 (quando Bacon tinha vinte e quatro anos), Giordano Bruno fez-se defensor na Inglaterra da visão copernicana do mundo. Apresentou a teoria de Copérnico na perspectiva da magia astral e dos cultos solares, associou o copernicanismo com a temática presente no *De vita coelitus comparanda* de Marsilio Ficino, viu no 'diagrama' copernicano o *hieróglifo* da divindade: a Terra se move porque vive em torno do Sol; os planetas, como estrelas vivas, fazem com ela o seu caminho; outros inumeráveis mundos, que se movem e vivem como grandes animais, povoam o Universo infinito.

William Gilbert, com toda probabilidade, percebeu bem "o gravíssimo conflito cultural que veio à luz nas grandes controvérsias astronômicas": o *De magnete*, de 1600, fecha-se, como é sabido, com uma defesa apaixonada do movimento da Terra. Mas nem por isso convém silenciar sobre o fato de que Gilbert não está absolutamente disposto a seguir Copérnico na tese da rotação da Terra em torno do Sol ('daí não resulta de modo algum que se deva atribuir à Terra um duplo movimento'), nem calar sobre as páginas, um pouco anteriores, dedicadas a expor e defender a antiquíssima doutrina da animação universal:

A CIÊNCIA E A FILOSOFIA DOS MODERNOS

O mundo de Aristóteles surge como uma monstruosa criação na qual todas as coisas são perfeitas, vigorosas, animadas, enquanto só a Terra, pequena, infeliz porção, é imperfeita, morta, inanimada, sujeita à extinção. Hermes, Zoroastro, Orfeu reconhecem um espírito universal. Assim também nós reconhecemos que o mundo inteiro é animado (...) e também esta gloriosa Terra julgamos que tenha sido, desde o início, governada pelos seus próprios espíritos e que deles tenha recebido o impulso à autoconservação (...) Em qualquer planta e arbusto, os órgãos dificilmente são reconhecíveis, nem os órgãos visíveis são em todo caso essenciais à vida. Em nenhuma estrela, nem no Sol, nem nos planetas (...) os órgãos podem ser identificados ou imaginados por nós; entretanto, eles vivem e fornecem vida.[10]

Num contexto cultural desse tipo, tão variado e difícil, tão rico de incertezas e de equívocos, e não numa artificial contraposição entre 'modernos' e 'tradicionalistas' é que deve ser vista e examinada a posição de Bacon diante da nova astronomia. Já que – convém insistir – a discussão sobre o copernicanismo não parece de modo algum solucionável no plano de uma pura 'história da astronomia'. O grande problema da função das 'hipóteses' na ciência – a disputa entre os 'realistas' e os defensores do caráter hipotético dos sistemas astronômicos ou físico-astronômicos – parece estreitamente entrelaçado nessa discussão.

Ampliando desmesuradamente os confins do Universo, chegando simplesmente à afirmação do Universo infinito, a nova astronomia deu a muitos a sensação precisa do fim de todas as visões e considerações tradicionais do cosmos. Essa grandiosa reviravolta do saber não suscitou apenas exaltação e entusiasmo, mas também espanto e perturbação; pareceu confirmar a antiga ideia de um esgotamento do mundo, do envelhecimento do Universo, assinalar o fim de uma milenária consideração do homem e da natureza e do lugar do homem na natureza.[11] Os célebres versos (de 1611) de John Donne, que era substancialmente

---

10. Gilbert (1600), v. 5, p. 12.
11. Tillyard (1963); V. Harris (1949).

inclinado à solução de compromisso representada pela doutrina de Tycho Brahe, foram muitas vezes citados.

> The Sun is lost, and th'earth, and no mans wit
> Can well direct him where to looke for it.
> And freely men confesse that this world's spent,
> When in the Planets and the Firmament
> They seeke so many news (...)[12]

No *Paradise Lost*, de 1665, John Milton tomava abertamente posição a favor das 'hipóteses' e contrapunha a indecifrável realidade do Universo às complicadas tentativas de 'salvar as aparências':

> ... the great Architect
> Did wisely to conceal and not divulge
> His secrets to be scann'd by them who ought
> Rather admire; or, if they list to try
> Conjecture, he his fabric of the heavens
> Hath left to their disputes, perhaps to move
> His laughter at their quaint opinions wide
> Hereafter, when they come to model heaven
> And calculate the stars, how they will wield
> The mighty frame; how build, unbuild, contrive
> To save appearences; how gird the sphere
> With centric and eccentric scribbled o'er,
> Cycle and epycicle, orb in orb.[13]

Na França, nos últimos vinte anos do século, encontramos ainda aquela substancial desconfiança nas pretensões 'realísticas' da astronomia, aquela incerteza diante dos três grandes sistemas do mundo:

> Chacun en sa manière a bâti l'univers
> L'un par un Ciel qui meut tous les cieux qu'il enserre
> Fait tourner le Soleil à l'entour de la Terre.
> L'autre fixe le Ciel et par un tour pareil

---

12. Donne (1933), p. 202.

13. J. Milton, *Paraíso Perdido*.

A CIÊNCIA E A FILOSOFIA DOS MODERNOS

Il fait rouler la Terre à l'entour du Soleil.
Un autre survenant, par une addresse extrème,
Forge des deux premiers un mitoyen système.[14]

Os contactos entre Bacon e Galileu

Numa carta de outubro de 1615, infelizmente perdida, Sir Tobie Matthew – fidalgo inglês convertido ao catolicismo, admirador de Bellarmino e amigo fraterno de Bacon – relatava a este último um encontro seu com Galileu.[15] Em 21 de abril do ano seguinte, em outra carta (que escapou à atenção de Spedding), de Bruxelas, ele transmitia ao amigo uma parte da célebre carta de Galileu a Benedetto Castelli, de 1613, concernente às relações entre o copernicanismo e o texto da Bíblia:

> Permito-me enviar-lhe a cópia de um trecho da carta que Galileu, como é certamente do seu conhecimento, escreveu a um monge italiano meu conhecido. Ela tem por argumento a resposta àquela passagem de Josué que concerne à imutabilidade do Sol e a consequente pretensa falsidade da opinião de Copérnico. A carta foi escrita por ocasião da oposição que alguns fizeram na Itália a Galileu, como se ele tivesse procurado estabelecer essa opinião mediante argumentos que parecem contrários à Sagrada Escritura. Mas por este trecho de carta que lhe envio, aparece o todo, ou seja: se a passagem da Sagrada Escritura favorece o outro lado, isso ocorre pela afirmação da opinião de Copérnico e a negação da de Aristóteles.[16]

Entre 1615 e 1616, nestes termos, Bacon teve então notícia das polêmicas suscitadas na Itália pela obra galileana e que desembocaram no primeiro decreto de condenação. Mas já por volta de 1612, apenas dois anos após a publicação do *Sidereus nuncius*, na *Descriptio globi intellectualis*, ele tinha feito referência explícita à descoberta dos satélites de Júpiter e das irregularidades da superfície lunar. Provavelmente ele tinha tido notícia indireta

---

14. Maudit (1681), p. 180.
15. Pellegrini (1942).
16. Galilei (1890-1909), v. 12, p. 255.

dessas descobertas. Alguns escritos galileanos, editados e inéditos, chegaram mais tarde até ele, depois de abril de 1619. É mais uma vez Matthew que serve de intermediário entre Bacon e Galileu. Em 4 de abril daquele ano, sempre de Bruxelas, ele escreve ao amigo:

> Esteve comigo hoje um certo senhor Richard White, que passou algum tempo em Florença e está retornando agora para a Inglaterra. Disse-me que Galileu respondeu ao seu discurso sobre o fluxo e o refluxo do mar e estava para mandá-lo para mim, mas o senhor White impediu-o porque a sua resposta era baseada em uma falsa suposição, isto é, que a maré, no Oceano, se verificava uma vez cada vinte e quatro horas (...) Este senhor White (...) possui todas as obras de Galileu, algumas impressas e outras inéditas. Possui o seu discurso sobre o fluxo e o refluxo do mar, que nunca foi publicado, e também um discurso sobre a fusão dos metais. As publicadas que ele possui são o *Nuncius Sidereus*, as *Manchas solares* e *Delle cose che stanno sull 'acqua* (...) Pensei que não desagradará a Vossa Senhoria ver as obras desse homem e julguei de meu dever para com Vossa Senhoria dar ao senhor White uma carta com a data de hoje, a qual todavia não chegará tão rápido quanto a presente.[17]

Alguns dados bastante precisos podem ser extraídos das cartas aqui lembradas:

1. Matthew fez chegar a Bacon alguns escritos de Galileu;

2. Galileu conhecia o manuscrito do *De fluxu et refluxu maris* de Bacon;

3. O texto galileano de 1616 sobre o mesmo assunto (ou outro escrito agora perdido) foi apresentado a Bacon como uma resposta de Galileu à sua obra sobre as marés.

Sabemos que o manuscrito de Galileu circulou amplamente, na Itália e na França, em muitas cópias.[18] O holandês Andreas Clovius (que esteve na Itália de 1622 a 1627, na comitiva do embaixador em Veneza, Johan Berck) adquiriu uma cópia que

---

17. *Ibid.*, v. 12, p. 450; Bacon (1890-95), v. 7, p. 36 ss.; cf. Favaro (1911); Pellegrini (1942).

18. Galilei (1890-1909), v. 12, p. 389-92.

A CIÊNCIA E A FILOSOFIA DOS MODERNOS

acabou nas mãos de Christiaan Huygens.[19] Com base nesses dados, duas conclusões podem ser razoavelmente formuladas (a segunda das quais tem o caráter de uma hipótese aceitável):

1. As considerações sobre a doutrina galileana das marés, desenvolvidas por Bacon no *Novum organum* II, 36 e 46, nos dão a certeza de que Bacon, entre 1616 e 1620, teve visão efetiva do manuscrito galileano.

2. Confrontando o texto galileano de 1616 com a quarta jornada do *Diálogo sobre os dois sistemas máximos*, de 1623, na qual o primeiro opúsculo vem quase completamente refundido, pode-se perceber que a primitiva opinião de Galileu, segundo a qual "ter acreditado que os períodos de fluxos e refluxos eram de seis em seis horas, foi enganosa opinião, a qual fez com que depois os escritores fabulassem com muitas vãs fantasias", vem decididamente corrigida no *Diálogo*, onde pelo contrário se afirma que "não residindo no princípio primário a causa do movimento das águas se não de 12 em 12 horas, ou seja, uma vez pela alta velocidade de movimento e outra pela máxima tardança, não obstante parece comumente que o período dos fluxos e refluxos é de seis em seis horas".[20]

Na célebre carta a Leopoldo da Áustria, de 23 de maio de 1618, enquanto se referia à proibição de 1616 e, com amarga ironia, apresentava como 'uma poesia ou um sonho' a sua doutrina das marés – 'que é um dos argumentos físicos que eu produzia em confirmação (da mobilidade da Terra)' – Galileu declarava ter 'mostrado' o seu escrito ao cardeal Orsini e a 'alguns outros poucos', acrescentando logo depois: "Fiz chegar algumas cópias às mãos de outros senhores importantes, a fim de que, caso alguém separado da nossa Igreja quisesse atribuir a si este meu capricho, como aconteceu com muitas outras invenções minhas, pudesse haver o testemunho de pessoas acima de toda exceção de que eu

---

19. Huygens (1888-1950), v. 1, p. 322 ss.
20. Cf. Spedding in Bacon (1890-95), v. 7, p. 36.

fui o primeiro a sonhar com essa quimera."[21] A referência a um estudioso 'separado da nossa Igreja', que já se ocupou do mesmo problema, pode levar a pensar que nesta passagem se encontra uma alusão indireta a Francis Bacon (a *única* em toda a obra galileana).

Quer esta conjectura corresponda ou não à verdade, permanece o fato de que Galileu e Bacon tiveram notícia direta um do outro, que Galileu tomou conhecimento da obra baconiana sobre as marés e que Bacon viu alguns dos escritos galileanos. O que não exclui, obviamente, a possibilidade de um conhecimento mais amplo e recíproco. O silêncio de Galileu sobre os autores contemporâneos parece corresponder a uma espécie de critério geral: o caso de Bruno e de Campanella poderia talvez ser considerado à parte, mas o próprio Descartes – o *Discurso sobre o método* foi enviado a Galileu por Mersenne com um pedido explícito de julgamento – não teve melhor sorte que Bacon.

Já foi dito que Tobie Matthew e Richard White, como é sabido, foram muito ligados, e esse discurso deveria ampliar-se para as relações entre o ambiente inglês, florentino e veneziano. Em 1618, Giovanni Billio, o futuro editor da *História* de Sarpi, publicava em Londres a versão italiana (devida provavelmente ao próprio Matthew) dos *Essays* e do *De sapientia veterum* de Bacon.[22] A dedicatória de Matthew é dirigida a Cosme II de Toscana e contém um ditirâmbico elogio ao Lorde Chanceler: "Suavíssimo na conversação e nos costumes; gravíssimo nas suas sentenças; generosíssimo nas suas despesas; amigo inigualável dos amigos, inimigo de ninguém e, sobretudo, servidor cordialíssimo e incansável do seu Rei e meu Senhor."

No ano seguinte, Andrea Cioli, já secretário da grã-duquesa Cristina de Lorena, primeiro secretário de Cosme II e correspondente de Galileu, traduzia novamente em italiano as duas obras

---

21. Galilei (1890-1909), v. 12, p. 389-92.
22. Bacon (1618); Pellegrini (1942).

A CIÊNCIA E A FILOSOFIA DOS MODERNOS

baconianas, que vinham à luz em Florença[23] e eram depois reimpressas em Milão (1620), Veneza (1621) e Bracciano (1621).[24] Mas resta uma carta de Bacon, escrita por volta de setembro de 1625, poucos meses antes de sua morte, em que fala longamente a frei Fulgêncio de seus projetos grandiosos de reforma do saber, e das dificuldades, inclusive políticas e organizativas, encontradas pelo seu empreendimento. O início dessa carta (*'fateor me literarum tibi debitorem esse'*) nos confirma explicitamente que outras relações epistolares tinham ocorrido anteriormente.[25]

O pensamento de Francis Bacon teve enorme repercussão na cultura italiana do século XVII e do primeiro século XVIII. Um estudo desta fortuna – que infelizmente não foi sequer esboçado – poderia lançar novas luzes também sobre as relações entre Bacon e Galileu e os ambientes galileanos. Entre 1634 e 1635, como revela uma carta de Peiresc, o cardeal Barberini procurava as obras do Lorde Chanceler[26] e, entre 1618 e 1620, se não o próprio Bacon, outros certamente por ele encarregados, tentaram em vão fazer o Verulamio ser acolhido entre os membros da Academia dei Lincei.

As marés e a recusa dos influxos lunares

Desde o pequeno tratado de 1616 sobre o fluxo e o refluxo do mar até o *Diálogo sobre os dois sistemas máximos*, durante quase vinte anos, Galileu viu no movimento das marés uma prova decisiva e dificilmente refutável do movimento da Terra e da 'verdade' copernicana. Ele enriqueceu continuamente esta sua doutrina com novas observações, mostrou-a a amigos e adversários, andou à procura de experiências que pudessem ulteriormente sufragá-la, pensou nela como o núcleo central e mais importante do *Diálogo*,

---

23. Bacon (1619).
24. Galluzzi (1781), v. 5, p. 216, 293, 296.
25. Bacon (1890-95), v. 7, p. 530-32. "Confesso que estou em débito contigo em relação às suas cartas."
26. Peiresc (1892), v. 3, p. 242, 290.

durante certo período, projetou inclusive apresentar o próprio *Diálogo* como um tratado sobre as marés, fazendo referência no título aos fenômenos de 'fluxo e refluxo', em vez dos 'máximos sistemas'.

Muitos anos antes de 1616, já em 1598, Kepler tinha percebido que o argumento em favor do movimento terrestre, então anunciado mas não exposto por Galileu, devia referir-se às marés e – polemizando em torno do que presumia serem as intenções de Galileu – confirmou a validade da explicação referente às capacidades atrativas da Lua.

> Ele (Kepler refere-se a Herwart) julga que se pode deduzir argumentos a favor do movimento da Terra pelos ventos e pelo movimento do mar. Tenho eu também algum conhecimento destas coisas e quando há pouco tempo Galileu, o matemático de Pádua, nas cartas que me escreveu, afirmou ter deduzido com grande rigor das hipóteses de Copérnico a causa de muitos fenômenos naturais (que outros não eram capazes de explicar pelos meios tradicionais), sem todavia mencionar nenhum de modo específico, suspeitei que se tratasse do fluxo do mar. Todavia, quanto mais reflito sobre o assunto, tanto menos creio que devamos procurar longe da Lua as causas das marés.[27]

Não é certamente o caso de nos determos sobre as origens bastante antigas e a vastíssima difusão da doutrina 'lunar' em toda a cultura do Ocidente. Ligada por muitos aspectos à visão astrológica do mundo, ela tinha sido amplamente discutida por Francesco Patrizi que, no livro XXVIII da *Pancosmia* de 1591, tinha traçado um amplo e detalhado panorama das principais doutrinas. Comparando o mar à água contida num recipiente, Patrizi interpretou o fluxo e o refluxo como devidos à elevação de massas de água das profundezas marinhas, nos momentos em que o influxo do Sol, da Lua e das estrelas se acrescentavam ao calor natural. A comparação com a ebulição de um líquido numa panela caracterizava a sua explicação que, mesmo sem renunciar completamente à doutrina dos 'influxos', referia-se contudo a modelos de tipo físico.

---

27. Kepler (1937-59), v. 13, p. 193. Cf. Galilei (1890-1909), v. 10, p. 67.

A CIÊNCIA E A FILOSOFIA DOS MODERNOS

Uma orientação mecanicista mais decidida aparece em 1591 na *Causa aestus maris* de Pandolfo Sfondrato, um estudioso não lembrado por Patrizi, mas ao qual se referirão tanto Giulio Cesare Scaligero (nas *Exercitationes adversus Cardanum*) como Francis Bacon: de acordo com o movimento dos céus, a água do mar se desloca de oriente para ocidente; a presença da costa contínua do continente americano (que se pensava estender-se indefinidamente ao sul: o Cabo Horn só foi dobrado em 1615) constitui um obstáculo ao movimento do mar; a mudança de direção do movimento e as fortes correntes que passam (de oriente para ocidente) através do Estreito de Magalhães devem ser atribuídas à presença deste gigantesco obstáculo.[28]

A explicação galileana, não sem razão, foi comparada à de Cesalpino,[29] o qual, fazendo referência a uma passagem não muito clara dos *Meteorologica* de Aristóteles, viu nas marés o efeito de uma 'oscilação' evidentemente provocada não pelo líquido, mas pela 'base' sobre a qual ele se apoia. O movimento oscilatório da Terra, admitido por Cesalpino, e ao qual ele atribuía o fluxo e o refluxo, respondia por outro lado a motivações mais amplas: em matéria astronômica servia para explicar a precessão e a nutação dos equinócios. Na obra de 1616, Galileu, embora pretendesse 'deixar como ineficazes (...) as razões aduzidas até aqui pelos outros escritores de tal questão', todavia, faz referência explícita a Cesalpino, falando do movimento oscilatório 'que alguém atribuiu à Terra' e aceita a tese segundo a qual "o elemento da água (...) não é anexo e concatenado ao globo terrestre (...) e pela sua fluidez permanece em parte *sui iuris* e livre".[30]

A explicação galileana (retomada com maior amplitude na jornada quarta do *Diálogo*, onde aparece também o problema das variações anuais e mensais das marés) assume como causa do fluxo e do refluxo o duplo movimento da Terra: a rotação diária sobre

---

28. Duhem (1913-59); Thorndike (1923-56); R. A. Harris (1897); Almagià (1905); Ellis in Bacon (1857-92), v. 3, p. 39-46; Darwin (1962).
29. Cesalpino, *Quaestiones peripateticae*, III, 4-5.
30. Galilei (1890-1909), v. 5, p. 377.

o eixo terrestre de ocidente para oriente e a revolução anual em torno do Sol, também de ocidente para oriente. A *combinação destes dois movimentos* faz com que cada ponto da superfície terrestre se mova 'com movimento progressivo não uniforme' e 'mude de velocidade às vezes acelerando e outras vezes retardando'. Todas as partes da Terra movem-se então com movimento "notavelmente disforme, embora nenhum movimento que não seja regular e uniforme seja atribuído a todo o globo". Galileu julga portanto poder concluir que

> como é verdade que o movimento do globo inteiro e de cada uma de suas partes seria equável e uniforme caso elas se movessem com um único movimento, ou só o anual ou só o diário, então é necessário que, mesclando-se esses dois movimentos simultaneamente, resultem para as partes desse globo movimentos disformes, ora acelerados e ora retardados, mediante os acréscimos ou subtrações da conversão diária para a circulação anual.[31]

Nos mares de grande espaço, cada vinte e quatro horas, 'enquanto uma das extremidades estará com movimento bastante retardado, a outra estará ainda com movimento velocíssimo'. A água, pela sua 'fluidez' que a torna 'livre' e não 'concatenada' ao globo terrestre, tenta adequar-se a estas diferenças de velocidade e flui ou reflui das costas conforme a sua velocidade seja maior ou menor que a da sua 'base' ou do 'vaso' que a contém. O movimento das marés procede então, em todos os casos, de oriente para ocidente e vice-versa. Um mar 'longuíssimo' como o Mar Vermelho é isento de marés "porque o seu comprimento não se estende do oriente para o ocidente, mas de sul para norte; mas sendo os movimentos da Terra de ocidente para oriente, os impulsos das águas vão sempre bater nos meridianos, e não se movem de paralelo a paralelo".[32]

Já foi sublinhado repetidas vezes que a 'falsidade' da explicação galileana não se refere aos desenvolvimentos posteriores ou 'pro-

---

31. *Ibid.*, v. 7, p. 453.
32. *Ibid.*, v. 7, p. 459.

A CIÊNCIA E A FILOSOFIA DOS MODERNOS

gressos' da ciência. A tese, por tanto tempo e com tão obstinada paixão defendida por Galileu, parece na realidade dificilmente conciliável com os resultados que a própria obra de Galileu trouxe para a física e a astronomia. Galileu, que introduziu na física o princípio clássico da relatividade, no seu discurso sobre as marés não define o movimento através da referência a um ponto de observação. Só o choque com um corpo externo poderia, do ponto de vista da própria física galileana, projetar para a frente ou para trás as águas marinhas. Se o movimento é concebido como relativo ao eixo terrestre, todas as partes da Terra, sólidas ou líquidas, se movem com a mesma velocidade. Se é concebido como relativo às estrelas fixas, o resultado é idêntico. A tese da combinação dos dois movimentos uniformes não modifica em nada a situação. Mas no discurso galileano a referência aos movimentos do mar é constituída pelo eixo terrestre, enquanto para o movimento dos continentes a referência é constituída pelas estrelas fixas. Para demonstrar o movimento da Terra, em outros termos, "Galileu introduz clandestinamente no discurso a paralaxe que lhe falta (...) As marés tornam-se um *Ersatz* de paralaxe".[33]

Mencionou-se, a respeito de Galileu, o nome de Cesalpino. Em relação à doutrina das marés, caberia mencionar o de Sfondrato, mesmo se, como no primeiro caso, as duas teses vêm inseridas cada uma num discurso mais amplo que modifica o seu sentido e alarga a sua significação. O movimento de rotação ou de conversão de oriente para ocidente – afirma Bacon – é um movimento não propriamente celeste, mas cósmico (*non proprie coelestem, sed plane cosmicum*), que está presente desde a sumidade dos céus até as profundezas das águas. A velocidade deste movimento cósmico sofre progressivas e regulares diminuições à medida que se aproxima do imóvel globo terrestre. O movimento cósmico, que é mostrado aos sentidos pelo movimento diário dos planetas, tem 'caráter natural e próprio'. Se não fosse assim, prossegue Bacon, "seria necessário refugiar-se ou na violência do primeiro móvel,

---

33. Koestler (1959), p. 466.

que é diretamente contrário à natureza, ou na tese da rotação terrestre que foi cogitada com certa arbitrariedade, no que concerne às causas físicas". Na zona imediatamente vizinha à Terra, o 'movimento imenso' se exaure quase completamente sem por isso cessar de todo. A este movimento, que é *'languidus et tanquam latens'*, deve ser atribuído o deslocamento das grandes massas de água marinha.[34]

O movimento rítmico do fluxo e do refluxo tem, para Bacon, caráter derivado. Suponhamos que o mundo seja inteiramente recoberto pela água: movendo-se lentamente de oriente para ocidente ela se deslocaria todo dia nessa direção por uma distância determinada. Suponhamos agora a existência de um único grande continente, colocado na direção norte-sul, que constitua um obstáculo ao movimento natural das águas: estas últimas, rechaçadas pelo obstáculo, retornariam em seguida a bater na costa a intervalos regulares de doze horas mais ou menos. Suponhamos enfim (e isso corresponde esquematicamente à realidade dos fatos) que a parte emersa da Terra seja dividida em dois grandes continentes entre os quais se estendem dois grandes oceanos, o Atlântico e o Pacífico, que estão em comunicação entre si somente através dos polos: "Pensamos que daí se segue necessariamente" – conclui Bacon – "que estes dois obstáculos comunicam à massa toda das águas uma dupla reciprocidade e que deriva daí um 'quarto' do movimento diário; já que as águas são contidas por ambos os lados e são duplos o avanço e a repercussão, o movimento ocorrerá duas vezes ao dia."[35]

Simplificou-se muito aqui o longo discurso baconiano, que aparece mais amplo e articulado no segundo livro do *Novum organum*. No parágrafo 36, são de fato apresentadas e discutidas as principais doutrinas sobre as marés, que são consideradas, do ponto de vista do método, como exemplos de explicações alternativas em vista da determinação de possíveis *instantiae crucis*. Sobre

---

34. Bacon (1857-92), v. 3, p. 53 ss.
35. *Ibid.*, v. 3, p. 59.

A CIÊNCIA E A FILOSOFIA DOS MODERNOS

a natureza das marés – afirma Bacon neste texto – duas teses são possíveis: o movimento de fluxo e refluxo é provocado ou pelo avanço e regressão das águas, assim como ocorre num vaso agitado no qual a água baixa de um lado quando sobe do outro (que era a tese galileana), ou pelo subir e descer das águas do fundo, como ocorre com um líquido em ebulição (que era a tese defendida por Telesio e por Patrizi). Na discussão relativa à escolha entre estas duas doutrinas contrastantes, Bacon avança a hipótese de uma possível confirmação ou negação da doutrina galileana, com base em observações empíricas. Se aceita como válida aquela doutrina, segue-se naturalmente que, se num lado do mar se verifica um fluxo, no lado oposto e no mesmo momento deve verificar-se um refluxo. A teoria, em outros termos, resultaria decididamente falsa se fosse demonstrado que ao fluxo sobre as costas atlânticas da Flórida e da Espanha corresponde o mesmo fenômeno também nas costas opostas do Peru e da China no Pacífico: nesse caso, "não restaria nenhum mar ou lugar onde, no mesmo momento, pudesse verificar-se o refluxo". Entretanto, esta *instantia decisoria*, prossegue Bacon, seria válida apenas no pressuposto de que a Terra seja imóvel porque, "no caso de que a Terra gire é possível que em consequência da rotação desigual (pela velocidade e a aceleração) da Terra e das águas do mar, as próprias águas sejam violentamente empurradas para a frente num acúmulo, que é o fluxo, e remetidas para trás quando não podem mais acumular-se, que é o refluxo. Mas a esse respeito, deve ser feita uma pesquisa separada".[36]

A tese galileana, projetada como possível no plano do método, era refutada justamente porque se baseava na doutrina do movimento terrestre:

> Sobre esta desigualdade de movimentos, em relação à velocidade, Galileu excogitou a sua teoria do fluxo e refluxo do mar, supondo que a Terra girasse mais velozmente e a água menos velozmente e que, portanto, a água se acumulasse e baixasse como ocorre num recipiente cheio de líquido que seja movido rapidamente. Mas isso era estabelecido sobre um

---

36. *Ibid.*, v. 1, p. 295.

pressuposto que não pode ser admitido (*concesso non concessibili*), ou seja, de que a Terra se mova, e também sem uma informação suficiente do movimento de maré que se verifica de seis em seis horas.[37]

Sobre esta última questão, destinada como vimos a ser corrigida no *Diálogo sobre os dois sistemas máximos*, é difícil não dar razão ao Lorde Chanceler. Para além das enormes diferenças entre as duas doutrinas, deve-se, em todo caso, sublinhar o fato de que Galileu e Bacon procuram uma solução para o problema das marés exclusivamente em termos de movimento e de composição de movimentos, refutando qualquer doutrina dos 'influxos' lunares e movendo-se no plano do mais intransigente mecanicismo. Não há dúvida de que a situação tem algo de paradoxal: por uma aversão comum às qualidades ocultas, à doutrina dos influxos, à tese de uma atração exercida pelos corpos celestes sobre a Terra, a uma mentalidade de tipo astrológico – aversão que torna ambos pensadores 'modernos' – Galileu e Bacon são induzidos a rejeitar, como privada de significado, qualquer doutrina das marés que faça de algum modo referência à 'atração' entre a massa aquosa e a Lua (que é, como se sabe, a explicação mais próxima à da ciência posterior).

Sobre este ponto também, como se verá mais adiante, existem diferenças notáveis, mas pode-se igualmente afirmar que tanto Bacon como Galileu não consideram aquela doutrina digna de discussão e de refutação. Nas suas páginas, a doutrina 'lunar' não aparece como uma tese alternativa a outras teses possíveis, que possa ser rejeitada como incoerente no plano dos princípios ou invalidada no plano da observação empírica: ela aparece simplesmente 'descartada' como expressão de uma atitude equivocada do homem ante a natureza, como manifestação de uma mentalidade 'supersticiosa', 'fantasiosa' e 'pueril'.

Não compensa perder tempo citando as teses de muitos autores que recorreram à Lua como causa das marés, nem vale a pena gastar palavras para refutar semelhantes leviandades e puerilidades, afir-

---

37. *Ibid.*, v. 1, p. 297.

A CIÊNCIA E A FILOSOFIA DOS MODERNOS

ma Galileu pela boca de Sagredo. Que o Sol ou a Lua entrem de algum modo na produção das marés é coisa "que repugna totalmente ao meu intelecto (...) que não pode aceitar (...) poderes advindos de qualidades ocultas e outras vãs fantasias semelhantes". Tais qualidades, continua Sagredo, não são causa do fluxo, antes pelo contrário, "o fluxo é causa delas, quer dizer, fazer com que elas apareçam nos cérebros mais aptos à loquacidade e ostentação que à especulação e investigação das obras mais secretas da natureza". A doutrina da atração lunar é rejeitada como superstição. Não é por acaso que, a este propósito, a pesquisa paciente dos fenômenos naturais é contraposta às atitudes do tipo 'mágico' baseada em discursos vazios e apressados e no desejo de suscitar espanto e admiração. Daí a estranheza de Galileu pelo fato de que Kepler, 'homem de engenho livre e agudo', que tinha percebido a verdade copernicana e 'tinha em mãos os movimentos atribuídos à Terra', tenha porém "dado ouvidos e aprovação a predomínios da Lua sobre a água e a propriedades ocultas, e puerilidades semelhantes".[38]

Bacon move-se neste mesmo terreno. Não só refuta a tese segundo a qual "os movimentos da Lua e do Sol devem ser concebidos como causas dos movimentos inferiores análogos a eles", mas também se preocupa, exatamente como Galileu, em desqualificar definitivamente a tese 'lunar', mostrando suas raízes de caráter psicológico e ligando-a a antigas emoções de caráter religioso: "Pensamentos deste tipo insinuam-se facilmente nas mentes dos homens por causa de sua veneração pelos corpos celestes."[39]

E no entanto, observando bem, é fácil perceber que a posição de Bacon, justamente pela sua incerteza, é bastante diversa da de Galileu. O 'antiquado' Bacon, ao contrário do mais 'científico' Galileu, pode atribuir um sentido legítimo à doutrina da atração lunar, contanto que esta seja liberada das superestruturas de tipo

---

38. Galilei (1890-1909), v. 7, p. 470, 486.
39. Bacon (1857-92), v. 3, p. 51 ss.

mágico. O que ele energicamente refuta, no *De fluxu et refluxu maris*, é a admissão – que lhe cheira a ocultismo e a astrologia – de um 'consenso monádico e solitário' entre os simples elementos que constituem a realidade do mundo físico: 'muitas observações podem ser apresentadas para destruir estas fantasias de dominação' exercida pela Lua. Mas a observação empírica das correspondências entre as posições da Lua e os movimentos das marés pode, porém, levar-nos a concluir "que estas correspondências derivam das paixões universais pela matéria e das primitivas combinações das coisas: não no sentido de que uma seja governada pela outra, mas no sentido de que ambas derivam das mesmas origens e das mesmas causas". Da observação das 'correspondências' não deverão portanto ser imediatamente extraídos nem o conceito de uma 'subordinação natural', nem a determinação de uma 'causa'. Contra toda tentativa de estabelecer influências ocultas e correspondências entre fenômenos isolados, será reafirmada a ideia de uma regularidade e uma solidariedade entre os fenômenos naturais.[40]

Baseado nisso, vários anos mais tarde, e sem desmentir a sua solução de tipo mecanicista, Bacon, no *Novum organum*, chegará a admitir – limitadamente aos fluxos e refluxos bimensais (dos quais não se tinha ocupado no seu primeiro opúsculo) – a ação de uma '*aliqua vis magnetica*' que opera '*inter globum lunae et aquas maris*'. Nesses mesmos anos, nas notas ao *Somnium*, o 'supersticioso' Kepler havia atribuído as marés aos corpos do Sol e da Lua, 'que atraem as águas do mar com uma força semelhante à magnética'.[41]

Para perceber como se apresentava complicado, aos olhos de um contemporâneo, o problema das marés, e como a variedade das teorias, naqueles anos, dava lugar a toda uma série de tentativas de 'combinações', vale a pena consultar o *Journal tenu par Isaac Beeckman de 1604 a 1634*.

---

40. *Ibid.*, v. 3, p. 52.
41. Kepler (1937-59), v. 8, p. 61; v. 3, p. 26.

A CIÊNCIA E A FILOSOFIA DOS MODERNOS

Beeckman, na maioria dos casos, limita-se a registrar a situação: está seduzido pela autoridade de Galileu e exclui um real desacordo entre a sua posição e a do cientista pisano, mas, ao mesmo tempo, reafirma a validade da doutrina 'magnética'. Todavia, esta última também parece interpretável de modos diferentes: ligada à tese dos influxos ou reconduzida ao discurso sobre o magnetismo. Anota a este propósito em 16 de agosto de 1626: '*Controversia est inter philosophos an Luna, aquam Oceani per fluxum et refluxum maris ducens, vim suam intra aquam mittat, ita ut aqua per eam intumescat atque ob id ad decliviora moveatur; an vero aqua a Luna magnetice attrahatur.*' E ainda em 17 de novembro de 1630: '*Gesien hebbende het tractaetken de fluxu et refluxu maris Galileo Galilei dicto italice conscriptum, puto eam rationem dignam esse consideratione et meis principiis nullo modo adversantem.*' Reafirmando a validade da teoria do influxo magnético da Lua, refere-se ainda a Galileu entre março e abril de 1631: '*Vidi nuper libellum manuscriptum italice qui Galileo Galilei ascribitur ubi auctor statuit fluxum et refluxum maris originem sumere a motibus terrae diurno et annuo combinatis.*'[42]

No prefácio a uma edição do *Diálogo* galileano, houve quem falasse de 'um certo Isaac Beeckman'. Também um certo Thomas Hobbes, entre inúmeros outros, ocupou-se deste problema e aproximou numa mesma página, de modo significativo, os nomes de Bacon e de Galileu. A quase cinquenta anos de distância da publicação dos dois opúsculos de Bacon e de Galileu, o problema se apresentava no centro de questões mais amplas concernentes ao magnetismo e de uma discussão mais vasta sobre o 'sistema do mundo':

---

42. Beeckman (1939), v. 2, p. 463 ss.; v. 3, p. 171, 205 ss. "Há uma controvérsia entre os filósofos a respeito da forma com que a lua rege a água do oceano, no fluxo e refluxo do mar: se penetra com tal força a água que a entumesce e por isso a conduz para o lado mais inclinado, ou se na verdade a água é atraída magneticamente pela lua ...... sobre o fluxo e o refluxo do mar Galileu Galilei escreveu em italiano, julgo ser essa razão digna de consideração e, de modo algum é contrária aos meus princípios." "Vi recentemente um opúsculo manuscrito, em italiano, que se atribui a Galileu Galilei, onde o autor estabeleceu que o fluxo e o refluxo do mar se origina dos movimentos diurno e anual da terra."

A. Illud tum de obice oceani aquam impediente ne procedat sed revertatur, memini legisse me alicubi in scriptis Cancellarii Baconis. B. Ita est? Sed motus aquae causam adscribit motui diurno primi mobilis, qui motus primi mobilis, cum sit in circulo cuius centrum est centrum terrae, propellere aquam non potest. Etiam Galilaeus causam aestuum horum terrae motui cuidam adscribit: quem motum terra habere non potest, nisi sol, terra et luna solido aliquo vinculo connecterentur, tanquam in fune pendulo totidem pilae plumbeae.[43]

Os ventos constantes e o voo dos pássaros

Algumas páginas da jornada quarta do *Diálogo* galileano – sobre as quais não poucos comentaristas preferiram passar por cima[44] – fazem referência a uma 'prova' da mobilidade da Terra diferente da que está ligada ao movimento das marés e baseada na presença, em determinadas regiões da Terra, de uma 'perpétua brisa' ou vento constante proveniente do Oriente.

Todos conhecem a famosa objeção de Simplício sobre o 'movimento dos pássaros' em favor da imobilidade da Terra. Tal objeção tinha sido destruída por Salviati na jornada segunda: "O que mantém inalterado tal movimento nos pássaros é o próprio ar em que voam, o qual, seguindo naturalmente a vertigem da Terra, assim como leva consigo as nuvens, também leva os pássaros e qualquer outra coisa que nele se encontre pendente, de tal modo que" – concluía ironicamente Salviati – "quanto a seguir a Terra,

---

43. Hobbes (1839-45a), v. 4, p. 316 ss. "A. Lembro-me de ter lido, em alguma parte dos escritos do Chanceler Bacon, o argumento sobre o obstáculo que impede a água do oceano de avançar, mas que ao contrário provoca o seu retorno. B. De fato assim é? Pois a causa do movimento da água é atribuída ao movimento diurno do primeiro móvel e esse movimento do primeiro móvel, por estar no círculo que tem como centro o centro da terra, não pode impedir a água. O próprio Galileu atribui a causa desses calores da terra a um certo movimento que a terra não pode ter, pois caso contrário o sol, a terra, a lua se ligariam por um só vínculo, como bolas de chumbo pendentes de uma corda."
44. Com exceção de Clavelin (1968), p. 478-82.

A CIÊNCIA E A FILOSOFIA DOS MODERNOS

os pássaros não precisam pensar, e quanto a este trabalho poderiam dormir para sempre."[45] Poucas páginas mais adiante, Salviati irá contrapor às argumentações de Simplício a célebre argumentação concernente à relatividade do movimento:

> Feche-se com algum amigo no maior quarto que houver no interior de um grande navio, e ponha ali moscas, borboletas e outros animaisinhos voadores semelhantes (...) e estando o navio parado observe diligentemente como esses animaisinhos voadores, com igual velocidade, vão a todas as partes do quarto (...) Faça o navio mover-se com quanta velocidade quiser: então (contanto que o movimento seja uniforme e sem flutuações aqui e ali) não se reconhecerá uma mínima mudança em todos os referidos efeitos, nem por nenhum deles será possível compreender se o navio está andando ou parado.[46]

Na jornada quarta, Simplício apresenta todavia a sua objeção, relacionando-a com o discurso de Salviati e Sagredo sobre o movimento das águas:

> Eu, seguindo suas pegadas, argumento em contrário e digo: o ar é muito mais tênue e fluido que a água, e menos ligado à superfície terrestre (...) então muito menos deveria o ar seguir os movimentos da Terra; e quando a Terra se movesse de tal maneira, nós (...) deveríamos perpetuamente sentir um vento do levante que nos ferisse com força intolerável.[47]

A resposta de Salviati a este ponto soa bem diferente da que vimos na segunda jornada: o ar, sobretudo o que pertence a uma zona inferior à altura das mais altas montanhas, é 'posto em giro' pela 'aspereza' e pela 'desigualdade' da superfície terrestre, mas nas 'superfícies de mares amplíssimos', nas 'grandes planícies' distantes dos montes, onde o ar não obedece 'ao rapto da conversão terrestre', deveríamos sentir um vento perpétuo do levante tanto mais forte 'onde a vertigem do globo fosse mais veloz', isto é, nos lugares 'mais remotos dos polos e próximos ao arco máximo da

---

45. Galilei (1890-1909), v. 7, p. 209 ss.
46. *Ibid.*, v. 7, p. 212 ss.
47. *Ibid.*, v. 7, p. 462.

conversão diária'. A experiência, conclui Salviati, confirma esta hipótese, já que nas zonas de mar distantes da terra e compreendidas entre os trópicos 'sente-se uma perpétua brisa mover-se do oriente'. Este vento constante – provocado pelo movimento terrestre – torna fáceis as viagens do continente europeu para o americano e do americano para o asiático, enquanto as navegações das Índias rumo ao oriente "são difíceis e incertas nem podem de maneira alguma ser feitas pelos mesmos caminhos, mas é necessário costear mais próximo da terra, para encontrar outros ventos, por assim dizer acidentais e tumultuários, ocasionados por outros princípios".[48]

Deve ser sublinhado aí não só a distinção entre os ventos 'acidentais' (provocados por 'muitas e diferentes causas') e os constantes (provocados pelo movimento terrestre), mas também o fato de que esta explicação da origem dos ventos constantes venha 'acrescentada' à explicação do fenômeno das marés, como uma nova 'prova' do movimento terrestre: "Agora vejam" – conclui de fato Salviati – "como os efeitos da água e do ar parecem concordar maravilhosamente com a observação celeste para confirmar a mobilidade do nosso globo terrestre." Também o 'pormenor' acrescentado por Sagredo acerca da maior velocidade das viagens dos portos do Oriente para Veneza, em relação às viagens de volta, é interpretado por Salviati como uma nova e 'não pequena confirmação da mobilidade da Terra'.[49]

A ironia de Salviati sobre o *voo dos pássaros* – 'quanto a seguir a Terra, os pássaros não precisam pensar'[50] – pode parecer agora, com referência a estas páginas, totalmente injustificada: pelo menos no que diz respeito a determinadas e amplas zonas da superfície terrestre.

Partindo da 'hipótese' oposta da imobilidade da Terra e levando em consideração o fenômeno dos ventos constantes,

---

48. *Ibid.*, v. 7, p. 463 ss.
49. *Ibid.*, v. 7, p. 466.
50. *Ibid.*, v. 7, p. 209 ss.

A CIÊNCIA E A FILOSOFIA DOS MODERNOS

Bacon, no *De fluxu et refluxu*, tinha chegado a conclusões seme-lhantes. O discurso de Salviati sobre a 'perpétua brisa' – onde são excluídas as referências ao sistema copernicano – pode ser compa-rado ao de Bacon:

Bacon: *Etenim iam in confesso esse coepit, navigantibus intra tropicos, ubi libero aequore motus aeris percipitur optime, et aer ipse (veluti et coelum) maioribus circulis ideoque velocius rotat, spirare auram perpetuam et iugem ab oriente in occidentem; adeo ut qui Zephyro uti volunt, eum extra tropicos saepius quaerant et procurent (...) Et tamen etiam extra tropicos in nostra Europa in mari, coelo sereno et tranquillo, observatur aura quaedam solisequa, quae ex eodem genere est.*[51]

Galileu: Nos amplos mares e nas suas partes distantes da terra e situadas na zona tórrida, isto é, entre os trópicos (...) sente-se uma perpétua brisa mo-ver-se do oriente, com teor tão cons-tante que os navios graças a ela pros-peramente vão às Índias Ocidentais (...) onde pelo contrário as navegações para o Oriente não podem de maneira alguma ser feitas pelos mesmos cami-nhos (...) Poderia ser que também o nosso mar Mediterrâneo participasse de tal acidente, mas não observado, como aquele que frequentemente é alterado por outros ventos superve-nientes.[52]

Em ambos os casos e de ambos os pontos de vista (o 'tradi-cional' e o 'copernicano') o fenômeno dos *ventos constantes* era interpretado como um 'efeito' respectivamente do movimento do céu e do movimento da Terra, e aduzido como 'prova' da imobili-dade ou do movimento desta última. Simplício, invertendo as ar-gumentações de Salviati, também se exprime nesse sentido:

Nós, ao contrário, dizemos que o elemento do ar é inteiramente levado pelo movimento do céu, com exclusão daquela parte subjacente às monta-

---

51. Bacon (1857-92), v. 3, p. 54. "Bacon: com efeito já começa a ser admitido, pelos que navegam nos trópicos, que há uma brisa perpétua e constante que sopra, onde o movimento do ar é muito bem percebido pela superfície livre do mar e o pró-prio ar (do mesmo modo que o céu) gira em maiores círculos e por isso mais ve-lozmente, a tal ponto que os que querem usar o Zéfiro o procurem mesmo fora dos trópicos (...) Contudo, mesmo fora dos trópicos, em nossa Europa, no mar, com o céu sereno e tranqüilo, observa-se uma brisa do mesmo gênero à medida que o sol progride."

52. Galilei (1890-1909), v. 7, p. 465.

nhas, que é impedida pela aspereza da terra imóvel; e onde você diz que, se fossem retiradas as asperezas, se retiraria também o ar aprisionado, nós podemos dizer que, retirada a aspereza, todo o ar continuaria seu movimento: então, como as superfícies daqueles mares são lisas e limpas, sobre elas continua o movimento do ar que sopra perpetuamente do levante; e isso se faz sentir mais nas partes sujeitas ao equinocial e dentro dos trópicos, onde o movimento do céu é mais veloz.[53]

Já foram destacadas as dificuldades presentes na 'prova' galileana do movimento da Terra. No que diz respeito ao fenômeno dos *ventos*, porém, deve-se notar que a maior cautela de Bacon, a sua maior disponibilidade em considerar teorias contrastantes entre si, o seu 'empirismo', permitem ao Lorde Chanceler encarar como problemática uma situação que Galileu dava por resolvida. Na *Historia ventorum* de 1622, composta nos mesmos anos do *Diálogo* galileano, Bacon recorre de fato a *duas* explicações possíveis sobre o fenômeno dos ventos constantes que, nas pegadas de Acosta, ele denomina '*brizae*'. De acordo com a primeira, o movimento dos ventos era reconduzido ao movimento dos céus, mas, prosseguia Bacon,

> pode ser uma outra causa, devida ao fato de que o calor dilata todo o ar, que não se adapta então a ser contido no seu lugar primitivo. A tal dilatação segue necessariamente um impulso do ar vizinho que gera este vento segundo o progredir do sol. Entre os trópicos, onde o sol é mais ardente, o vento é mais forte; fora dos trópicos quase não aparece.[54]

Esta explicação do fenômeno dos ventos constantes pode parecer-nos mais 'verdadeira' que a galileana. Mas não se trata de julgar com base em 'fatos consumados'. Importa somente sublinhar que a recusa das 'hipóteses' e das 'antecipações da natureza' poderia em cada caso funcionar como uma advertência eficaz para a complexidade dos fenômenos naturais e como um antídoto para as generalizações apressadas:

---

53. *Ibid.*, v. 7, p. 468.
54. Bacon (1857-92), v. 2, p. 27.

De ventis generalibus phaenomena rara. Nil mirum, cum intra Tropicos praecipue perspiciantur, loca damnata apud antiquos (...) Quod briza illa inter Tropicos luculenter spiret, res certa, causa ambigua.[55]

Mundos subjetivos e mundo objetivo

Vimos, a propósito da doutrina sobre as marés, como a explicação galileana e baconiana, formuladas em termos de movimento e de composição de movimentos, remetiam ambas a uma posição mecanicista, que excluía qualquer recurso a causas ocultas ou a universais 'simpatias cósmicas'.

Nesta ordem de discussão, assume grande importância a bem conhecida distinção entre as qualidades 'objetivas' dos corpos e as chamadas 'propriedades sensíveis', que parecem resolvíveis em termos de 'subjetividade' ou de 'fenomenalidade'. Estas últimas são entendidas como 'afecções' do nosso organismo (em vez de 'afecções' dos corpos) 'provocadas' em nós pelas qualidades objetivas ou primárias; como 'efeitos' daquelas qualidades sobre os sentidos: eliminando o sujeito sensitivo ou perceptivo, elas não têm realidade nenhuma e se dissolvem em puros nomes.

Nas páginas do *Saggiatore*, Galileu desenvolve uma série de considerações em torno da proposição que afirma ser 'o movimento causa de calor'.[56] Rejeita, antes de tudo, a tese que considera o calor 'um verdadeiro acidente, afecção e qualidade que realmente reside na matéria da qual sentimos aquecimento', e afirma a sua 'inclinação a crer' que "aquelas matérias que em nós produzem e fazem sentir o calor (...) sejam uma profusão de corpúsculos mínimos, figurados de tal e tal modo, movidos com tal e tal

---

55. *Ibid.*, "Fenômenos raros sobre os ventos gerais, nada de admirar quando dentro dos Trópicos são precipuamente reconhecidos lugares condenados pelos antigos (...) Que aquela brisa sopre esplendidamente entre os trópicos, é coisa certa, embora de causa ambígua."

56. Galilei (1890-1909), v. 6, p. 437 ss.

velocidade" e que ao "tocar o nosso corpo, sentido por nós, é a afecção que chamamos calor".

> Que além de figura, profusão, movimento, penetração e contacto, exista no fogo outra qualidade, e que esta seja calor, eu não creio absolutamente, e estimo que isto seja de tal modo nosso que, removido o corpo animado e sensitivo, o calor nada mais seja que um simples vocábulo.

Das considerações relativas ao calor passa-se à formulação de conclusões de caráter mais geral: muitas afecções que são consideradas

> qualidades residentes nos sujeitos externos, não têm verdadeiramente outra existência senão em nós e fora de nós nada mais são que nomes (...) Eu penso que estes sabores, odores, cores, etc., por parte do sujeito no qual parecem residir, nada mais sejam que puros nomes, tenham sua residência somente no corpo sensitivo; de tal modo que, removido o animal, são suspensas e aniquiladas todas estas qualidades.

As páginas do *Saggiatore* às quais se fez referência são lembradas, nos manuais de história da filosofia, como as que contêm a primeira distinção entre qualidades 'subjetivas' e 'objetivas', e como fonte indireta ou 'antecipação' da célebre doutrina lockiana. As questões relativas aos 'méritos' e às 'precedências' não têm muito sentido; entretanto, num ensaio dedicado às relações entre Bacon e Galileu, salienta-se que no texto do *Novum organum*, publicado três anos antes do *Saggiatore*, encontramos formulada, justamente a propósito do calor, uma doutrina que apresenta notável semelhança com a que é desenvolvida no texto galileano.

Com uma precisão terminológica maior que a de Galileu – que usa promiscuamente os termos 'quente' e 'calor' – Bacon introduz uma distinção entre *calor* e *calidum*: o primeiro é 'objetivo' e inteiramente reduzível a movimentos reais; o segundo é afecção, não dos corpos, mas do 'espírito animal' ou sujeito sensitivo. O *calidum* tem realidade apenas no 'espírito animal', é relativo aos sentidos do homem, não ao Universo. Sobre este ponto o texto baconiano é extremamente preciso:

A CIÊNCIA E A FILOSOFIA DOS MODERNOS

Calidum ad sensum res respectiva est, et in ordine ad hominem non ad universum; et ponitur recte ut effectus Caloris tantum in spiritum animalem.

A essência ou 'forma' do *calor* é o movimento de '*particulae minutae*': 'não que o calor gere movimento ou o movimento gere calor', o movimento é a essência do calor: '*ipsissimus calor, sive quid ipsum caloris est motus et nihil aliud*'. A definição do calor a que chega Bacon ('*motus expansivus, cohibitus, et nitens per partes minores*') refere-se ao *calor* que é objetivo somente enquanto processo mecânico de movimento '*qui est in ordine ad universum, non relativus tantummondo ad sensum*' e que se apresenta como *calidum* ao 'espírito animal'.[57]

A nítida distinção entre uma consideração da realidade *ex analogia hominis* e uma visão 'científica' do mundo, pacientemente construída *ex analogia universi*, tem uma importância de primeiro plano na filosofia de Bacon. A distinção entre as determinações geométrico-mecânicas e 'objetivas' da realidade e o aparecimento aos sentidos de qualidades 'subjetivas' está presente de vários modos em obras que pertencem a fases diversas do pensamento de Bacon. Um primeiro esboço desta tese encontra-se no *Valerius Terminus* de 1603, onde a maciez e o brilho dos corpos são concebidos respectivamente em função do tato e da vista e contrapostos à uniformidade entendida como '*disposition of the stone in itself*'. Nesse mesmo texto, Bacon distingue entre o 'branco tal qual aparece aos sentidos' e o 'branco inerente às coisas' e faz depender este último de uma estrutura específica das partes dos corpos e de condições de tipo geométrico-mecânico.[58]

Em outro texto, provavelmente composto no mesmo ano da publicação do *Saggiatore* galileano, o *De principiis atque originibus*, Bacon expõe e comenta a física democrítica, reafirma o valor de

---

57. Bacon (1857-92), v. 1, p. 262, 266, 268. "(...) o próprio calor, ou algo do calor é movimento e não outra coisa, o movimento expansivo (ou) coibido, e abundante pelas partes menores ... que está em relação ao Universo e não apenas em relação ao sentido."

58. *Ibid.*, v. 3, p. 237, 240. Cf. Rossi (1974), p. 310-20.

uma física baseada nas determinações geométrico-mecânicas dos 'princípios' e sustenta a heterogeneidade entre os elementos constitutivos do real e os corpos compostos:

> *Neque vis et forma eorum* – escreve ele a propósito dos átomos – *aut grave quiddam est aut leve, aut calidum aut frigidum, aut densum aut rarum, aut durum aut molle, qualia in corporibus grandioribus inveniuntur.*[59]

Para além das profundas diferenças na discussão sobre o método científico, para além da distância que separa a rigorosa física galileana das tentativas baconianas de fundar uma nova filosofia natural, permaneceu bem sólida em Bacon e em Galileu – assim como nos fundadores da nova ciência e nos expoentes da nova filosofia, de Mersenne a Gassendi, de Descartes a Hobbes e a Pascal – a convicção de que as chamadas 'qualidades sensíveis' dos corpos são remissíveis ao homem e relativas ao homem e não têm relevância para a pesquisa sobre a 'realidade' da natureza. Como dirá Mersenne na *Vérité des sciences*, entre o universo da física e o da experiência sensível abriu-se, na Idade Moderna, um abismo muito mais profundo do que o imaginado pelas filosofias cépticas. No mesmo momento em que sublinhava a incerteza, a variedade e a relatividade das sensações humanas, aquelas filosofias continuavam a crer na existência de qualidades objetivas, não acessíveis ao homem e todavia reais. Para a nova ciência, muitas das chamadas propriedades sensíveis dos objetos são apenas reações do nosso organismo aos dados quantitativos cujo contexto é o mundo real. Colocado diante do mundo, o homem poderá distinguir, mediante as teorias e os experimentos, aquilo que no mundo é objetivo e real (independente da presença do homem) e aquilo que pertence à esfera relativa, subjetiva e flutuante da experiência sensível. Número, grandeza, figura, posição e movimento não são 'qualidades' separáveis do conceito de corpo; o

---

59. Bacon (1857-92), v. 3, p. 82. "Nem a força e a forma deles ou de algo é pesado ou leve ou quente ou frio, ou denso ou rarefeito, ou duro ou mole, como se encontram nos corpos maiores."

A CIÊNCIA E A FILOSOFIA DOS MODERNOS

mundo é integralmente explicado em termos de estruturas e de movimentos materiais; a compreensão de tais estruturas e de tais movimentos é capaz de explicar as mudanças que intervêm nos corpos sólidos, nos líquidos e nos gases, de fornecer uma descrição 'verdadeira' dos comportamentos naturais e, ao mesmo tempo, explicar também as chamadas aparências sensíveis e os próprios erros que derivam dos sentidos.

As teses ora expostas de modo tão sumário constituem um passo de importância decisiva para aquela *exclusão do homem* do mundo da natureza e do universo da física que caracteriza as origens da ciência moderna.[60] Tal 'exclusão' apresenta-se como o pressuposto de duas das mais características 'operações' da nova ciência: a adoção do modelo 'máquina' para a compreensão e a explicação do mundo natural; a eliminação definitiva das causas finais na física. Neste século, certamente não faltaram análises críticas de tais 'exclusões', nem faltou quem, como Husserl, quisesse ver na mecanização e geometrização do mundo, que deriva da distinção entre qualidades 'objetivas' e qualidades 'subjetivas', a origem da grande crise das ciências e o 'pecado original' da civilização moderna (ao qual a 'filosofia' deveria dar remédio). Mas estes novos juízes de Galileu também estão dispostos a admitir que essa distinção constitui o pressuposto e o fundamento daquela 'mecanização do quadro do mundo', sem a qual parece inexplicável e incompreensível a chamada Revolução Científica do século XVII – seja qual for o sentido que se queira dar a ela.

Hipoteticismo e realismo

Quando falamos da difusão do copernicanismo, vimos como a posição de Mersenne, de Gassendi e de Roberval diante da nova astronomia pode ser remetida a uma atitude de tipo 'pragmatista'. Como escreveu um dos maiores historiadores da ciência setecen-

---

60. Burtt (1950).

tista, "para Mersenne e para a maioria dos seus contemporâneos existe uma reserva fundamental diante da astronomia galileana; o heliocentrismo é o mais cômodo dos instrumentos matemáticos que descrevem o movimento dos astros, mas, quando se fala em transformar o heliocentrismo em doutrina especulativa, aventura-mo-nos em conclusões que vão além dos limites da experiência".[61]

O 'platônico' Galileu não tinha certamente compartilhado destas preocupações. Da entusiástica adesão a uma visão do mundo que se contrapunha aos quadros mentais do aristotelismo, de uma posição de tipo 'bruniano', ele, depois das grandes descobertas astronômicas de 1609-10, tinha passado para um copernicanismo entendido como teoria verificada e verificável com base numa contínua integração de 'sensatas experiências' e de 'certas demonstrações'.[62] Em todo caso, a verdade copernicana (excluindo-se as passagens que têm um explícito tom de ironia ou constituem uma explícita concessão de caráter 'político') não se tinha apresentado a Galileu como uma simples 'hipótese matemática' apta a 'salvar os fenômenos'. Protestando contra as teses expostas por Bellarmino na célebre carta a Paolo Foscarini, Galileu contrapunha 'à habitual e aceita maneira de Ptolomeu' a investigação copernicana sobre a 'constituição das partes do Universo *in rerum natura*' e sobre a 'verdadeira constituição das partes do mundo':

> Copérnico já tinha feito antes o trabalho e satisfeito à parte dos astrólogos segundo a habitual e aceita maneira de Ptolomeu; mas depois, vestindo o hábito de filósofo, e considerando se tal constituição das partes do Universo podia realmente subsistir *in rerum natura*, e visto que não, e parecendo-lhe que o problema da verdadeira constituição fosse digno de ser pesquisado, pôs-se a investigar tal constituição, sabendo que se uma disposição falsa e não verdadeira das partes podia satisfazer à aparência, muito mais seria obtido da verdadeira e real (...) Querer persuadir que Copérnico não julgasse verdadeira a mobilidade da Terra, a meu ver, só encontraria confirmação junto àqueles que não o leram (...) Ele, a meu ver, não é capaz de moderação, sendo o ponto principal de toda a sua doutrina

---

61. Lenoble (1943), p. 392.
62. Garin (1965), p. 128-33.

A CIÊNCIA E A FILOSOFIA DOS MODERNOS

e o universal fundamento a mobilidade da Terra e a estabilidade do Sol; porém, ou o condenamos totalmente, ou o deixamos no seu ser (...)[63]

Na sua veemente defesa de Copérnico, contida na *Ceia das Cinzas* de 1584, Giordano Bruno tinha chegado a conclusões não diferentes e se revoltado asperamente diante da tentativa realizada por Osiander de apresentar a doutrina copernicana como uma simples 'hipótese matemática (...) não necessariamente verdadeira nem verossímil', com a ajuda da qual os movimentos celestes poderiam 'ser exatamente calculados de modo conforme aos princípios da geometria'.[64] Aquela 'epístola superliminar escrita não sei por qual asno ignorante e presunçoso' pareceu a Bruno uma tentativa dissimulada de esvaziar o discurso astronômico de Copérnico de qualquer referência à 'física'. Copérnico, acrescentava ele, "entendeu-a como disse, e com todo o seu esforço a provou (...) fazendo as vezes não só de matemático que supõe, mas também de físico que demonstra o movimento da Terra".[65]

Estas tomadas de posição de Bruno e de Galileu contrastavam com uma tradição muito antiga. Ptolomeu, já no segundo século, tinha apresentado as suas hipóteses, que contrastavam abertamente com a física de Aristóteles, como cálculos matemáticos capazes de 'salvar os fenômenos': os movimentos supostos não são os movimentos reais, não é necessário pensar que exista, nos céus, um sistema físico de esferas. Entre o quinto e o sexto século, Proclo, Simplício e Giovanni Filopono tinham afirmado explicitamente a não necessidade, para as hipóteses astronômicas, de conformar--se aos fatos físicos. Mais tarde, Moisés Maimônides e Tomás de Aquino encontraram meios de conciliar sua fidelidade à física de Aristóteles e sua aceitação do sistema astronômico de Ptolomeu, recorrendo justamente à teoria não realista das hipóteses astronômicas, já formulada por Simplício e por Giovanni Filopono.

---

63. Galilei (1890-1909), v. 5, p. 351.
64. Copérnico (1979).
65. Bruno (1955), p. 146-49; Ciliberto (1986), p. 115-18.

Copérnico e Rhaeticus moveram-se num plano diferente. Tinham adotado – de acordo, neste ponto, com os averroístas e com os aristotélicos de estrita observância – um ponto de vista decididamente 'realístico'. Eles defendiam a 'realidade física' do novo sistema, apresentando-o não como um sistema possível, mas como o *verdadeiro* sistema. No prefácio anônimo ao *De revolutionibus*, Andrea Osiander – baseado na sua experiência pessoal da '*rabies theologorum*' – tinha reproposto uma tese, de sabor pragmatista, totalmente tradicional: "Sempre acreditei que as hipóteses não são artigos de fé, mas bases para o cálculo, não tem importância se são falsas, basta que reproduzam de modo exato os fenômenos dos movimentos (...) O astrônomo tem a tarefa (...) de procurar as causas dos movimentos celestes, ou melhor, como não pode de modo algum estabelecer causas verdadeiras, a tarefa de imaginar e inventar hipóteses com a ajuda das quais esses movimentos possam ser exatamente calculados."[66]

A doutrina de Osiander foi largamente aceita tanto por inúmeros defensores do sistema ptolomaico como por não poucos adeptos da doutrina de Copérnico. Todavia, entre o fim do século XVI e a condenação de Galileu (em 1633), a tese 'realística' encontrou amplo consenso. Para Christoph Clavius, as hipóteses da astronomia devem ser 'consistentes' não apenas em relação aos fenômenos celestes, mas a tudo quanto conhecemos a respeito do mundo físico.[67] Para Tycho Brahe, o sistema copernicano deve ser refutado porque não corresponde à verdade das coisas, enquanto as hipóteses astronômicas legítimas devem referir-se aos reais movimentos físicos dos corpos celestes.[68] O seu 'sistema de hipóteses', que contrasta abertamente com o universo ptolomaico e copernicano, "põe-se de acordo com os princípios da matemática e da física, não faz uso de subterfúgios para fugir da censura dos teólogos ('*neque etiam theologicas censuras subterfugit*') e, ao mesmo

---

66. Kepler (1858-71), v. 1, p. 246. Cf. Koyré (1961a), p. 36-44.
67. Clavius (1602), p. 517.
68. Brahe (1913), v. 4, p. 156.

A CIÊNCIA E A FILOSOFIA DOS MODERNOS 191

tempo, satisfaz plenamente às aparências celestes".[69] Do célebre
texto de Osiander, Kepler tem uma opinião não diferente da de
Bruno e Tycho, e insiste longamente sobre a homogeneidade da
astronomia e da física, sobre a identidade de seus métodos: "Aquele movimento da Terra que Copérnico atribuiu a razões matemáticas, eu atribuo a razões físicas, ou melhor, metafísicas."[70]

A discussão galileana sobre as marés representa justamente a
tentativa de elaborar uma *prova física* da verdade copernicana, de
confirmá-la no plano do mundo real. Para compreender com exatidão a posição dos contemporâneos de Galileu, deve-se preliminarmente esclarecer uma questão cuja importância não escapou
aos mais advertidos historiadores da ciência. O sistema copernicano foi muitas vezes apresentado por Galileu como *a única alternativa possível* ao sistema ptolomaico, não faltam passagens em que
os dois sistemas são apresentados como contraditórios: as 'razões'
que mostram a insustentabilidade do segundo parecem suficientes
para confirmar a validade do primeiro. A escolha entre as duas
soluções apresentadas como alternativas parece em outros termos
solucionável com base numa espécie de *experimentum crucis*, e a
'prova' da hipótese copernicana parece ser concebida à maneira da
demonstração, pelo absurdo, empregada em geometria.[71]

A não poucos contemporâneos de Galileu pareceu que as provas e as experiências aduzidas em favor de Copérnico *comportassem
o necessário abandono da astronomia ptolomaica, mas não eram suficientes para fundamentar a verdade do sistema copernicano*. Nesta
convicção – além da real ausência de provas[72] – eles eram auxiliados pela existência de um terceiro sistema do mundo (o de Tycho
Brahe), que gozou de notável fortuna até a metade do século XVII.
O seu sistema geostático (a Lua, o Sol e as estrelas fixas giram em
torno da Terra; os cinco planetas giram em torno do Sol) não
parecia refutável por observações empíricas; destruía na raiz a

---

69. *Ibid.*
70. Kepler (1858-71), v. 1, p. 106, 245 ss.
71. Galilei (1890-1909), v. 7, p. 296; v. 5, p. 356 ss.
72. Koyré (1961a), p. 108.

crença milenar nas esferas cristalinas e a teoria aristotélica dos cometas; confirmava as vantagens teóricas do copernicanismo ao qual era matematicamente equivalente; parecia excluir todas as 'dificuldades' ligadas à tese do movimento da Terra.[73] Deste ponto de vista e tendo presentes estas considerações, explica-se como estudiosos, que eram ao mesmo tempo anticopernicanos e antigalileanos, pudessem aceitar e utilizar as observações galileanas sobre os satélites de Júpiter, sobre as irregularidades da Lua e sobre as manchas solares. Os erros de Aristóteles eram derivados da ausência de instrumentos óticos capazes de explorar os céus. As montanhas da Lua provam que ela não é uma esfera cristalina, mas não provam o movimento da Terra.

Mais que um teórico e um filósofo natural, Tycho era um paciente e agudíssimo observador. Não é certamente por acaso que Bacon mostra certa predileção pelo seu sistema do mundo.[74] Mas trata-se justamente de uma predileção e não de uma adesão, porque Bacon critica e no fundo rejeita *todas* as hipóteses astronômicas e todos os sistemas do mundo que disputavam entre si o predomínio na cultura do seu tempo. Esta atitude, que o coloca numa posição singular, nasce de uma decidida polêmica contra as interpretações 'hipotéticas' das teorias astronômicas; do seu pendor por uma posição 'realista' que seja capaz de ligar, de modo coerente e orgânico, a astronomia à física; da sua insistência sobre a importância das observações; da sua radical desconfiança por qualquer 'antecipação da natureza'; finalmente, da sua fortíssima aversão por toda passagem rápida dos experimentos e das observações para as teorias de caráter geral.

Aquela parte da física que indaga sobre as coisas celestes – escreve Bacon no *De augmentis* de 1623 – parece deficiente e pouco sólida. Ela apresenta aos homens um alimento semelhante à vítima oferecida a Júpiter pelo fraudulento Prometeu: uma pele de boi cheia de folhas e de feno em vez de carne. A astronomia ocupa-se

---

73. A. R. Hall (1963), p. 22 ss.; Dreyer (1890).
74. Bacon (1857-92), v. 3, p. 734 ss.

A CIÊNCIA E A FILOSOFIA DOS MODERNOS

do aspecto exterior das coisas do céu, do número, da posição, do movimento, do período dos astros: ordena num belo sistema a pele do céu, mas despreza suas vísceras.

Os astrônomos não constroem teorias de caráter físico mediante as quais, com a ajuda de hipóteses, se possam desenvolver investigações sobre a substância, os movimentos e os influxos das coisas celestes, tal como se dão efetivamente no plano da realidade. Limitam-se a elaborar teorias (e muitíssimas podem ser engenhosamente desenvolvidas) que estejam de acordo com os fenômenos celestes. Até agora só se dedicaram a demonstrações matemáticas, preocupando-se em resolver da maneira mais elegante dificuldades colocadas por eles próprios e não presentes na realidade das coisas. A descrição de uma máquina fictícia e disposta *ad placitum* prejudicou a pesquisa das causas reais. Por estas razões, a astronomia foi até agora incluída entre as disciplinas matemáticas. Ela deveria porém constituir a parte mais nobre da física. Esta *astronomia física* ou *astronomia viva* é por isso apontada como uma lacuna da cultura e incluída entre os *desiderata* do saber.[75]

'Non enim concinnationes, *quae variae esse possunt, sed veritatem rei quaerimus*'[76]: a identificação da astronomia com a matemática levou a uma plena identificação da ciência do céu com o cálculo e as previsões. Ao lado do de Tycho Brahe, podem ser inventados muitos outros sistemas do mundo, já que aqueles que apresentam as hipóteses e propõem as teorias não se preocupam em saber se são verdadeiras ou não, mas apenas se são mais ou menos convenientes para os cálculos e para a construção das tabelas. A refutação das hipóteses astronômicas parece quase inútil, justamente porque não são apresentadas como verdadeiras. Os mesmos fenômenos parecem igualmente explicáveis com base em hipóteses não só diferentes, mas até contrastantes: tanto os defensores do movimento da Terra como os adeptos das doutrinas tradicionais do Primeiro móvel referem-se à confirmação dos fenômenos celes-

---

75. *Ibid.*, v. 1, p. 551-54; v. 3, p. 734.
76. *Ibid.*, v. 3, p. 735.

tes. Copérnico, em particular, é um homem que não hesita em imaginar uma coisa qualquer ('*quidvis fingere*') contanto que faça bater os seus cálculos.[77]

As extravagâncias próprias do sistema ptolomaico; a crença na solidez da abóbada celeste e das esferas cristalinas; a crença no *raptus* do Primeiro móvel, nos excêntricos e nos epiciclos; a convicção da imutabilidade da Lua e dos corpos celestes; tudo isso provocou, por reação, a doutrina da mobilidade da Terra. Contra ela, Bacon tomou muitas vezes posição: a doutrina de Copérnico, que se apresenta de acordo com os fenômenos e que é *irrefutável no plano das hipóteses astronômicas*, parece-lhe pelo contrário refutável no plano de uma bem-fundada filosofia natural. O tríplice movimento atribuído à Terra,[78] a centralidade do Sol no Universo e a consequente 'separação' do Sol dos outros corpos celestes com os quais ele tem, entretanto, tantas propriedades em comum, a introdução de uma excessiva 'imobilidade' na natureza consequente da imobilidade do Sol e do céu das estrelas fixas; o contínuo recurso às 'ficções', com vistas a um sucesso dos cálculos: são estes os elementos da doutrina copernicana que parecem a Bacon insustentáveis a ponto de infirmar sua validade no plano da física e da filosofia natural, mesmo se esta, no plano das hipóteses astronômicas, corresponde aos fenômenos e parece *não refutável*.[79]

Por que Bacon refuta Copérnico?

O texto do *De augmentis*, ao qual nos referimos há pouco, foi publicado em 1623. Mas o interesse de Bacon pelos problemas da astronomia e da cosmologia remontam a um decênio antes. Nos anos 1610-12, ele tinha colhido na *Descriptio globi intellectualis* e no *Thema coeli* o resultado das suas reflexões. Com base nas

---

77. *Ibid.*, v. 3, p. 735, 778, 741, 571.
78. Dreyer (1959), p. 329.
79. Bacon (1857-92), v. 3, p. 229, 740; v. 1, p. 580.

A CIÊNCIA E A FILOSOFIA DOS MODERNOS

leituras que tinha realizado e no conhecimento parcial do estado das várias questões e discussões, Bacon encontrou-se diante de um complexo emaranhado de problemas. Vale a pena enumerá-los brevemente:

1. Do sistema de Copérnico – do qual provavelmente tem um conhecimento indireto através dos escritos de Petrus Ramus, de Tycho Brahe e de William Gilbert – Bacon dá, como vimos, uma interpretação decididamente 'hipoteticista'. Sobre este ponto, suas conclusões são completamente opostas às conclusões 'realísticas' de Bruno, de Galileu e de Kepler. Bacon está de acordo com o conteúdo do prefácio de Osiander e com Petrus Ramus. Vê em Copérnico um construtor de hipóteses, um astrônomo-matemático tradicional, no qual se acha ausente qualquer preocupação de uma correspondência entre as 'hipóteses' e a 'realidade'. Lendo Brahe e Gilbert, Bacon ademais soube que Copérnico: a) crê na existência das esferas planetárias materiais e da esfera das estrelas fixas; e b) atribuiu à Terra um 'terceiro movimento' não necessário. Por esses textos soube também que existem astrônomos que pretendem atuar fora do plano das simples hipóteses e julgam possível a construção de um sistema físico do mundo.

Examinando-se mais de perto, o anticopernicanismo de Bacon parece então motivado: a) pela sua desconfiança numa astronomia puramente hipotética; b) pela sua declarada antipatia pela filosofia hermético-ficiniana que serve de base às teses de muitos adeptos de Copérnico; c) pela ausência, no trabalho dos astrônomos, não só de qualquer prova física em favor das teses copernicanas, mas da própria preocupação de procurar uma prova qualquer.

2. Em Tycho, por outro lado, Bacon encontrou uma cerrada refutação da tese copernicana do movimento terrestre: "O corpo da Terra, grande, lento e inadaptado ao movimento, não deve ser perturbado pelo movimento, especialmente por três movimentos (...)." Encontrou a afirmação de uma astronomia baseada na observação e, sobretudo, a recusa da realidade das esferas celestes próprias da astronomia tradicional e ainda presentes na de Copérnico: "As órbitas que os autores inventaram para salvar as aparências só existem na imaginação deles..."[80]

3. No *De mundo nostro sublunari philosophia nova* de William Gilbert, publicado em Amsterdã em 1651, mas do qual Bacon possuía e tinha cuidadosamente lido o manuscrito,[81] o Verulâmio pôde ler: em primeiro lugar, uma crítica ao 'terceiro movimento' atribuído à Terra por Copérnico; em segundo lugar, uma acirrada refutação do movimento de revolução da Terra em torno do Sol; em terceiro lugar, uma decidida negação da posição central da Terra, da Lua ou do Sol. Para Gilbert, o Universo não tem nenhum centro. *'Non est autem quo persuaderi possit in centro universi magis terram reponi quam Lunam, quam Solem, nec ut in motivo mundo horum unum in centro sit necesse est.'*[82] A insistência de Gilbert sobre os 'experimentos', a sua negação das esferas, a mesma crítica a Copérnico, considerado como matemático e refutado pelas suas harmonias platônicas: tudo isso é positivamente avaliado por Bacon, que rejeita porém com ironia a doutrina da animação universal, as referências à sapiência hermética, a 'filosofia arbitrária e fantástica' construída de modo apressado com base em poucos experimentos.[83]

4. A influência exercida sobre a *Descriptio pela Nova de universis philosophia* de Francesco Patrizi, de 1591, deve ser ainda plenamente avaliada. Este não é certamente o lugar próprio para o exame de uma questão desse tipo, embora se possa afirmar que muitas páginas astronômicas de Bacon – além de suas ferozes expressões polêmicas[84] – devem ser vistas em conexão com as posições de Patrizi.[85]

---

80. Brahe (1913), v. 4, p. 222.
81. Boas (1957), p. 458 ss.
82. Gilbert (1651), p. 119, 164 ss. "Não há como persuadir que pelo conhecimento se possa determinar ser a Terra o centro do Universo, e não a Lua ou o Sol e nem que, em um mundo móvel um destes esteja no centro."
83. Bacon (1857-92), v. 1, p. 461; v. 3, p. 292 ss, 571, 609.
84. *Ibid.*, v. 3, p. 747 ss.
85. Rossi (1977), p. 109-48.

A CIÊNCIA E A FILOSOFIA DOS MODERNOS

5. Resta enfim esclarecer um último ponto: Bacon não conhece, nem sequer por notícia indireta, a Astronomia nova de Kepler, publicada em 1609 e já conhecida na Inglaterra no ano seguinte. No verso do frontespício, Kepler reproduziu uma passagem de Petrus Ramus, autor bem-conhecido de Bacon. Ramus aí acusava Copérnico de ter-se servido conscientemente de 'hipóteses' por ele mesmo consideradas falsas e prometia renunciar à sua cátedra se um filósofo ou matemático alemão tivesse elaborado uma astronomia 'sem hipóteses'. A morte (ocorrida em 1572) – escreve Kepler – livrou Ramus da obrigação de manter sua promessa: a sua aspiração a uma 'astronomia sem hipóteses' está agora plenamente realizada.[86] Se a conhecesse, não é admissível que não tivesse mencionado uma temática deste tipo, amplamente retomada no curso de sua obra e cujo objeto é um dos motivos centrais do discurso baconiano.

Se devemos admitir o movimento da Terra, escreve Bacon na *Descriptio globi intellectualis*, "pareceria mais natural supor que não exista sistema nenhum, mas apenas globos esparsos, em lugar de construir um sistema no qual o Sol seja o centro". É evidente a referência a Gilbert, que tinha refutado a centralidade do Sol ou de qualquer outro astro ou planeta, falando do 'rebanho esparso' dos corpos celestes. Mas toda a discussão sobre o conceito de *sistema*, conduzida por Bacon nestas páginas, parece de interesse notável, rica de problemas e de referências. Se as estrelas estão colocadas a diferentes distâncias no espaço; se giram, como pensa Gilbert; se existe um sistema do mundo ou se as estrelas e os planetas se movem no espaço como entidades independentes: a estes e a outros problemas do mesmo tipo a observação poderá responder. Mas o elemento de maior interesse presente nestes escritos é a decidida recusa da astronomia tradicional e dos pressupostos de caráter 'filosófico' que constituem seu fundamento. O capítulo décimo das

---

86. Kepler (1937-59), v. 3, p. 16, 136. Cf. Dreyer (1959); Blake (1960); Koyré (1961a).

Cogitationes de natura rerum, um texto anterior a 1605, tem um título muito significativo: *De dissimilitudine coelestium et sublunarium quoad aeternitatem et mutabilitatem quod non sit verificata*. A hipótese de uma diferença qualitativa entre o mundo celeste e o mundo sublunar (já rejeitada por Bacon num escrito juvenil que remonta a 1593) viola o princípio da unidade da natureza e contrasta com as alterações presentes nos céus, que são demonstradas pelos cometas e pela estrela aparecida em 1597 na constelação de Cassiopeia.[87]

Na *Descriptio*, Bacon reafirma energicamente esta sua tese: os supostos divórcios entre as coisas celestes e terrenas parecem-lhe 'ficções e fruto de superstição misturada com temeridade': toda uma série de fenômenos de expansão, atração, contração, assimilação, etc. são comuns aos fastígios dos céus e às vísceras da Terra. A temeridade e a cavilagem de Aristóteles inventaram um céu fantástico, composto de uma quinta essência, privado de mudança e de calor. Ter separado, mais que distinguido, os dois mundos significa não ter levado em nenhuma consideração 'as inclinações, as paixões e os movimentos' que a natureza tem em comum.[88]

Na sua polêmica contra os aristotélicos, Bacon denunciava também a incapacidade, própria dos 'filósofos dogmáticos', de abandonar o ponto de vista terrestre, e desenvolvia considerações muito semelhantes às formuladas por Galileu na carta a Gallanzone Gallanzoni (16 de julho de 1611), dedicada a combater 'aqueles filósofos que querem (...) acomodar as obras da natureza às suas inveteradas opiniões'.[89]

---

87. Bacon (1857-92), v. 3, p. 741, 32-35; Bacon (1890-95), v. 1, p. 124. "Sobre a diferença entre os (corpos) celestes e sublunares quanto à eternidade e mobilidade, que não possa ser verificada."
88. Bacon (1857-92), v. 3, p. 735, 749.
89. Galilei (1890-1909), v. 11, p. 147-54.

Bacon: Não se deve inferir que não acontecem mudanças nos céus pelo fato de não serem visíveis. Porque a visão torna-se inútil pela distância, pelo excesso ou deficiência da luz e pela debilidade e pequenez dos corpos. Se um olho humano pudesse olhar da lua, não seria capaz de distinguir as mudanças que têm lugar na superfície terrestre, como inundações, terremotos, construções, estruturas e outras, que parceriam pequenas palhetas a tão grande distância.[90]

Galileu: E não há dúvida alguma de que se houvesse na lua juízes semelhantes aos nossos, observando de lá a superfície da Terra, na qual nada mais distinguiriam que a disparidade dos mares e dos continentes e a desigualdade da parte térrea, tanta razão teriam de julgá-la menos perfeita que se fosse de superfície limpíssima, quanta tem o S. Colombe de desejar que a superfície lunar seja bem limpa, para a maior perfeição dela; depois, todos os enfeites e adornos particulares, que tão maravilhosamente embelezam a Terra, permaneceriam invisíveis e inimagináveis lá de cima.[91]

O *Sidereus nuncius* de Galileu tinha sido publicado em março de 1610. Na *Descriptio*, que remonta provavelmente a dois anos depois, para dar nova força à sua tese, Bacon refere-se à nova estrela de 1604 e às descobertas galileanas. Polemizando com os aristotélicos e com Gilbert, afirmava que a Lua é constituída de matéria sólida, visto que reflete a luz, não é transparente e é cheia de irregularidades; referia-se ao telescópio, que tinha permitido ver essas desigualdades; acrescentava que a selenografia, ou mapa da Lua, já concebida por Gilbert, estava para ser realizada pela obra de Galileu e de outros estudiosos; ainda pela obra de Galileu parecia-lhe enfim resolvido o problema da constituição da Via-Láctea.[92]

Bacon contra Galileu: entusiasmos e desilusões

Mais do que enumerar as simples referências às várias descobertas galileanas, importa determinar a reação de Bacon diante da

---

90. Bacon (1857-92), v. 3, p. 751.
91. Galilei (1890-1909), v. 11, p. 150.
92. Bacon (1857-92), v. 3, p. 760, 766.

grande *novidade* representada pelas descobertas astronômicas de 1609.[93]

A este propósito, as palavras de Bacon eram bastante significativas:

> Congratulamo-nos com a laboriosidade dos mecânicos, com o zelo e a energia de certos homens doutos, que pouco tempo atrás, com a ajuda de novos instrumentos óticos, usando chalupas e pequenas barcas, começaram a tentar novos comércios com os fenômenos do céu. Consideramos esta empresa, pela finalidade e pelo esforço, como algo de nobre e de digno da estirpe humana: tanto mais que os homens desse tipo devem ser estimados, não só pela sua coragem como pela sua honestidade, visto que, candidamente e de maneira perspícua, revelaram pouco a pouco o modo pelo qual, para eles, resulta cada simples ponto de sua pesquisa (*'proposuerunt quomodo singula illis constiterint'*).[94]

Onde é evidente não só o entusiasmo pela novidade do empreendimento e pela ampliação das possibilidades do conhecimento que conseguia através dele, mas também a avaliação positiva do método, tão rigorosamente 'experimental'. Já William Lower, na Inglaterra, tinha comparado o empreendimento galileano às grandes viagens de Magalhães. A comparação com a navegação por mares desconhecidos, que retorna no texto de Bacon, parece muito significativa: a abertura de caminhos jamais tentados, a superação das colunas de Hércules, a extensão do saber constituem o escopo último da reforma baconiana.

E no entanto, Bacon, como já vimos, tem sob suspeita a excessiva confiança dos astrônomos nas 'hipóteses', desconfia do seu apriorismo, considera perigosa toda passagem demasiado rápida das 'observações' para o 'sistema'. Por isso, no mesmo momento em que elogia a laboriosidade dos mecânicos e a coragem de Galileu, convida os estudiosos das coisas celestes à 'constância e a uma grande severidade de julgamento', à observação paciente, à discussão, à modéstia intelectual:

---

93. Amerio (1952).
94. Bacon (1857-92), v. 3, p. 736.

A CIÊNCIA E A FILOSOFIA DOS MODERNOS

É necessário mudar os instrumentos e aumentar o número de testemunhos, conduzir cada experimento particular muitas vezes e de muitos modos e, finalmente, sugerir a si mesmos toda objeção que possa ser feita, não desprezando também o escrúpulo mais ínfimo, a fim de que não aconteça a eles o que acontece a Demócrito a propósito dos figos doces: que a velhota fosse mais sábia que o filósofo e que uma vasta e admirável especulação fosse baseada num erro insignificante e ridículo.[95]

Este convite à cautela, à colaboração entre os estudiosos, à discussão científica, à repetição e ao controle dos experimentos, escondia, entretanto, uma substancial 'impaciência' de Bacon ou, se preferimos, uma excessiva confiança na potência dos instrumentos e nos resultados da observação. Cerca de dez anos mais tarde, num texto de 1620, verificamos que sua atitude está completamente mudada. Após ter lembrado as principais descobertas astronômicas de Galileu, Bacon exprime agora, em vez de entusiasmo, algumas graves reservas: chega a pôr em dúvida a validade científica das observações realizadas com o telescópio ('*omnia certe inventa nobilia, quatenus fides huiusmodi demonstrationibus tuto adhiberi possit*'), a considerá-las com suspeita porque deram lugar a "poucas descobertas, enquanto muitas outras igualmente dignas de investigação não foram realizadas com o mesmo meio".[96]

As grandes, demasiado grandes esperanças de 1612 parecem frustradas. Àquelas descobertas decisivas não se seguiram outras da mesma importância. Bacon formula agora um diagnóstico extremamente pessimista e debita simplesmente a escassez de novos resultados a defeitos imputáveis ao instrumento e ao método de observação. A avaliação positiva das grandes descobertas galileanas, em 1612, nasceu de um entusiástico apreço pelas 'novas observações' expostas no *Sidereus nuncius*. Bacon, empirista e instrumentalista, permaneceu firme neste terreno: a sua desilusão nada mais é que a sua própria incapacidade de ver outros aspectos igualmente importantes da pesquisa galileana.

---

95. *Ibid.*, v. 3, p. 736.
96. *Ibid.*, v. 1, p. 308. "(...) todas as coisas descobertas, até onde se pode acreditar com segurança em semelhantes demonstrações."

A natureza como selva e a natureza como livro

Remediar a pobreza dos *conhecimentos fatuais*, dando lugar a uma coleta de 'instâncias certas', parece a Bacon uma das tarefas essenciais, se não a tarefa absoluta, do saber científico. Diante da imensidade desta tarefa, as próprias *tabulae* acabam por parecer-lhe apenas exemplos de um trabalho que espera ser realizado. O estabelecimento de uma lógica da pesquisa científica, na qual Bacon tinha trabalhado desde 1603 e que havia encontrado expressão no segundo livro do *Novum organum* (1620), foi interrompida porque Bacon estava persuadido de que a construção de *tabelas perfeitas* constitui o elemento decisivo para a fundação de um novo saber científico. A história natural, a coleta organizada de fatos, a limitação e a determinação dos diversos campos de pesquisa, numa palavra, a introdução de uma primeira 'ordem' na caótica realidade da natureza, pareceram a Bacon tão importantes a ponto de levá-lo (depois de 1620) a uma parcial desvalorização daquela mesma 'máquina intelectual', representada pelo novo método, que por muitos anos tinha estado no centro de seus interesses. A quarta parte da *Instauratio*, que devia compreender o trabalho de ordenação dos conteúdos das várias *histórias naturais*, acabou desse modo por parecer-lhe mais importante que a sua própria 'lógica'. A coleta de materiais para a pesquisa pareceu-lhe uma tarefa mais urgente que qualquer investigação tendente a aperfeiçoar o aparato teórico das ciências.[97]

Bacon tinha chegado a estas conclusões movendo-se num terreno que procurei esclarecer em outro lugar.[98] Substituindo a tradicional coleta de *lugares* retóricos por uma coleta de *lugares* naturais, direcionando a memória para fins diferentes dos tradicionais, concebendo as *tabulae* como meios de ordenação mediante os quais a memória prepara uma 'realidade organizada' para a obra do intelecto, servindo-se das *regulae* ramistas para uma determina-

---

97. Rossi (1974), p. 337-43.
98. *Ibid.*, 301-36.

ção das 'formas', Bacon tinha na realidade introduzido, dentro de sua lógica do saber científico (que ele apresentava como radicalmente 'nova') uma série de elementos atinentes à tradição dialético-retórica do Renascimento. Deste ponto de vista, a sua 'nova' lógica estava muito mais próxima do que ele julgava das impostações que um Ramus ou um Melanchthon tinham dado à dialética, quando a conceberam como o meio necessário para dispor ordenadamente as noções que introduziam ordem numa realidade 'caótica'. Vale a pena lembrar, a este propósito, a definição que Melanchthon tinha dado do método, quando o concebeu como uma '*ars*' que '*quasi per loca invia et per rerum confusionem*' encontra e abre um caminho pondo em ordem as '*res ad propositum pertinentes*', e a definição ramista da '*dispositio*' como '*apta rerum inventarum collocatio*'.[99] O conceito baconiano do método da ciência, além de todas as grandes diferenças que se podem sem dúvida enumerar, move-se ainda neste terreno: o método é, para Bacon, *um meio de ordenação e de classificação da realidade natural*. Não é por acaso que ele é apresentado como um 'fio' capaz de guiar o homem dentro da 'caótica selva' e do 'complicado labirinto' da natureza.

Os limites maiores do método baconiano derivam sem dúvida do fato (ressaltado inúmeras vezes) de que Bacon teve escassa consciência da função exercida pela matemática no âmbito do saber científico. Mas também esta incompreensão, que o leva a valorizar mais os 'mecânicos' como Giorgio Agricola que os 'teóricos' como Copérnico e Galileu, parece ligada à sua imagem da lógica como meio para ordenar a 'selva' natural, imagem que Galileu e Kepler certamente não compartilharam:

> A filosofia está escrita neste grandíssimo livro, que nos está continuamente aberto diante dos olhos (quero dizer o Universo), mas não se pode entender sem antes aprender a entender a língua e entender os caracteres

---

99. "Como que por ínvias paragens e pela confusão das coisas." (...) "as coisas pertinentes ao propósito." (...) "a adequada colocação das coisas descobertas."

em que está escrito. Ele é escrito em língua matemática, e os caracteres são triângulos, círculos e outras figuras geométricas...[100]

Lembre-se o leitor, pelo meu *Mysterium cosmographicum* (...) que o número de planetas ou orbes que circundam o Sol foi deduzido pelo sapientíssimo Criador dos cinco sólidos regulares sobre os quais Euclides, há muitos séculos, escreveu um livro (...) A relação das distâncias planetárias do Sol não foi deduzida apenas das figuras regulares; não se afasta realmente do seu arquétipo o Criador, que é a própria fonte da geometria e que, como escreveu Platão, geometriza eternamente.[101]

Expressões deste tipo estão o mais longe possível da mentalidade de Bacon e servem para dar-nos, melhor que qualquer outra consideração, a medida de uma diferença radical. As imagens platônicas de um mundo com estruturas matemáticas e racionais, de um Deus geómetra que compõe o mundo *numero, pondere et mensura*, serão sem dúvida mais fecundas, no desenvolvimento da astronomia e da física moderna, que a imagem baconiana da natureza como selva e como labirinto. Em Galileu e no próprio Newton, tão profundamente ligado a tantas posições baconianas, encontra-se energicamente reafirmado aquele princípio que Bacon relegou à margem da sua teoria da realidade: o da *simplicidade*, da *economia* e da *inexorabilidade* da natureza.

No próprio âmbito desta impostação platônica e desta afirmação da 'simplicidade' da natureza (que retorna também na primeira das quatro regras newtonianas) chega-se a um tipo de 'interrogação' da realidade natural bastante diverso do de Bacon, *que funciona à base de modelos retóricos*. A interrogação de Galileu não tende à determinação das formas essenciais e das propriedades comuns a muitos fenômenos, mas à individuação dos "elementos da estrutura de um fenômeno que possam conceber-se como absolutamente válidos e capazes de constituir a lei para todos os fenômenos análogos". A função das hipóteses e dos modelos teóricos era aqui explicitamente teorizada e reconhecida: 'fato', para a ciência, nada mais é que aquilo que é alcançado com base em critérios precisos

---

100. Galilei (1890-1909), v. 6, p. 232.
101. Kepler (1937-59), v. 6, p. 297-99.

de caráter teórico. Abria-se desse modo a possibilidade que era radicalmente excluída do método baconiano: a de uma interpretação dos dados baseada em teses preestabelecidas, isto é, que coloca também essas teses na base dos resultados da experiência que delas 'se afastam' e explica esses resultados como 'circunstâncias perturbadoras'.[102]

Escreve Galileu:

> Eu argumento *ex suppositione*, imaginando um movimento em direção a um ponto que parte do repouso e vai se acelerando, aumentando a sua velocidade na mesma proporção em que aumenta o tempo; e deste movimento eu demonstro concludentemente muitos acidentes: acrescento que se a experiência mostrasse que tais acidentes se verificam no movimento dos pesos naturalmente descendentes, poderíamos sem erro afirmar que este é o mesmo movimento que foi definido e suposto por mim; quando não, as minhas demonstrações, fabricadas sobre a minha suposição, nada perderiam de sua força e concludência; assim como em nada prejudica as conclusões demonstradas por Arquimedes acerca da espiral o fato de não encontrar-se na natureza um móvel que se mova espiralmente daquela maneira.[103]

De modo ainda mais explícito exprime-se Torricelli:

> Eu finjo ou suponho que algum corpo se mova para cima e para baixo segundo a conhecida proporção e horizontalmente com movimento igual. Quando isto acontece, eu digo que se seguirá tudo o que disse Galileu e eu também. Se depois as bolas de chumbo, de ferro, de pedra, não observam essa suposta direção, pior para elas: diremos que não falamos delas.[104]

Seria certamente errôneo basear-se em passagens como essas para dar uma interpretação 'antiempirista' do método galileano, embora se deva ressaltar que, tendo presentes esses textos (e inúmeros outros do mesmo tipo), as tentativas já realizadas de 'desplatonizar' o método de Galileu revelam-se frágeis e pouco

---

102. May (1949), p. 60-65.
103. Galilei (1890-1909), v. 17, p. 90 ss.
104. Torricelli (1919), v. 3, p. 479 ss.

persuasivas. É inegável contudo que impostações como essas aqui descritas foram decisivas naquela revolução do saber científico que teve lugar na cultura do século XVII. Para estas impostações não há lugar algum na metodologia científica de Bacon. Há uma passagem da *Redargutio philosophiarum* de 1608 (já referida no capítulo 5), retomada depois no *Novum organum*, que parece escrita em explícita contraposição às de Galileu e de Torricelli anteriormente citadas:

> Uma vez estabelecida a ciência, se surgia alguma controvérsia em torno de algum exemplo que estava em contradição com as suas teorias, não corrigiam as teorias, mas as mantinham firmes e, servindo-se de alguma sutil e sapiente distinção, acolhiam no sistema aqueles exemplos que convinham ao seu escopo, ou então (já que, afinal de contas, não eram filósofos tão maus assim) deixavam-nos abertamente de lado como exceções (...) Todo este trabalho e este esforço parecem-nos desprovidos de qualquer fundamento.[105]

Quando Bacon refuta o método dedutivo afirmando que as noções (das quais constam as proposições) são apenas 'etiquetas das coisas' e declara que se trata de extrair de modo não grosseiro tais noções 'das coisas particulares', deixa escapar qualquer compreensão da função exercida pelas hipóteses no saber científico. Não é por acaso que, nas hipóteses, ele só vê uma ilegítima e arbitrária antecipação da natureza. Nesta oposição de Bacon a todo procedimento de tipo dedutivo (e também na recusa das hipóteses) viu-se justamente um dos limites maiores do método baconiano. Bacon, sem dúvida, não se deu conta da existência de ciências "nas quais o trabalho de escolha e de concatenamento de proposições já conhecidas ou admitidas como verdadeiras constitui um meio muito mais seguro e eficaz de *pesquisa* que a experiência direta, embora diligente e auxiliada pelo uso de instrumentos, e nas quais mesmo o procedimento de tipo dedutivo é o único meio usado não

---

105. Bacon (1857-92), v.3, p. 582; v. 1, p. 218-79.

A CIÊNCIA E A FILOSOFIA DOS MODERNOS

só para a verificação, mas também para a descoberta de novas leis e novas relações".[106]

Juízos divergentes sobre as 'antecipações'

Estas diferenças de orientação e de perspectiva são sem dúvida reais. Incidem no profundo. Todavia, não se deve crer que o problema baconiano de uma ciência universal da natureza perca sentido historicamente ou se reduza a uma espécie de exercício retórico-literário. Bacon deu-se conta perfeitamente, mesmo a propósito das descobertas de Galileu, da força explosiva que tinha, nos confrontos da tradição, a capacidade de dirigir os próprios olhos e 'olhar' a realidade. A sua insistência sobre os experimentos, o seu pouco apreço pelas hipóteses e pelas teorias eram também indícios de uma separação, que terá um peso notável nos futuros desenvolvimentos do empirismo, daqueles pressupostos 'metafísicos' que estavam na raiz da visão do mundo de Copérnico, Gilbert, Kepler e Galileu.

No universo de Copérnico, escrevia Rhaeticus,

> não há mais de seis esferas móveis que giram em torno do Sol, centro do Universo (...) Seria possível escolher um número mais conveniente e apropriado que seis? Que outro número poderia mais facilmente persuadir o gênero humano de que todo o Universo tinha sido dividido em esferas por Deus, autor e criador do mundo? O número seis está acima de todos os outros números nas sagradas profecias, para os Pitagóricos e os filósofos. O que pode haver de mais conveniente para a obra divina que o fato de que a primeira e a mais bela das suas obras possa ser resumida no primeiro e no mais perfeito dos números?[107]

E Copérnico, que via na forma esférica a causa suficiente do movimento dos planetas, julgando que ela gerasse naturalmente o movimento circular (entendido como o mais perfeito e natural dos

---

106. Vailati (1911), p. 138.
107. Rhaeticus (1541), p. 467.

movimentos), na sua defesa da centralidade do Sol, moveu-se num plano tipicamente 'hermético':

> Na verdade, o Sol reside no centro de todas as coisas. Com efeito, neste esplêndido templo, quem poria esta Lâmpada em outro lugar melhor que esse de onde pode ao mesmo tempo iluminar o todo? Não impropriamente alguns o chamaram lanterna do mundo, outros a mente, outros o seu Reitor. Trimegisto o chama o deus visível, a Electra de Sófocles, o onividente. É assim de fato que o Sol, como que repousando sobre um trono real, governa a família dos astros que o rodeiam...[108]

A posição de Galileu, sobretudo depois das descobertas astronômicas de 1609, era bem diferente; todavia, ele também, na carta a Piero Dini, de março de 1614, não hesitava (como vimos no capítulo 4) em recorrer a argumentos muito semelhantes.

A ideia da centralidade do Sol e do movimento da Terra pareceu a Copérnico e a muitos de seus defensores mais 'harmoniosa' e mais 'construtiva' que a ptolomaica: a nova cosmologia devia ser aceita *antes* que qualquer 'prova física' viesse confirmá-la ou desmenti-la. Esta coragem intelectual, esta audácia nas 'hipóteses', esta capacidade de antepor o 'discurso' às 'experiências', suscitou a admiração e o entusiasmo de Galileu:

> (...) nem posso admirar suficientemente a eminência do engenho daqueles que a aceitaram e a julgaram verdadeira, e com a vivacidade de seu intelecto forçaram de tal modo os próprios sentidos, que puderam antepor aquilo que o discurso lhes ditava àquilo que as sensatas experiências lhes mostravam abertamente em contrário. Que as razões contra a vertigem diária da Terra tenham grandíssima aparência, isso já vimos (...), mas aquelas experiências que contrariam o movimento anual são de repugnância tão mais aparente, que (torno a dizer) não posso encontrar termo para a minha admiração de como, em Aristarco e em Copérnico, a razão possa ter feito tanta violência aos sentidos que, contrariando estes, ela se fez senhora de sua credulidade.[109]

---

108. Copérnico (1975), p. 98.
109. Galilei (1890-1909), v. 7, p. 355.

A CIÊNCIA E A FILOSOFIA DOS MODERNOS

De maneira diversa, escrevendo justamente a Galileu, Kepler tinha exaltado as 'antecipações' da razão, o valor das construções *a priori*:

> Não é deveras sem razão que sejam muito estimados aqueles que em semelhantes partes da ciência forçam o sentido por meio da razão (*sensum ratione pervertunt*). Quem de fato não estimaria a excelência da doutrina astronômica que, mesmo sem jamais pôr os pés fora da Grécia, forneceu todavia as características da zona glacial, mais que o experimento de César que, com o uso de clepsidras descobriu que nas costas britânicas as noites são um pouco mais breves que as romanas? (...) Até mesmo Colombo mantém em dúvida o seu leitor, se deve admirar mais o engenho de quem imagina o novo mundo pelo sopro dos ventos, ou a coragem de quem enfrenta as ondas ignotas e o oceano imenso (...) Se a glória do Arquiteto deste mundo é maior que a de quem o contempla, já que aquele tira de si mesmo as razões da sua construção, enquanto este reconhece com dificuldade e grande esforço as razões expressas na própria construção, não há dúvida de que aqueles que concebem com seu engenho as causas das coisas, antes que as coisas apareçam aos seus sentidos, são mais semelhantes ao Arquiteto que todos os outros, que pensam nas causas depois de ver a coisa.[110]

Bacon, como vimos, considerou porém esta 'coragem', esta violência aos sentidos, estas antecipações, como um perigo mortal para a ciência:

> É necessário proceder regularmente e gradualmente de um axioma para outro, de modo que os axiomas generalíssimos sejam atingidos só no fim (...) As antecipações da natureza são suficientemente sólidas quanto ao consenso, se de fato todos os homens enlouquecessem ao mesmo tempo do mesmo modo poderiam muito bem estar de acordo entre si (...) Os homens apreciam certas ciências particulares e especulações, ou porque acreditam ser seus autores e inventores ou porque se dedicaram longamente a elas, às quais se habituaram extremamente. Homens desse tipo, se se dedicarem à filosofia e a especulações de caráter geral, irão distorcê-las e corrompê-las baseados em suas precedentes fantasias (...) Gilbert, após ter-se empenhado laboriosamente no estudo do ímã, construiu imediatamente toda uma filosofia de acordo com seu assunto preferido.[111]

---

110. Kepler (1965a), p. 125, 129.
111. Bacon (1857-92), v. 1, p. 136 ss., 161, 169.

Bacon, que não quer 'pôr asas, mas chumbo e pesos' no intelecto humano, julga que a 'corrupção da astronomia' deriva da aceitação, por parte dos astrônomos, de certas opiniões ou dogmas da filosofia tradicional: a *primeira* dessas opiniões refere-se à incorruptibilidade dos céus; a *segunda*, à negação das 'universais paixões da matéria': é a fonte da multiplicação arbitrária dos círculos e das esferas; conforme a *terceira*, aos simples corpos naturais competem movimentos próprios: daqui deriva a crença no Primeiro móvel e a construção de novos céus sobre os céus; a *quarta* afirma que todos os movimentos celestes são perfeitamente circulares; finalmente, segundo a *quinta* e a *sexta* opinião, as estrelas são parte de suas órbitas e estão como que pregadas nelas.[112]

Censurou-se Bacon inúmeras vezes por não ter compreendido a importância e o significado da doutrina de Copérnico. A observação conserva uma validade parcial. E no entanto, observando bem, neste diagnóstico da 'corrupção' da astronomia, Bacon parece particularmente perspicaz e singularmente 'moderno': na obra de Copérnico, tão profundamente 'conservadora'[113] por muitos aspectos, estão presentes de fato *todos* os cinco dogmas filosóficos enumerados por Bacon.

Ciências galileanas e ciências baconianas

Não poucos historiadores da ciência, como salientou Joseph Agassi,[114] parecem cegos diante do elemento decisivo em qualquer história possível do progresso cognitivo do gênero humano: a existência de 'escolas', de 'tendências' ou de tradições em franco e áspero contraste entre si. Apreciadores do 'branco' e do 'preto' preferem crer na existência de uma única 'escola': aquela que é resumida pelos manuais contemporâneos de física, astronomia ou

---

112. *Ibid.*, v. 3, p. 776-78; v. 1, p. 553.
113. Singer (1959); Butterfield (1949); Toulmin (1961); Koyré (1961a).
114. Agassi (1962).

A CIÊNCIA E A FILOSOFIA DOS MODERNOS

biologia. Então, com uma presunção só comparável à sua ignorância histórica, tratam primeiro de qualificar como não científica e, em seguida, negar a existência de todas as tendências ou correntes que não pareçam conciliáveis com a 'linha mestra' do desenvolvimento da ciência, ou que não sejam interpretáveis como 'antecedentes' da verdade científica: a que está contida nos textos adotados nas universidades (ou nos colégios) nos dias de hoje.

Baseada nisso, a história da ciência é concebida como uma espécie de colocação no tempo (com o acréscimo de alguns dados biográficos) de todas as proposições de cujo conjunto resulta um desses manuais. Chega-se até, como fez F. Cajori, a reescrever uma segunda edição de uma história da física elogiando – em nome da lealdade para com os manuais de hoje – não poucos cientistas do passado já condenados na edição anterior.[115]

Tendo presentes estas considerações, vale a pena recordar uma coisa que só é óbvia aparentemente: que a ciência do século XVII foi ao mesmo tempo galileana e baconiana e cartesiana. A lei de Boyle sobre o volume de um gás a temperatura constante e a de Galileu sobre a queda dos corpos pareceram 'verdades' independentemente do método diferente usado para determiná-las. O 'belo romance da física cartesiana' – como o chamou Christian Huygens – continuou a agir na cultura europeia por mais de cem anos. Boyle, os fundadores da Royal Society, Gassendi e o próprio Newton sentiram-se adeptos e continuadores do método de Bacon. A distinção entre os chamados dois 'métodos' da pesquisa científica (o matemático-dedutivo e o experimental-indutivo) foi considerada como real no século XVII, e o 'mito' de Bacon – convém lembrar isto também – não foi uma invenção dos historiadores do século XIX, mas uma realidade operante para os cientistas ingleses do século XVII e para os filósofos franceses da época da Razão. Mesmo se depois, na realidade, as coisas não correram de modo esquemático e certas passagens de Galileu e de Descartes nos fazem pensar em Bacon, e o maior 'exemplo' que Bacon fornece do seu método

---

115. Cajori (1899) e Cajori (1929).

(a natureza do calor) apresenta-se depois, observando bem, justamente como a justificação de uma 'hipótese' preliminarmente admitida ou de uma 'antecipação da natureza'.[116]

O progresso da anatomia, da embriologia, da botânica, da zoologia, da geologia e da mineralogia modernas esteve estreitamente ligado a uma insistência, de tipo 'baconiano', sobre a observação e os experimentos, e sobretudo à convicção de que a imensa *variedade e multiplicidade de formas* da natureza poderia ser ordenada, classificada e descrita, embora se percebesse muito logo a insuficiência de toda descrição pura, a necessidade de discutir princípios e métodos, e, neste caso também, avançar hipóteses. A identificação baconiana da 'ciência' com os 'experimentos' devia, sem dúvida, revelar-se parcial, e, no entanto, essa referência aos experimentos e essa desconfiança na audácia das hipóteses exerceram uma função histórica de importância decisiva.[117]

As ambiguidades, as incertezas, as avaliações improváveis ou 'erradas' não foram certamente uma prerrogativa de Bacon. Galileu jamais aceitou aquelas conclusões de Kepler que figuram hoje nos manuais de física e julga até que a obra de Kepler serve mais para diminuir que para reforçar a visão copernicana do mundo.[118]

Os círculos perfeitos teorizados por Copérnico e por Galileu não eram 'reais', representavam apenas a herança de uma tradição milenar. Os limites da física galileana e a falência da física cartesiana servem para demonstrar que as teorias científicas "devem satisfazer não só às condições necessárias da lógica, mas também às condições contingentes da natureza".[119] A ciência moderna, que tem a ver com as 'teorias' e com os 'experimentos', com a 'necessidade' e com a 'contingência', com a 'simplicidade' e com a 'variedade' da natureza, que se nutriu de visões metafísicas divergentes e opostas, nasceu, por caminhos tortuosos e difíceis, de múltiplas e discordantes tradições.

---

116. A. R. Hall (1963), p. 103-06.
117. Hacking (1983).
118. Galilei (1890-1909), v. 14, p. 340; v. 16, p. 126.
119. A. R. Hall (1963), p. 131.

SÉTIMO CAPÍTULO

A PLURALIDADE DOS MUNDOS
E O FIM DO ANTROPOCENTRISMO

A astrobiologia e a desordem cósmica

A tese da não centralidade da Terra, o alargamento dos confins tradicionais do Universo, a afirmação da pluralidade dos mundos e da infinitude do cosmos suscitaram na cultura europeia não só exaltação e entusiasmo, mas também espanto e perturbação. Deram a sensação de um início e, ao mesmo tempo, de um fim. O século parecia a Mersenne como a nascente de mudanças radicais, que iam muito além dos confins da astronomia. O que você pensa, perguntava ele a Peiresc em março de 1644, dessas reviravoltas? Não dão a sensação do fim do mundo?[1]

Muitos historiadores das ideias já insistiram sobre as características, as dimensões e o significado dessa crise. Vale a pena fazer referência às suas páginas diante das tentativas (muito numerosas na historiografia oitocentista, mas retomadas também em estudos mais recentes) de estender a toda a cultura do século XVII as atitudes entusiastas de Bruno pela infinitude dos mundos, o seu sentimento de alegria pela queda das muralhas que protegiam a imagem de um universo finito, construído em função do homem.[2]

---

1. Lenoble (1943), p. 342.
2. Os trabalhos, já clássicos, aos quais se reportaram direta ou indiretamente todos

Já foram lembrados, neste livro, os versos de John Donne e de Maudit. Mas a impressão de que a destruição da velha ordem do mundo equivalesse à instauração de uma desordem e que tal desordem pudesse também atingir o mundo dos valores morais e religiosos foi compartilhada por muitos. Gabriel Naudé, que foi uma lúcida testemunha de seu tempo, percebeu com clareza o alcance revolucionário da nova cosmologia e os perigos nela implícitos: "Temo que as velhas heresias sejam nada em comparação com as novidades que os astrônomos introduzem com os seus mundos, ou, melhor dizendo, terras lunares e celestes. As consequências de tais novidades serão muito mais perigosas que as precedentes e introduzirão revoluções mais estranhas."[3]

A ideia da ordem do mundo, da sua harmonia, da sua proporção, estava tradicionalmente ligada à imagem de um universo finito. Bem mais que a afirmação da mobilidade da Terra, as conclusões de caráter cosmológico que dela podiam derivar pareceram colocar em crise a própria ideia de que o Universo tivesse uma *forma*, que pudesse ainda ser interpretado como um *sistema*. Justamente esta possibilidade atingia com força a imaginação de Francis Bacon em 1612. Essa afirmação não podia levar a negar a ideia de um sistema do mundo? Não podia levar a conceber o Universo como um conjunto fragmentário e *desordenado* dos globos esparsos no espaço, sem nenhuma forma ou sistema ou centro comum?[4] À parte a diversidade do contexto e a diferença profunda de tom, a preocupação de Bacon não era muito diferente, em substância, da que foi expressa, um ano antes, por John Donne, nos versos tantas vezes citados de *The Anatomy of the World*: não perdeu o mundo toda 'coerência', não foi novamente 'esmigalhado nos seus átomos'?[5]

---

os estudos sucessivos são: Lovejoy (1957); Tillyard (1963); V. Harris (1949); Nicolson (1960b); Koyré (1957).

3. Pintard (1943), p. 472.
4. Bacon (1857-92), v. 3, p. 741.
5. Nicolson (1962), p. 30.

A CIÊNCIA E A FILOSOFIA DOS MODERNOS

As interrogações de Bacon, como a perturbação de Donne, não derivam diretamente do quadro 'geométrico' do mundo que Copérnico tinha traçado no *De revolutionibus*. Neste, o Universo não só continuava a identificar-se com o sistema solar, mas ainda mantinha um centro em torno do qual continuavam a girar, em virtude de sua forma perfeitamente esférica, esferas sólidas e reais. Tampouco aquele universo era constituído de globos esparsos num espaço infinito, porque era fechado pela "primeira e suprema esfera das estrelas fixas, que contém a si própria e todas as coisas e que por isso é imóvel: certamente é o lugar do Universo ao qual se referem o movimento e a posição de todos os outros astros".[6]

Diante de muitas reações a Copérnico, assim como de muitas incertezas nos confrontos da nova astronomia, jamais deve ser esquecido que Bruno colocara o mundo de Copérnico e os seus inumeráveis mundos dentro de um espaço infinito e homogêneo 'que podemos livremente chamar vácuo'. *'Omne movetur aut e vacuo, aut ad vacuum, aut in vacuo'*: no vazio ou espaço infinito movem-se os átomos e os mundos, semelhantes a átomos dispersos nos céus. O vazio infinito da visão lucreciana e atomística do mundo podia realmente parecer uma espécie de 'sede natural' para o sistema solar copernicano e para uma pluralidade de tais sistemas.[7] A referência ao atomismo, presente nos versos de Donne, tinha um significado muito preciso.

Em Copérnico certamente não estava presente a recusa da circularidade e da regularidade dos movimentos celestes, recusa sobre a qual Bruno tinha insistido longamente, interpretando esferas e epiciclos como 'emplastros e receituários para medicar a natureza (...) a serviço de Mestre Aristóteles'. Certamente não era o texto do *De revolutionibus* que podia fazer pensar na dissolução de qualquer 'sistema' do mundo ou na fragmentação do Universo. Era Bruno, pelo contrário, que tinha recusado, no texto da *Ceia*, a ideia de qualquer movimento celeste 'contínuo e regular ao redor

---

6. Copérnico (1979), p. 211 ss.
7. Kuhn (1957), p. 237. "Tudo se move no vácuo ou para o vácuo ou do vácuo."

do centro', que tinha afirmado a impossibilidade, no universo físico, de movimentos perfeitos e de formas perfeitas, uma vez que qualquer movimento dos corpos naturais difere 'do simplesmente circular e regular ao redor de qualquer centro'. Era Bruno que tinha visto nas leis do movimento dos corpos celestes algo que é próprio dos *simples* astros e planetas, que tinha confiado à 'alma própria' dos corpos celestes e ao seu 'princípio intrínseco', à sua 'própria inteligência', o caminho que eles deviam percorrer nos céus.[8] Era Bruno que tinha concebido os corpos celestes como seres animados em livre movimento e tinha insistido sobre a impossibilidade de construir um quadro harmônico do Universo dentro do qual se poderiam efetuar cálculos precisos:

> Movimentos próprios de cada um (dos planetas) são aqueles que se veem, além do movimento chamado mundano, e próprios das chamadas (estrelas) fixas (ambos relacionados com a Terra); e tais movimentos são tanto mais diferentes quantos são os corpos; de modo que jamais se verão dois astros com a mesma ordem e a mesma medida de movimento, se virmos movimentos em todos aqueles astros que não mostram variação alguma por causa de sua grande distância de nós. Embora eles executem seus giros nas proximidades do fogo solar e retornem para seus próprios centros pela participação do calor vital, as diferenças entre suas aproximações e afastamentos não podem ser compreendidas por nós.[9]

Bruno tinha operado uma nítida distinção entre o Universo e os mundos. Na sua visão do cosmos, falar de um sistema do mundo não era o mesmo que falar de um sistema do Universo. A astronomia, como ciência dos corpos celestes, é legítima enquanto ciência dos mundos que caem no campo da nossa percepção sensível. Mas, para além daqueles mundos, estende-se um universo infinito que contém todos aqueles 'grandes animais' que chamamos astros, uma pluralidade infinita de mundos, um universo sem dimensões nem medida, que não tem forma nem figura. Dele –

---

8. Bruno (1955), p. 165, 208.
9. Bruno (1907-08), v. 1, p. 340.

A CIÊNCIA E A FILOSOFIA DOS MODERNOS   219

que é ao mesmo tempo uniforme e sem forma – não se pode extrair um 'sistema'.[10]

As teses vitalistas ligadas à tradição mágico-hermética contribuíram notavelmente para destruir a própria noção de um sistema do mundo. Nas perspectivas 'astrobiológicas' do neoplatonismo hermético, entrava realmente em crise a noção de um universo ordenado e construído segundo leis imutáveis. Francesco Patrizi polemiza asperamente em torno da realidade das esferas celestes e vê 'delírios e monstruosidades' na astronomia de seu tempo. Para superar a situação dramática derivada da existência simultânea de teorias incompatíveis entre si, ele recorre à tradição do hermetismo e oferece uma solução de desarmante simplicidade. Para transformar uma situação caótica numa situação inteligível, basta eliminar as esferas – que são o quimérico pressuposto da antiga e da nova astronomia – e conceber os corpos celestes como seres vivos e divinos, dotados de uma inteligência guiada e mantida por uma Mente que coincide com a ordem do mundo. Se as estrelas são realmente 'animais divinos' dotados de mente e de inteligência, se elas 'voam' num céu 'líquido' (ou privado de esferas sólidas), como um bando de pássaros, se os seus movimentos são ordenados justamente como o de um bando de animais, então os planetas descrevem *realmente* os movimentos irregulares que aparecem à vista, então não há mais qualquer necessidade de construir modelos e de efetuar cálculos e desaparece o problema de 'salvar as aparências'. As irregularidades dos movimentos, explicadas pelos astrônomos mediante os excêntricos e os epiciclos, 'são por nós atribuídos à natureza'.[11]

Diante dessas teses, lançadas em 1591, Kepler terá uma reação duríssima. A 'filosofia' ou 'astronomia filosófica' consiste precisamente nisto: em procurar normas, regularidades, leis *para além* da aparente desordem, daquilo que é imediatamente 'dado aos sentidos'. O nível daquilo que aparece aos sentidos deve ser distinguido

---

10. Michel (1962), p. 194, 232, ss.
11. Rossi (1977), p. 122 ss., 142-44.

do nível das órbitas reais e só neste caso a astronomia poderá *dar conta também das causas daquilo que aparece.*

A astronomia, afirma Kepler, pressupõe a vista, mas não se esgota nela. Há alguns, escreve,

> que desprezam o esforço, o trabalho, o saber, a ciência de dois mil anos, e procuram ressuscitar aquele tipo de astronomia que renuncia a qualquer explicação das causas, confia só na vista, renuncia às explicações basea-das nas figuras e nos números (...) Esses ou estão delirando, ou então, como aquele tal Francesco Patrizi, estão possuídos de uma forma de lúci-da loucura.[12]

Da profunda diferença que ocorria entre a tese de uma plura-lidade infinita de mundos dispersos num espaço infinito e a ma-nutenção de um *sistema*, de uma forma e portanto de uma ordem no Universo, deu-se conta com muita clareza Tommaso Campa-nella, na sua apaixonada defesa de Galileu.[13] Graças aos seus ad-miráveis instrumentos, Galileu mostrou-nos estrelas até então des-conhecidas, ensinou-nos que os planetas são semelhantes à Lua, recebem a luz do seu sol e giram uns ao redor dos outros; de Ga-lileu aprendemos que no céu ocorrem transmutações de elemen-tos, que existem nuvens e vapores entre as estrelas, que se encon-tram mundos em grande número. De tais opiniões – afirmava o nono dos onze *Argumenta contra Galilaeum* – segue-se que existem mais mundos, terras e mares, como pensava Maomé, e homens que habitam neles. Mas é coisa muito diversa, esclarece Campa-nella, admitir mais mundos ou afirmar, ao contrário, como fez Galileu, que todos os sistemas estão compreendidos num único sistema, fechados num único espaço e ordenados numa unidade

---

12. Kepler (1937-59), v. 14, p. 431.
13. Para as atitudes assumidas por Campanella diante desses problemas e para a indicação de muitos outros textos, consulte-se Badaloni (1965), p. 230-36. A frus-trada adesão ao sistema copernicano, como observa Firpo em Campanella (1968), p. 80, é documentada também pela expressão precisa, presente na *Apologia*, se-gundo a qual a Terra '*pensilis appatet in medio mundi*'.

A CIÊNCIA E A FILOSOFIA DOS MODERNOS

mais vasta.[14] As afirmações de Galileu não devem ser confundidas com as de Demócrito e de Epicuro:

> Admitir mais mundos não coordenados para constituir um só (*absque ordine ad unum*), como fizeram Demócrito e Epicuro, é erro de fé: porque daí deriva que os mundos se formam por acaso sem intervenção ordenadora de Deus. Porém, conceber numerosos sistemas menores no seio de um máximo (*plura systemata parva intra unum maximum*), ordenados segundo a mente divina, não é absolutamente contrário à Escritura, mas apenas a Aristóteles.[15]

Galileu, repetirá Campanella mais adiante, '*non plures mundos, sed plura systemata in hoc mundo detegit, ordinata ad unum*'.[16]

Cinco teses cosmológicas revolucionárias

Copérnico, Kepler, Galileu – para além das diferenças, das afinidades e das divergências – mantiveram uma sólida imagem de um universo como sistema unitário. Veem no mundo a expressão de uma ordem divina, a manifestação de princípios ou arquétipos matemático-geométricos. Deste ponto de vista, sua astronomia 'geométrica' contrapõe-se nitidamente à que foi chamada, não impropriamente, 'astrobiologia' de Bruno, de cujas perspectivas fundamentais Galileu se mantém cuidadosamente afastado, não obstante o entusiasmo comum por Copérnico e a recusa comum da interpretação hipoteticista das teses copernicanas.

Copérnico e Galileu põem ambos como fundamento da sua consideração do cosmos duas premissas de caráter geral: a ordem do Universo e o primado da esfericidade e do movimento circular.

> Primeiramente devemos notar que o mundo é esférico, seja porque esta é a forma mais perfeita de todas, que não necessita de emendas e é toda compacta em si mesma, seja porque a esfera, de todas as figuras, é a

---

14. Campanella (1968), p. 50, 118.
15. *Ibid.*, p. 51, 119.
16. *Ibid.*, p. 52, 121.

mais capaz, isto é, apta a conter e proteger qualquer coisa, seja ainda porque todas as partes separadas do mundo (o Sol, a Lua e as Estrelas) aparecem dessa forma, seja porque todas as coisas tendem a delimitar-se desse modo, como vemos acontecer com as gotas de água e com outros corpos líquidos, quando tendem a delimitar-se por si mesmos.[17]

De maneira semelhante, Galileu insiste sobre o mundo como 'corpo perfeito' e sobre a 'ótima disposição' das partes constitutivas do Universo:

> Declaro que sobre as coisas ditas por ele (Aristóteles) até aqui, estou de acordo e admito que o mundo seja corpo dotado de todas as dimensões, porém perfeitíssimo; e acrescento que como tal ele seja necessariamente ordenadíssimo, isto é, suas partes são dispostas entre si com suma e perfeitíssima ordem (...) Concluo portanto que só o movimento circular pode naturalmente convir aos corpos naturais integrantes do Universo e constituídos em ótima disposição; quanto ao movimento retilíneo, o máximo que se pode dizer é que ele é atribuído pela natureza a seus corpos e a partes deles toda vez que se encontrem fora de seus lugares, constituídos em péssima disposição e necessitando por isso voltar o mais rápido possível ao seu estado natural. Daqui me parece que muito razoavelmente se possa concluir que, para a manutenção da ordem perfeita entre as partes do mundo, é necessário dizer que os móveis são móveis apenas circularmente, e se existem alguns que não se movem circularmente, estes necessariamente são imóveis, e apenas o repouso e o movimento circular são capazes de conservar a ordem.[18]

Nesta singular mistura de temas lucrecianos e copernicanos, neoplatônicos e herméticos, característica de Cusa, Palingenio e Bruno, além de muitos outros autores distantes do rigor e da coerência do discurso científico galileano, é que deve ser procurada a presença daquelas cinco ideias inovadoras ou 'teses cosmográficas revolucionárias', que Lovejoy indicava, há mais de trinta anos, como características de uma modificada visão do mundo: 1. a afirmação segundo a qual outros planetas do nosso sistema solar são habitados por criaturas vivas, sencientes e racionais; 2. a

---

17. Copérnico (1979), p. 182.
18. Galilei (1890-1909), v. 7, p. 55 ss.

A CIÊNCIA E A FILOSOFIA DOS MODERNOS

demolição dos muros externos do universo medieval, quer estes se identificassem com a extrema esfera cristalina ou com uma região definida das estrelas fixas, e a dispersão destas estrelas nos vastos espaços irregulares; 3. a ideia das estrelas fixas como sóis semelhantes ao nosso, todos ou quase todos circundados por sistemas planetários próprios; 4. a hipótese de que também os planetas destes outros mundos fossem habitados por seres racionais; 5. a asserção da efetiva infinidade do universo físico no espaço, e do número dos sistemas solares nele contidos.[19]

Lovejoy tendia a contrapor de maneira clara demais os aspectos filosóficos e culturais da Revolução Científica aos aspectos mais propriamente técnicos e astronômicos. Muitas de suas conclusões foram corrigidas. Mas é indubitável que ele tinha razão ao fazer de Bruno o principal representante da doutrina de um universo descentrado, infinito e infinitamente povoado.[20] E tinha também razão ao afirmar que nenhuma daquelas cinco teses estava presente em Copérnico, e que tanto a doutrina da infinitude quanto a da pluralidade dos mundos foram diversamente rejeitadas pelos três maiores astrônomos da época de Bruno e da geração sucessiva: Brahe, Kepler e Galileu.[21]

Ciência e ficção científica: o Sonho de Kepler

Impresso em Frankfurt em 1634, às expensas dos herdeiros e aos cuidados do filho Ludovico (então 'candidato à láurea em medicina' que antepôs uma dedicatória a Felipe III, *landgrave* de Assia), o *Somnium sive opus postumum de astronomia lunari* de Johannes Kepler remonta a 1609 e tem sua origem numa primeira redação (agora perdida) escrita em 1593 em Tübingen, para responder ao seguinte quesito: como apareceriam para um obser-

---

19. Lovejoy (1966), p. 114.
20. *Ibid.*, p. 122 ss.
21. *Ibid.*, p. 127; Ingegno (1978); Ingegno (1987).

vador situado na Lua os fenômenos celestes? Entre 1620 (ou 1621) e 1630, Kepler acrescentou ao texto duzentas e vinte e três notas, que são quase três vezes mais longas que todo o *Somnium*.[22]

O *Somnium* fascinou muitos estudiosos: "Todos os monstros que assediaram a vida de Kepler, desde a feiticeira Fiolxhide com seu marido desaparecido, até os pobres répteis sempre em fuga que se despojam de sua pele e desejam tanto aquecer-se num Sol inumano, estão todos aqui, projetados num cenário cósmico de precisão científica e de rara beleza."[23] O livro de que é tirada esta citação é certamente muito discutível, mas Koestler soube colher com precisão os três elementos que caracterizam o *Somnium*, ou seja, o fato de ser, no conjunto e simultaneamente, uma obra literária e alegórica, uma autobiografia alusiva e uma obra de ciência. Como salientou Marjorie Nicolson, a antiga tradição literária das viagens lunares, derivada de Luciano, transforma-se nas mãos de Kepler. O *Somnium* torna-se a origem e a fonte de um novo gênero literário: o das viagens 'científicas' à Lua . Familiar a todos os escritores de viagens cósmicas nos séculos XVII e XVIII, o *Somnium* foi conhecido também por Júlio Verne e serviu de modelo a *The First Men in the Moon*, de H. G. Wells.

A viagem, no *Somnium*, é uma bem-dosada mistura de fantasia e de realismo. Em muitos casos, como ocorrerá três séculos mais tarde nos melhores livros de ficção científica, a fantasia é refreada e limitada pelas exigências impostas pela ciência. Se é verdade, como teorizou Robert M. Philmus, que a narrativa naturalista *não requer* explicações científicas, a narrativa fantástica *não as admite*, enquanto a ficção científica *as requer e as admite*, o *Somnium* de Kepler foi injustamente ignorado nos muitos panoramas dedicados à 'pré-história' da ficção científica.[24] Kepler não teve dúvidas de que o homem um dia se aventuraria nos espaços celestes:

---

22. Kepler (1965b); Kepler (1967); Nicolson (1971); Rossi (1985).
23. Koestler (1959), p. 419.
24. Philmus (1976); Russo (1980); Suvin (1979).

A CIÊNCIA E A FILOSOFIA DOS MODERNOS

Agora pela primeira vez – escreve na *Dissertatio* – estão se descobrindo aquelas regiões (da Lua e de Júpiter). Mas assim que alguém ensinar a arte de voar, não faltarão colonos entre a nossa espécie humana. Quem antes acreditaria que a navegação no ilimitado Oceano seria mais tranquila e segura que no estreitíssimo golfo Adriático, no Mar Báltico ou na Mancha? Se forem dadas as naves e adaptadas as velas ao vento celeste, haverá gente que não sentirá medo de enfrentar aquela imensidão.[25]

'.

Para uma geração que assistiu ao desembarque dos homens na Lua, algumas 'fantasias científicas' contidas no *Somnium* apresentam, sem dúvida, certo interesse. Elas se referem: às características que devem ter os homens destinados à viagem; à oportunidade de narcotizar os astronautas na primeira fase da viagem; à disposição dos membros na fase da partida, quando o organismo, 'lançado como se fosse disparado por um tiro de canhão', sofre um choque duríssimo; aos problemas derivados da baixíssima temperatura e da dificuldade de respirar, do duro impacto com o solo lunar, do 'indizível cansaço de todos os membros' ao término da viagem, da necessidade de evitar os raios solares durante a temporada na Lua. Sobre cada um destes temas de 'ficção científica', as notas do *Somnium* se detêm mais ou menos longamente.

Como mostrou John Lear,[26] o *Somnium* é também uma obra alegórica, uma espécie de construção labiríntica que se move em dois níveis diferentes: o autobiográfico e o alegórico-filosófico. Duracoto, que começa a falar no início da narrativa, é um duplo fictício de Kepler. Fiolxhide, a mãe de Duracoto, é o reflexo da bruxa Katharina, mãe de Kepler. Mas Duracoto, nas notas, é também o símbolo da ciência, gerada pela 'experiência ignorante' ou pela 'prática empírica' de Fiolxhide. O narrador, que fala em primeira pessoa, muda imprevistamente. O novo sujeito que começa a narrar é o Demônio de Levânia: como se toda a parte anterior tivesse sido uma brincadeira. A parte 'científica' da obra, que é amplamente dominante, tende "a extrair do exemplo da Lua,

---

25. Kepler (1972), p. 61.
26. Kepler (1965b).

uma argumentação a favor do movimento da Terra, ou antes, a refutar as objeções cogitadas pela natural contrariedade da humana gente".

Os habitantes da Lua têm dimensões enormes e 'natureza serpentina'. Têm vida brevíssima e se escaldam ao tremendo calor do Sol para depois refugiar-se em frias cavernas e fendas. Na descrição do mundo físico, cessa a fantasia e nos encontramos dentro daquele universo que foi revelado pelo telescópio:[27]

> Para os habitantes da Terra, a nossa Lua, quando nasce cheia e avança sobre as casas mais distantes, parece assemelhar-se ao arco de um tonel, e quando se alça no meio do céu, parece a imagem de um rosto humano. Para os subvolvanos, ao contrário, a sua Volva aparece sempre no meio do céu, pouco menor que o quádruplo do diâmetro da nossa Lua, de modo que, comparando os dois discos, a Volva deles é quinze vezes maior que a nossa Lua (...) Para os habitantes da Lua, é evidente que a nossa Terra, que é a sua Volva, gire, mas que a sua Lua seja imóvel. Se alguém afirmar que os sentidos selênicos da minha população lunar se enganam, com igual direito respondem que os sentidos terrestres dos habitantes da Terra são desprovidos de razão.[28]

Kepler era certamente dotado de uma extraordinária imaginação. A este propósito, Galileu formulou um juízo muito severo, dizendo de Kepler: 'em todas as coisas cérebro muito veloz e que corre demais'.[29] O *Somnium* é sem dúvida um livro fascinante. Adotando um ponto de vista 'lunar', oferece persuasivos argumentos em favor da verdade copernicana; deixa-nos entrever algo da complicada personalidade do autor; está também na origem de um bem-sucedido gênero literário. Mas, do ponto de vista que nos interessa aqui, nessas páginas, só a quarta das cinco teses enumeradas por Lovejoy é concebida como possível. Da ideia da infinitude e da pluralidade dos mundos, Kepler se mantém, como veremos, cuidadosamente distante.

---

27. Nicolson (1960b), p. 45.
28. Kepler (1972), p. 6 ss., 34.
29. Galilei (1890-1909), v. 10, p. 403 ss.

O lugar pior e mais distante dos céus

Em 1638, quatro anos depois da publicação do *Somnium* de Kepler, John Wilkins publicava um dos livros mais importantes de ciência popular do século XVII: *Discovery of a New World, or a Discourse tending to prove that it is probable there may be another Habitable World in the Moon*. Defendendo a sua hipótese, Wilkins referia-se à incredulidade que tinha cercado o projeto de Colombo, à derrisão que sempre acompanha na história a descoberta de novas verdades, ao dogmatismo das opiniões populares e à cegueira dos acadêmicos e dos eruditos que, durante séculos, tinham obstinadamente negado a existência de formas de vida nos antípodas. Fazia decididamente suas as teses de Bacon sobre a antiguidade e a relação entre tradição e progresso nas ciências:

> É um falso conceito pensar que entre a antiga variedade de opiniões haja sempre prevalecido a melhor. O tempo, como disse o culto Verulâmio, parece ter a natureza de um rio que transporta aquilo que é volumoso e leve e deixa afundar aquilo que é sólido e pesado (...) É um grande obstáculo ao desenvolvimento da ciência continuar a avançar sobre terrenos batidos e sobre princípios já consolidados e ter medo de enfrentar tudo que pareça contradizê-los. A relutância em examinar tais coisas é um dos erros do nosso tempo apontados pelo judicioso Verulâmio.[30]

Wilkins percebia bem as dificuldades de tipo teológico presentes na hipótese de infinitos mundos habitados. Ela contrastava com a narrativa de Moisés e com as palavras de João que tinham feito referência a um único mundo; era considerada como herética desde os tempos mais antigos; implicava – caso os mundos fossem da mesma espécie – *improvidence* por parte de Deus, uma vez que nenhum dos mundos teria maior perfeição que outro, enquanto – caso os mundos fossem concebidos de espécies diversas – impedia de chamar qualquer um deles de 'mundo' ou 'universo', já que seria privado de universal perfeição. Mas é particularmente significativo que, entre os argumentos mais amplamente usados contra

---

30. Wilkins (1668) "To the Reader."

a hipótese de uma pluralidade dos mundos e contra o sistema co-pernicano, Wilkins lembrasse o argumento extraído da "ínfima natureza da nossa terra, que consta de uma matéria mais imunda e mais desprezível que a de qualquer outra parte do Universo e que, por isso, deve estar situada no centro, uma vez que este é o lugar pior e mais distante dos puros e incorruptíveis corpos que são os céus".[31]

Galileu, no *Diálogo*, tinha feito referência precisa a este tipo de argumentação, quando fez Salviati dizer: "Quanto à Terra, nós procuramos nobilitá-la e aperfeiçoá-la, procuramos torná-la seme-lhante aos corpos celestes e, de certo modo, colocá-la quase no céu, de onde os seus filósofos a baniram."[32]

Muitas vezes é inútil remeter aos textos, e muitas afirmações verdadeiras parecem destinadas a cair no vazio quando se as con-trastam com os mais difundidos *idola theatri*. Lendo não apenas as divagações de romancistas, ensaístas, jornalistas e intelectuais, após os feitos espaciais e o desembarque na Lua, mas também as páginas de muitos historiadores e filósofos, parece que *geocentrismo* e *antropocentrismo* sempre foram sinônimos ou estiveram indisso-luvelmente ligados, parece que a aceitação das doutrinas astronô-micas de Copérnico implicaria, enquanto tal, a renúncia a uma visão antropocêntrica do mundo. À demonstração da falsidade desta tese, Lovejoy dedicou inutilmente muitas páginas da sua maior obra histórica, chamando a atenção sobre o caráter 'diabo-cêntrico' da cosmologia medieval, sobre o fato de que a cosmo-logia geocêntrica servia mais para humilhar que para exaltar o homem, sobre o fato de que o copernicanismo foi em parte hosti-lizado porque atribuía ao homem uma morada elevada demais, transportando-o para um lugar semelhante ao característico dos céus imutáveis e imortais.

> Não era a posição do nosso planeta no espaço, mas antes o fato de supor que só ele era habitado por uma população indígena de seres

---

31. *Ibid.*, p. 68.
32. Galilei (1890-1909), v. 7, p. 62.

A CIÊNCIA E A FILOSOFIA DOS MODERNOS

racionais, cujo destino último não estava ainda estabelecido, que dava à Terra a sua situação única e um direito único à atenção do Céu. Se era a única esfera da corrupção, era também a única esfera da geração: só sobre a Terra nasciam novas almas, onde destinos imortais estavam ainda intocados e, em certo sentido, estava em jogo a própria atuação do desígnio divino. Se, por essa razão, esta escura e esquálida sentina do Universo era o lugar menos respeitável onde um ser pudesse residir, era também o lugar onde se desenvolvia tudo o que realmente houvesse de dramático e estimulante (...) a tal ponto que uma única loucura natural de um casal, na Mesopotâmia, com as suas consequências, podia ter obrigado uma das pessoas da divindade a assumir corpo humano e viver e morrer sobre a terra para a salvação do homem.[33]

Se existem mais mundos, perguntava-se no fim do século XVII, Cristo terá redimido todos esses mundos? E isso não contrasta com a Escritura que o chama Salvador do mundo? E se foi o Salvador de um só mundo, como vamos saber se justamente o nosso foi tão favorecido e não outro qualquer de que não temos conhecimento?

O antropocentrismo de Kepler

Sobre a posição 'excepcional' atribuída por Copérnico à Terra, em torno do centro de cuja órbita giram os planetas, já se detiveram, entre outros, Dreyer e Koyré,[34] mas é justamente em Kepler, que primeiro transportou o Sol para o centro dos movimentos planetários e para o centro do Universo, que encontramos bem viva a consciência de um contraste radical: as teses da infinitude do Universo e da pluralidade dos mundos são inconciliáveis com a afirmação da centralidade do homem no Universo. Se Bruno tem razão, se o Universo não tem mais um centro e não está mais fechado dentro de limites externos, se não existe mais o limite constituído por aquela 'pele ou camisa do Universo' (*mundi cutis sive tunica*), na qual Kepler acreditou firmemente, que é

---

33. Lovejoy (1966), p. 109.
34. Dreyer (1959); Koyré (1961a).

semelhante a uma vidraça que protege dos ventos a chama do Sol e que reflete a sua luz como uma parede opaca e iluminada,[35] se é verdade que qualquer ponto pode ser o centro, se existem tantos mundos quantas são as estrelas fixas, se o sistema solar pode aparecer para um hipotético habitante da constelação do Cão como para nós aparecem as estrelas fixas,[36] se o Sol é apenas uma das infinitas estrelas fixas dispersas num espaço infinito e se outros planetas giram ao redor desses Sóis, então o *status* biológico e moral da Terra e do sistema solar não é mais único, então está realmente destruída a imagem de um universo construído para o homem, cai a posição de privilégio do sistema solar situado numa condição de equidistância das estrelas fixas, deve ser abandonada a imagem do homem como senhor e dominador da criação.

Kepler se opôs francamente à infinitização bruniana do Universo, rejeitou decididamente a assimilação do Sol às estrelas fixas, manteve firme a unicidade do Sol e do sistema solar, contraposto à imóvel congérie das estrelas fixas.[37] Os centros das estrelas fixas estão dispostos sobre uma mesma superfície esférica? Dado que algumas fixas parecem menores e outras maiores, as menores poderiam parecer assim porque estão mais distantes e as maiores mais próximas? Mas não é menos absurdo pensar que duas estrelas fixas, de grandeza aparentemente desigual, estejam a igual distância de nós. Na *Epitome astronomiae copernicanae* (1617-21), a questão parece a Kepler 'incerta'. Mas se também os centros das fixas não estivessem sobre uma única superfície esférica, permanece para Kepler o fato de que o Universo "tem no centro um vazio imenso, uma grande cavidade, rodeada pelo bando das fixas, ou seja, circunscrita e fechada como por uma parede ou uma abóbada, e é dentro desta imensa cavidade que está fechada a nossa Terra com o Sol e as estrelas móveis".[38]

---

35. Kepler (1937-59), v. 3, p. 259.
36. Kepler (1858-71), v. 2, p. 688.
37. Koyré (1957).
38. Kepler (1858-71), v. 6, p. 136 ss.

A CIÊNCIA E A FILOSOFIA DOS MODERNOS

Seja *antes*, seja *depois*, as descobertas efetuadas por Galileu com a luneta Kepler mantém bem firme a sua recusa às teses infinitistas de Bruno. O Universo é construído por um Deus geômetra e tem um esquema geométrico: o vazio coincide com *o nada* e as estrelas fixas não estão dispersas irregularmente ou irracionalmente no espaço.

> Como se pode encontrar no infinito um centro, que no infinito está em toda parte? De fato, um ponto qualquer do infinito dista igualmente, isto é, infinitamente, dos extremos infinitamente distantes. Do que resultará que o mesmo ponto será o centro e não será o centro, e muitas outras coisas contraditórias, que muito corretamente evitará aquele que, encontrando o céu das estrelas fixas limitado por fora, também o limitará por dentro.[39]

O sistema solar permanece um *unicum* no Universo. Das descobertas efetuadas por Galileu mediante a luneta podem ser dadas duas interpretações: as novas estrelas fixas que Galileu viu não eram antes visíveis a olho nu ou porque muito distantes ou porque muito pequenas. Entre estas duas interpretações, Kepler escolhe resolutamente a segunda.[40]

Já se serviu muitas vezes da *Dissertatio* de Kepler para aproximar a posição de Galileu da de Bruno, sem atentar para o fato de que a principal preocupação de Kepler, nesse texto, é justamente a de distinguir claramente as posições de Bruno das de Galileu, de mostrar que as descobertas astronômicas galileanas não constituem de modo algum uma prova da validade da cosmologia infinitista de Bruno. Deve-se ter sempre presente, quando se faz referência a Kepler, o fato de que ele – como sublinhou Koyré – subdivide o mundo visível de maneira totalmente diversa em relação aos seus predecessores:

> Não opõe a terra aos céus, nem, malgrado a sua veneração pelo Sol, este último aos planetas (...) mas opõe em bloco o mundo imóvel (o Sol,

---

39. *Ibid.*, v. 2, p. 691.
40. Koyré (1966a).

o espaço, as estrelas fixas) ao mundo móvel que compreende os planetas e a Terra e que, por este mesmo fato, adquire uma unidade e uma semelhança de natureza e de estrutura que o submetem às mesmas leis físicas.[41]

Com base nessa contraposição fundamental, Kepler não pode ser desfavoravelmente atingido pela descoberta de novos satélites ou de novas luas que girem ao redor dos planetas do sistema solar. A descoberta de novos planetas girando ao redor de uma das estrelas fixas ou ao redor do Sol, porém, viria pôr em crise a sua visão do mundo, a dar razão às teses de Bruno e de Wackher von Wackhenfels, adepto entusiasta das teses brunianas.[42] Do mesmo modo, e pelas mesmas razões, é perfeitamente possível, para Kepler, conceber a existência de planetas habitados fora do sistema solar, mas deve ser decididamente rejeitada a ideia de uma pluralidade de mundos ou sistemas nos quais esteja presente a vida. O nosso mundo, o sistema solar, constitui um *unicum* no Universo. Foi criado para o homem e para servir às necessidades e esperanças do homem.

O início da *Dissertatio cum Nuncio Sidereo* dá a sensação exata de uma discussão que abala os fundamentos, de uma série de incertezas e dúvidas que Kepler viveu de maneira dramática. Eu estava há algum tempo em casa para umas breves férias – assim começa o seu relato – quando, ali por meados de março, chegou à Alemanha a notícia de que Galileu, '*usu perspicilli duplicati*', tinha descoberto quatro planetas antes desconhecidos. Wackher, da sua carruagem, diante de casa, trouxe-me a inaudita notícia. "Ao considerá-la, fui tomado de tão grande admiração e tantas agitações na alma (a velha disputa que nos tinha separado estava repentinamente resolvida) quanto ele pela alegria, eu pelo rubor e ambos pelo riso, desorientados pela novidade, ele quase não conseguia contar e eu ouvir."[43]

---

41. *Ibid.*, p. 101, 320.
42. Koyré (1957), p. 74.
43. Kepler (1965a), p. 37.

A CIÊNCIA E A FILOSOFIA DOS MODERNOS

Na expectativa de ver o texto do *Sidereus nuncius*, 'com extraordinária avidez de ler seu conteúdo', Kepler e von Wackhenfels dão duas interpretações diversas. Para Kepler, como a Terra tem a sua lua que gira ao seu redor, podia bem ser que Galileu tivesse visto outras quatro minúsculas luas girando em círculos estreitíssimos ao redor das pequenas passas de Saturno, de Marte, de Júpiter ou de Vênus (excluindo Mercúrio imerso demais nos raios do Sol).

> Para Wackher porém parecia certo que estes novos planetas giravam em torno de alguma estrela fixa (uma coisa semelhante à que ele me tinha mostrado há tempos, tirada das especulações do Cardeal Cusa e de Giordano Bruno). Se, até agora, quatro planetas tinham permanecido escondidos, o que podia impedir de crer que em seguida, depois deste início, não seriam descobertos inúmeros outros? E que, portanto, este mesmo mundo é infinito, como queriam Melisso e o autor da filosofia magnética, o inglês William Gilbert, e que existem infinitos outros mundos semelhantes ao nosso (ou, como diz Bruno, infinitas outras terras), tal como querem Demócrito e Leucippo e, entre os filósofos mais recentes, Bruno e Edmund Bruce, teu amigo, e Galileu, meu amigo?[44]

A leitura do texto galileano dá razão a Kepler, o que o deixa animado. O exílio no infinito de Bruno ('*exilium in illo infinito*') parece esconjurado:

> Se tivesses descoberto planetas que giram em torno de uma das estrelas fixas, já estavam preparados para mim os grilhões e o cárcere junto à inumerabilidade de Bruno, ou antes até o exílio naquele infinito. Para o momento (*in praesens*), tu me livraste então do grande temor que surgiu em mim à primeira notícia do teu livro, por causa do grito de triunfo do meu opositor, já que tu afirmas que estes quatro planetas não giram em torno de uma das estrelas fixas, mas em torno do astro de Júpiter.[45]

As descobertas galileanas, esclarece Kepler, servem ainda para mostrar a não validade das teses de Bruno e de Edmund Bruce:

---

44. *Ibid.*, p. 39.
45. *Ibid.*, p. 123-25.

Assim tu corriges a doutrina do nosso Bruzio; tomada de empréstimo a Bruno, que também tornas dúbia em parte. Eles acreditavam que outros corpos também tivessem as suas luas ao redor, como a nossa terra tem a sua. Demonstras que eles, em geral, disseram a verdade. Julgavam porém que fossem as estrelas fixas que eram assim circundadas e Bruno falou também da causa pela qual isso devia necessariamente acontecer, isto é: que as estrelas fixas são da natureza do Sol e do fogo, os planetas da natureza da água e, pela lei inviolável da natureza, ocorre que estas coisas diversas se conjugam: nem o Sol pode dispensar os planetas, isto é, o fogo da sua água, nem esta por sua vez pode dispensar aquele. As tuas observações mostram, portanto, que este teu raciocínio não é válido (*hanc igitur illiuds rationem infirmam esse tua detegunt experimenta*).[46]

Mesmo admitindo que as estrelas fixas são sóis, nenhuma lua foi vista girando em torno delas. Segundo a opinião de alguns, as descobertas galileanas abrem a possibilidade de que isso possa ser observado no futuro. É uma possibilidade, diz Kepler, que nos ameaça (*'nobis minatur'*) e Júpiter é um dos planetas que Bruno identificava com terras: "Eis agora, ao redor dele, outros quatro planetas: e o raciocínio de Bruno não predizia que isso aconteceria com as terras, mas sim com os Sóis."[47]

As descobertas de Galileu não só não podem ser utilizadas como argumentos em favor das teses brunianas, mas também não chegam a colocar em crise a *doctrina de aspectibus* que constitui o fundamento primordial da astrologia. O que importa sublinhar aqui, porém, não é esta defesa da astrologia,[48] que *'manet suo loco'* mesmo depois da descoberta dos quatro planetas, mas antes a vontade de manter bem firme, contra Bruno e contra as possíveis interpretações brunianas das descobertas de Galileu, o ponto de vista antropocêntrico que vê na Terra a sede mais alta do Universo, a única adequada à nobilidade do homem, senhor do mundo. Baseado justamente na impossibilidade de uma natureza autônoma, que exista independentemente de um ser capaz de contemplá-

---

46. *Ibid.*, p. 131.
47. *Ibid.*
48. *Ibid.*, p. 137.

A CIÊNCIA E A FILOSOFIA DOS MODERNOS 235

-la e de apreciar o seu espetáculo, Kepler pensa na possibilidade de outros habitantes dentro do sistema solar:

> Se realmente existem quatro planetas que giram em torno de Júpiter, a distâncias e tempos diversos, podemos perguntar em benefício de quem, se na superfície de Júpiter não há ninguém que perceba com os próprios olhos este maravilhoso espetáculo. Com efeito, no que diz respeito a nós que nos encontramos nesta terra, não sei com que razões alguém possa me persuadir de que eles servem sobretudo para nós que nunca os vemos. Nem se deve esperar, ó Galileu, que depois de nós, todos, munidos dos teus binóculos, vão observá-los habitualmente (...) É claro que estes quatro planetas não foram aparelhados principalmente para nós que habitamos na terra, mas para as criaturas jupiterianas que habitam ao redor do globo de Júpiter (...) Aquilo que a nossa lua representa para nós, na terra, ela não representa o mesmo para todos os outros globos, e aquilo que representam para Júpiter, essas quatro luazinhas não representam para nós: assim, os respectivos satélites servirão para os simples globos dos planetas e para seus habitantes.[49]

Mas ante a hipótese de habitantes em Júpiter ou em Marte, a preocupação antropocêntrica renasce imediatamente. A possibilidade de que outros planetas do sistema solar sejam habitados levanta uma grave questão.

> Se existem no céu globos semelhantes à nossa terra, talvez tenhamos que entrar em disputa com eles, para saber quem ocupa o melhor lugar no mundo (*meliorem mundi plagam*)? Se de fato os globos daqueles planetas são mais nobres, já não somos as mais nobres de todas as criaturas racionais. Como todas as coisas podem ser então para o homem? E como podemos nós sermos os senhores das obras de Deus?[50]

A preocupação de Kepler é principalmente uma: ele pretende demonstrar não só "que este sistema de planetas, num dos quais nos encontramos nós homens, acha-se no lugar principal do Universo, ao redor do coração do Universo que é o Sol, mas também, em particular, que nós homens nos encontramos naquele

---

49. *Ibid.*, p. 135-39.
50. *Ibid.*, p. 141.

globo que se destina inteiramente à criatura racional mais importante e mais nobre entre as corpóreas".[51]

Os outros mundos de que fala Bruno serão semelhantes ou diferentes do nosso? Se semelhantes, com que objetivo seriam infinitos se cada um deles encerrasse em si toda perfeição? E Bruno não falou de diversidade para a espécie dos movimentos? Variando as distâncias, que dão lugar ao período dos movimentos, não mudará também a ordem e a perfeição das figuras das quais as distâncias são deduzidas? Sempre na hipótese de uma semelhança total, com que objetivo se multiplicarão as criaturas? Com que objetivo existirão muitos Galileus (tantos quantos são os mundos) que observam novos astros nos novos mundos? Na hipótese contrária da diversidade, aqueles mundos serão dispostos segundo figuras diferentes daquelas cinco figuras perfeitas segundo as quais Deus dispôs o nosso mundo, e serão portanto menos nobres que o nosso. Daí decorre que este nosso mundo, que é o sistema solar, mesmo no caso de ser mais de um, é de todos o mais importante.[52]

Dentro do sistema solar, pois, a Terra é mais importante que o globo de Júpiter, sendo a sede mais digna daquela criatura dominante ('*dominans creatura*') que é o homem. O Sol está no centro do Universo, é o coração do mundo, é a fonte do calor e a origem da vida. Desse trono real justamente deve abster-se o homem, lembrado de sua miséria e da grandeza de Deus pela particularidade do seu habitáculo. Deus, não o homem, está na raiz da beleza e da ordem do mundo. Mas justamente para os fins da contemplação, em função da qual o homem foi dotado da visão, ele não poderia residir no centro. Para a contemplação, justamente, é necessário que seu olhar possa estender-se ao redor e que ele seja transportado pelo movimento anual neste navio que é a Terra ('*sed oportet ut navigio hoc telluris annuo motu circumspacietur, lustrandi causa*'). A Terra ocupa a posição central entre os globos primários (no exterior: Marte, Júpiter, Saturno; no interior: Vênus, Mercúrio,

---

51. *Ibid.*
52. *Ibid.*, p. 141, 143, 145.

o Sol) e a sua órbita se insere entre as duas ordens dos três corpos primários (cubo, tetraedro, dodecaedro) e dos dois secundários (icosaedro, octaedro). Sobre a Terra, enfim, ainda se consegue distinguir com dificuldade Mercúrio, último dos planetas primários, que seria porém ainda menos visível que Júpiter ou que Saturno. A Terra parece então destinada ao homem com suma inteligência, a fim de que ele possa contemplar todos os planetas 'e nós, homens terráqueos, possamos rejubilar-nos não sem razão da prestantíssima habitação dos nossos corpos e sejamos por isso gratos ao Criador'.[53]

A Terra então, para Kepler, ocupa um lugar que é único na estrutura do sistema solar e na do Universo. Sobre a Terra vive a 'criatura contemplativa', criada à imagem e semelhança de Deus, capaz de reconstruir racionalmente aquela perfeita arquitetura na qual se exprime a grandeza de Deus, capaz de reconstruir aquelas 'leis arquetípicas' que, em Deus, presidiram à criação do mundo. Em função desta criatura contemplativa foi criado o Universo e em função do homem operaram as leis do Matemático Divino. O homem e a sua casa permaneciam para Kepler no centro do drama cósmico da criação e da redenção.

Contra a tese da infinitude do cosmos, Kepler, na *Dissertatio*, avança ainda um argumento muito 'forte', cuja importância devia ser salientada dois séculos mais tarde. Galileu pensa que, além das fixas conhecidas desde a Antiguidade, o céu seria povoado por dez mil outras estrelas. Kepler chegou a este número baseado num cálculo aproximativo para menos. Mas não importa: "Quanto mais densas e numerosas elas são, tanto mais é válida a minha argumentação contra a infinitude do mundo."[54] Mesmo que de mil estrelas fixas apenas não existisse nenhuma maior que um minuto (e as que foram medidas até agora resultam maiores), todas reunidas igualariam e superariam o diâmetro do Sol. E o que aconteceria com dez mil? Se aqueles Sóis são do mesmo tipo que o nosso Sol,

---

53. *Ibid.*, p. 149.
54. *Ibid.*, p. 55.

'por que então todos aqueles Sóis também reunidos não superam em esplendor este nosso Sol'?[55] Este argumento de Kepler é a raiz histórica do célebre 'paradoxo do céu noturno', que será discutido por Edmund Halley nos anos vinte do século XVIII e, exatamente um século mais tarde, pelo astrônomo alemão Heinrich Olbers.

Essas posições expressas na *Dissertatio* não eram certamente momentâneas ou isoladas. Basta abrir a *Epitome astronomiae copernicanae*, publicada em Linz e em Frankfurt entre 1618 e 1621, para encontrar confirmada, mesmo dentro de um discurso estritamente técnico, a posição excepcional da Terra no Universo:

> *Por onde julgas que deva começar a pesquisa sobre a proporção dos corpos celestes?* – Pela Terra, porque ela é o domicílio da criatura contemplante que é feita à imagem de Deus criador (...) porque o orbe da Terra é médio figural entre os planetas (...) e médio proporcional entre os limites dos planetas superiores e dos inferiores. A ordem destas proporções, enfim, proclama que o Criador (...) começou pela Terra como sua primeira medida (...) A Terra devia de fato ser a sede da criatura contemplativa, em benefício da qual foi criado o Universo (...) Já que a Terra era destinada a tornar-se *sede* de uma criatura mensurante, é claro que devia tornar-se medida dos corpos celestes com o seu corpo, e com o seu semidiâmetro, enquanto linha das linhas, ou seja, das distâncias.[56]

O sentido da expressão 'secreto e escondido horror', que Kepler tinha manifestado em 1606 pela visão de Bruno, jamais será desmentido: "Esse pensamento traz consigo não sei que secreto e escondido horror: sentimo-nos perdidos naquela imensidão, à qual são negados limites e centro, à qual é negado, por conseguinte, qualquer lugar determinado."[57]

---

55. *Ibid.*
56. Kepler (1937-59), v. 7, p. 276-79.
57. Kepler (1858-71), v. 2, p. 688.

Os astros são terras habitadas

Em outro terreno, historicamente bastante complicado, mas de qualquer modo diferente daquele em que atuaram os maiores astrônomos do século XVII, deviam reforçar-se e chegar à plena maturação a recusa do antropocentrismo, a imagem de uma natureza mais ampla e mais potente que o homem, a representação de um Deus a cuja potência e majestade infinita – como afirmara Digges – cabe um lugar infinito, cuja infinita capacidade – como dissera Bruno – não pode ser 'frustrada', cuja eficácia não pode permanecer 'ociosa', assim como não pode ser 'defraudada a possibilidade de infinitos mundos que possam existir'. Dentro desta perspectiva, na qual operava com força determinante a tradição democrítica e lucreciana, também estava destinada a cair aquela visão 'terrestre' e antropocêntrica do cosmos, que continuava a operar dentro da nova astronomia.

A disputa sobre a habitabilidade e pluralidade dos mundos[58] tinha uma tradição bastante antiga, cujos elementos de fundo, nos primeiros anos do século XVI, foram acuradamente resumidos na grande enciclopédia publicada por Giorgio Valla. Nicolau de Cusa e Palingenio Stellato, Giordano Bruno e Giovan Battista Benedetti, Digges, Lower e Harriot, Burton e Gilbert tinham posto em evidência, para toda a Europa, seus elementos essenciais. Em 1567, Melanchthon formulou, contra a lei da habitabilidade dos mundos, uma série de objeções físicas e teológicas, que viriam a ser repetidas inúmeras vezes e retomadas com maior ou menor força, tanto nos meios protestantes como católicos. As páginas sobre a pluralidade dos mundos habitados, contidas na *Apologia pro Galilaeo*, de Tommaso Campanella (1622), serão muitas vezes lembradas e citadas como fonte autorizada por John Wilkins e por Pierre Borel. Em 1634, saía o *Somnium* de Kepler, em 1647 o *Democritus platonissans* de Henry More.

---

58. McColley (1936); Munitz (1957); Nicolson (1960b).

Na última edição de *The Anatomy of Melancholy*, publicada durante a vida do autor (em 1638), Robert Burton enumerava uma série de textos e de autores. Se o firmamento é tão grande como querem os copernicanos, se é infinito ou quase infinito e pleno de inúmeras estrelas, algumas próximas e outras distantes, e se o nosso mundo, em confronto com tudo isso, é tão pequeno, por que não podemos supor uma pluralidade de mundos e pensar que no firmamento existem muitos sóis com seus planetas?

> Existem infinitos mundos habitáveis. O que o impede? Por que uma causa infinita, como Deus, não poderia produzir efeitos infinitos? Kepler não admite de modo algum os infinitos mundos de Bruno, ou então que as estrelas fixas possam ser outros tantos sóis com os planetas girando ao seu redor (...) Admite que os planetas possam ser habitados, mas duvida que as estrelas o sejam. E o mesmo faz Tycho nas suas epístolas astronômicas (...) ele jamais acreditará que estes corpos grandes e desmesurados tenham sido feitos para outro uso a não ser a nossa contemplação e só para iluminar a Terra, que é um ponto quase invisível em comparação com o todo (...) Tommaso Campanella, um monge calabrês, no segundo livro do *De sensu rerum*, capítulo 4, subscreve estas afirmações de Kepler...[59]

Em 1651, no *Almagestum Novum* (um dos grandes textos da selenografia), Giovan Battista Riccioli apelava para Aristóteles, Ficino e Kepler, para opor-se à doutrina dos mundos habitados.

Athanasius Kircher, cinco anos mais tarde, retomava o exame do problema, mantendo-se numa perspectiva bastante ambígua, feita de concessões aos modernos e reafirmações contemporâneas do aristotelismo, mas muito atenta aos termos reais da disputa. Dentro desta, exerceram um peso não desprezível os livros e os tratados dedicados às viagens extraterrestres e às descrições do mundo lunar e seus habitantes. Entre 1638 e 1666 vieram à luz uma série de textos fundamentais: *The Man in the Moone* de Godwin, a *Selenographia* de Hevelius, a *Cosmographia* de Peter Heylyn, *Les Etats et les Empires de la Lune* de Cyrano de Bergerac, a *Description of a New World* de Margaret Cavendish. Os célebres

---

59. Burton (1948), v. 2, p. 54 ss.

A CIÊNCIA E A FILOSOFIA DOS MODERNOS

escritos de Fontenelle e de Huygens, publicados no fim do século e destinados a grande fortuna, constituíam na realidade (embora muitos não o tenham percebido, sobretudo no caso de Fontenelle) o resultado final de uma discussão que, na época moderna, vinha se articulando por mais de dois séculos e na qual confluíam temas e experiências culturais das mais diversas naturezas.

Bastará, para dar-se conta disso, considerar brevemente um texto quase desconhecido, mas nem por isso menos significativo: o *Discours nouveau prouvant la pluralité des mondes, que les astres sont des terres habitées et la terre une estoile*, publicado em Genebra em 1657 por Pierre Borel e traduzido para o inglês por Daniel Sashott no ano seguinte. Apresentado pelo autor como o fragmento de uma obra muito mais ampla sobre a vida e a filosofia de Demócrito, o livro se abre com uma dedicatória a Sir Kenelm Digby e se fecha com uma longuíssima citação do *Zodiacus Vitae* de Palingenio. Os nomes que voltam com maior frequência são os de Montaigne, Copérnico, Kepler e Campanella. Bruno, jamais nomeado, está sempre presente e a visão do mundo de Lucrécio (o volume é semeado de citações do *De rerum natura*) constitui o fundo sobre o qual se articulam as reflexões de Borel. As grandes descobertas galileanas, para Borel, parecem a prova, agora definitivamente conseguida, da verdade do sistema copernicano e da validade daquelas hipóteses sobre os mundos habitados, que tinham sido formuladas por Xenofonte e por Melisso, por Pitágoras e por Demócrito, por Epicuro e por Plutarco, e fantasticamente retomadas por Luciano e por Ariosto:

> Aquele grande Galileu, que parece ter nascido para esclarecer as dúvidas da astronomia, descobriu com a sua maravilhosa invenção da luneta coisas novas nos astros, e foi o primeiro que dirigiu para o céu o seu telescópio. Por meio desse instrumento, ele viu que a Via-Láctea é composta de pequenas estrelas (...) e que a superfície lunar não é plana, mas cheia de montes e cavidades (...) A sua descoberta de quatro novos planetas obrigou muitos a crer que Júpiter fosse um outro mundo ou um outro sol em torno do qual giram outros planetas (...) Alguns estoicos creram que existiriam habitantes não só na Lua, mas no corpo do Sol, e Campanella afirma que estas vivas e luzentes moradas podem ter seus habitantes, talvez

mais sapientes que nós (...) Mas foi Galileu quem, na nossa época, viu claramente a lua e notou que esta podia ser habitada.[60]

A Lua perdeu sua natureza de corpo perfeito, revelou-se semelhante à Terra, e esta última, vista da Lua, nada mais seria que uma lua maior. Se a Terra, como ensinou Copérnico, não está mais no centro do Universo, se a Lua é semelhante a uma Terra, como viu Galileu, então os outros globos distantes do centro também podem ser considerados 'terras semelhantes à que nós habitamos'. A centralidade da Terra no Universo garantia a ela uma posição excepcional, justificava a presença, só nela, de seres vivos e pensantes. "Mas se a Terra se move nos céus (*dans les airs*) e, como os outros astros, percorre o seu caminho distante do centro do mundo, quem pode impedir de considerá-la uma estrela e de considerar as estrelas como outras tantas terras?"[61]

Borel crê na infinitude (ou na ausência de limites) de um universo povoado por infinitos astros e, todavia, reportando-se a Copérnico, não renuncia à imagem do Sol, grande lâmpada do cosmos, que constitui o centro do Universo:

> O céu azul que nós vemos não é uma coisa sólida e real, mas o limite a que chega nossa vista, num determinado lugar dos espaços infinitos dos céus, que constituem o lugar comum onde está colocada uma infinidade de grandes globos de diversa natureza e habitados por diversos animais; que o Sol, colocado no centro, clareia igualmente e a todos ilumina, como uma grande lâmpada clareia todos os cantos de um quarto.[62]

O Universo sem limites e infinitamente povoado é um grande animal racional ao qual Deus deu existência como que tirando-o de si mesmo ('*sortit comme hors de lui*') e derramando-o todo nas criaturas ('*s'escoula comme tout en les creatures*').[63] Borel reporta-se ao *Asclepio* e a Mercúrio Trismegisto, porque a tese hermética e

---

60. Borel (1657), p. 29 ss., 43.
61. *Ibid.*, p. 17.
62. *Ibid.*, p. 12.
63. *Ibid.*, p. 14, 23.

A CIÊNCIA E A FILOSOFIA DOS MODERNOS

bruniana de um universo animado parece-lhe justamente capaz de reforçar a hipótese copernicana do movimento da Terra e a doutrina dos mundos habitados: "Se o mundo é um animal racional (...) não será estranho crer que a Terra esteja em movimento, nem por conseguinte que ela seja uma estrela errante ou planeta habitado e que, por conseguinte, também os outros astros possam ser habitados."[64]

Diante dos que negam a pluralidade dos mundos, desprovidos de sólidos argumentos, pode-se imitar Demócrito e rir da ignorância alheia. Eles, na realidade, acusam Deus de impotência e de ociosidade. Contra eles, Borel faz referência a dois pressupostos metafísicos: o da não uniformidade ou variabilidade infinita da natureza e o da infinidade da Causa divina que deve necessariamente manifestar-se na infinitude do cosmos:

> A natureza é tão diversa em todas as suas operações e Deus pôs uma tal variedade em todas as suas obras, que não encontramos no mundo nada de uniforme. Tudo nele é diverso e tal diversidade nos faz admirar mais ainda o criador do Universo. Pode-se opor que, havendo só um princípio ou primeiro motor, um só Deus e uma só primeira causa, e devendo o mundo corresponder ao seu Arquétipo, deve haver um só mundo. Mas nós demonstramos o contrário: sendo Deus infinito, os mundos devem ser infinitos (...) Se não pudessem existir mais mundos no Universo, Deus não poderia agir com toda a sua potência e liberdade, mas seria dominado pela necessidade. Seria uma grande impiedade só em pensá-lo, porque Deus pode certamente não só ter feito outros mundos, mas tê-los feito mais perfeitos que o nosso (...) Se Deus, tendo podido criar mais mundos, não o tivesse feito, a sua potência poderia de certo modo ser chamada de ociosa, inútil e limitada (...) Deus quer tudo aquilo que não implica contradição, e uma pluralidade de mundos não implica contradição nem da parte de Deus, nem da parte da coisa criada.[65]

Reportando-se às considerações desenvolvidas por Campanella na *Apologia pro Galilaeo*, Borel esforça-se em demonstrar, por muitas páginas, que a sua tese não está em contradição com as

---

64. *Ibid.*, p. 26.
65. *Ibid.*, p. 19, 46, 37, 58 ss.

Sagradas Escrituras. Ele percebe que uma solução positiva do problema de uma pluralidade de mundos habitados não é desprovida de perigosas implicações teológicas. A narrativa do Gênese faz referência exclusiva à criação do mundo que habitamos, dissolve-se num discurso mais místico que científico, destinado a suscitar admiração mais que a comunicar conhecimentos reais:

> Esta doutrina de mais mundos ou globos habitados não se choca contra as Santas Escrituras, que falam apenas da criação do mundo que habitamos. Elas mesmas afirmam que nos deixaram mais um discurso místico que um discurso claro (*plus en discours mystique que clairement*), limitando-se a citar de passagem as outras criaturas do Universo, a fim de dar ao débil espírito dos homens mais argumento de admiração que de conhecimento.[66]

O mais caro dos mestres de Borel é Montaigne, o homem que nos ensinou a recusar um mundo de certezas garantidas, a duvidar de tudo, a admitir, como Sócrates, que não sabemos nada. Por volta da metade do século, numa época de grandes transformações e mudanças radicais, estes ensinamentos parecem a Borel particularmente atuais:

> Não sabemos nada que não possa ser submetido à discussão, a própria teologia não está isenta disso (...) A astronomia, a medicina, a jurisprudência, a física oscilam todos os dias e veem ruir os seus fundamentos. Ramus subverteu a filosofia de Aristóteles, Copérnico a astronomia de Ptolomeu, Paracelso a medicina de Galeno. Desse modo, tendo cada um seus adeptos, tudo parece plausível e não sabemos em quem acreditar e somos forçados a admitir que aquilo que sabemos é muito menos que aquilo que não sabemos.[67]

Esta universal 'plausibilidade', justamente, pode fazer com que o cepticismo se converta no seu contrário, se transforme na esperança de grandes novidades e grandes empreendimentos. Se tivessem sido descritos antecipadamente – repete Borel com Bacon – os resultados

---

66. *Ibid.*, p. 14 ss.
67. *Ibid.*, p. 3.

da artilharia que abate fortificações, da imprensa que oferece aos homens uma espécie de imortalidade, das lentes que aproximam os objetos distantes, os homens teriam acolhido com indiferença ou escárnio tais descrições, do mesmo modo como foram desprezados por séculos os defensores dos antípodas e rejeitados por muito tempo os projetos de Colombo. Borel esforçava-se, todavia, em pôr limites precisos ao uso contínuo das analogias e à sua própria imaginação, com efeitos que hoje podem parecer desconcertantes:

> Alguns imaginaram que o homem, assim como imitaram os peixes navegando, também poderá descobrir a arte de voar (...) mas, mesmo que pudesse voar, isso seria pouco útil ao nosso escopo porque não poderia voar muito alto por causa de seu peso, não poderia permanecer parado para contemplar o céu nem poderia servir-se do telescópio, mas teria a mente inteiramente ocupada em guiar a sua máquina.[68]

Declínio e fim do antropocentrismo

Não obstante a citação do *Asclepio* e uma fugaz referência à doutrina do homem microcosmo, não obstante as incertezas de fundo que se exprimem na afirmação de um centro no universo infinito, Borel está bem consciente de que a tese de uma pluralidade de mundos habitados está em antítese radical com a tese que vê na Terra um lugar excepcional dentro do Universo, que concebe o cosmos e a natureza como existentes para o homem e em função do homem:

> Aqueles que pensam que o número infinito de corpos celestes foi criado para o globo terrestre e para a utilidade de seus habitantes, enganam-se inteiramente. Porque a razão natural nos impede de crer que as coisas maiores sirvam às menores, que as mais nobres sirvam às mais ignóbeis. Por conseguinte, é mais verossímil que cada globo constitua uma terra ou um mundo particular (...) Se existissem mais mundos, eles teriam sido criados em vão porque não se pode demonstrar qualquer utilidade

---

68. *Ibid.*, p. 66.

para eles; este raciocínio é tão fraco que basta dizer isto para refutá-lo: aquilo cujo uso não conhecemos não foi criado em vão. Senão, as Índias, cuja utilidade ignoramos, e as Terras austrais, que nos são ainda desconhecidas, teriam sido criadas em vão por essa mesma razão.[69]

O texto de Borel não é importante por conter doutrinas ou hipóteses originais, mas por apresentar em conjunto os termos de uma discussão que é constituída por um complexo entrelaçamento de elementos referentes a tradições diversas e a diferentes campos da cultura. Mesmo a recusa da excepcionalidade do ponto de vista terrestre, de um universo construído para o homem e em função do homem, retomava e repetia um tema presente em posições divergentes entre si, difundido em obras filosóficas, científicas e literárias: um tema que está ligado de várias maneiras à retomada de temas democríticos e lucrecianos, à física cartesiana, às correntes materialistas e libertinas, que se exprimirá com força singular no espinosismo e, mais tarde, nas posições de Diderot e dos materialistas franceses do século XVIII.

Como pode o homem presumir – já se perguntava Montaigne na *Apologie de Raymond Sebond* – que o admirável movimento da abóbada celeste, a eterna luz dos faróis que giram sobre sua cabeça, os terríveis movimentos do mar tenham sido determinados e continuem a existir para a sua utilidade e benefício? Não é ridículo que uma mesquinha criatura, cravada na pior e mais pútrida parte do Universo, incapaz de domínio sobre si mesmo, se diga dona e senhora do mundo e pretenda colocar-se como o único ser capaz de reconhecer a arquitetura do cosmos?[70]

Galileu, no *Diálogo sobre os sistemas máximos*, tinha feito Simplício qualificar a hipótese de homens na Lua como 'pensamento ou fabuloso ou ímpio'. Uma hipótese que, na mesma página, Galileu afasta com decisão. Mas também a doutrina segundo a qual 'não devemos admitir que coisa alguma foi criada em vão e é ociosa no Universo', no *Diálogo*, era atribuída ao

---

69. *Ibid.*, p. 12 ss., 48.
70. Montaigne (1966), v. 1, p. 580 ss., 584.

A CIÊNCIA E A FILOSOFIA DOS MODERNOS

aristotélico Simplício. Para comodidade e utilidade de quem, pergunta Simplício, se deve interpor entre o orbe de Saturno e a esfera estrelada um vastíssimo espaço sem estrelas? Isso não parece inútil e supérfluo nesta bela ordem de planetas dispostos em torno da Terra 'em distâncias apropriadas a produzir sobre ela seus efeitos para benefício nosso?' Responde Salviati:

> Parece que pretendemos demais, senhor Simplício, quando queremos que o nosso único cuidado seja a obra adequada e o limite além do qual a sapiência e potência divinas nada mais faz ou dispõe: mas eu não queria que encurtássemos demais a sua mão, mas que nos limitássemos a ter certeza de que Deus e a natureza se ocupam de tal forma do governo das coisas humanas, que não poderiam dedicar-se mais, mesmo que tivessem de cuidar apenas do gênero humano (...) Tenho certeza de que nada é deixado para trás pela Divina Providência naquilo que diz respeito ao governo das coisas humanas; mas eu não poderia por mim mesmo, pelo que me dita meu raciocínio, aceitar facilmente que não possam existir no Universo outras coisas dependentes da sua infinita sapiência (...) e digo que é temeridade querer transformar nosso fragílimo discurso em juiz das obras de Deus, e considerar inútil e supérfluo tudo aquilo que no Universo não serve para nós.[71]

O discurso galileano é extremamente cauteloso, quase evasivo. Tanto que Sagredo, na sua intervenção, sente logo a necessidade de corrigir a posição de Salviati, de atenuá-la posteriormente. E transforma o 'não serve para nós' num ambíguo 'que nós não sabemos se serve para nós'.

Galileu – e isso lhe será censurado por Kepler – jamais cita, seja em suas obras, seja em suas cartas, o nome de Giordano Bruno. Como analiticamente documentou Alexandre Koyré,[72] ele não participa do debate sobre a finitude ou infinitude do Universo, declara nunca ter tomado uma decisão e (embora propenso à infinitude) considera a questão insolúvel: não está provado, nem será jamais, 'que as estrelas do firmamento estejam todas colocadas num mesmo orbe', ninguém sabe nem poderá jamais saber não

---

71. Galilei (1890-1909), v. 7, p. 394-96.
72. Koyré (1957).

só 'qual seja a figura (do firmamento), mas se ele tem alguma figura'.[73] No *Diálogo*, encontra-se a afirmação de que 'as estrelas fixas são outros tantos sóis' e que 'não sabemos onde encontrar ou se existe realmente o centro do Universo', mas encontra-se também a decidida negação da infinitude do Universo.[74] Para uma ou para outra das duas soluções, escreve ele a Fortunio Liceti em 1639, são lançadas simultaneamente "argutas razões (...) mas na minha cabeça nem uma nem outra concluem necessariamente, de modo que continuo em dúvida sobre qual das duas asserções seja verdadeira". Uma única razão o inclina para a tese da infinitude: é mais fácil atribuir a incompreensibilidade ao incompreensível infinito que ao finito que não é incompreensível. Mas trata-se, conclui, de uma daquelas questões que, como a predestinação e o livre arbítrio, são 'por acaso inexplicáveis para os discursos humanos'.[75]

O raciocínio exposto por Galileu a Liceti não deixa de ser sutil: se estou incerto quanto à questão finito/infinito, se não sei decidir, então é provável que o Universo seja infinito, porque, se fosse finito, eu não teria esta indecisão e esta incerteza.

Descartes, nos *Principia* (de 1644), faz um raciocínio diverso: não devemos nos envolver nas disputas sobre o infinito porque seria ridículo que nós, que somos finitos, procurássemos determinar algo e, por este meio, supô-lo finito tentando compreendê-lo. O exame do infinito, conduzido por uma mente finita, pressupõe a sua redução a finito. Só aqueles que imaginam que o seu espírito seja infinito envolvem-se em tais questões (por exemplo, se a metade de uma linha é infinita ou se o número infinito é par ou ímpar). A tais problemas deve-se recusar a responder: "Não se deve procurar compreender o infinito, mas apenas pensar que tudo aquilo em que não encontramos nenhum limite é indefinido." Na série dos números, assim como na extensão do mundo, pode-se

---

73. Galilei (1890-1909), v. 6, p. 523, 518.
74. *Ibid.*, v. 7, p. 306.
75. *Ibid.*, v. 18, p. 106.

A CIÊNCIA E A FILOSOFIA DOS MODERNOS

sempre 'seguir adiante': "Chamaremos estas coisas indefinidas em vez de infinitas, a fim de reservar só a Deus o nome de infinito."[76]

Na sua correspondência com o filósofo neoplatônico inglês Henry More (1614-87), que se reportava simultaneamente a Bruno, a Lucrécio, à tradição cabalística e à filosofia cartesiana, Descartes esclarece posteriormente a sua distinção entre indefinido e infinito. A afirmação do caráter indefinido da extensão pode enfrentar a objeção de More pela qual uma extensão limitada e um número limitado de vórtices comportariam (por efeito da força centrífuga) uma dispersão em átomos e nuvens de poeira errantes de toda a máquina cartesiana do mundo. Não é possível imaginar um lugar fora da extensão (ou da matéria) para onde estas partículas poderiam escapar.

Num universo que não tem limites nem confins, a noção de centralidade do homem no Universo tende a perder sentido. Ainda nos *Principia*, Descartes refuta, por conseguinte, a legitimidade de servir-se de um ponto de vista antropocêntrico, pelo menos em matéria de física:

> Não devemos pretender demais de nós mesmos, como parece que faríamos se estivéssemos persuadidos de que foi só para o nosso uso que Deus criou todas as coisas, ou pretendêssemos conhecer com a força do nosso espírito quais são os objetivos para os quais ele as criou (...) Não é de modo algum verossímil que todas as coisas tenham sido criadas para nós de tal modo que Deus não tenha tido outro objetivo ao criá-las. E seria pouco conveniente, parece-me, querer servir-se desta opinião para sustentar raciocínios de física, já que não podemos duvidar que não exista uma infinidade de coisas que estão agora no mundo, ou que estiveram antes e deixaram totalmente de existir, sem que nenhum homem jamais as tenha visto ou conhecido, e sem que lhe tenham servido para qualquer uso.[77]

Uma vez que não podemos conhecer os fins de Deus – já tinha ele escrito numa carta de 1641 – seria absurdo sustentar que Deus, ao criar o Universo, não tenha tido outro fim a não ser o louvor

---

76. Descartes (1967), v. 2, p. 39.
77. *Ibid.*, v. 2, p. 118. Cf. De Angelis (1967).

dos homens e que o Sol tenha sido criado com o único objetivo de fornecer a luz ao homem.[78] A enorme distância das estrelas fixas, a extrema pequenez da Terra, que é apenas um ponto se comparada ao céu – confirmará ele nos *Principia* – poderão parecer incríveis para aqueles que não habituaram seu espírito a considerar as maravilhas de Deus, e que "pensam que a Terra é a parte principal do Universo, porque é a morada do homem, em benefício do qual eles estão convencidos sem qualquer razão que todas as coisas foram feitas".[79]

Um ano depois da publicação dos *Principia*, escrevendo a Elizabete, Descartes salientava as consequências de tipo 'moral' implícitas na posição daqueles que julgam que todos os céus foram criados apenas para servir à Terra e que a Terra foi criada apenas para o homem. Chega-se a pensar, neste caso, que a Terra seja a nossa principal morada e esta vida a nossa melhor vida, atribuem-se às outras criaturas imperfeições que elas não têm e, com impertinente presunção, quer-se assumir o papel de 'conselheiros de Deus'.[80] As objeções de Cristina da Suécia a estas teses, relatadas por Chanut, levantavam, entre outros, o problema dos mundos habitados:

> Se concebermos o mundo na vasta extensão que vós lhe atribuístes, é impossível que o homem ocupe nele uma posição honrosa: ele se considerará como num cantinho com toda a terra que habita, sem proporção alguma com a desmesurada grandeza do Universo. Julgará muito provável que todas estas estrelas tenham habitantes ou, melhor ainda, que elas tenham terras ao seu redor, todas cheias de criaturas mais inteligentes e melhores que ele. Perderá, sem dúvida, a opinião de que a grandeza infinita do mundo seja feita para ele ou possa servir-lhe para alguma coisa.[81]

Não somos obrigados a crer, respondia Descartes, que o homem seja o fim da criação. É bem verdade que no Gênese o

---

78. Descartes (1936-63), v. 5, p. 54.
79. Descartes (1967), v. 2, p. 138.
80. *Ibid.*, v. 2, p. 559 ss.
81. Descartes (1936-63), v. 7, p. 313 ss.

A CIÊNCIA E A FILOSOFIA DOS MODERNOS

homem parece o sujeito principal da criação, mas deve-se ter presente que aquela história foi escrita principalmente para o homem e que o Espírito Santo especificou nela as coisas que dizem respeito ao homem e a ele se referem. A convicção de que Deus tenha criado todas as coisas para nós deriva principalmente da obra dos pregadores, que querem inflamar-nos de amor por Deus e nos mostram a utilidade que têm para nós as outras criaturas, sem fazer-nos considerar também os outros fins em vista dos quais Deus as criou:

> Parece-me que o mistério da encarnação e todos os outros favores que Deus deu aos homens não impedem que ele possa ter concedido infinitos outros, grandíssimos, a uma infinidade de criaturas. E, não inferindo daí que existam criaturas inteligentes nos astros ou em outra parte, não vejo, entretanto, nenhuma razão que prove que não existem; mas deixo sempre em suspenso tais questões, preferindo não negar nem afirmar nada.[82]

Deixar a questão em suspenso, não afirmar nem negar. Todavia, no fim da vida, no *Colóquio com Burman*, Descartes defrontava-se, mais uma vez em função da polêmica com o antropocentrismo, com a hipótese de uma pluralidade de mundos habitados:

> Este é o hábito comum entre os homens: crer que são caríssimos a Deus e supor por isso que tudo tenha sido feito para eles; que a Terra, sua morada, venha primeiro que tudo; que tudo foi feito por sua causa. Mas sabemos nós se Deus não produziu algo fora desta terra, nas estrelas, etc.? Sabemos nós se não colocou nelas outras criaturas de espécie diferente, outras vidas e, por assim dizer, outros homens ou, pelo menos, seres análogos aos homens? (...) Sabemos nós se Deus produziu infinitas espécies de criaturas, quase esgotando na criação a sua potência? (...) Não devemos pretender demais, como se tudo estivesse em nosso poder e em função de nós, enquanto talvez existam em outro lugar inúmeras outras criaturas muito melhores que nós.[83]

Estas interrogações e estas hipóteses não exerceram uma influência direta na discussão sobre a habitabilidade dos mundos.

---

82. Descartes (1967), v. 2, p. 626 ss.
83. *Ibid.*, v. 2, p. 696.

Mas a cosmologia mecanicista de Descartes prestava-se a ser largamente utilizada – basta pensar em Fontenelle – para afirmar a tese de um universo infinitamente povoado. Entretanto, o tema da insuficiência e da infecundidade da tradicional visão antropocêntrica atravessa toda a cultura europeia, e certamente não cabe lembrar aqui os textos bem conhecidos de Hobbes, de Espinosa ou de Pascal. Em todo caso, deve-se ressaltar que a expressão 'non omnia hominum causa fieri', que é positivamente sublinhada também por Leibniz,[84] estava destinada a assumir, em contextos diversos, significados muito diferentes. Em 1659, nos *Experimenta nova*, Otto von Guericke retomava os temas do '*infinitus Dominus*' que '*infinite imperat*' e da '*infinita creaturarum multitudo*', da qual resulta a potência divina, extraindo daí a consequência de que 'é repugnante crer que a imensidade do Universo exista apenas para a Terra e seus habitantes'.[85]

Muito longe das ambiguidades e das imprecisões presentes nos textos de Descartes e de Galileu, é Cyrano de Bergerac quem, na metade do século, se faz defensor da doutrina de um universo orgânico e vivo.[86] Cyrano é um dos mais conhecidos expoentes do pensamento libertino. Reportando-se a Campanella, Gassendi e La Mothe le Vayer, ele mistura temas referentes ao platonismo hermético e à cabala, ao atomismo de Demócrito e de Epicuro, à tradição do averroísmo, à nova cosmologia de Copérnico, Kepler e Galileu. As estrelas fixas são outros tantos sóis, e daí se pode concluir que o mundo é infinito, porque é verossímil que os habitantes de uma estrela 'descubram ainda, acima deles próprios, outras estrelas fixas que nós não conseguimos avistar'. Também é razoável pensar que isso se repita ao infinito. Assim como alguém numa embarcação crê que a margem caminha, assim também os

---

84. Leibniz (1965), v. 1, p. 150. "(...) nem todas as coisas se fazem por causa do homem."
85. Guericke (1672), p. 216, 243.
86. A melhor edição das obras atualmente é Cyrano (1977). A tradução italiana mais confiável é Cyrano (1982). Sobre as relações com Descartes, consulte-se Spink (1960). Dentre os melhores estudos, devem ser lembrados: Erba (1969); Alcover (1970); Prévot (1977).

A CIÊNCIA E A FILOSOFIA DOS MODERNOS

homens acreditaram que era o céu que girava em torno da Terra. A isso se acrescenta 'o orgulho insuportável dos homens', que julgam que o Universo foi construído exclusivamente para seu uso e consumo:

> Como aquele cujo barco navega próximo da terra firme tem a impressão de permanecer imóvel e de que a margem se move, assim os homens, girando junto com a Terra em torno do céu, julgaram que fosse o próprio céu que girava em torno deles. Acrescente-se a isso o insuportável orgulho dos humanos, que os faz pensar que a natureza foi criada expressamente para eles, como se fosse verossímil que o Sol (...) foi aceso só para fazer amadurecer as suas nêsperas e florescer as suas couves. Quanto a mim, longe de subscrever à insolência desses espíritos rudes, julgo que os planetas são mundos ao redor do Sol e que as estrelas fixas são outros tantos sóis com planetas ao seu redor, ou seja, mundos que não podemos ver daqui (...) Como se pode imaginar de boa fé que estes imensos globos são apenas esquálidos desertos, enquanto o nosso, só porque nos arrastamos nele como uma dúzia de orgulhosos malandros, seria criado para comandar a todos? Como! Se o Sol mede nossos dias e nossos anos, isso significa que ele foi feito para impedir-nos de bater a cabeça contra os muros? Não! Não! Esse deus visível ilumina o homem por puro acaso, assim como o archote do rei ilumina por acaso o carregador que passa pela estrada.[87]

Também no discurso de Thomas Burnet, que publica a *Telluris theoria sacra* em 1681, não há mais espaço para a celebração de um cosmos ordenado e perfeito, construído para o senhor do mundo, no qual se revele, sempre em função do homem, a divina sapiência. Em Burnet, defensor de uma imagem pessimista e trágica do mundo, desaparecem também as perfeitas hierarquias nas quais, como queriam os neoplatônicos de Cambridge e Henry More, se escande um princípio vital ou 'plástico' da natureza. Burnet vê claramente que a imagem familiar e 'popular' do Universo descrito pelos Textos Sagrados e, em seguida, 'traduzido' na linguagem aristotélica e ptolomaica, foi sendo substituída, por obra da nova física, pela imagem de um universo imensurável, que

---

87. Cyrano (1977), p. 363 ss.

não é mais construído à imagem do homem, que não pode mais ser concebido como uma espécie de 'apêndice' da Terra, nem pode ser visto em função desta. A posição 'relativista' de Bruno, pela qual a Lua é céu para nós assim como somos céu para a Lua e astro e céu para os outros astros,[88] dissolvia-se na visão de um universo em ruínas, destinado à consumpção e à morte, dentro do qual a Terra é uma rejeição da natureza, uma partícula obscura e sórdida, suspensa na profundeza sem limites dos céus. A acusação de impiedade, tradicionalmente lançada contra os defensores das doutrinas de Copérnico e de Bruno, voltava-se contra os arautos da centralidade da Terra, da sua precedência e excepcionalidade no Universo:

> Resulta que as estrelas fixas são corpos ígneos e que não estão todas ligadas a uma mesma superfície. Algumas estão mais distantes que outras da Terra e mais profundamente imersas no céu e, portanto, não existe nenhum centro (*umbilicum*) comum a todas. Pensar que a nossa Terra, esta partícula obscura e sórdida do Universo, menor em tamanho e dignidade que as simples estrelas fixas, seja o coração do imenso corpo do mundo, seja sua parte mais nobre e mais vital, é contrário à razão e à natureza das coisas. E afirmo de novo, desdenhosamente, que não se pode pensar, sem ofender a obra e seu Artífice, que esta Terra, refugo e escória da natureza, seja a principal entre todas as coisas e quase a primogênita entre todas as criaturas.[89]

A imagem bruniana de um universo desprovido de 'umbigo' e de centro conjugava-se nestas páginas com as dúvidas sobre a possibilidade de encerrar toda a história do mundo dentro do espaço demasiado breve concedido pela ortodoxia religiosa. A hipótese de uma lenta formação do Universo fazia com que a Terra, há tempos destronada da sua posição de centro, se tornasse também o produto, não primogênito nem originário, de um lento e trabalhoso processo temporal, interrompido por catástrofes e destruições dos mundos. Entrava em crise a narrativa 'popular' de

---

88. Bruno (1955), p. 100.
89. Burnet (1733), p. 405 ss.

Moisés, que não continha descrições de eventos reais, não era traduzível em discurso científico, mas tinha sido ditada por expedientes de natureza 'política'. A Terra configurava-se como o resultado de um processo natural e a natureza e o cosmos não podiam continuar a ser concebidos como uma espécie de 'apêndice' da Terra:

> Estes e outros fenômenos celestes semelhantes dificilmente podem ser limitados a um período de seis milênios, resguardadas as leis da natureza. Convém antes admitir que a origem da nossa Terra e de todo o Universo, tanto intelectual como material, não foi a mesma nem foi simultânea. Não é de admirar o fato de que Moisés não tenha separado estas coisas e não tenha tratado a origem do Universo separadamente da do nosso mundo sublunar. O povo, de fato, não distingue essas coisas nem as considera separadamente. A grande maioria dos homens, de fato, considera o resto da natureza e do Universo como uma espécie de apêndice do nosso mundo e da Terra (*pro quadam habet orbis nostri aut telluris appendice*), como algo que não tem nenhum valor por si mesmo, mas que é adaptado aos usos do gênero humano, para que possa servir às suas necessidades.[90]

Cinco anos mais tarde, em 1686, aparecerá o límpido e brilhante discurso de Fontenelle:

> A nossa particular loucura consiste em crer (...) que toda a natureza, sem qualquer exceção, seja destinada aos nossos usos. E quando se interroga os nossos filósofos para saber para que serve aquele prodigioso número de estrelas fixas, uma parte das quais seria suficiente para fazer o que todas fazem, eles respondem friamente: servem para alegrar a vista.[91]

Não sejam como aqueles camponeses, tinha exclamado Borel quase meio século antes, que não tendo jamais visto as grandes cidades, não conseguem perceber, durante toda a sua existência, que podem existir cidades mais belas e maiores que a sua aldeia.[92] Toda a Terra, este objeto que por antiga tradição – mas segundo

---

90. *Ibid.*, p. 415. "(...) considera como uma espécie de apêndice do nosso mundo e da Terra."
91. Fontenelle (1719), p. 23.
92. Borel (1657), p. 14, 32.

perspectivas e intenções bem diversas – era considerado 'le plus vil et abiect de tous', configura-se agora como uma aldeia distante e como uma província, exatamente como tinha acontecido, desde o início do século, com o Mediterrâneo e com todo o Ocidente diante das descobertas geográficas, das viagens a países desconhecidos e populações distantes, ante o problema da *Terra australis incognita*:

> Do que duvidamos? Do que temos pavor? Das sombras? De nós mesmos? Naquele lugar existe um céu, existe uma terra, existem, sem dúvida, homens, talvez muito mais civilizados que nós. Quem teria imaginado tanta inteligência e tanta perícia nos Chineses? Um tão grande número de artes? Uma tão vasta e variada ciência de todas as coisas? Enquanto continuamos a crer que todas as Musas residem neste casebre que é o nosso Ocidente (*in hoc occidentali gurgustiolo*), eles sorriem. E não sem razão.[93]

As conjecturas verossímeis: o *Cosmotheoros* de Huygens

O grande Huygens morreu em 1695, deixando inédito o manuscrito do *Cosmotheoros sive de terris coelestibus earumque ornatu conjecturae*, que será publicado em 1698. Segundo Huygens, nem Nicolau de Cusa, nem Bruno, nem Fontenelle desenvolveram uma pesquisa séria sobre os habitantes dos outros mundos. No entanto, os caminhos que conduzem ao conhecimento de coisas tão distantes não estão barrados e há matéria para uma série de conjecturas verossímeis. Não deve haver obstáculos a elas por duas razões: em primeiro lugar, porque se tivéssemos aceitado a imposição de limites à curiosidade humana, ainda não conheceríamos nem a forma da Terra nem a existência do continente americano; em segundo lugar, porque a pesquisa de teorias verossímeis constitui a própria essência da física.[94]

Quem assistisse à dissecação de um cão não hesitaria em afirmar a existência de órgãos semelhantes num boi ou num porco.

---

93. J. Hall (s.d.), p. 9.
94. Huygens (1888-1950), v. 21, p. 683, 687, 689.

Do mesmo modo, conhecendo a Terra, é possível fazer conjecturas sobre os outros planetas. A gravidade certamente não existe só na Terra. Por que a vida vegetal e a animal só deveria existir nela? É bem verdade que a natureza procura a variedade e que através da variedade se manifesta a existência do Criador, mas também é verdade que as plantas e os animais americanos têm uma semelhança de estrutura com as plantas e os animais europeus. As diferenças com a vida presente nos planetas dependem da sua distância do Sol, 'mas serão diferenças mais de matéria que de forma'.[95] Os admiráveis modos de reprodução das plantas 'não podem ter sido inventados só para a nossa Terra'. Não se diz que os habitantes dos outros planetas são iguais a nós, mas com certeza são estruturalmente análogos a nós: serão também dotados de uma razão e de valores semelhantes aos nossos, terão olhos, mãos, escrita, sociedade, geometria, música.[96]

Justamente porque crê no valor das conjecturas verossímeis, Huygens rejeita como totalmente extravagantes as afirmações 'vazias de sentido e pouco razoáveis' contidas no *Iter ecstaticum* (de 1656) do padre Athanasius Kircher. Antes da invenção do telescópio, a tese de que o Sol seja uma das estrelas fixas podia parecer em desacordo com a doutrina de Copérnico. Hoje, 'todos os que abraçam o sistema copernicano' julgam que as estrelas não estão colocadas na superfície de uma mesma esfera e pensam "que elas estão disseminadas pelos vastos espaços do céu e que a mesma diferença que ocorre entre a Terra ou o Sol e as estrelas mais próximas ocorra também entre estas e as sucessivas, e destas a outras ainda, numa progressão contínua".[97]

As críticas feitas por Huygens a Kepler sobre estes problemas apresentam elementos de grande interesse. Kepler, escreve Huygens, era de outra opinião. Embora acreditasse que as estrelas estejam esparsas na profundeza do céu, julgava que o Sol estivesse

---

95. *Ibid.*, v. 21, p. 699-703.
96. *Ibid.*, v. 21, p. 707, 717, 719-21.
97. *Ibid.*, v. 21, p. 809.

colocado no centro de um espaço maior, acima do qual começava um céu semeado de estrelas. Pensava que, se as coisas fossem diferentes, só veríamos poucas estrelas e de grandeza bastante diversa. De fato, raciocinava Kepler, dado que as estrelas maiores nos parecem tão pequenas que mal podemos medi-las, e dado que as que estão duas ou três vezes mais longe nos parecem necessariamente (supondo as grandezas iguais) duas ou três vezes menores, chegaríamos logo a estrelas inobserváveis e daí resultariam duas coisas: que deveríamos ver poucas estrelas e que estas seriam de grandeza diferente. Ao contrário, nós vemos muitas e de grandeza não muito diferente. O raciocínio de Kepler, afirma Huygens, é equivocado: ele não considerou que é próprio da natureza do fogo e da chama serem visíveis a distâncias das quais outros objetos não são observáveis. Nas ruas das nossas cidades, podemos contar vinte ou mais lanternas mesmo que estejam colocadas a uma centena de pés uma da outra e mesmo que a chama da vigésima seja vista sob um ângulo de apenas seis segundos. Nada de estranho, então, se a olho nu vemos mil ou duas mil estrelas e se vemos vinte vezes mais com um telescópio.

Mas, aos olhos de Huygens, o erro de Kepler tem uma raiz mais profunda. Ele *desejava* (*'cupiebat'*) "considerar o Sol como um objeto eminente sobre as outras estrelas, único na natureza a ser provido de um sistema de planetas e colocado no centro do universo". Ele precisava disso para ter confirmação do seu 'mistério cosmográfico' pelo qual as distâncias dos planetas do Sol deviam corresponder aos diâmetros das esferas inscritas e circunscritas nos poliedros de Euclides. Para isso, precisava "que existisse no Universo um só e único coro de planetas em torno de um Sol considerado como único representante da sua espécie". Todo este mistério nasceu da filosofia de Pitágoras e de Platão: as proporções não são conformes à realidade e os argumentos a favor da esfericidade da superfície externa do Universo são bastante fracos. A conclusão de Kepler, segundo a qual a distância do Sol da superfície côncava da esfera das estrelas fixas é cem mil vezes o diâmetro da Terra, é ademais baseada na extravagante razão de que o diâmetro

A CIÊNCIA E A FILOSOFIA DOS MODERNOS

da órbita de Saturno está para o da superfície inferior da esfera das fixas assim como o diâmetro do Sol está para o da órbita de Saturno.[98]

À estranheza das ideias do grande fundador da astronomia, Huygens contrapunha a tese 'bruniana' de uma identidade de natureza entre o Sol e as estrelas:

> Não se deve hesitar em admitir, com os principais filósofos do nosso tempo, que o Sol e as estrelas têm uma mesma natureza. Disso resulta uma imagem do Universo mais grandiosa que aquela até aqui transmitida. Quem nos impede de pensar que cada uma dessas estrelas ou Sóis tem planetas ao seu redor, por sua vez providos de luas? (...) Se nos pusermos em pensamento nas regiões celestes, numa posição não menos distante do Sol que das estrelas fixas, não notaremos entre ele e elas qualquer diferença.[99]

As ímpias conjecturas dos adeptos de Lucrécio, Nicolau de Cusa e Bruno, sobre a multiplicidade dos sistemas solares e sobre a vida espalhada e onipresente no Universo, encontram confirmação autorizada nos escritos de um dos mais famosos cientistas do século, descobridor dos anéis de Saturno e teórico da nova dinâmica. Em 1660, em Paris, Huygens encontrou Pascal e foi apresentado a Luís XIV. Membro da Royal Society, tornou-se também um dos membros mais ativos da *Académie des sciences*. O ministro Colbert ofereceu-lhe, em Paris, um apartamento, um laboratório e uma elevada pensão. Nessa cidade, Huygens não frequentou apenas os ambientes habituais a Pascal e a Pierre Daniel Huet, mas também o círculo, muito pouco ortodoxo, dos irmãos Charles e Nicolas Perrault. Teve relações com ateus e descrentes declarados como Jean Chapelain e Adrien Auzot. Leu os textos dos epicuristas, dos libertinos e de Espinosa. Pensava que a alma era mortal e que a afirmação, segundo a qual todas as coisas foram criadas para o homem, não queria certamente dizer que os corpos ingentes das estrelas (que vemos apenas em parte e que jamais

---

98. *Ibid.*, v. 21, p. 811, 813.
99. *Ibid.*, v. 21, p. 813.

teríamos visto sem a ajuda do telescópio) foram criados para a utilidade do homem e para a sua contemplação.[100]

Colocar-se mentalmente num ponto do Universo equidistante do Sol e das estrelas fixas mais próximas e desse ponto considerar o Sol e a Terra (que se torna invisível): este tipo de 'experimento mental' não pertence à mesma família dos experimentos mentais em uso na filosofia natural de Galileu. Pressupõe o distanciamento de um ponto de vista terrestre ou heliocêntrico na consideração do cosmos, uma espécie de *relativismo cosmológico* que está em andamento nos mesmos anos do nascimento do relativismo cultural. Isso transparece com clareza no próprio texto de Huygens:

> É necessário que nos consideremos como colocados fora da nossa Terra e capazes de observá-la de longe. Podemos então perguntar se é verdade que a natureza conferiu só a ela todos os seus ornamentos. Assim fazendo, poderíamos compreender melhor o que é a Terra e como devemos considerá-la. Do mesmo modo, aqueles que realizam longas viagens são melhores juízes das coisas da sua pátria que aqueles que nunca saíram dela.[101]

Conclusões

Pluralidade dos mundos nem sempre quer dizer afirmação da infinitude do Universo. Esta última nem sempre implicará a convicção de que existam formas de vida ou outros seres pensantes na infinitude do cosmos. Podíamos falar de infinitos globos e terras que povoam um cosmos interminável e, todavia, ainda fechado pelo céu das estrelas fixas (como fizeram Lower e Harriot); podíamos (como fez Descartes) distinguir entre infinitude e ausência de limites; podíamos até (como fez Borel) falar de um universo infinito que tinha, todavia, o Sol como seu centro. De qualquer modo, a história da longa disputa sobre a existência de mundos habitados – que ainda está para ser escrita –, embora se entrelace e se ligue em

---

100. *Ibid.*, v. 21, p. 867.
101. *Ibid.*, v. 21, p. 689.

A CIÊNCIA E A FILOSOFIA DOS MODERNOS

muitos pontos com elas, não coincide nem com a história da grande cadeia do ser ou do *principle of plenitude*, nem com a da passagem 'do mundo fechado para o Universo infinito', nem com a das viagens imaginárias ou da descoberta do bom selvagem. Essa disputa e as conclusões a que chega, contribuíram, entretanto, para pôr em crise uma concepção 'terrestre' e antropocêntrica do Universo, para esvaziar de sentido o tradicional discurso dos humanistas sobre a nobreza e a dignidade do homem. Esse discurso estava solidamente ligado àquela visão expressa nos versos do *Nosce te ipsum* de John Davies:

> *Deus fez primeiro os anjos incorpóreos, puros espíritos,*
> *Depois outras criaturas ou corpos sem espírito*
> *Finalmente fez o Homem, que é o limite entre as duas naturezas*
> *No qual nós vemos o compêndio do mundo.*[102]

No contexto cultural a que deu vida a nova cosmologia não faltaram posições extremas. Os animais, escreveu Tommaso Campanella no *De sensu rerum et magia*, vivem no ventre do mundo juntamente com o homem, assim como os vermes vivem no ventre do homem e ignoram a vida, a alma e a natureza do homem.[103] Os blasfemos permanecem em Deus como aqueles vermes no queijo, que julgam que o mundo não é maior que aquele queijo.[104] O verme nascido no queijo, escreverá ele ainda na *Metafísica*, não compreende o queijo, mas só as partículas que lhe estão próximas.[105] A metáfora do queijo e dos vermes, desta vez decididamente aplicada não aos animais ou aos blasfemos, mas ao homem em geral, retorna na Epístola de Tobia Adami antecedendo a *Apologia pro Galilaeo*. Neste limitado mundo somos como vermes no queijo. Nesta situação, enfrentamos as gravíssimas questões que concernem à sua estrutura: não sabemos se é nossa morada, que

---

102. Citado em Reese (1987), p. 510.
103. Campanella (1620), p. 153.
104. Campanella (1636), p. 81.
105. Campanella (1638), p. 45.

chamamos Terra, que gira no espaço em torno do Sol juntamente com os outros planetas, ou se é o Sol que gira em torno dela.[106]

Para explicar a presença e o uso 'cosmológico' desta metáfora no discurso de um moleiro do século XVI, recorreu-se, num livro muito feliz, aos calmucos da Mongólia, ao enriquecimento de 'mitos antiquíssimos e remotos', mas não à existência de uma 'tradição cosmológica milenar que, para além das diferenças de linguagens, ligou o mito à ciência'.[107] O que importa aqui é que a comparação entre o homem e outros animais não propriamente nobres continua nas linhas seguintes de Adami: "Sentimos que somos tão mesquinhos que, como um rato num navio, não sabemos quase nada sobre este assunto. Exatamente como aquele rato que não saberia responder nada a outro rato que se aproximasse, quando o mar está calmo, para saber se o navio, que é sua morada, está parado ou em movimento."

Para adquirir um sentido não meramente retórico, o tradicional discurso sobre a dignidade do homem, após a 'revolução astronômica', deverá ser formulado de maneira diversa, deverá assumir, em contextos novos, significados diferentes. A nova imagem do homem terá também resultados diversos e será utilizada de maneira variada. É certo, entretanto, que os protagonistas desta grande reviravolta intelectual – de Bruno a Wilkins, de Borel a Burnet, de Cyrano a Fontenelle – utilizaram livremente, em defesa de sua visão do mundo, os resultados mais discordantes do trabalho dos grandes astrônomos do século XVII, fazendo, como se diria hoje, extrapolações nem sempre legítimas ou cautelosas e instituindo analogias apressadas. Mas mesmo as suas 'fantasias' e seus procedimentos de tipo analógico contribuíram para mudar o curso das ideias e também o caminho da história da ciência. Primeiro Copérnico, mais tarde Kepler, embora tão fortemente condicionados por pressupostos de tipo metafísico, o próprio Galileu, sempre tão lúcido e rigoroso, Tycho Brahe, observador e calculista tenaz,

---

106. Campanella (1973), p. 36 ss., 155.
107. Ginzburg (1976), p. 68. Cf. Zambelli (1979), p. 51-90.

A CIÊNCIA E A FILOSOFIA DOS MODERNOS

tinham simplesmente deixado para os 'filósofos' esses assuntos e essas interrogações, questões então indecididas e agora indecisas. Enquanto obra *escrita por um astrônomo*, o *Cosmotheoros* de Christiaan Huygens permanece, no século XVII, como um caso isolado. Aquelas páginas demonstram, entretanto, que nem mesmo os elaboradores de teorias rigorosas foram indiferentes a essas 'fantasias'.

OITAVO CAPÍTULO

LÍNGUAS ARTIFICIAIS, CLASSIFICAÇÕES, NOMENCLATURAS

Premissas

Os estudiosos de linguística do século XX, exatamente como ocorreu e ocorre com os filósofos, ainda não acertaram as contas com os clássicos do século XVII. Em torno de um velho (e não muito conhecido) livro de Johann Joachim Becher, *Character pro notitia linguarum universalis*, publicado em Frankfurt em 1661, desenvolveu-se, no início dos anos sessenta, uma discussão entre dois dos maiores estudiosos italianos de linguística: Luigi Heilmann e Tullio De Mauro.[1]

As divergências entre os dois estudiosos eram numerosas e de não pouco relevo. Não pretendo intervir, por incompetência, numa discussão entre especialistas. As páginas que seguem se propõem dois objetivos: 1. oferecer uma série de informações e de considerações sobre o problema das línguas universais do século XVII (uma vez que só sobre esse fundo resultam compreensíveis as perspectivas de Becher); mostrar a relação que ocorre entre o problema das línguas universais e o problema das 'classificações', que estava então (como de resto ainda hoje) bastante vivo nas ciências da natureza.

---

1. Heilmann (1963); De Mauro (1973).

Mas sobre o tema dos 'especialistas' e da 'especialidade' parecem-me necessárias algumas advertências. Na cultura do século XVII existem comunidades de médicos, de homens de lei, de filósofos, de cultores de filosofia natural e de matemática, até de astrônomos, talvez até de químicos, mas certamente *não existem* grupos de pessoas que se reconheçam como 'linguistas' ou como 'geólogos' e que constituam como tais uma comunidade delimitada ou delimitável. Se procurarmos hoje reconstruir os percursos da geologia, encontramo-nos diante de textos de personagens que se ocuparam, ao mesmo tempo e com competência, daqueles campos de estudo que denominamos hoje teologia, arqueologia, história, linguística, biologia evolucionista, antropologia cultural, geografia, etc.[2] A mesma coisa vale para a linguística e para os linguistas. Se abrirmos qualquer texto setecentista referente à linguagem em geral e às línguas universais em especial, encontramo-nos em presença de uma singular mistura de temas: linguagens, hieróglifos e alfabetos, línguas cifradas e escrituras secretas, lógica e gramática, detalhadas classificações dos elementos e dos meteoros, das artes liberais e mecânicas, dos minerais e dos metais, das plantas e dos animais.

Os historiadores, como os estudiosos de antropologia, devem tratar as ideias estranhas e obsoletas com o mesmo respeito que temos, obviamente, pelas ideias que fazem parte da nossa cultura. A lista anterior de assuntos, que está tão longe das nossas abordagens modernas, está ligada a três tradições filosóficas diversas, mas fortemente interligadas entre si:

1. o renascimento, no século XVI, dos projetos de Raimundo Lúlio para uma *Ars magna*;

2. o interesse, bastante vivo junto aos expoentes da chamada 'tradição hermética', pela antiga *Arte da memória*;

3. a fortuna europeia da noção baconiana dos *caracteres reais*.

---

2. Gould (1987), p. 4.

A CIÊNCIA E A FILOSOFIA DOS MODERNOS

Em cada uma dessas três diferentes tradições, ao projeto de uma língua artificial corresponde o projeto de uma enciclopédia. A enciclopédia, como descrição detalhada da totalidade do real, é de fato essencial de diversos modos: 1. à doutrina luliana de uma unidade fundamental do saber à qual corresponde a unidade do cosmos; 2. à imagem do conhecimento (que foi própria dos lulianos, de Descartes e de Bacon) como uma árvore da qual as várias ciências se ramificam como outros ramos que nascem de um mesmo tronco; 3. às técnicas, complicadas e barrocas, da arte da memória, baseada no uso de imagens, figuras, quadros sinóticos e 'teatros do mundo'.

Tradições, problemas, termos

A ideia de que existam símbolos, diferentes dos empregados na escrita alfabética, aptos a exprimir conceitos sem o intermédio das palavras, é bastante antiga, como é antiga a ideia de que existam ou tenham existido na história da civilização humana escrituras contestes de símbolos capazes de exprimir diretamente coisas ou noções. Não pretendo enfrentar aqui, nem mesmo superficialmente, os problemas já tão analiticamente estudados do simbolismo, do alegorismo, da literatura relativa aos emblemas e às 'divisas'. Mas quero apenas lembrar, de modo pouco mais que enumerativo, alguns temas que exerceram uma influência decisiva sobre os projetos setecentistas de uma língua universal.

1. Hieróglifos

Cabe recordar, em primeiro lugar, aquela interpretação da escrita hieroglífica, que dominou a cultura do Ocidente desde Platão até Champollion, a qual considera os hieróglifos como símbolos e alegorias, como representações concretas de objetos materiais mediante os quais se podem exprimir ideias e conceitos abstratos.[3]

> A escrita dos egípcios não exprime conceitos mediante sílabas acrescentadas uma a outra, mas mediante o significado dos objetos que foram copiados e mediante o seu significado figurativo que, pela prática, imprimiu-se na memória. Por exemplo, eles traçam o desenho de um falcão, de um crocodilo (...) e assim por diante. O falcão significa para eles tudo aquilo que acontece rapidamente, dado que este animal é a mais rápida dentre todas as criaturas aladas. O conceito pintado é assim transferido, mediante uma metáfora apropriada, a todas as coisas rápidas e a tudo aquilo que tem a propriedade de ser rápido (...) E o crocodilo é o símbolo de tudo aquilo que é mau.[4]

Mesclando-se com a ideia de uma filosofia escrita pelos antigos egípcios sobre os obeliscos, de uma oculta e secreta sapiência sacerdotal velada pelas imagens e só compreensível pelos iniciados, vinculando-se aos temas do hermetismo, do neoplatonismo, do alegorismo, da literatura emblemática, esta interpretação dos hieróglifos – através dos escritos de Plotino e de Orapollo, de Marciano Capella e de Marsilio Ficino, de Francesco Colonna e de Pierio Valeriano, de Andrea Alciati e de Athanasius Kircher – chega inalterada até o século XVIII. Num livro dos primeiros anos do século XVII, o *De furtivis litterarum notis* de Giambattista Della Porta, encontramos reunidos todos os principais ingredientes do mito dos hieróglifos: a ideia de uma secreta e sublime sapiência sacerdotal, a interpretação simbólica, a ligação entre hieróglifos e emblemas, o paralelo (que encontraremos em Bacon e em Vico) entre a linguagem dos hieróglifos e a linguagem dos gestos:

---

3. Sobre este tema vejam-se: Iversen (1961); Allen (1957); David (1965); Rossi (1969), p. 80-131; Cantelli (1986). Amplas notícias sobre as interpretações quinhentistas e seiscentistas em Morhof (1732), v. 2, p. 167 ss. Sobre as conexões entre egitomania e emblematismo, veja-se Panofsky (1957). Permanece fundamental Volkmann (1923).

4. Diodoro III, 4.

A CIÊNCIA E A FILOSOFIA DOS MODERNOS

Podemos comodamente comunicar sem necessidade de palavras (*sine loquela*), mediante figuras de coisas e de animais, que pretendemos indicar. Em alguns casos, elas significarão as simples palavras, em outros casos os significados inteiros (das proposições). Sabemos que deste modo escreviam os antiquíssimos egípcios, que, conhecendo a natureza de todos os animais, mediante as imagens destes, representavam as próprias coisas com base na sua peculiar qualidade (...) Assim, para significar o mundo, os egípcios pintam uma serpente enrolada sobre si mesma que morde a própria cauda, e indicam o ano com o Sol e a Lua que medem o tempo, o mês com um ramo, Deus com um falcão, a sorte com uma estrela, a Lua e os equinócios com um cinocéfalo; usam um leão para indicar a coragem, Ibis para indicar o coração, e fênix para indicar a vicissitude das coisas (...) Eles cogitaram essas notas (*notae*) a fim de não mostrar as doutrinas dos sábios aos homens que eram indignos (...) Desse modo, fazendo uso de uma espécie de revestimentos e de coberturas, subtraíam aos engenhos vulgares a compreensão das coisas, a fim de que a sua exposição não fosse aberta e nua.[5]

2. Gestos

O trecho de Della Porta, acima transcrito, faz parte de um capítulo dedicado aos sinais ou àquele tipo de comunicação que não necessita de palavras: '*Per notas hieroglyphicas atque per rerum animaliumque figuras tacite sermonem exprimi posse.*' Inseridas entre um capítulo dedicado aos gestos e aos emblemas e um discurso referente aos sinais luminosos, às linguagens das mãos e aos alfabetos secretos, as reflexões sobre os hieróglifos colocam-se num contexto ao qual não é certamente estranha a literatura sobre a linguagem gestual. *A arte dos gestos com a qual formando-se fala visível se trata da muda eloquência*, de Giovanni Bonifacio (1616) faz referência aos gestos como uma forma admirável de língua universal. A superioridade da linguagem gestual como '*universall character of reason*' e '*generall language of human nature*' é defendida, nesses mesmos anos, também pelo inglês John Bulwer que vê nela a forma originária da linguagem, que foi própria de Adão e da humanidade primitiva.[6]

---

5. Della Porta (1602), p. 15.
6. Bulwer (1644).

Antes de apresentar-se como a linguagem adaptada aos surdos-mudos, dando lugar a uma literatura específica,[7] a reflexão sobre os gestos colocava-se em estreita conexão com a que se refere à origem e à natureza da linguagem. Basta, a esse propósito, recordar as páginas de Bacon, de Wilkins e de Vico.

3. Ideogramas

Athanasius Kircher, no século XVII, e depois Daniel Huet e Joseph de Guignes, no século XVIII, defenderam a tese de um contacto direto entre a antiga civilização egípcia e a chinesa.[8] Esta tese nasceu da aproximação – que foi imediata e teve vastíssima ressonância em toda a Europa– entre a escrita egípcia, a chinesa e as chamadas 'pinturas' dos mexicanos.[9] Uma série de considerações sobre as várias formas de escrita não alfabética está presente na *Historia natural y moral de las Indias*, de Acosta, enquanto Michele Mercati nos *Obeliscos de Roma* contrapõe explicitamente a 'divina invenção das letras' àquelas 'pinturas das coisas' que são próprias dos egípcios e dos habitantes do México.[10] O termo 'caracteres hieroglíficos', para indicar os ideogramas chineses, comparece na célebre *Histoire de l'expédition chrétienne au royaume de la Chine* de Nicolas Trigault e é retomado no *De prima scribendi origine* de Herman Hugo:

> Em algum caso, as notas e as siglas (*notae et sigla*) eram empregadas para indicar apenas as palavras, em outros casos para indicar sentenças inteiras. No lugar das simples palavras, como aparece pelas notas encontradas por Cícero, que eram justamente notas e não letras. Ammiano diz impropriamente que entre os egípcios as simples letras estavam no lugar das simples palavras. As notas dos egípcios não eram simples letras, mas meras siglas e notas, não letras (...) Quase todas as notas hieroglíficas

---

7. Cf. Bonet (1620); Epée (1776). Sobre estes temas, veja-se Knowlson (1965).
8. Huet (1716); Guignes (1764).
9. Pinot (1932).
10. Mercati (1981); Rossi (1969).

A CIÊNCIA E A FILOSOFIA DOS MODERNOS

egípcias, assim como as modernas letras dos chineses (segundo o nosso Trigault) e as notas dos cabalistas, estão no lugar de sentenças inteiras.[11]

A hipótese lançada por John Webb de que o chinês poderia ser identificado com a primeira forma de linguagem e de escrita,[12] e o projeto inicial de Leibniz de modelar sobre a escrita chinesa a língua universal, nasciam no terreno destas discussões, às quais homens como Kircher e Bacon, de pontos de vista diferentes, tinham fornecido alimento.[13]

Também a tentativa empreendida por alguns missionários jesuítas de demonstrar a presença das originárias verdades cristãs nos antigos livros chineses, baseava-se no mesmo pressuposto que tinha largamente operado na tradição relativa aos hieróglifos egípcios: o de uma escrita capaz de revelar sentidos mais verdadeiros e mais profundos que os aparentes e 'externos' a quem, iluminado pela revelação, possuísse a sua chave.[14] "O sistema quase completo da verdadeira religião" – escreverá a Leibniz o padre Bouvet – "acha-se encerrado nos livros clássicos dos chineses." Mediante uma interpretação simbólica da escrita chinesa, afirma o padre De Prémare em 1725, 'os livros King podem, após tantos séculos, ser elevados à categoria de livros proféticos'.[15] Na carta ao duque Federico, de abril de 1679, Leibniz tinha esclarecido as razões que o levaram a abandonar o seu projeto inicial: "Se conheceis os caracteres chineses, penso que encontrareis neles um pouco mais de harmonia, mas eles estão sem dúvida muito longe daquela análise do pensamento que constitui a essência do meu projeto. Limitam-se realmente a dar muitas conotações, como

---

11. Hugo (1617), p. 137.
12. Webb (1669).
13. Ch'en Shou-Yi (1935).
14. Pinot (1932); Bontinck (1962).
15. Sobre estas posições de Leibniz, consulte-se David (1965), p. 59-83; mas são ainda importantes Lach (1940) e Lach (1945). Cf. ainda: Barone (1957), p. 1-40; Rossi (1983), p. 259-81. Uma cuidadosa e atualizada discussão sobre as relações entre Leibniz e a China e uma boa análise encontram-se em Piro (1988).

274 PAOLO ROSSI

fazem os hieróglifos egípcios, mas trata-se sempre de conotações que estão *entre as coisas*."[16]

4. Caracteres reais

Os temas acima referidos constituem o fundo cultural que se deve ter presente para compreender o significado de muitas páginas de Francis Bacon. Na sua obra, uma série de motivos e de afirmações nascidos em meios diversos e originados por diferentes interesses são levados para o plano de uma *teoria*, adquirindo coerência e organicidade.

> É sabido desde há algum tempo – escreve Bacon no *De augmentis* – que na China e nas regiões do Extremo Oriente estão em uso hoje *caracteres reais*, não *nominais*, isto é, que exprimem não letras e palavras, mas coisas e noções. Desse modo, pessoas das mais diversas línguas, que admitem este tipo de caracteres, comunicam-se entre si por escrito; e, desse modo, um livro escrito nesses caracteres pode ser lido e traduzido por qualquer um na sua própria língua. As *notae rerum*, que significam as coisas sem a obra e o intermédio das palavras, são de dois tipos: um baseado na *analogia* outro na *convenção*. Do primeiro tipo são os hieróglifos e os gestos, do segundo tipo os caracteres reais de que falamos (...) Os gestos são uma espécie de hieróglifos passageiros porque, como as palavras voam e os escritos permanecem, do mesmo modo os hieróglifos pintados permanecem e os expressos mediante gestos desaparecem (...) Ocorre que hieróglifos e gestos têm alguma semelhança com a coisa significada: são uma espécie de emblemas, e por essa razão os chamamos notas, por analogia. Os caracteres reais, ao contrário, não têm nada de emblemático e são totalmente não sensíveis, como as letras do alfabeto. Foram construídos por convenção e foram depois aceitos por convenção e quase por um pacto tácito. É claro que este tipo de escrita exige uma quantidade muito grande de caracteres, que devem ser tantos quantos são os termos radicais.[17]

A enciclopédia baconiana (publicada em inglês em 1605 e, na edição latina mais ampla, em 1623) terá uma ampla difusão em toda a Europa. No início do seu *Essay towards a Real Character and*

---

16. Leibniz (1965), v. 1, p. 767.
17. Bacon (1857-92), v. 1, p. 651 ss.; v. 3, p. 399.

a Philosophical Language, publicado em Londres sob os auspícios da Royal Society, em 1668, John Wilkins fará referência explícita às considerações desenvolvidas por Bacon. A discussão baconiana sobre os *caracteres reais*, a posição assumida pelo Lorde Chanceler relativamente ao problema da linguagem, constituem o pressuposto de todas as doutrinas sobre a língua universal elaboradas no curso do século XVII.

5. Coisas e palavras

À discussão sobre os hieróglifos, as *notae* e as escritas simbólicas não permaneceram alheios os cultores das ciências matemáticas e naturais e, sobretudo, os grupos baconianos da Royal Society, empenhados numa luta renhida contra a retórica do humanismo tardio e em defesa do rigor (inclusive linguístico) da nova ciência. John Webster, capelão da armada do Parlamento, ardoroso defensor da filosofia experimental, ataca com violência, no *Academiarum Examen*, a retórica e a oratória, rejeita os estudos gramaticais e insiste sobre a oportunidade de um '*symbolic and emblematic way of writing*' que supere a imperfeição e a confusão das línguas naturais.[18] Em *Some Considerations Touching the Style of the Holy Scriptures* (escrito em 1653 e publicado em 1661), Robert Boyle manifesta o mesmo desprezo por todo ornamento inútil do estilo. Num interessante trecho autobiográfico, contrapõe sua propensão pela filosofia experimental e seu interesse pelas coisas à sua aversão pelo estudo das palavras, insistindo ainda sobre a ambiguidade e 'licenciosidade' dos termos científicos, que são nocivas ao progresso da verdadeira filosofia: 'A minha propensão para um saber real gera em mim aversão e desprezo pelo estudo vazio das palavras.'[19] Robert Boyle interessou-se durante muito tempo pelos problemas da língua artificial. Outro baconiano, Joshua Childrey, detém-se longamente sobre os danos que

---

18. Webster (1653).
19. Boyle (1772), v. 1, p. 11, 29 ss.

resultam para a ciência da confusão das línguas naturais e, na sua *Britannia Baconia*, afirma que a face da realidade não deve ser desfigurada borrando-a com o cosmético da linguagem: '*not disfigure the face of truth by daubing it over with the paint of language*'.[20]

Na cultura inglesa da segunda metade do século XVII, retorna insistentemente a contraposição das *coisas* às *palavras*, das operações às especulações, e aparece continuamente a ideia, já presente na filosofia baconiana, de que a linguagem constitui *um obstáculo* à compreensão da realidade, ao qual não podemos todavia renunciar enquanto criaturas humanas, ou seja, em outros termos, algo que *se interpõe* entre o homem e os fatos ou as forças da natureza.[21] Isso também deu força à ideia de uma língua perfeita, construída mediante a extensão para toda a linguagem dos procedimentos da matemática e de todo tipo de escrita baseada em imagens e símbolos. Seth Ward, professor de astronomia em Oxford, julga por exemplo que a escrita algébrica "inventada por Viète e aperfeiçoada por William Oughtred e Descartes" poderia ser estendida a toda a linguagem. Para qualquer coisa ou noção podem ser encontrados símbolos apropriados; com a ajuda da lógica e da matemática todos os discursos poderão ser resolvidos em enunciados (*resolved in sentences*), estes em palavras (*words*) e, já que as palavras significam noções simples, uma vez encontradas as noções simples às quais se atribuirão símbolos, será possível chegar a um tipo de discurso rigorosamente demonstrativo. O sonho dos cabalistas e dos rosa-cruzes poderá tornar-se realidade: "Uma linguagem desse tipo, na qual cada termo seria uma definição e conteria a natureza da coisa, poderia com justiça ser denominada linguagem natural, e poderia realizar aquela tarefa que cabalistas e rosa-cruzes tentaram em vão levar a cabo, quando procuraram no hebraico os nomes atribuídos por Adão às coisas."[22]

---

20. Childrey (1660), p. 22.
21. Jones (1951).
22. Ward (1654), p. 20 ss.

A CIÊNCIA E A FILOSOFIA DOS MODERNOS

Num *Dictionary of Sensible Words* e numa língua universal composta de caracteres 'extremamente mais fáceis que os atuais', trabalhou também, depois da metade do século, William Petty, membro da Royal Society e pioneiro dos estudos de economia política. Enquanto no *Advice to Hartlib* ele aponta para os problemas dos 'caracteres reais', numa carta a Southwell afirma que o seu dicionário tem o objetivo "de traduzir todos os termos usados na argumentação e nas matérias mais importantes em outros termos equivalentes que sejam *signa rerum et motuum*".[23]

Nos escritos do célebre matemático John Wallis (em particular no *De algebra*), o problema dos caracteres e das *notae* a empregar em álgebra é apresentado como um caso particular do problema mais geral dos signos, das cifras e das escritas. Os interesses de Wallis pela linguagem não eram marginais: em 1653, ele tinha publicado uma *Grammatica linguae anglicanae*, precedida de um *Tractatus grammatico-physicus de loquela sive sonorum formatione* que 'considera filosoficamente a formação de todos os sons na linguagem articulada'. Na *Mathesis universalis (...) arithmeticam tum numerosam tum speciosam sive symbolicam complectens*, encontramos uma série de observações, não originais mas muito significativas, sobre os signos, as notas e as escritas secretas.[24]

6. Linguagens cifradas

John Wallis, que se tinha dedicado a estudos de lógica durante os anos que passou em Cambridge (1632-40), tinha chegado à filosofia nova ou 'experimental' através dos estudos de física e de anatomia. Mas seus dotes de matemático e lógico – como ele próprio conta naquele curioso texto que é o *Account of Some Passages of His Own Life* – foram postos à prova pela primeira vez em 1642, no início da guerra civil: "Foi-me mostrada como uma curiosidade uma carta cifrada que os puritanos tinham conseguido

---

23. Petty (1648), p. 5.
24. Wallis (1695).

interceptar e, meio a sério meio de brincadeira, perguntaram-me se eu podia tirar alguma coisa dela." Em mais ou menos duas horas, Wallis conseguiu decifrar o texto e, em seguida, o comando do exército puritano solicitou-lhe que construísse ele próprio um alfabeto cifrado. Para esse fim, ele construiu uma linguagem 'composta de cerca de setecentas figuras numéricas, com vários outros caracteres misturados'.[25]

O episódio narrado por Wallis, que juntamente com John Wilkins e Theodor Haak foi um dos fundadores da Royal Society, é característico. Mas não é o caso de ver neste tipo de interesse só uma curiosidade erudita. O discurso sobre as linguagens cifradas – que tiveram grande voga entre o século XVI e o século XVIII e que correspondiam a solicitações precisas dos meios diplomáticos e militares – não deve ser separado dos referentes aos hieróglifos e às línguas universais. Os maiores teóricos da criptografia não só parecem fortemente interessados no problema do 'segredo' das mais antigas formas de escrita, mas também inserem sempre as suas considerações de caráter técnico dentro de um contexto mais amplo de considerações e reflexões sobre a linguagem, os signos e as escritas. Já se lembrou, a este propósito, o *De furtivis litterarum notis* de Della Porta, mas as mesmas questões aparecem no *Traité des chiffres ou secrètes manières d'éscrire* de Blaise de Vigenère, no *Mercury or the Secret and Swift Messenger* de John Wilkins, para não falar do *De augmentis* de Bacon[26] e de uma parte da obra de Kircher. Será suficiente citar brevemente dois textos não próximos no tempo: a célebre *Steganographia* de Tritêmio (por volta de 1482) e a *Ars decifratoria* de Christian Breithaupt. É opinião dos homens mais eruditos, escreve Tritêmio, que os sábios mais antigos, chamados 'filósofos' em grego, ocultavam de várias maneiras e figuras os arcanos da natureza e da arte. Os antigos, reafirma ele nos seis livros da *Polygraphia*, "não só, como fazemos nós, escreviam e falavam mediante palavras, mas, mediante uma invenção

---

25. Wallis (1725), p. 158-60.
26. Bacon (1857-92), v. 1, p. 650-62.

A CIÊNCIA E A FILOSOFIA DOS MODERNOS

particular deles, transformavam em significado tudo aquilo que está contido no mundo e que pode ser compreendido por nós".[27]

A ligação com o problema dos hieróglifos e das figuras simbólicas aparece evidente na setecentista *Ars decifratoria*, apresentada como a ciência capaz de ler e decifrar qualquer forma de escrita oculta e secreta.[28] A origem da criptografia, esclarece Breithaupt na *disquisitio historica* sobre os vários tipos de escritas secretas, remonta aos egípcios, como atestam Clemente Alessandrino e, entre os modernos, Athanasius Kircher. Existem de fato três tipos de escrita secreta:

> A primeira consiste em parte de sentenças conhecidas e de símbolos sutis, em parte de ficções históricas (*historicae fictiones*) adaptadas a um método secreto de transmissão; a segunda foi composta entre os egípcios, em parte por letras comuns, em parte por simbólicas; o último tipo de letras ocultas era enfim chamado sagrado e mediante ele exprimiam-se nos obeliscos e nas pirâmides os mistérios em torno de Deus, dos espíritos, do mundo, do homem e de outros segredos da natureza, e isso ocorria mediante símbolos de animais, homens, pássaros, instrumentos, plantas.[29]

7. Paz universal

Num livro de 1965, dedicado de modo específico ao debate sobre as escritas nos séculos XVII e XVIII, o nome de Comênio é lembrado só de passagem.[30] Entretanto, a influência exercida pelo ensino de Comênio sobre projetos tendentes à construção de uma língua universal pode ser minuciosamente documentada. Na *Via lucis*, que circulava manuscrita na Inglaterra desde 1641, Comênio tinha retomado, com amplitude muito maior, as observações de Bacon sobre os caracteres reais. Os caracteres simbólicos usados

---

27. Trithemius (1571), p. 97.
28. Sobre as linguagens cifradas cf.: Pratt (1940); Laffin (1964); David (1965), p. 26-28. Vários exemplos de escrita cifrada usada por embaixadores do século XVI encontram-se em Astle (1784).
29. Breithaupt (1737), p. 14 ss.
30. David (1965).

pelos chineses – escrevia ele – permitem a homens de diferentes línguas entenderem-se reciprocamente: se tais caracteres parecem coisa boa e vantajosa, por que não poderíamos dedicar os nossos estudos à invenção de uma 'linguagem real', à descoberta 'não só de uma língua, mas do pensamento e da verdade das coisas'? Se a variedade das línguas "é derivada do acaso ou da confusão, por que não se poderia, usando um procedimento consciente e racional, construir uma única língua que seja elegante e engenhosa e capaz de superar aquelas danosas confusões"?[31]

Nenhum livro dedicado à língua universal tinha aparecido na Inglaterra antes da viagem de Comênio a Londres em 1641: depois desse ano houve uma verdadeira florescência de textos. Não se trata de uma coincidência. Em março de 1642, Comênio firmou um pacto com Samuel Hartlib, John Dury e William Hamilton. Ele tinha como objetivo a paz religiosa, a reforma do método de estudo e de ensino, a fundação de um grande colégio de pesquisa no caminho indicado por Bacon, a educação dos índios da Nova Inglaterra e da Virgínia. Justamente Samuel Hartlib, que aparece aos homens de sua época como o defensor e o difusor na Inglaterra da obra comeniana, foi o mais apaixonado defensor e editor de obras sobre a língua universal: publicou em 1646 a obra de Lodowick; encorajou numerosas tentativas para a criação de um dicionário de termos essenciais; contribuiu para a publicação da *Ars signorum* de Dalgarno. John Wilkins, o mais conhecido e celebrado entre os teóricos da língua universal, foi ajudado e encorajado por outro discípulo de Comênio, Theodor Haak, com o qual teve relações de viva amizade. O próprio Comênio, dedicando à Royal Society, em 1668, a sua *Via lucis vestigata et vestiganda*, afirmava que a obra de Wilkins, publicada naquele mesmo ano, representava a realização do seu programa e de suas mais altas aspirações.[32]

---

31. Comenius (1938), p. 186-89.
32. Fattori, in Comenius (1974), p. 44-49.

A CIÊNCIA E A FILOSOFIA DOS MODERNOS

O nome de Comênio não pode ser esquecido, porque justamente de Comênio e dos meios comenianos derivou a ideia, depois tão atuante no pensamento de Leibniz, de que uma reforma radical da linguagem constituía a premissa necessária ao estabelecimento de uma sólida paz religiosa entre os homens e as nações. A exigência comeniana de uma linguagem mais clara, acessível e rigorosa não nascia no terreno da lógica e da metodologia: estava ligada àquelas aspirações tipicamente 'religiosas' que tinham encontrado expressão em muitos textos do lulismo e do neoplatonismo, reportava-se às ideias de pacificação universal – sobre a base de uma língua comum – próprias dos cabalistas e dos rosa-cruzes. Quando for construída "uma língua absolutamente nova, absolutamente clara e racional, uma língua pansófica e universal, então os homens pertencerão a uma só raça e a um só povo": nas esperanças milenaristas de Comênio conjugavam-se a tradição de Lúlio e da '*pax philosophica*' ou da '*concordia mundi*', sobre a qual tinham insistido Pico e Sabunde, Nicolau de Cusa e Postel.

William Bedel (1571-1642), que foi na Inglaterra um dos maiores defensores do irenismo e da conciliação entre luteranos e calvinistas, atribuía um caráter predominantemente verbal às controvérsias entre as seitas e estava fortemente interessado nos projetos de língua universal de Comênio e dos comenianos ingleses. William Petty, que já citamos ao falar dos 'matemáticos', concebe o seu dicionário em função de uma clarificação dos termos da vida religiosa. Quer traduzir todos os termos usados nas argumentações em outros termos que sejam '*signa rerum*' ('*translate all words used in argument and important matters into words that are signa rerum*') e defende energicamente a utilidade de uma distinção entre termos significantes e privados de significado. Determinando-se o exato significado de *God* e *devill*, *angel* e *world*, *heaven* e *hell*, *religion* e *spirit*, *church* e *pope*, chegar-se-á à conclusão de que, para além das diferenças terminológicas, existe a possibilidade de um efetivo entendimento sobre as noções e as coisas.[33]

---

33. Petty (1927), v. 1, p. 150.

8. *Ars memorativa*

Nos escritos de Wilkins e de Dalgarno sobre as línguas universais, nas considerações desenvolvidas por John Ray, nas páginas de Leibniz, retorna muitas vezes a referência àquela *ars memoriae* que tinha encontrado sua primeira formulação na retórica antiga e gozado de ampla fortuna nos séculos do Renascimento. Fixar na mente os conceitos fazendo apelo ao caráter visual e à força emotiva das imagens: assim formulada, essa poderia ser uma definição bastante exata daquelas técnicas memorativas que pretendem transportar os conceitos para o plano da sensibilidade, traduzindo-os em imagens, em emblemas e visões. Os emblemas, escreve Bacon, 'tornam sensíveis as coisas intelectuais e, já que o sensível atinge mais facilmente a memória, imprime-se nela com maior facilidade'.[34] Para poder 'explicar as coisas intelectuais', escreverá Vico, devemos 'ser socorridos pela fantasia' e, 'como pintores, fingir humanas imagens'. Das faculdades da mente, das paixões, das virtudes, dos vícios, 'formamos ideias e imagens femininas, e a elas reduzimos todas as causas, todas as propriedades e enfim todos os efeitos'.[35] A hereditariedade dessa vastíssima literatura, que foi reestudada recentemente por Yates,[36] era atuante em Bacon e em Vico. Não é sobre ela, enquanto tal, que devemos nos deter aqui. É oportuno, porém, sublinhar o nexo que se vem de fato estabelecendo entre o emprego das imagens e dos emblemas por parte da *ars memorativa* e a busca, por parte dos teóricos da língua universal, de caracteres e de *símbolos não alfabéticos* capazes de apresentar-se como *signa rerum*.

A convicção de que em civilizações diferentes da europeia tivesse sido possível chegar a uma sistemática representação e transmissão de conceitos *mediante imagens* em lugar da *escrita alfabética*, parecia confirmar essas possibilidades, sobre as quais tinham insistido longamente os teóricos da *ars memoriae*.

---

34. Bacon (1857-92), v. 1, p. 649.
35. Vico (1959), p. 431, 327.
36. Yates (1966); Rossi (1983).

A CIÊNCIA E A FILOSOFIA DOS MODERNOS   283

Della Porta, justamente, na *Ars reminiscendi*, tinha comparado as imagens da mnemotécnica aos hieróglifos egípcios: "Nisso, seguiremos os egípcios, os quais, não tendo letras com que pudessem escrever os conceitos, e para que mais facilmente pudessem guardar na memória as úteis especulações da filosofia, descobriram a escrita com pinturas, servindo-se de imagens."[37]

De um lado a arte da memória, de outro a língua universal: para perceber as relações entre fenômenos culturais aparentemente tão diversos, convém reportar-se ao fato de que a técnica memorativa e as regras da combinatória luliana apresentam-se como totalmente independentes das línguas particulares. As regras podem obviamente ser formuladas numa ou noutra língua, mas a *arte* consiste na criação de uma *estrutura formal* que, uma vez estabelecida, pode ser usada para recordar uma série qualquer de *res* ou de termos de uma língua. Tal estrutura é *fixa* e sempre reutilizável (na linguagem dos tratadistas da memória ela é a *forma* e assemelha-se ao *papel* em que se escrevem as palavras): é constituída de maneira convencional e arbitrária, podendo ser sucessivamente 'preenchida' com conteúdos mentais de qualquer natureza, por vezes variáveis e anuláveis após o uso ('*imagines delebiles*', semelhantes à escrita).

A função, os objetivos e o significado das artes da memória foram se configurando de maneira variada no curso dos séculos.[38] Aquela técnica que, entre os séculos XIV e XV, parecia a muitos uma técnica neutra, utilizável no âmbito da retórica ou da *ars praedicandi*, acabará por revelar-se como instrumento de ambiciosos projetos de reforma e por carregar-se de significados metafísicos. Entre os textos da *ars memoriae* do século XV e os de Giordano Bruno e Giulio Camillo existe uma diferença irrecuperável: um instrumento construído com vistas a finalidades práticas foi substituído – após o encontro com a tradição do lulismo – pela busca de um saber total. Não poucos textos de *ars memorativa* transfor-

---

37. Della Porta (1566), p. 19.
38. Spence (1984).

maram-se em verdadeiras enciclopédias. No *Thesaurus artificiosae memoriae* de Cosma Rosselli (de 1579), a clássica doutrina dos *lugares* da memória torna-se um meio para a descrição ordenada de todos os elementos do Universo. Nesse tesouro da memória, encontramos uma ampla e minuciosa descrição dos elementos celestes, das esferas, do céu e do empireo, dos demônios, dos instrumentos das artes mecânicas ou 'figuras artificiais', das 'figuras naturais' como as gemas, os minerais, os vegetais, os animais, enfim, das escritas e dos vários alfabetos (hebraico, caldeu, árabe). Na *Idea del Theatro* de Giulio Camillo (de 1550), Francesco Patrizi viu realizada a tentativa de um alargamento da retórica, de uma 'extensão' para a lógica e a ontologia. "Não cabendo por sua grandeza nos estreitíssimos preceitos dos mestres de retórica, saiu deles e alargou-a de modo a estendê-la para todos os vastíssimos lugares do Theatro do mundo inteiro." O julgamento de Patrizi era singularmente agudo. A própria ideia de um *teatro*, "no qual por termos e imagens devem ser dispostos todos aqueles lugares que possam bastar para memorizar e ministrar todos os humanos conceitos, todas as coisas que existem no mundo inteiro", mostra como a arte da memória estava se diluindo no projeto de uma 'disposição' orgânica e ordenada de todas as noções e de todos os fenômenos naturais. Num plano diverso, Comênio também tinha chegado a resultados semelhantes: o *Orbis sensualis pictus* vinha apresentado como 'a pintura e a nomenclatura de todas as principais coisas do mundo e das ações do homem na sua vida'.[39]

A língua universal: uma multiplicidade de projetos

Na segunda metade do século, não foram poucos os estudiosos, sobretudo ingleses, que se dedicaram à criação de uma língua artificial e universal, que eliminasse a 'confusão' das línguas naturais e superasse suas imperfeições, que fosse entremeada de

---

39. Comenius (1974), p. 557-620.

símbolos referentes não aos sons, mas diretamente às coisas e às noções.

1. Vinte e sete anos antes da sua obra maior, em 1641, John Wilkins publicou um texto sobre as linguagens secretas e sobre a arte da comunicação: *Mercury or the Secret and Swift Messenger Shewing How a Man May with Privacy and Speed Communicate His Thoughts to a Friend at Any Distance.* No seu livro sobre as línguas das viagens imaginárias, Paul Cornelius ocupa-se brevemente desse texto num capítulo dedicado à influência da obra *The Man in the Moone* de Francis Godwin, de 1638;[40] Wilkins, no capítulo dezoito do *Mercury,* retoma efetivamente a ideia expressa por Godwin de uma linguagem baseada exclusivamente nos tons e nas notas musicais. Trata-se, na verdade, de apenas um dos muitos argumentos aduzidos a favor de uma língua universal por parte de Wilkins, que já tinha publicado (em 1638) *The Discovery of the World in the Moone,* um dos textos mais famosos da literatura 'lunar'.

O terreno em que Wilkins se movimenta é porém muito mais amplo e faz referência a todos ou quase todos os temas até aqui considerados. O homem, que nasce privado de qualquer linguagem, é capaz de todas e não há qualquer sentido em abandonar uma criança num lugar selvagem para ver qual seria a linguagem natural do gênero humano. As palavras servem para a comunicação entre os homens, mas as suas possibilidades são condicionadas pela contiguidade no tempo e no espaço. Para superar este limite, a humanidade inventou as letras alfabéticas, que são '*such a representation of our words, as our words are of our thoughts*'. Sobre o alfabeto e sobre a escrita, sobre os gestos e sobre as linguagens secretas e rápidas (necessárias aos homens de Estado e aos soldados) discorreram Tritemio e Della Porta, Cardano e Vossius, "mas é sobretudo o nosso Aristóteles inglês, o douto Verulamio, que, na obra justamente intitulada *O Progresso do Saber,* expôs brevemente toda a substância do que pode ser dito sobre esse assunto".[41]

---

40. Cornelius (1965), p. 52-55.
41. Wilkins (1694), p. 4, 10.

Às linguagens secretas são dedicados os dez primeiros capítulos: o caráter secreto pode referir-se ao conteúdo do discurso (*matter*) ou às palavras (*words*). No primeiro caso, estamos diante das metáforas, das alegorias, dos oráculos, dos mitos e das fábulas. Deste tipo, conclui Wilkins, '*were all those mysterious Fables under which the ancients did veil the secrets of their religion and philosophy, counting it a prophane thing to prostitute the hidden matters of either unto vulgar apprehension*'. Por essa razão, os homens cultos dos tempos muito antigos, os filósofos platônicos e pitagóricos, eram '*generally inclined to involve all their learning in obscure and mysterious expressions*'. A este '*parabolical way of theaching*' recorreram os sábios hebreus no Talmud, e a ele recorrem as próprias parábolas dos Evangelhos. No caso em que o segredo se refere às palavras, porém, estamos diante da linguagem dos magos e das bruxas, dos vários tipos de escrita secreta teorizados na Antiguidade. Temos então as técnicas que usam tipos especiais de papel e de tinta, mudanças na ordem das letras, 'chaves' para a escrita e para a leitura, alfabetos duplos.[42]

A discussão coloca-se num plano mais geral quando Wilkins enfrenta o problema da escrita '*by invented characters*'. Estes últimos podem indicar letras ou palavras, ou ainda coisas e noções. Os hieróglifos e os emblemas são obviamente deste último tipo, quer dizer, ou aquelas esculturas sagradas que têm uma 'semelhança natural' com as coisas e foram esculpidas em obeliscos, pirâmides e monumentos, 'antes da invenção das letras', ou então aqueles desenhos significativos que aparecem nas antigas medalhas, nas divisas e no frontispício de livros. Quando são baseados '*upon some resemblance in the property and essence of the things themselves*', os emblemas são *naturais*: como no caso do delfim e da âncora das edições aldinas ('*So a Dolphin which is a swift creature, being described upon an Anchor, which serves for the stay and rest of a ship, signifies* Festina lente'). Quando, ao contrário, fazem referência a uma determinada '*common relation*', são *históricos*: como na figura

---

42. *Ibid.*, p. 22, 15-19.

A CIÊNCIA E A FILOSOFIA DOS MODERNOS

de Prometeu com o fígado devorado pelo abutre, que indica a punição do gênero humano, ou na imagem de Narciso, que simboliza a punição pelo excessivo amor de si próprio.[43]

Depois do pecado de Adão, escreve Wilkins no início do capítulo treze, o homem está sujeito a uma dupla punição: a fadiga, a qual o gênero humano remediou com as várias artes e profissões; a variedade das línguas, a qual tentou remediar com o latim e as várias 'learned languages', que, em razão de sua generalidade, parecem poder obviar à confusão de Babel. Um remédio definitivo poderia ser representado só por um caráter universal, capaz de exprimir as coisas e as noções e que pudesse, então, ser lido e compreendido por todos os povos e todas as nações. As conclusões de Wilkins são características e nos reportam às teses de Francis Bacon sobre a linguagem entendida como um 'obstáculo' (inevitável para as criaturas humanas) à compreensão da realidade: a grande parte do nosso tempo que é agora dedicada ao estudo das palavras, poderia ser empregada no estudo das coisas : 'the great part of our time which is now required to the learning of words, might then be employed in the study of things.'[44]

Wilkins reporta-se à *Historia Sinensis* de Nicolas Trigault (1615), ao *De prima scribendi origine* de Herman Hugo (1617), ao *De augmentis* de Bacon (1623), para afirmar que em alguma parte do mundo, nos reinos do Extremo Oriente, tal tipo de caracteres existiu e foi efetivamente usado: embora as diferenças entre o chinês e o japonês não sejam menores que as que ocorrem entre o hebraico e o alemão, esses povos 'by the help of a common character' podem 'as well understand the books and letters of the others, as if they were only their own'. Uma escrita desse tipo, segundo Wilkins, está presente por outro lado também na civilização ocidental: é atestada pelo uso dos números romanos e arábicos ('barbarian') na matemática, pelos signos e símbolos usados na astronomia, na notação musical, nos tratados de química e de

---

43. *Ibid.*, p. 89, 101, 104.
44. *Ibid.*, p. 106.

farmacologia. Não há nenhuma razão pela qual as possibilidades implícitas nestas linguagens particulares não possam ser estendidas para a linguagem em geral. Os caracteres deverão ser tantos quantas são as palavras primitivas ou radicais ('*there must be as many several characters as there are primitive words*'); símbolos particulares serão empregados para distinguir os vários casos, as conjugações dos verbos e as necessárias variações dos termos derivados dos primitivos. Visto que os chineses e os japoneses não empregam mais de sete ou oito mil caracteres, o aprendizado da língua universal não será mais difícil que o de uma língua particular qualquer, porque não serão necessários mais signos para exprimir as coisas que os que já existem atualmente para exprimir as palavras ('*there needs not be more signs for the expression of things, than there is now for the expression of words*'). Lendo a língua universal, os falantes pronunciarão *palavras* diferentes, mas o *sentido* será o mesmo, como ocorre com o signo astronômico do Touro, que um italiano lê *toro*, um alemão *stier*, um inglês *bull*.[45]

2. Em 1646, cinco anos depois do aparecimento do *Mercury*, é publicado em Londres, às expensas do autor anônimo, um opúsculo de trinta e três páginas: *A Common Writing whereby two, although not understanding one the others languages, yet by the helpe thereof, may communicate their minds one to another*. Não faltaram equívocos sobre a atribuição e sobre a data de composição deste breve texto: Madeleine David faz referência a uma edição de 1657, Paul Cornelius a atribui a 1647, Clark Emery e Richard Foster Jones a consideram obra de Samuel Hartlib, o correspondente de Comênio e difusor da obra comeniana na Inglaterra. Hartlib, que em 18 de agosto de 1652 assinou com Dury e Clodius um 'Christianae societatis pactum', certamente não poderia qualificar-se a si mesmo como 'mecânico'. Ao contrário do que faz, bem consciente dos limites de sua cultura e sobretudo das imperfeições e obscuridades do seu estilo, o londrino Francis Lodowick, que é

---

45. *Ibid.*, p. 107-10.

sem dúvida o autor de *A Common Writing*, composto, como é dito no frontispício, *'by a well-willer to learning':* '*The reader may be pleased to accept this for my apology in that regard, that this work commeth not from a scholar, but a mechanik.*'[46] Deve-se assinalar ainda o julgamento preciso formulado por George Dalgarno no *Ars signorum*, de 1661: '*Ingeniosus multa cogitata sua de hac arte proposuerat Franciscus Lodowick civis londiniensis; verum huic suscepto impar propterea quod Artis expers et extra Scholas natus.*'[47]

Os pressupostos de Lodowick, expostos na introdução, são aqueles já conhecidos:

> O que é escrito nesta escrita é legível e inteligível em todas as línguas, porque o leitor que compreende a sua própria língua, compreende também esta maneira de escrever. Isso se deve ao fato de que esta escrita não faz referência alguma às letras e à sua combinação nas palavras, segundo o que ocorre nas várias línguas, mas é antes uma espécie de representação hieroglífica das palavras (*a kind of hieroglyphical representation of words*) mediante tantos caracteres quantas são as palavras.[48]

Ao lado da referência obrigatória aos símbolos usados na matemática e na química, encontramos ainda em Lodowick a tentativa de uma distinção entre os termos primitivos e os derivados: "Já que toda palavra é radical ou derivada, os termos radicais têm seus caracteres radicais, os derivados indicam o caráter da raiz da qual derivam, com alguns acréscimos diferenciais de modo a poderem ser diferenciados dos outros derivados que provêm da mesma raiz."[49]

A pesquisa dos termos radicais e dos relativos caracteres ocupa a primeira parte do texto; a segunda contém a descrição dos caracteres empregados para as '*distinctionall additions*'; a terceira é uma 'demonstração prática' da nova escrita. Os termos radicais são constituídos por palavras que indicam ações (os verbos) ou palavras

---

46. Lodowick (1646), p. 32.
47. Dalgarno (1834), p. 43.
48. Lodowick (1646) "To the Reader."
49. *Ibid.*

que indicam não ações (substantivos, pronomes, adjetivos), e a elas devem ser acrescentadas 'as quatro partes indeclináveis da gramática' (advérbios, preposições, interjeições e conjunções).

Como Wilkins e Dalgarno, Francis Lodowick também percebe o fato de que a sua língua, nascida com objetivos de simplificação, é na verdade tarefa bastante complicada. Num *Post Scriptum*, ele traça o desesperante elenco das tarefas a realizar com vistas ao efetivo funcionamento da nova língua: uma *collection of all words extant in English tongue, alphabetically*; uma coletânea, também em ordem alfabética, de todos os termos primitivos ou radicais, cada um deles seguido do elenco dos substantivos, adjetivos e advérbios derivados; um índice-dicionário alfabético que permita a remissão aos termos radicais; finalmente um dicionário que contenha a tradução de cada termo na nova escrita. Todo o fundamento teórico da *Ars signorum* de Dalgarno e do *Essay* de Wilkins será uma tentativa de encontrar soluções adequadas aos problemas não desprezíveis colocados por este 'engenhoso mecânico'.

3. Entre 1646 e 1650, o interesse pela língua universal vai crescendo na Inglaterra. Numa carta a Samuel Hartlib de 19 de março de 1646, Robert Boyle declara que o caráter interlinguístico dos símbolos da matemática constitui uma prova da possibilidade de construir uma língua composta de *caracteres reais*: "Se o projeto de um Caráter Real puder ser levado a efeito, poderá restituir ao gênero humano aquilo que perdeu por causa do seu orgulho na época da Torre de Babel. E, na verdade, uma vez que os nossos caracteres aritméticos são compreendidos da mesma maneira por todas as nações da Europa (...) não vejo a impossibilidade de fazer com as palavras aquilo que já fizemos com os números."[50]

Ainda escrevendo ao incansável Hartlib, Ciprian Kinner, também amigo e colaborador de Comênio, expõe, em junho de 1647, o seu plano de uma língua artificial que possa constituir um válido subsídio mnemônico às ciências da natureza.[51] Em 1650,

---

50. Boyle (1772), v. 1, p. 22.
51. De Mott (1957).

saem algumas notas escritas à margem de uma cópia dos *Pseudo-doxia Epidemica* de Browne, de autoria de Christopher Wren (pai do conhecido matemático e arquiteto), sobre as quais Rosalie L. Colie chamou a atenção. A possibilidade de um '*common writing*' é demonstrada, segundo Wren, não só pelos símbolos da astronomia, da aritmética e da química, mas também pelas figuras geométricas, pelos signos usados na pontuação e na indicação das quantidades, pelos símbolos usados por Paracelso, pelos sinais que estão na '*common practice of all Trades*'.[52] Em 1653 – como fará quase um século mais tarde Jonathan Swift – Thomas Urquhart, o tradutor inglês da obra de Rabelais, no seu *Logopandecteision, or an Introduction to the Universal Language*, satiriza os vários projetos de uma língua universal. Entre as sessenta e seis vantagens da nova língua, ele enumera a presença de onze gêneros e quatro números (o singular, o dual, o plural e o redual), de dez tempos e sete modos dos verbos.[53]

4. Documentos desse tipo, que certamente não dizem respeito a figuras de segundo plano da cultura filosófica, científica e literária da Inglaterra do século XVII, poderiam ser multiplicados; até levar-nos, ano por ano, à publicação da obra de Cave Beck, que viu a luz em Londres em 1657: *The Universal Character by which all the nations in the world may understand one another conceptions reading out of one Common Writing their own mother tongues, an invention of general use, the practise whereof may be attained in two hours space, observing the grammatical directions; which character is so contrived that it may be spoken as well as written*. No mesmo ano, ainda em Londres, foi publicada uma edição francesa: *Le caractère universel* (...).

A ilustração que orna o frontispício da edição londrina nos reconduz ao tema neoplatônico e comeniano da *concordia mundi*. Um ocidental, um negro, um turco, um chinês conversam calmamente. A humanidade, comentam os versos, dos quatro cantos do

---

52. Colie (1960), p. 541-51.
53. Urquhart (1834), p. 315 ss.

mundo se encontra e acabou a confusão nascida com a Torre de Babel. A nova língua, escreve Beck na epístola ao leitor, é um instrumento útil ao mesmo tempo para o comércio civil e para a propagação da verdadeira religião. Ela pode sobretudo livrar as línguas naturais dos termos equívocos, das variações anômalas e dos sinônimos supérfluos. Foi amplamente discutida e para ela se voltam as expectativas e as esperanças dos eruditos. Beck reporta-se a Matteo Ricci, a Bacon e a Wilkins, fala naturalmente da escrita simbólica dos egípcios e dos chineses, mas não pretende modelar a sua escrita sobre tais exemplos, nem recorrer aos chamados caracteres reais. A escrita hieroglífica, não obstante suas vantagens, era tão difícil de aprender e de praticar que a invenção da escrita alfabética a fez desaparecer do mundo: "Os antigos egípcios tinham um modo simbólico de escrever mediante emblemas e pinturas que podia ser lido por outras nações instruídas na sabedoria egípcia, mas era tão difícil de aprender e tão tedioso praticar que as letras alfabéticas logo o expulsaram para fora do mundo."[54]

De outro lado, a escrita chinesa não revela aos olhos ocidentais nenhum método e nenhuma proporção, resulta dificílima de aprender para os próprios chineses, e nenhum viajante europeu, apesar de uma longa residência na China, jamais foi capaz de aprendê-la.

Abandonando os caracteres reais ou os símbolos que indiquem diretamente coisas ou noções, Beck opta por uma escrita de tipo 'numérico' que emprega, como caracteres, os números arábicos de zero a nove. O acréscimo de consoantes (p, q, r, x) serve para indicar se se trata de nome, de adjetivo, etc.; o acréscimo de vogais faz referência aos cinco casos; o plural é indicado pela letra s; e assim por diante. Tendo-se atribuído à palavra *abade* o número 3 no dicionário alfabético-numérico, *pe3* indicará o dativo (*p* indica tratar-se de nome, *e* indica o dativo). *Pe3s* será o dativo plural, etc. *Honour thy father and thy mother* será escrito *leb 2314 p2477 and pf2477*. Onde: *l* indica imperativo, *eb* a segunda pessoa; *2314*

---

54. Beck (1657) "To the Reader."

corresponde a *honour* no dicionário; *2477* corresponde a *father*, þ indica tratar-se de substantivo; *pf2477* é *mother*, dado que *f* indica o feminino. No dicionário numérico, a cada número devia corresponder uma série de termos de idêntico significado nas várias línguas; todos estes termos deviam pois estar dispostos alfabeticamente num dicionário, de modo que cada um dos dois dicionários pudesse servir de 'chave' para o outro.

No momento em que recusava a possibilidade de servir-se de *caracteres reais*, a tentativa de Beck colocava-se, dentro da discussão sobre a língua universal, numa perspectiva toda particular. O sistema idealizado por Beck terá mais ampla fortuna e mais vasta ressonância quando for retomado na *Polygraphia nova et universalis ex combinatoria arte detecta*, de Athanasius Kircher.[55] Tratava-se, também neste caso, de dois dicionários: o primeiro, em colunas paralelas, elencava os termos em cinco línguas diferentes e o número atribuído a cada termo; o segundo era um elenco das palavras dispostas com base no valor crescente dos números. Na *Turris Babel sive Archontologia*, Kircher, que era um sagaz propagandista dos seus escritos, fará referência à *Polygraphia* como uma obra mediante a qual se demonstra que 'qualquer um, mesmo conhecendo só a sua própria língua, pode abrir sua mente ao comércio recíproco com todos os povos e todas as nações'. Com muita dureza, mas com muita precisão, George Dalgarno tinha apresentado na *Ars signorum* de 1661 a engenhosa tentativa de Cave Beck: "Surgiu há pouco um livro inglês intitulado *Caráter universal* que, para dizer a verdade, não ensina nada de novo a não ser escrever e falar em inglês de maneira muito mais difícil do que se costuma fazer comumente."[56]

5. A obra de Johann J. Becher, que foi citada no início, reporta-se sobretudo às considerações sobre a escrita dos chineses desenvolvidas por Athanasius Kircher no *Oedipus Aegyptiacus* e por Theophilus Spizelius no *De re literaria Sinensium*. O 'Character

---

55. Kircher (1663).
56. Dalgarno (1834), p. 37.

pro notitia linguarum universali, inventum steganographicum hactenus inauditum, quo quilibet suam legendo vernaculam, diversas imo omnes linguas, unius etiam diei informatione, explicare et intelligere potest' foi publicado em Frankfurt em 1661. A arte da escrita, para Becher, pode realizar-se de forma hieroglífica ou de forma esteganográfica. A primeira, que *'certis notis rem ipsam exprimit'*, apresenta-se de duplo modo: *'Vel enim res prout in se est, vel per subiectum metaphoricum aut tropicum notatur, ut oliva pro pace, ovis pro simplicitate, anguis pro fallacia.'*[57] O chinês é um exemplo de notação das coisas (*'constat autem clare Sinas certum characterum numerum et usum habere quo, hebraeorum instar, pro radicibus utuntur'*). A escrita sagrada dos egípcios, ao contrário, é um exemplo de notação 'metafórica'. Entre os cultores 'insignes e incomparáveis' da sabedoria hieroglífica, Becher recorda Pierio Valeriano, Athanasius Kircher e Michael Mayerus, que será depois o rosa-cruz Michael Maier. A segunda forma de escrita, a esteganográfica, difere da primeira *'dum non ipsas res, sed literas, quibus nomen quo res insignitur conflatur, indicat'*. Por isso mesmo ela não pode ser universal: *'Sicut enim quaelibet vernacula suum idioma idque diversa vocabula continet, ita multifariae requiruntur literae.'*

As afinidades entre o projeto de Becher e o de Cave Beck já foram assinaladas. Os complicados caracteres de Becher são símbolos de números. Consultando o dicionário posto em apêndice é possível traduzir o caráter num número e sucessivamente num termo da própria língua. A um segundo 'caráter', escrito em seguida ao primeiro, Becher atribui a tarefa de exprimir as necessárias variações gramaticais. Em 1664, foi publicado em Nurem-

---

57. Beck (1661), (páginas não numeradas). "O caráter a respeito do conhecimento universal das línguas, o invento estenográfico até agora inaudito graças ao qual qualquer um lendo sua língua vernácula pode explicar e entender diversas outras e mesmo todas as línguas até pela informação de um só dia." "Certas notas exprimem a própria coisa." "Ou a coisa como é em si ou é notada pelo sujeito metafísico ou trópico, como a oliveira pela paz, a ovelha pela simplicidade ou a cobra pela falácia." "Cada idioma contém um grande número de vocábulos que lhe são exclusivos, por isso exigem também várias espécies de letras."

berg *Technica curiosa, sive mirabilia artis* de Gaspar Schott, um dos textos mais característicos da 'magia' dos jesuítas do século XVII. No sétimo livro, que tem por título *Mirabilia graphica, sive nova aut rariora scribendi artificia*, está contida uma detalhada exposição da obra de Becher.[58] A esta exposição, porque se trata apenas de uma exposição, recorrerá amplamente Leibniz. Mas também Leibniz compartilhava o juízo expresso por Schott: a busca de uma língua universal ia se diluindo num simples *'artificium scribendi'*.[59]

6. Em 1661 e em 1668, respectivamente, são publicadas em Londres as duas maiores obras sobre a língua universal: o *Ars signorum, vulgo character universalis et lingua philosophica*, de George Dalgarno, e *An Essay towards a Real Character and a Philosophical Language*, de John Wilkins.

A língua universal: Wilkins e Dalgarno

No *Ars signorum* e no *Essay towards a Real Character*, também encontramos considerações sobre os hieróglifos, os gestos, a escrita chinesa, os caracteres reais ou *notae rerum*, os símbolos da química e da matemática, além de páginas sobre a gramática e a sintaxe, dicionários alfabéticos e classificações minuciosas. Mas nestas duas obras vêm também à luz, com clareza, os pressupostos teóricos que estão na base dos projetos de uma língua universal. São retomadas discussões, de pertinência tradicional da lógica, que se baseiam nas doutrinas da *suppositio* e da *impositio*. O problema da língua universal e artificial vai se ligando, de maneira cada vez mais orgânica, com o da enciclopédia e se entrecruza – sobretudo no caso de Wilkins – com a busca de um método capaz de ordenar e oferecer uma classificação sistemática dos elementos constitutivos do mundo. A busca de uma língua composta de símbolos capazes de indicar diretamente as coisas transforma-se na construção de

---

58. Schott (1664), p. 507-29.
59. Leibniz (1965), v. 4, p. 72.

uma língua artificial capaz de caracterizar de modo unívoco as várias classes das coisas e cada um dos elementos pertencentes às várias classes. Do plano da discussão sobre a língua universal passa-se, *sem solução de continuidade, a um discurso referente aos sistemas e aos métodos de classificação* das substâncias e dos compostos da química, dos animais e das plantas.

1. Vimos que os teóricos da língua 'perfeita', 'filosófica' ou 'universal' partem da contraposição entre línguas naturais e línguas artificiais e pretendem construir uma língua artificial, ou sistema de signos, que resulte comunicável e compreensível (portanto operável, tanto na linguagem escrita quanto na falada), independentemente da língua natural que efetivamente se fala. Os caracteres de que é composta a nova língua devem ser, para Wilkins, *'effables'*. Dalgarno também, polemizando com os seus predecessores, detém-se longamente sobre a diferença entre o projeto de uma nova forma de escrita ou de linguagem composta de caracteres mudos e o projeto de uma verdadeira língua que possa ser, além de escrita, falada:

> Não me abala o fato de que poucos se deem conta da total identidade entre a arte dos sons e a da figura – o mistério desta arte é de fato bastante árduo – mas me aborrece ver que quase todos os homens, embora esperem um caráter real mudo, quando ouvem falar de uma verdadeira língua universal fogem dela como se fosse uma tarefa vã e supérflua. Como se realmente não se pudesse remediar a confusão das línguas a não ser cortando a língua de todos os homens, de modo que a comunicação só possa ocorrer através de caracteres mudos.[60]

2. A discussão sobre a escrita e suas origens, sobre a comunicação, a naturalidade ou convenção da linguagem, nestes textos, é feita de maneira bastante articulada. Numa passagem que vale a pena reproduzir por inteiro, Dalgarno defende, como Bacon antes e Vico um século mais tarde, a precedência da linguagem figurada e gestual sobre a falada:

---

60. Dalgarno (1834), p. 35.

A CIÊNCIA E A FILOSOFIA DOS MODERNOS

Não afirmo que a invenção (das letras alfabéticas) tenha precedido todo e qualquer uso das letras. Parece realmente certo que o uso dos caracteres – enquanto imediatamente significativos das coisas e dos conceitos – era conhecido muito tempo antes dessa invenção. No início, quando os homens ainda não escreviam sobre uma matéria sólida capaz de conservar figuras, penso que fosse este o uso das letras: quem, para exprimir pensamentos, balança a cabeça, pisca um olho, levanta um dedo, não escreve menos que quem pinta ou esculpe letras sobre o papel, o mármore ou o bronze. A razão pela qual julgo que os caracteres tenham existido desde o início é a seguinte: não é menos natural, para o homem, comunicar mediante figuras que mediante sons. Estas duas coisas são naturais para o homem: mesmo se depois escrever esta ou aquela figura, pronunciar este ou aquele som, depende da convenção. Que os caracteres reais foram efetivamente usados antes dos verbais, disso dão testemunho os antiquíssimos povos chinês e egípcio.[61]

3. Dalgarno e Wilkins estão conscientes de que o problema da língua universal não pode ser enfrentado sem tratar também de questões atinentes à lógica. Dalgarno, que é um admirador de Ramus ('*Petrus Ramus me iudice logicorum scriptor acutissimus*') e está a par das controvérsias sobre o método surgidas nos meios ramistas, acautela o leitor para separar nitidamente uma consideração de tipo gramatical de outra de tipo lógico.[62] Wilkins, por seu lado, faz referência a uma série de distinções a propósito das quais seria fácil lembrar páginas de Ockham. Os homens geralmente concordam no mesmo princípio de razão ('*in the same principle of reason*'), isto é, nas mesmas noções internas ('*internal notion*') ou apreensões das coisas ('*apprehension of things*'). As expressões externas das noções mentais, mediante as quais os homens conseguem comunicar-se, dirigem-se aos ouvidos ou aos olhos. Aos ouvidos mediante sons, e mais particularmente mediante vozes articuladas ou palavras. Aos olhos mediante coisas visíveis: movimentos, luzes, cores, figuras e, mais particularmente, mediante a escrita. As noções que os homens têm na mente são as imagens mentais ('*mental imagens*') das coisas do mundo externo. Os nomes

---

61. *Ibid.*, p. 37.
62. *Ibid.*, p. 53, 7.

('*names*') atribuídos às imagens mentais nas diferentes línguas são sons ou palavras arbitrárias ('*arbitrary sounds or words*') nascidos de uma convenção, com vistas à *expressão* das próprias imagens. A palavra escrita ('*written word*') é a figura ou a pintura ('*figure or picture*') daquele som.

Como se vê, estamos no plano das distinções escolásticas entre *res* e *conceptus animi*, entre *imago* e *vox significativa ad placitum*. Não escolástico, porém , é o programa de trabalho que Wilkins extrai das suas premissas: "Se os homens pudessem concordar no modo de exprimir-se, assim como concordam nas noções, poderíamos finalmente livrar-nos daquele processo de confusão das línguas e de todas as consequências infelizes que ele traz consigo."[63]

4. A *variedade* e a *pluralidade* das línguas é de fato, para Dalgarno e para Wilkins, sinônimo de *confusão* linguística. Estendendo para o planeta da *expressão* aquele acordo que já existe de fato no plano das *imagens mentais*, a língua universal poderá também eliminar as absurdidades e as dificuldades, as ambiguidades e os equívocos de que estão cheias as várias línguas naturais. Está presente aqui um duplo pressuposto: a) toda língua natural é necessariamente imperfeita e ambígua; b) toda mudança que se produz no patrimônio linguístico coincide com um processo de corrosão gradual.

Toda a primeira parte do *Essay* (*Prolegomena*) é dedicada a um exame, bastante amplo e minucioso, da situação em que se encontram as várias línguas, das mudanças e das corrosões que nelas se verificam, seus defeitos ('*defects*') e suas contradições. As imperfeições das línguas naturais dependem tanto dos alfabetos quanto das palavras. No que concerne à ordem, os alfabetos são '*inartificial and confused*', desprovidos daquelas distribuições metódicas que consistem em separar o que é heterogêneo e aproximar o que é homogêneo: num alfabeto regular (*regular*), as vogais e as consoantes deveriam ser reunidas em classes '*with such an order of*

---

63. Wilkins (1668), p. 20.

precedence and subsequence as their natures will bear'. O número de letras parece ora superabundante, ora deficiente: a mesma vogal *i* pode ser expressa de seis modos diferentes (*he, free, field, near, people, privilege*); algumas palavras se pronunciam do mesmo modo e se escrevem de modo diferente; outras se escrevem do mesmo modo e diferem na pronúncia. Não é diferente a situação relativa à palavra: termos como *being, fall, make, put, take*, conforme o contexto, assumem de trinta a cem significados; o termo *liber* significa *codex* para os literatos, *libertate fruens* para os políticos, *filius* para os oradores e *arboris cortex* para os camponeses.[64]

'*Every change is a gradual corruption*': na mescla de nações através do comércio, nos casamentos entre soberanos, nas guerras e nas conquistas, no desejo de elegância estilística que leva os eruditos a recusarem as formas estilísticas tradicionais, Wilkins vê outros tantos fatores de corrosão. Com exceção da língua originária, todas as outras foram criadas por imitação (*imitation*), derivam do arbítrio, estão sujeitas a variações que são obra do acaso e não fruto de escolhas conscientes.

'*Neither letters nor languages have been regularly established by the rules of art*': a não artificialidade das línguas, que chamaremos sua espontaneidade, parece a Wilkins (e a Dalgarno) uma espécie de pecado original, a fonte de um inevitável processo de degeneração, a raiz de uma confusão cada vez maior. Em poucas centenas de anos, algumas línguas podem perder-se completamente, enquanto outras se transformam até se tornar ininteligíveis. A única *arte* que poderia introduzir alguma ordem na linguagem foi constituída depois das próprias línguas e limitou-se a assumir uma situação já ambígua e contraditória: '*The very art by which language should be regulated, Grammar, is of much later invention then the languages themselves, being adapted to what was already in being, rather then the rule of making it so.*'[65]

---

64. *Ibid.*, p. 14-17.
65. *Ibid.*, p. 19, 2-9, 17.

É idêntica, sobre este ponto, a posição defendida por Dalgarno: só uma língua artificial pode remediar os defeitos das línguas naturais. Uma língua nascida no plano de uma 'philosophical institution' poderá eliminar toda redundância, retificar toda anomalia, tolher toda ambiguidade e equivocidade. Do ponto de vista de uma classificação tradicional das artes, a Ars signorum nada mais é que uma gramática racional: 'according to the commonly received distribution of arts, is nothing else but a Rational Grammar'.[66]

5. A língua artificial exerce uma função terapêutica não só em confronto com as línguas naturais, mas também em relação à filosofia. Liberando esta última dos sofismas e das logomaquias, a língua universal constitui um instrumento válido para um ulterior aperfeiçoamento da lógica. Em 1680, no Didascalocophus or the Deaf and Dumb Mans Tutor, Dalgarno reportava-se ao Ars signorum, de vinte anos antes, como uma 'gramática filosófica' mediante a qual não só se tinha tentado eliminar os equívocos e as ambiguidades da linguagem comum, substituir o arbítrio e a confusão por uma 'rational institution', mas também se tinha procurado curar a própria filosofia das suas doenças, de provê-la de instrumentos mais elásticos e maleáveis, para dividir, definir, demonstrar: 'but also to cure even Philosophy itself of the disease of sophism and logomachies, as also to provide her with more wieldy and manageable instruments of operations for defining, dividing, demonstrating, etc.'[67] A eliminação dos sofismas e das verbosidades, a introdução de um ideal de maior rigor e clareza no discurso também dará naturalmente uma contribuição decisiva para a transmissão das ideias, para o bem geral da humanidade e para a paz religiosa. Sobre este ponto, embora em tom mais ameno que muitos de seus predecessores, Dalgarno e Wilkins insistem de maneira concordante. A língua universal – afirma Wilkins na Epistola dedicatoria – contribuirá grandemente para remover algumas das nossas divergências religiosas modernas, desmascarando muitos erros extravagantes

---

66. Dalgarno (1834), p. 116, 140.
67. Ibid., p. 113.

A CIÊNCIA E A FILOSOFIA DOS MODERNOS

que se escondem sob frases afetadas (*'unmasking many wild errors that shelter themselves under the disguise of affected phrases'*). Uma vez explicadas filosoficamente (*'philosophically unfolded'*) e traduzidas segundo a genuína e natural importância das palavras, elas parecerão inconsistentes e contraditórias.

6. O desejo de sublinhar a originalidade plena e irredutível das teorias de Giambattista Vico levou um grande estudioso a afirmar que as observações de Bacon sobre os caracteres reais e sobre os gestos tinham passado 'despercebidas' na cultura europeia e que Wilkins, nos seus escritos, jamais tinha citado o nome de Bacon.[68] Um elenco das citações baconianas de Wilkins já foi feito em outro lugar.[69] Aqui bastará apenas recordar que tanto Dalgarno como Wilkins se referem ao Lorde Chanceler como o filósofo que tinha colocado a constituição de uma língua composta de caracteres reais entre os *desiderata* da ciência.[70] Os *signos* dos quais se constitui a língua universal são, em ambos os casos, *caracteres reais* no sentido preciso que Bacon tinha atribuído a este termo: signos estabelecidos por convenção que não representam ou significam sons e palavras, mas diretamente noções e coisas.

Retomando as teses de Bacon e, em parte acolhendo, em parte modificando as distinções operadas no *Mercury* de 1641, Wilkins distingue das letras normais do alfabeto, inventadas por Adão, as *'notes'* que são *'for secrecy'* e *'for brevity'*. Ao primeiro tipo pertencem o *'Mexican way of writing by pictures'* e os hieróglifos egípcios (que são representações de criaturas vivas ou de outros corpos por trás dos quais estavam escondidos os mistérios da religião). Ao segundo tipo pertencem aquelas *'letters'* ou *'marks'*, inventadas em número de mil por Ênio e de cinco mil por Sêneca, que serviam na Antiguidade e podem ainda servir para exprimir qualquer palavra de forma abreviada.[71] Todos os caracteres, segundo Wilkins,

---

68. Nicolini (1949b), p. 49; Nicolini (1949a), p. 149.
69. Rossi (1969).
70. Dalgarno (1834), p. 35; Wilkins (1668), p. 12 ss.
71. Wilkins (1668), p. 12 ss.

significam ou por natureza (*naturally*) ou por convenção (*by institution*). Os que significam por natureza são '*pictures of things*' ou outras imagens e representações de tipo simbólico.[72]

Como notou Paul Cornelius, nos vinte e sete anos que decorrem entre a publicação do *Mercury* e a do *Essay*, o otimismo de Wilkins acerca da possibilidade de modelar a língua universal sobre o chinês parece ter-se transformado em pessimismo.[73] Nos caracteres chineses, 'não parece haver analogia alguma entre a forma dos caracteres e as coisas por eles representadas'. As dificuldades ligadas ao aprendizado do chinês, o número de caracteres ou ideogramas chineses, persuadiram Wilkins da impossibilidade de construir uma língua composta de símbolos que fossem 'pinturas' das coisas ou que 'significassem naturalmente'. Do plano dos caracteres 'naturais' é necessário passar ao dos caracteres 'artificiais', cujo significado deriva de convenção. Aquele '*real universal character*' que deve significar não as palavras mas as noções e as coisas e, por conseguinte, ser legível por todas as nações na sua própria língua, não pode ser uma '*picture*', mas deriva também da '*institution*'. Os caracteres reais, construídos artificialmente, deverão ser simples, fáceis, claramente distinguíveis um do outro, de som agradável e de forma graciosa, e, o que é mais importante, deverão ser '*methodical*', ou seja, revelar a presença de correspondências, relações e nexos.[74]

Dalgarno também havia renunciado às *pictures*: '*Scribere has vel illas figuras... fit omnino ad placitum.*' Em 1680, ele definirá a '*sematology*' como "*a general name for all interpretation of arbitrary signs, or, to follow the most usual terms of art, 'voces ex instituto'* ". E defenderá a possibilidade de uma língua universal, baseada em caracteres reais e não em letras que reproduzem sons, justamente por causa do caráter artificial e não natural tanto das letras alfabéticas como dos caracteres reais: '*All signs, both vocal and*

---

72. *Ibid.*, p. 385 ss.
73. Cornelius (1965), p. 90.
74. Wilkins (1668), p. 451, 13, 385 ss.

A CIÊNCIA E A FILOSOFIA DOS MODERNOS

written, are equally arbitrary, and ex instituto. Neither is there any reason in nature, why the mind should more easily apprehend the images of things imprest upon sounds than upon characters, when there is nothing either natural or symbolical in the one or the other.[75]

7. Na língua artificial, entre os signos e as coisas existe uma relação unívoca e *cada* signo corresponde a *uma* coisa ou noção (*'to every thing and notion there were assigned a distinct mark'*). O projeto de uma língua artificial e universal, composta de símbolos cujo significado seja convencionalmente estabelecido, implica o projeto de uma *enciclopédia*, ou seja, a enumeração completa e ordenada, a classificação metódica e rigorosa, de todas aquelas coisas e noções às quais se quer que corresponda um signo na língua. Como a funcionalidade da língua universal depende da amplitude do campo de experiência que ela consegue abarcar e do qual é capaz de dar conta, a língua perfeita exige uma *classificação preliminar* de tudo o que existe no Universo e que pode ser objeto de discurso, requer uma *enciclopédia total*, a construção de *tabelas perfeitas*.

Em vista desta classificação total, desta *redução a tabelas das* coisas e noções, deve ser elaborado um método classificatório baseado na divisão em categorias gerais, em gêneros, espécies e diferenças. Não se trata de *catalogar* coisas e noções, mas de introduzir uma ordem e uma lógica no caos das noções. Só com base na construção desta *enciclopédia racional*, será possível chegar, escreve Dalgarno, a uma racional *impositio nominum*: "Quem quiser atribuir os nomes às coisas racionalmente, deve em primeiro lugar, quase mediante uma criação, introduzir uma lógica, uma forma, uma beleza, uma ordem, no caos daquele mundo conceitual que existe na mente: feito isso, será fácil chamar com nomes adequados as suas partes."[76]

---

75. Dalgarno (1834) p. 27, 118. "(...) traçar estas ou aquelas figuras é algo que depende totalmente da vontade de cada um."
76. *Ibid.*, p. 37.

Nestas condições, cada signo empregado poderá funcionar como o signo de uma língua perfeita: isto é, *fornecer uma definição exata da coisa ou noção significada*. E temos uma definição exata quando o signo revela o *lugar* que a coisa ou noção (indicada pelo signo) ocupa naquele conjunto ordenado de objetos reais e de ações reais frente às quais as tabelas se colocam como um espelho.

8. A pesquisa e a catalogação dos *radical words* passa então para segundo plano frente ao problema da construção de 'tabelas completas'. A estes devem ser reduzidas todas as coisas e todas as noções (*'reducing all things and notions to such kinds of tables'*). Construir uma coletânea deste tipo parece a Wilkins uma tarefa mais adequada a uma academia e a uma época que a uma pessoa individual: a principal dificuldade consiste na organicidade das tabelas (*'without any redundancy or deficiency as to the number of things and notions'*) e na sua sistematicidade (*'regular as to their place and order'*). O problema de uma escolha e de uma seleção não podia, entretanto, ser evitado: as tabelas não podiam conter realmente *tudo*. As coisas e as noções classificadas deviam ser só aquelas que entravam (se fosse decidido fazer entrar) na língua universal ou caíam no interior do discurso: *'a regular enumeration and description of all those things and notions to which names are to be assigned (...) enumerating and describing all such things and notions as fall under discourse.'*[77]

A completitude da língua tornava-se dependente da completitude das tabelas, que eram apresentadas como um espelho do mundo real, mas para realizar uma completitude possível (e portanto não total, não coincidente com a enumeração completa), Wilkins retomou a exigência que estava na base da pesquisa dos *radical words*. As tabelas deviam conter apenas as coisas de *'a more simple nature'*; as de *'a more mixed and complicated signification'* deviam ser reduzidas às primeiras e expressas mediante perífrases (*periphrastically*). O dicionário alfabético inglês colocado por

---

77. Wilkins (1668), p. 20-22.

A CIÊNCIA E A FILOSOFIA DOS MODERNOS

Wilkins em apêndice à sua obra pretende responder a este objetivo: mostrar como todos os termos da língua inglesa podem ser reduzidos aos catalogados e ordenados nas tabelas: '*an alphabetical dictionary wherein all english words according to their various signification are either referred to their places in the philosophical tables, or explained by such words as are in the tables*'.[78]

Para realizar a ordenação em tabelas das coisas e noções, Wilkins fornece um elenco de quarenta gêneros, cada um dos quais vem depois subdividido segundo as diferenças que (com exceção de algumas classificações zoológicas e botânicas) são seis. Os primeiros seis gêneros, que compreendem '*such matters, as by reason of their generalness, or in some other respect, are above all those common head of things called predicaments*',[79] são os seguintes:

1. Transcendental geral
2. Relação transcendental mista
3. Relação transcendental de ação
4. Discurso
5. Deus
6. Mundo

Os outros trinta e quatro gêneros são ordenados como segue sob os cinco predicamentos:

	Substância			
	7. Elemento	Animais:	15. Inseto
	8. Pedra		16. Peixe
	9. Metal		17. Ave
			18. Bicho

Planta considerada segundo:	10. Folha	Partes:	19. Partes peculiares
	11. Flor		20. Partes gerais
	12. Semente		

Quantidade
21. Grandeza
22. Espaço
23. Medida

13. Arbusto
14. Árvore

---

78. *Ibid.*, p. 455 ss.
79. *Ibid.*, p. 23 ss.

Qualidade			*Relação*	
24. Poder natural			33. Econômica	
25. Hábito	Privada:		34. Propriedade	
26. Costumes			35. Lei	
27. Qualidade sensível			36. Civil	
28. Doença			37. Judiciária	
	Pública:		38. Militar	
Ação			39. Naval	
29. Espiritual			40. Eclesiástica	
30. Corpórea				
31. Movimento				
32. Operação				

Cada um destes quarenta gêneros é subdividido segundo as suas diferenças, e enumeram-se depois as várias espécies pertencentes a cada uma das diferenças '*according to such an order and dependence amongst them, as may contribute to the* defining *of them, and determining their primary significations*'. Do oitavo gênero *pedra*, por exemplo, são enumeradas seis diferenças.

As pedras podem ser distintas segundo sejam:

Vulgares ou sem preço	I
De *preço médio*	II
Preciosas:	
Menos transparentes	III
Mais transparentes	IV
As concreções terrestres são:	
Solúveis	V
Não solúveis	VI

A primeira diferença (*pedras vulgares*) compreende, por exemplo, oito espécies, que não são simplesmente catalogadas, mas variadamente reagrupadas dentro da tabela e classificadas segundo a maior ou menor grandeza, o uso que se faz dela, o emprego nas várias artes, a presença ou ausência de elementos metálicos, etc.

A CIÊNCIA E A FILOSOFIA DOS MODERNOS

Este tipo de tabela ocupa na obra de Wilkins pouco menos de trezentas páginas. Mediante esta classificação ordenada das coisas e noções, Wilkins julga realizada aquela 'universal philosophy' que está na base da língua perfeita e que indica a ordem, a dependência e as relações entre as noções e entre as coisas. Mediante o uso de letras e de signos convencionais, é agora possível proceder à *impositio* e dar lugar a uma língua universal que seja o correspondente da filosofia universal. Os gêneros (limitamo-nos aqui aos primeiros nove) vêm indicados como segue:

Transcendental geral:	*Bα*
Relação transcendental mista:	*Ba*
Relação transcendental de ação:	*Be*
Discurso:	*Bi*
Deus:	*Dα*
Mundo:	*Da*
Elemento:	*De*
Pedra:	*Di*
Metal:	*Do*

Para exprimir as diferenças são empregadas, na ordem, as consoantes *b, d, g, p, t, c, z, s, n*; as espécies são indicadas colocando, depois da consoante que indica a diferença, os signos *α, a, e, i, o, u, y, yi, yo*. Por exemplo: *Di* significa 'pedra'; *Dib* significa a primeira diferença, que é 'pedra vulgar'; *Dibe* indica a terceira espécie, que é 'marcassita'. *De* significa 'elemento'; *Deb* significa a primeira diferença que é 'fogo'; *Debα* denotará a primeira espécie, que é 'chama'; *Det* será a quinta diferença, que é 'meteoro', e *Detα* a primeira espécie da quinta diferença, que é 'arco-íris'.

Individuar a posição que determinado termo ocupa nas tabelas quer dizer também *defini-lo*. E, na verdade, as tabelas laboriosamente construídas por Wilkins são capazes de fornecer não poucas informações: o significado do termo *diamante* é definido, com base nas tabelas, como uma substância, pedra, pedra preciosa, transparente, colorida, duríssima, brilhante. Mais detalhada ainda resulta a definição de não poucos animais.[80] Mas valeria também a pena determo-nos sobre algumas definições características como a de 'bondade', de 'moderação' ou de 'fanatismo'. A formação do plural, dos adjetivos, das preposições, dos pronomes, etc., permite a Wilkins chegar à formação de uma verdadeira língua propriamente dita, embora de maneira bastante trabalhosa. Ele oferece um exemplo do uso dela, empregando primeiro as tradicionais letras alfabéticas e depois os mais complexos 'caracteres reais', com a tradução do *Pater noster* e do *Credo*.[81]

De modo semelhante, embora com menor clareza, tinha procedido Dalgarno, construindo na *Ars signorum* uma classificação lógica de todas as ideias e de todas as coisas, que ele subdividiu em dezessete classes supremas:

A	Seres, coisas
η	Substâncias
E	Acidentes
I	Seres concretos (compostos de substância e acidentes)
O	Corpos
V	Espírito
U	Homem (composto de corpo e espírito)
M	Concretos matemáticos
N	Concretos físicos
F	Concretos artificiais
B	Acidentes matemáticos
D	Acidentes físicos gerais
G	Qualidades sensíveis
P	Acidentes sensíveis
I	Acidentes racionais
K	Acidentes políticos
S	Acidentes comuns

Cada uma das dezessete classes supremas é subdividida em subclasses que se distinguem pela variação da segunda letra. Eis, a título de exemplo, as subclasses de *K*:

---

80. Emery (1948), p. 181.
81. Wilkins (1668), p. 20 ss., 60 ss., 415 ss.

Ka	Relação de ofício	*Ko*	Papel do juiz
Kη	Relação judiciária	*Kv*	Delitos
Ke	Matéria judiciária	*Ku*	Guerras
Ki	Papel das partes	*Ska*	Religião

Os termos, compreendidos em cada uma das subclasses, distinguem-se pela variação da última letra. Nestes termos, a letra *s*, não inicial, é vicária e não tem um sentido lógico determinado, *r* indica a oposição, *l* o meio entre os extremos, *v* é a inicial do nome dos números. Sob *Ska* (religião) estão compreendidos os termos seguintes:

Skam	graça	*Skag*	sacrifício
Skan	felicidade	*Skap*	sacramento
Skaf	adorar	*Skat*	mistério
Skab	julgar	*Skak*	milagre
Skad	rezar		

A introdução da letra *r* permitirá a determinação dos opostos que são, neste caso: *natureza* que se opõe a *graça*; *miséria* que se opõe a *felicidade*; *profanar* que se opõe a *adorar*; *louvar* que se opõe a *rogar*.

Como Wilkins, Dalgarno também enfrentou o problema das classificações científicas. Na *Explicatio tabularum* encontramos a indicação precisa de suas fontes: 'In re herbaria secutus sum *Sennertum* [Daniel Sennert], in arboribus *Spigelium* [Adriaan van den Spieghel], in brutis *Jonstonum* [John Jonston].'[82]

Reproduzindo em detalhes algumas destas classificações, Leibniz comporá, entre 1702 e 1704, aquelas amplas tabelas de definições que constituem o mais importante documento de seus projetos de uma enciclopédia universal.[83]

9. A funcionalidade da língua artificial depende portanto da maior ou menor amplitude e funcionalidade da enciclopédia e das classificações. A enciclopédia e o conjunto das tabelas parecem

---

82. Dalgarno (1834), p. 50.
83. Couturat (1903), p. 437-510.

baseados, como muitas vezes já se indicou, numa doutrina 'especular' da relação linguagem-realidade. A classificação e a tabulação devem ser baseadas na própria ordem das coisas; as relações de conexão, contraposição e dependência entre os termos da linguagem devem reproduzir as relações reais de conexão, contraposição e dependência existentes no mundo real. Dalgarno move-se num terreno que nos reporta à combinatória luliana e, deste ponto de vista, identifica a arte com a lógica e a metafísica: "Já que os signos são colocados por nós para significar as próprias coisas, é totalmente conforme à razão que a arte dos signos siga a arte das coisas. Por isso, julgo que a metafísica e a lógica constituem uma só e única arte."[84]

Aprendendo os caracteres e os nomes das coisas, afirma por seu lado Wilkins, seremos instruídos também sobre a natureza das coisas naturais: "Para uma acurada execução deste projeto, é necessário que a teoria, sobre a qual este projeto deve ser baseado, siga exatamente a natureza das coisas."[85]

10. Na língua perfeita ou universal a *impositio nominum*, como vimos, *coincide com a definição*. Esta última consiste na colocação exata de cada objeto particular ou de cada noção particular naquela ordem universal que é refletida pela *universal philosophy* ou enciclopédia. Mediante essa colocação é possível individualizar, com a máxima precisão, o 'lugar' que cada coisa ou noção ocupa nas tabelas: podem-se individualizar as relações entre a coisa significada e as outras pertencentes à mesma classe ou espécie; podem-se determinar as relações entre a própria coisa e as diferenças e os gêneros nos quais ela está contida como elemento: '*Ubi ars ibi methodus*' – escreve Dalgarno – '*ubi methodus ibi numerus, ubi numerus ibi aptitudo, ut res numeratae secundum ordinem numericum, vel figuribus vel vocibus significentur.*'[86] Wilkins é igualmente explícito: se os signos e as notas são construídos de modo a estar 'numa

---

84. Dalgarno (1834), p. 37.
85. Wilkins (1668), p. 21.
86. Dalgarno (1834), p. 34.

A CIÊNCIA E A FILOSOFIA DOS MODERNOS

recíproca relação de dependência e de conexão conveniente à natureza das coisas significadas', poder-se-á ao mesmo tempo ajudar a memória e proceder a um reforço do intelecto.[87] Comentando estas afirmações, Benjamin De Mott escreveu com muita clareza:

> Era fácil trazer à mente o termo apto a indicar o objeto *salmão*, quando se sabia que o termo era composto de duas sílabas e começa com *Za*, o símbolo do gênero *peixes* (...) Uma vez lembrado o termo *Zana*, o estudioso, dada a sua familiaridade com a progressão alfabética dos caracteres, teria claro o lugar do salmão dentro do gênero *peixes* e, em última análise, dentro de todo o esquema da criação.[88]

A insistência de Wilkins sobre o valor mnemônico da língua universal não era certamente casual: uma língua deste tipo parecia com efeito satisfazer às esperanças e realizar as aspirações de todos aqueles teóricos da memória artificial que, em seus complicadíssimos *theatri*, tinham pretendido "dispor ordenadamente todos aqueles lugares que possam bastar para ter em mente e ministrar todos os humanos conceitos, todas as coisas que estão em todo o mundo".[89]

Uma imensa quantidade de plantas: os lembretes para a memória

Ciprian Kinner, amigo e colaborador de Comênio, numa carta a Samuel Hartlib, fez uma pergunta característica: "Que botânico, por mais experto que fosse, poderia imprimir na própria memória, entre tantas variedades de autores em contraste, as naturezas e os nomes de todas as plantas?"

---

87. Wilkins (1668), p. 21.
88. De Mott (1957), p. 8 ss.
89. Camillo (1584), v. 2, p. 212.

A adoção de uma língua artificial cujos termos sirvam para indicar a natureza e as qualidades de uma classe de plantas e o lugar que tal classe ocupa num sistema mais amplo, prosseguia Kinner, poderia tornar esta empresa simples e fácil. Mediante uma língua artificial tudo poderia ser lembrado sem interrupção, dando vida a um procedimento de natureza quase mecânica, a uma espécie de cálculo, "assim como ocorre numa corrente composta de mil anéis na qual, uma vez movido o primeiro anel, todos os outros se movem, mesmo que não o queiramos".[90]

A pergunta de Kinner está numa carta de 1647. Uma resposta precisa a essa pergunta parece ser fornecida pelas palavras pronunciadas por Bernard de Fontenelle, sessenta anos mais tarde, num elogio da Academia pela morte do grande botânico Joseph Pitton de Tournefort: "Ele permitiu pôr em ordem no extraordinário número de plantas disseminadas desordenadamente sobre a terra e também sobre a superfície do mar e distribuí-las nos diversos gêneros e nas diversas espécies, facilitando a lembrança e impedindo que a memória dos botânicos desabasse sob o peso de uma infinidade de nomes."[91]

Do mesmo modo, no prefácio às *Familles des plantes*, que é de 1763, Michel Adanson afirmava: "A imensa quantidade de plantas começou a pesar sobre os botânicos. Que memória podia dar conta de tantos nomes? Os botânicos, para aliviar a ciência, imaginaram por isso os métodos."[92]

A pergunta feita por Ciprian Kinner não era certamente retórica, assim como não eram convencionais nem formais as expressões usadas por Adanson e por Fontenelle. Entre a metade do século XVI e os primeiros anos do século XVIII – convém não esquecer – a situação das ciências da natureza, mesmo no que diz respeito à *quantidade* dos dados e das informações, sofreu uma reviravolta radical. Nas *Herbarum verae icones*, esplendidamente

---

90. In De Mott (1957), p. 7.
91. Fontenelle (1708), p. 147.
92. Adanson (1763), p. XCIV.

A CIÊNCIA E A FILOSOFIA DOS MODERNOS   313

ilustradas por Hans Weiditz, aluno de Dürer, e escritas por Otto Braunfels, um dos 'quatro pais' da botânica alemã, encontramos classificadas duzentas e cinquenta e oito espécies de plantas. Os *Icones* de Braunfels são de 1530. Menos de cem anos mais tarde, em 1623, o naturalista suíço Gaspar Bahuin, no *Pinax theatri botanici*, acrescenta ao elenco cerca de seis mil espécies de plantas; John Ray, em 1686, fala de dezoito mil espécies; Daubenton, em 1715, fala de vinte mil. Os muitos projetos e tentativas de classificação deveriam ser mais amplamente documentados, mesmo se estudados em parte.[93] Mas não se trata de uma empresa fácil: referindo-se a um período de cento e vinte e oito anos, compreendido entre 1647 e 1775, Johann Frederick Gmelin, na sua tradução alemã do *Natursystem des Mineralreichs* de Lineu (publicada em Nuremberg em 1775), enumerava não menos de vinte e sete sistemas de classificação dos minerais elaborados por diferentes estudiosos nos diversos países europeus.

Em muitos filósofos e em muitos historiadores da ciência manifestou-se a tendência a fazer coincidir todo o horizonte da ciência com o das ciências de mais antiga tradição (a geometria e a matemática, a astronomia e a mecânica). Atentos apenas às teorias e aos modelos, os expoentes da epistemologia neopositivista em geral subestimaram totalmente, em primeiro lugar, o projeto daquela história natural e experimental à qual Bacon dedicou os últimos anos de sua vida e, em segundo lugar, a vastidão e a importância da gigantesca empresa de uma *tabulação* racional das coisas naturais, na qual se empenharam, no curso do século XVII e do século XVIII, os cultores de botânica, de mineralogia e de zoologia, os estudiosos dos 'elementos naturais'. Muitos destes cultores das ciências baconianas tiveram o sentimento preciso de que, através dos métodos e das classificações, através das discussões sobre a terminologia, seria realizada uma empresa com característi-

---

93. Daudin (1926); Arber (1953); Gillispie (1960); Ritterbush (1964); Slaughter (1982); Dagognet (1986).

cas de radical novidade, seria tomado um caminho totalmente desconhecido pelos antigos:

> A ciência da natureza, que é verdadeiramente divina, embora tenha objetos tão dignos da nossa admiração, foi pouco cultivada antes destes últimos cem anos. Se quiséssemos procurar a causa desta lacuna, não a encontraríamos senão no próprio número dos objetos naturais. Estes, tão vários e múltiplos, pareceram à rude Antiguidade capazes de superar as forças da memória humana e para isso contribuía talvez o desprezo pelas coisas miúdas, que são consideradas de pouco valor pelos homens pouco curiosos. No que concerne aos tempos mais antigos, confesso ter encontrado aqui e ali algumas descrições de coisas naturais, mas estas são confusas e lacunosas a ponto de não se poder extrair quase nada. Todos percebem que só a memória não é suficiente para um número de objetos tão grande, e os escritores daqueles tempos não tinham estabelecido nenhuma terminologia certa e não existia nenhuma ordem em que dispor os objetos e nenhum sistema.[94]

O problema não era apenas o da terminologia e das classificações. As discussões sobre os métodos e sobre os sistemas assinalavam também o abandono das impostações puramente empírico-descritivas que tinham sido características da ciência renascentista, punham fim a uma atitude diante da realidade natural que se traduzia em coletas indiscriminadas de dados, em registros acuradíssimos e minuciosos, mas privados de critérios precisos de seletividade:

> Depois do renascimento das letras, os botânicos, que tinham procurado em vão por mais de um século dentro dos textos dos antigos o fundamento de sua arte, começaram finalmente no século XVI, em toda a Europa, a pesquisar, descrever e pintar as plantas e a atribuir-lhes um nome (...) Desta abundância de matérias e de plantas, *recolhidas quase num amontoado* (*in unum quasi acervum*) e que abundavam nos livros de tantos autores, pela imposição arbitrária dos nomes, não podia senão derivar uma enorme confusão das plantas e de seus nomes.[95]

---

94. Karamyschew (1769), p. 439.
95. Reftelius (1769), p. 306.

A CIÊNCIA E A FILOSOFIA DOS MODERNOS

Nas obras de botânica e de zoologia do século XVII e do século XVIII, a chamada parte 'literária', sobre a qual se detinham longamente os tratadistas da Antiguidade e do Renascimento – e que se referia às interpretações alegóricas, às lendas e aos mitos relativos a determinado animal ou determinada planta, às técnicas para a captura, à comestibilidade, etc. – vai ocupar o último lugar, torna-se uma espécie de apêndice curioso, que assume uma função cada vez mais marginal. No *De quadrupedis* de 1652, o médico e naturalista inglês John Jonston coloca ainda o unicórnio na companhia do elefante e, todavia, numa obra que se inspira amplamente nos escritos de Aldrovandi, elimina uma parte bastante conspícua das suas considerações de tipo literário. E não é diferente a obra de Lineu, que coloca os *litteraria* no fim de cada tratado, que deve referir-se, na ordem, ao nome, à teoria, ao gênero, à espécie, aos atributos e aos usos. Como observava Reftelius em 18 de dezembro de 1762, "as descrições das plantas até agora expressas em estilo oratório e em termos pomposos preenchiam muitas páginas; agora (depois de Lineu) não se podem estender além do substantivo e do adjetivo, permanecendo excluído qualquer termo inútil, de modo que cada palavra tem seu peso próprio".[96]

Nada melhor que uma passagem fortemente polêmica de Buffon para medir a profundidade desse destaque:

> Quando (Aldrovandi) fala da história natural do galo e do boi, ele conta tudo o que foi dito sobre os galos e sobre os bois, tudo o que pensaram os antigos, tudo o que se imaginou sobre suas virtudes, seu caráter, sua coragem, todas as coisas para as quais se procurou utilizá-los, todos os relatos que as velhinhas inventaram, todos os milagres que certas religiões os fizeram realizar, todos os assuntos de superstição que forneceram, todas as comparações que os poetas fizeram com eles, todos os atributos que certos povos lhes concederam, todas as imagens deles feitas nos hieróglifos, nos estemas, numa palavra todas as histórias e todas as fábulas que já foram inventadas sobre o galo e sobre o boi.[97]

---

96. *Ibid.*, p. 315.
97. Buffon (1959), p. 24.

A diferença não passa apenas entre a superabundância dos intentos literários e as descrições enxutas e rigorosas da ciência. A pesquisa dos sistemas e das definições põe em crise também o predomínio dos interesses de natureza exclusivamente prática, as divisões baseadas no bom senso, o critério das puras e simples enumerações alfabéticas. Para perceber isso, basta confrontar qualquer um dos sistemas de classificação dos minerais enumerados e descritos por Gmelin com o que está presente num importante lapidário dos primeiros anos do século XVII: a *Gemmarum et lapidarum historia* de Anselmo de Boodt (1609), onde os minerais são subdivididos em gemas e pedras, com base no fato de que as primeiras apresentam-se na natureza como corpos pequenos e as segundas como corpos grandes. A uma classificação deste tipo, às coletas para uso exclusivamente prático-medicinal, às classificações lexicográficas (presentes na *Summae* medievais, nas obras de Alberto Magno, de Conrad Gesner, de Ulisse Aldrovandi) permanece na realidade estranho o problema do método entendido como tentativa de estabelecer – *com base nas regras empregadas para a denominação das substâncias* – qualquer propriedade (no limite todas) das próprias substâncias. Juntamente com o problema do método, permaneciam também necessariamente estranhos problemas de nomenclatura racional, de terminologia e de construção linguística:

> Aqueles que querem progredir no conhecimento da natureza, devem *primeiro* apoderar-se dos termos técnicos da ciência; *depois* considerar todas as partes dos animais, dos vegetais, dos minerais; *enfim* examinar as próprias leis do sistema que indicam a classe, a ordem, o gênero, a espécie do objeto a conhecer. Quem tem familiaridade com as partes reconhece, quase à primeira vista, o verdadeiro nome do indivíduo, um nome que é inteligível no mundo inteiro (...) e desse modo são trazidos à luz os costumes, a economia, o lugar, os usos das coisas naturais.[98]

---

98. Karamyschew (1769), p. 439.

A CIÊNCIA E A FILOSOFIA DOS MODERNOS

Não basta – pretendia dizer o 'nobre russo-siberiano' adepto de Lineu – limitar-se a observar o mundo, recolher dados de modo indiferenciado, amar a 'divina ciência' da natureza. Não basta tampouco a vontade de tirar vantagens e remédios para a vida humana. É necessário, primeiro, ser capaz de orientar-se nela, dispor de uma rede de conceitos e de termos capaz de transformar um amontoado de coisas numa realidade ordenada e coerente. Só o emprego daqueles 'termos técnicos' será capaz de revelar a ordem profunda da realidade. Sobre estes mesmos problemas deviam insistir, da metade do século XVII à metade do XVIII, todos os estudiosos que se dedicaram à difícil empresa de uma integral, ordenada e coerente classificação dos minerais, das plantas e dos animais. Construir um método e um sistema queria dizer para eles não só subdividir as diversas produções da natureza em classes, gêneros e espécies, mas também – e sobretudo – capacidade de construir uma nomenclatura (e uma linguagem) cujos termos fossem unívocos e designativos das relações entre o simples 'objeto' e a espécie e o gênero a que pertence, ou seja, que determinassem, *o lugar* de cada elemento dentro do Universo ou, pelo menos, dentro de um sistema mais vasto de coisas naturais.

Regras demasiado inflexíveis para a natureza

Às tabelas da grande enciclopédia, contidas no *Essay towards a Real Character and a Philosophical Language*, não cabia certamente, segundo Wilkins, uma função secundária ou marginal. No seu entendimento, as tabelas, 'sobretudo as concernentes aos corpos naturais', deveriam 'promover e facilitar o conhecimento da natureza', isto é, contribuir de modo direto para o trabalho de pesquisa desenvolvido pelos membros da Royal Society. O objetivo principal das tabelas, afirma ele, "é oferecer uma enumeração suficiente de todas as coisas e noções e, ao mesmo tempo, dispô-las numa ordem tal, que o lugar atribuído a cada coisa possa contribuir para a descrição de sua natureza, indicando a espécie geral e particular dentro da qual a coisa é colocada e a diferença pela qual ela se distingue das outras coisas da mesma espécie".[99]

Muitas das ambições de Wilkins, que tinha em mira a construção de um completo *'repository'*, deviam ser desfeitas, mas a sua tentativa de uma classificação ordenada e completa acabou por interessar fortemente todos aqueles que, em matéria de ciência da natureza, estavam empenhados em construir 'métodos' e classificações referentes a campos limitados de experiência.

Com base nesta efetiva convergência de problemas e de interesses, verificou-se de fato uma colaboração entre o 'linguista' John Wilkins, o botânico John Ray e o zoólogo Francis Willoughby. As classificações de animais e plantas, presentes no *Essay*, resultam desta obra de colaboração, que se estabeleceu depois que Wilkins, em 1666, dirigiu-se aos dois ilustres cientistas para poder inserir no seu texto uma *'regular enumeration of all families of plants and animals'*.[100] A discussão que se abriu depois daquele ano entre Wilkins e Ray, autor da monumental *Historia plantarum generalis* (1686-1704), apresenta elementos de notável interesse. Mesmo porque John Ray era homem de vastíssima cultura e de múltiplas curiosidades. No rol de seus escritos não encontramos apenas obras sobre plantas, mas também escritos de caráter teológico-religioso, reflexões sobre o dilúvio e sobre os fósseis, considerações sobre a retórica e a ciência, tomadas de posição sobre a debatida questão da superioridade dos modernos. Em 1674 e 1675, Ray publicou também dois dicionários: *A Collection of English Words not Generally Used* e *Dictionariolum trilingue: secundum locos communes, nominibus usitatioribus Anglicis, Latinis, Graecis, ordine* παραλληλωσ *dispositis*. Estes interesses linguísticos não eram marginais, assim como não era superficial o seu interesse pela empresa projetada por Wilkins: tanto que ele se sujeitou à ingrata tarefa de traduzir para o latim, para torná-lo acessível aos estudiosos

---

99. Wilkins (1668), p. 289.
100. Ray (1718), p. 366.

A CIÊNCIA E A FILOSOFIA DOS MODERNOS

do continente, todo o texto do *Essay*. Embora jamais tenha sido publicada, a tradução foi efetivamente levada a termo.[101]

As divergências com Wilkins nasceram do problema do método e a possibilidade de aplicar à natureza as regras rígidas da classificação enciclopédica que servia de base à língua universal:

> Na construção daquelas tabelas – escreverá Ray a Lister para justificar a sua atitude – não me era pedido para seguir as ordens da natureza, mas para adaptar as plantas ao sistema próprio do autor. Eu devia subdividir as ervas em três classes ou tipos o mais possível iguais, dividir depois cada classe em nove *diferenças* menores (como ele – Wilkins – as chamava) estando atento a que as plantas ordenadas dentro de cada diferença não ultrapassassem um determinado número fixo (...) Quem jamais poderia esperar que tal método resultasse satisfatório e não manifestamente absurdo e imperfeito? Devo dizer com clareza que o era, porque dou mais valor à verdade do que à minha reputação pessoal.[102]

Wilkins também, exatamente como Ray, tinha pretendido que os seus esquemas 'seguissem', com exatidão, a natureza das coisas,[103] mas, ao contrário de Wilkins, Ray tinha considerado muito difícil conciliar – pelo menos em botânica e zoologia – o *alfabeto* e a *natureza*: uma ordem artificial construída com objetivos exclusivamente lógico-mnemônicos e a ordem presente no mundo real. Em outra carta a Lister – também publicada por Benjamin De Mott – Ray tornava a insistir sobre as mesmas dificuldades e sobre o pequeno sucesso das tentativas de persuadir Wilkins a renunciar às simetrias demasiado rígidas da sua língua artificial:

> Esta semana esperamos em Middleton o bispo de Chester (Wilkins), que deseja nossa assistência para a sua obra de correção e emenda das suas tabelas de história natural. Como é de seu conhecimento, construir tabelas filosóficas exatas é muito difícil, para não dizer impossível; construir tabelas apenas toleráveis requer muita diligência e experiência e é obra suficiente para a vida inteira de um homem. Por isso, temos necessidade de pedir a

---

101. Ray (1740), p. 23.
102. Ray (1848), p. 41 ss.
103. Wilkins (1668), p. 21.

assistência dos nossos amigos, especialmente quando não somos livres para seguir a natureza, mas obrigados a forçar as coisas...[104]

Diante da dificuldade de uma classificação dos animais e das plantas, entrou em crise aquela absoluta regularidade e simetria que parecia essencial a Wilkins para o funcionamento da língua perfeita. A essa regularidade e simetria ele teve que renunciar:

> Os quarenta gêneros são subdivididos com base em suas diferenças peculiares que, para melhor conveniência desta instituição, estabeleci (na maioria dos casos) em número de seis. Fiz exceção, porém, para aquelas numerosas classes de ervas, plantas, animais invertebrados, peixes e pássaros, que são de variedade muito grande para poderem ser compreendidos num espaço tão restrito.[105]

No prefácio ao *Methodus plantarum nova* de 1682 e à *Historia plantarum* de 1686, Ray enunciava com clareza a sua posição. Nessas páginas, encontramos, de um lado, a cautela e o senso de medida que caracterizam a mentalidade de muitos 'naturalistas' e, de outro lado, as graves dificuldades que derivam de toda tentativa de conciliar os resultados da observação empírica com as exigências de um sistema artificial de classificação, dotado de coerência e construído *a priori*. O número e a variedade das plantas, afirma Ray, produzem desânimo e confusão na mente do estudioso. Para uma compreensão clara, um imediato reconhecimento e uma boa memória, nada melhor que uma bem-ordenada divisão em gêneros principais e em classes subordinadas:

> Todos concordam sobre o fato de que o método é a mãe da memória e os antigos falavam da Memória como mãe das Musas (...) Eu trabalhei principalmente para que fossem corretamente construídos os Gêneros principais e para que todas as Espécies, tanto subalternas como ínfimas, fossem dispostas em seus lugares como numa fileira bem-ordenada. Desse modo, todas elas podem ser mais facilmente compreendidas, as espécies

---

104. Ray (1848), p. 55 ss.
105. Wilkins (1668), p. 22.

A CIÊNCIA E A FILOSOFIA DOS MODERNOS

simples podem ser claramente compreendidas, vindo mais rapidamente ao encontro do pesquisador, aderindo mais solidamente à memória.[106]

Mas o método perfeito, o sistema isento de anomalias e irregularidades, parece a Ray impossível e irrealizável. Desde muito tempo, prossegue ele, empenhei-me em produzir um método, mas ninguém pode esperar de um projeto desse tipo algo de completo e de perfeito. Alguns querem dividir todas as plantas tão exatamente de modo a incluir todas as espécies sem deixar nenhuma em posição anômala e peculiar; outros querem definir os gêneros de modo tal que nenhuma espécie permaneça, por assim dizer, sem casa, ou seja comum a vários gêneros. A natureza não permite nada disso, não dá saltos, produz espécies intermediárias de difícil e ambígua classificação, é algo de contínuo que resulta de uma série de imperceptíveis gradações.

Confrontando estas afirmações com as de outros escritos, como *The Wisdom of God Manifested in the Works of the Creation* (de 1691) ou os *Three Physico-theological Discourses* (de 1693), seria possível perceber a complexidade da posição de Ray e os pressupostos de tipo teológico que operam na sua imagem de uma natureza estruturada como 'cadeia'.[107] Mas a polêmica contra as filosofias de Demócrito e de Epicuro e contra o materialismo mascarado de teísmo que caracteriza a filosofia de Descartes, a referência a Cudworth e à 'natureza plástica', mais que o interesse pela linguagem, não impediam que ele, como bom baconiano, continuasse a crer na superioridade das coisas sobre as palavras: "Estas artes" – escreve ele referindo-se à retórica e ao estilo – "são

---

106. Ray (1686), Prefácio.

107. Sobre as relações entre Ray, de um lado, e Wilkins e Willoughby, de outro, vejam-se as considerações desenvolvidas em De Mott (1957). Sobre John Ray, vejam-se: Grunawaidena (1936); Raven (1950); as notas de Renzoni em Buffon (1959), p. 479-90. Para uma colocação de Ray dentro das discussões sobre a cosmologia: Casini (1969). Sobre a nomenclatura botânica, há muitas observações úteis em Berlin (1972); e igualmente em Dagognet (1970), que só considera porém os estudos franceses. Quanto aos problemas relativos às teorias inglesas sobre a linguagem, são importantes Formigari (1970), Aarsleff (1967) e Aarsleff (1982).

depreciadas pelos homens sensatos como algo muito inferior ao estudo das coisas. As palavras são as pinturas das coisas, e ocupar-se inteiramente das palavras quer dizer enamorar-se de uma pintura e desprezar a vida."[108]

Nomear equivale a conhecer

Para os teóricos da língua perfeita, apreender os nomes da língua universal quer dizer instruir-se sobre a natureza das coisas. Isto se verifica porque o nome, artificialmente imposto, coincide com a definição: é capaz de caracterizar de modo unívoco o objeto designado, pode 'descrever a natureza da coisa' colocando-a dentro de uma série de nexos e de relações, dentro daquela ordem universal da natureza da qual a enciclopédia constitui o espelho.

Deste ponto de vista, o problema de uma língua universal baseada sobre a preliminar e racional 'tabulação' dos elementos, de cujo conjunto resulta constituído o mundo, coloca-se historicamente como a outra face do problema do método, compreendido como 'classificação' das plantas e dos animais, como inventário da criação.

Nomear equivale a conhecer. Conhecer as plantas, afirma Joseph Pitton de Tournefort no fim do século XVII, "quer dizer conhecer com precisão os nomes que a elas foram dados em relação à estrutura de alguma de suas partes. Esta estrutura constitui o caráter que distingue essencialmente as plantas umas das outras. A ideia deste caráter deve estar inseparavelmente ligada ao nome de toda planta". As notas ou características de uma planta devem estar tão estreitamente entrelaçadas com o nome, que resultem inseparáveis dele. Dois nomes diversos não podem ser atribuídos a uma mesma noção, nem duas noções diversas podem vir conjugadas sob o mesmo nome.[109] A botânica não consiste abso-

---

108. Ray (1718), p. 240.
109. Tournefort (1797), v. 1, p. 45.

A CIÊNCIA E A FILOSOFIA DOS MODERNOS

lutamente, para Tournefort, num conhecimento das virtudes das plantas, não têm uma função ancilar nos confrontos da farmacologia e da medicina. A botânica só pode tornar-se uma ciência autônoma em virtude de uma nomenclatura rigorosa. Exatamente porque 'ignoraram a força dos nomes', Dioscorides e Galeno enriqueceram a medicina mas obscureceram a botânica, introduzindo ao acaso, à medida que se efetuavam as simples observações, uma série de termos "os quais não eram atribuídos seguindo o método que seria necessário seguir para fazer da botânica uma ciência sujeita a regras".[110]

A passagem da descrição empírica para a 'science réglée' requer o abandono da tradicional impostação prática. É necessário que o conhecimento dos *nomes* preceda o dos *efeitos* e das *virtudes*. Para isso, é necessária uma reforma radical da terminologia, que elimine todos os termos sinônimos e ambíguos:

> A ordem natural quer portanto que se inicie o estudo das plantas através do de seus nomes (...) Desse modo se terá, por assim dizer, a chave desta ciência, lembrando os nomes de uns seiscentos gêneros aos quais é possível referir a maior parte das plantas conhecidas (...) Os nomes supérfluos, assim como os nomes equívocos, devem ser decididamente rejeitados e, se alguns nomes equívocos se mantêm, deve-se deixar a eles um único significado.[111]

Ante a tarefa de uma sistemática racional, a linguagem comum parece a Tournefort como totalmente insuficiente. *Só por razões de caráter prático*, ele recua diante da perspectiva de uma radical reviravolta da terminologia existente e diante da ideia de uma língua artificial cujos termos sejam construídos de maneira tal, que consinta a rápida individualização do lugar que a simples planta ocupa dentro do sistema:

> Se as plantas ainda não tivessem nomes, seria possível facilitar o seu conhecimento designando-as mediante nomes simples cujas desinências

---

110. *Ibid.*, v. 1, p. 52.
111. *Ibid.*, v. 1, p. 47 ss.

indicariam as relações entre as plantas do mesmo gênero e da mesma classe. Para isso, seria necessário pôr de pernas para o ar toda a linguagem da botânica, e nos inícios desta ciência não era possível perseguir esta exatidão, uma vez que se era obrigado a atribuir nomes às plantas ao mesmo tempo em que se descobriam os seus usos.[112]

Só com base em considerações de caráter histórico, que coincidem com as razões da conveniência prática e com o temor de uma revolução terminológica demasiado radical, a língua da botânica deve renunciar a identificar-se com uma língua perfeita e artificial. A botânica sofre de uma espécie de duplo vício de origem, que impediu a constituição de uma ciência rigorosa: o interesse exclusivo ou excessivo pelos usos medicinais e a imposição arbitrária dos nomes:

> Os antigos (...) não sei por qual destino perverso, quanto mais ilustravam com múltiplos auxílios a medicina, tanto mais obscureciam a botânica. Pensavam em novos nomes com que chamar as plantas para ilustrar suas virtudes e não possuíam ainda as leis para atribuir os nomes de maneira não arbitrária (...) Aqueles que num primeiro tempo atribuíram os nomes às plantas, seja no Egito ou na Grécia, na maioria dos casos, deixaram-se guiar só pelas coisas singulares, que dificilmente correspondiam às plantas assim chamadas e muito menos às outras plantas do mesmo gênero.[113]

Não há traços, nas páginas de Tournefort, das cautelas empiristas presentes na atitude do baconiano John Ray. Muitos, escreve Tournefort no fim do seu prefácio, embora admitindo a necessidade do método, afirmam que a natureza é estranha e hostil a ele. Com leviandade ainda maior comportam-se aqueles que fazem a verdadeira distribuição das espécies depender do arbítrio do homem. O Criador, que nos deu a possibilidade de atribuir nomes às plantas, por sua vez colocou nelas características reais, *notas*, das quais devem ser extraídas aquelas similitudes que permitem a classificação por gêneros e espécies. ('*Conditor rerum*

---

112. *Ibid.*, v. 1, p. 48.
113. Tournefort (1700), v. 1, p. 12-15.

qui imponendorum plantis nominum facultatem nobis praebuit, in plantis ipsis notas insigniores posuit ex quibus peti debet similitudo illa quae requiritur inter species eiusdem generis.')[114]

Tournefort morre em 1708. Lineu, que o recorda sempre com veneração, tinha nascido em 1707. Mas relativamente a algumas posições de fundo – a relação entre a *dispositio* e a *denominatio*, a função e o significado da ordem e do sistema – as perspectivas permanecem inalteradas. Tarefas e fundamentos da filosofia natural e da botânica são também para Lineu o ordenamento das coisas e a atribuição de nomes: '*Fundamentum botanices duplex est: dispositio et denominatio.*'[115] O método, que é a alma da ciência, designa determinado corpo natural de modo tal, que este corpo *enuncie o nome que lhe é próprio* ('*dicat proprium nomen summ*') e tal nome lembre todos os conhecimentos que foram possíveis adquirir sobre ele. Assim, 'por entre a extrema e aparente confusão, descobre-se a ordem soberana da natureza'.[116]

Muitas das certezas que tinham animado os construtores das línguas universais são compartilhadas por alguns dos maiores teóricos da botânica do século XVII e da primeira metade do XVIII. A classificação total, o inventário da criação, a sistemática geral continuam a apresentar-se a Lineu não como instrumentos operativos sempre sujeitos à revisão e construídos para fins práticos, mas como a ciência suprema, como o espelho da ordem que Deus imprimiu no cosmos:

> A sapiência, partícula do espírito divino, é o sumo atributo do homem sapiente. O primeiro grau da sapiência consiste no conhecimento das próprias coisas. O conhecimento consiste numa verdadeira ideia dos objetos, mediante a qual as coisas iguais são distinguidas das desiguais pelas suas próprias notas, inscritas nas coisas pelo Criador. A fim de que o conhecimento possa ser comunicado aos outros, são impostos às diferentes

---

114. *Ibid.*, v. 1, p. 54. "O criador das coisas que nos concedeu a faculdade de conferir nomes às plantas, nessas mesmas plantas colocou traços muito nítidos pelos quais se pode extrair aquela semelhança que é própria às espécies do mesmo gênero."
115. Linné (1784), p. 151. "É duplo o fundamento da botânica: classificar e denominar."
116. Linné (1758), p. 11.

coisas particulares seus próprios nomes. Se os nomes desaparecem, desaparece também o conhecimento das coisas. Estes são as letras e os elementos sem os quais ninguém poderá ler a natureza (...) A ciência da natureza, como um fio de Ariadne, sustenta-se sobre o conhecimento metódico e sobre a nomenclatura sistemática das coisas naturais. Só seguindo esse fio é possível penetrar com certeza dentro dos meandros da natureza.[117]

Contra os sistemas: o convencionalismo

Só a insistência sobre esses temas, a força destas convicções e sua difusão na ciência do século XVIII podem explicar a polêmica violência da reação de Buffon.[118] O autor da *Histoire naturelle* contrapõe à lógica da natureza uma lógica humana, vendo nos métodos apenas um produto da mente dos estudiosos de botânica e de mineralogia: "Cada um desses métodos não passa, na verdade, de um Dicionário no qual se encontram os nomes dispostos numa ordem relativa a esta ideia, sendo portanto tão arbitrária quanto a ordem alfabética."[119]

No momento em que rejeitava a classificação de Lineu, Buffon refutava a própria ideia de um 'sistema geral' e percebia as implicações metafísicas da questão: para construir um sistema, para oferecer um ordenamento ou método geral, é necessário que *tudo esteja compreendido no sistema*, é necessário subdividir em classes, gêneros e espécies uma natureza que procede através de nuanças imperceptíveis. Àquela espécie de 'pedra filosofal', à qual os botânicos se dedicaram com infinitos esforços, Buffon contrapõe a imagem de uma realidade natural contínua, concebida como 'um mundo de seres relativos e não relativos, uma infinidade de combinações harmônicas e contrárias'. No próprio princípio dos

---

117. *Ibid.*, p. 7 ss.
118. Sobre Buffon, além do precioso comentário de Renzoni em Buffon (1959), vejam-se Roger (1963) e Solinas (1967). O terreno, pouco conhecido, das controvérsias italianas sobre as ciências da vida é explorado por Bernardi (1986).
119. Buffon (1749), v. 1, p. 24.

A CIÊNCIA E A FILOSOFIA DOS MODERNOS

métodos esconde-se 'um erro de metafísica', que consiste no desconhecimento do 'curso por nuanças' da natureza e no julgamento sobre o todo mediante o julgamento sobre a parte. No limite, e paradoxalmente, a multiplicação das subdivisões das produções naturais nos levaria mais perto da realidade, uma vez que na natureza só existem indivíduos, enquanto espécies e gêneros são apenas produtos da nossa imaginação.[120]

Os métodos pretendem submeter a leis arbitrárias as leis da natureza, dividi-la onde ela é indivisível, medir as forças naturais com as da nossa débil imaginação: não são ciência, mas convenção; são uma língua arbitrária, que se tornou mais difícil que a própria ciência e da qual não se pode extrair nenhum conhecimento real.[121] Compilados para auxiliar a memória, eles devem diluir-se integralmente no plano dos instrumentos que facilitam o entendimento recíproco entre os eruditos.

Não faltarão, sobretudo depois da morte de Buffon, ásperas tomadas de posição contra esta 'destruição dos sistemas' e retornos explícitos às impostações lineanas. Mas, pelo menos neste terreno, as expressões *Botanique* e *Histoire naturelle* da grande Enciclopédia compartilham integralmente as novas posições:

> Trata-se de *construir uma espécie de memória artificial* para reter a ideia e o nome de cada planta, porque o número das plantas é grande demais para que se possa desprezar semelhante auxílio. Para este objetivo, qualquer método é bom (...) As divisões metódicas *auxiliam a memória* e parecem resolver o caos formado pelos objetos da natureza (...) mas é preciso não esquecer que os sistemas são baseados apenas em arbitrárias convenções humanas e que não estão de acordo com as invariáveis leis da natureza.

Na metade do século XVIII, as impostações de Tournefort e de Lineu parecem inatuais e distantes, assim como inatual e distante parece a ideia de uma classificação das coisas naturais que constitua também uma língua perfeita. Uma nova reviravolta tinha-se verificado, e em nome de um decidido convencionalismo

---

120. *Ibid.*, v. 1, p. 13, 20, 38.
121. *Ibid.*, v. 1, p. 9, 16.

refutava-se agora a antiga ideia de uma plena correspondência entre os termos da Enciclopédia e a realidade das coisas. Por outro lado, permanecia solidamente de pé a ideia da classificação como uma arte da memória.

Nomenclaturas botânicas e simbologia química

O entrelaçamento de tradições e de problemas, aos quais se fez referência no início deste capítulo, tinha dado frutos não desprezíveis. A planta que Tournefort tinha indicado, na metade do século XVIII, como *Gramen Xerampelinum, Miliacea, praetenui, ramosaque sparsa panicula, sive Xerampelino congener, arvense, aestivum, Gramen minutissimo semine*, tornou-se, na nomenclatura binômica de Lineu, a *Poa bulbosa*.[122]

Não se tratou apenas de uma simplificação terminológica. Por trás do projeto de designação das espécies, que refletisse as inclusões nos respectivos gêneros, operavam, como se viu, pressupostos metafísicos nada desprezíveis. Que parecem evidentes até no caso da química, onde, antes da adoção da simbologia alfabética de Berzelius, não faltaram tentativas de construir simbologias baseadas na ideia dos 'caracteres reais'. Estes se reportavam em parte à tradição do simbolismo alquimista, em parte aos numerosos projetos de séries de figuras geométricas estabelecidas por convenção. M. P. Crosland, que estudou dignamente a evolução da linguagem da química, chamou a atenção sobre o fato de que, em pleno século XVIII, estavam ainda em uso cinco ou seis símbolos químicos que reproduziam, com variações insignificantes, caracteres hieroglíficos egípcios.[123] E é sabido que as *Tables des différents rapports observés entre différents substances* de Etienne-François Geoffroy, publicadas em 1718, levaram a um verdadeiro renasci-

---

122. Linné (1758), v. 2, p. 874.
123. Ao lado de Bolton (1882-83) e Crosland (1962), vejam-se: Pasquinelli (1964); Abbri (1984); Dagognet (1969).

mento da simbologia alquimista. Em 1787, depois que o elenco inicial dos símbolos tinha passado de dezesseis para cinquenta e nove colunas, houve muitas discussões sobre a oportunidade de adotar os *símbolos* ou servir-se de *palavras*. Jean Henry Assenfratz e Pierre Auguste Audet, em colaboração com Lavoisier e outros estudiosos, propuseram a adoção de uma simbologia baseada numa 'tabulação' preliminar e total dos elementos e a adoção de seis caracteres fundamentais, correspondentes às seis grandes categorias de substâncias: uma *linha reta* devia indicar as substâncias simples que comumente se acham combinadas como partes de um composto; um *triângulo* para os álcalis e os sais: um *semi--círculo* para as substâncias inflamáveis; um *círculo* para os metais; um *quadrado* para os ácidos radicais; um *losango* para as substâncias compostas e cujos elementos constitutivos são desconhecidos.[124]

Quase no limiar do século XIX, num relatório de 1782 de Bernard Guyton de Morveau – um dos grandes reformadores da nomenclatura química – enquanto se confirmava que só a convenção pode determinar o uso e o significado dos termos científicos, ressurgia mais uma vez o tema que encontramos presente em Wilkins e em Dalgarno, em Kinner e em Adanson, em Lineu e em Fontenelle:

> Há alguns anos era sem dúvida possível lembrar os nomes impróprios de uns trinta sais e conservá-los na memória, lendo ou ouvindo pronunciar; mas hoje a química tem familiaridade com dezoito ácidos (...) há pouco foram descobertos dois solos e muitos semimetais (...) Se devemos examinar com cuidado a ação que um número tão grande de substâncias exercem umas sobre as outras, torna-se essencial adotar um sistema de nomenclatura para indicar sem confusão os resultados.

A *substâncias simples*, para Guyton, deviam ser atribuídos *nomes simples*: "A denominação de um composto químico é clara e exata só nos limites em que se refere às suas partes constitutivas

---

124. Guyton et al. (1787), p. 253-87.

mediante nomes em conformidade com suas naturezas (...) As denominações devem ser, tanto quanto possível, conformes à natureza das coisas."[125]

A lanterna mágica de Foucault

O problema da relação entre as línguas artificiais e universais do século XVII e os métodos, os sistemas, as classificações e as simbologias científicas do século XVIII, requer sem dúvida estudos ulteriores e aprofundados. Em algumas páginas escritas num estilo muito brilhante, um conhecido ensaísta francês teve ocasião de afirmar, muito justamente, que a 'história natural' do século XVII e do século XVIII não deve ser relacionada com uma 'filosofia da vida', mas com uma 'teoria das palavras'. Mas, uma vez esclarecido que 'a teoria da história natural não pode ser dissociada da teoria da linguagem', Foucault realizou uma operação diferente e muito mais discutível: negou qualquer 'comunicação de conceitos' de uma para a outra, qualquer 'passagem de métodos', qualquer 'transferência de modelos' e, para justificar essa relação característica, preferiu recorrer a uma série de identidades estruturais, a misteriosas simetrias do pensamento, a fascinantes correspondências que se realizariam com base num "*a priori* histórico que (...), numa época determinada, recorta na experiência um campo do saber possível e define o modo de ser dos objetos que aí aparecem".[126]

Entre as brilhantes intuições de Foucault e o trabalho dos historiadores passa provavelmente a mesma diferença que se dá entre escrever poesias e (para não sair do assunto) a coleta e catalogação das plantas da Escócia. Mas, com o pedantismo que é próprio daqueles historiadores das ideias com os quais ele constantemente polemiza, poder-se-ia observar que, pelo menos nesse

---

125. Guyton (1782); cf. Crosland (1962), p. 157 ss.
126. Foucault (1966), p. 174, 171.

A CIÊNCIA E A FILOSOFIA DOS MODERNOS

caso específico, o seu recurso ao *a priori* histórico não se justifica absolutamente. Embora lembrando em muitas ocasiões os nomes e os textos de John Wilkins e de John Ray, Foucault jamais percebeu que por trás daquela comunhão de estruturas tinham atuado justamente uma 'comunicação de conceitos' e uma 'passagem de métodos', existia de fato a difícil colaboração que teve que ser estabelecida entre aqueles dois personagens singulares. Uma colaboração que constitui apenas *um* dos tantos documentos sobre aquela 'transferência de modelos' e aquela 'comunicação' entre diferentes campos de investigação que Foucault apressada e aprioristicamente negou, substituindo na verdade, "a fim de demonstrar a impossibilidade de uma reflexão histórica (...) o cinema por uma lanterna mágica, o movimento por uma sucessão de imobilidades".[127]

A leitura do *Schema materialum pro laboratorio portabili sive Tripus Hermeticus fatidicus pandens oracula chymica*, publicado em Frankfurt em 1689, não é certamente de particular utilidade para um escritor empenhado, como Foucault, em indagar sobre as estruturas e as correspondências conceituais presentes no pensamento europeu num arco de cinco séculos. Mesmo porque não é sempre oportuno – como observava Lévi-Strauss a propósito de *Les mots et les choses* – que resultados parciais, conseguidos em campos muito circunscritos, 'sejam oferecidos a certos filósofos que extraem deles grandes interpretações gerais'.[128] Entretanto, o autor daquele livro seiscentista de 'química' empregava largamente uma simbologia de derivação alquimista, defendia a existência de uma real analogia entre as propriedades do arsênico e do antimônio e o comportamento dos animais (a serpente e o lobo) com cujos nomes as substâncias eram simbolizadas: ou seja, identificava (como tipicamente ocorre dentro do 'mundo mágico') as propriedades e as características dos objetos usados como símbolos com as propriedades e as características dos objetos ou das coi-

---

127. Sartre, em "L'Arc", 30 de outubro de 1966.
128. Em "Paese Sera Libri", 20 de janeiro de 1967.

sas reais simbolizadas. Existe todavia – sempre a propósito de 'passagem de métodos' e 'transferência de modelos' – um por menor que torna interessante aquele tratado de simbologia alquimista: o fato de ter sido escrito por Johann Joachim Becher, nascido em Spira em 1635, morto em Londres em 1682, professor de medicina em Magonza, em Mônaco, em Haarlem, e do qual Georg Ernst Sthal, que tinha sido seu discípulo, afirmou ter derivado a ideia do flogisto. Trata-se do mesmo Becher de que falamos no início, 'precursor da tradução mecânica', que em 1661, sempre em Frankfurt, tinha publicado o *Character pro notitia linguarum universalis*.

NONO CAPÍTULO

OS CRUSTÁCEOS E OS VULCÕES: ORDEM E DESORDEM NO MUNDO

O problema de um 'geólogo' newtoniano

Se é verdade que o âmbito dos problemas enfrentados dentro do saber científico está relacionado com uma série de escolhas, se é verdade que as preferências por um mais que por outro modelo de ciência configuram-se mais como pressupostos que como resultados da pesquisa, então é oportuno tentar determinar, preliminarmente, algumas das escolhas fundamentais que estão na base de um dos maiores livros de 'geologia' do século XVIII italiano. A obra intitulada *De' crostacei e degli altri corpi marini che si truovano su' monti*, de Anton Lazzaro Moro, que era um fervoroso adepto de Newton, foi publicada em Veneza em 1740. Para a difusão europeia da obra de Moro contribuíram muito as duas traduções alemãs que foram publicadas respectivamente em Leipzig e em Brema em 1751 e 1765.[1] Também não se deve esquecer, considerando o substancial desinteresse dos estudiosos italianos por estes temas, que os ingleses do século XVIII consideravam a geologia como uma ciência 'italiana'.

Justamente porque o livro de Moro pretende apresentar-se aos leitores como estritamente 'geológico', parece necessária uma adver-

---

1. Cristante (1988), p. 16.

tência: nos cem anos – decisivos para a geologia e a cosmologia – que decorrem entre a época de Robert Hooke e a de Emanuel Kant não existe nenhuma comunidade limitada de cosmólogos, geólogos ou estudiosos da Terra. Como confirma Stephen Jay Gould, "aqueles que chamaríamos hoje teólogos, arqueólogos, historiadores, linguistas e até geólogos, trabalharam com competência, muitas vezes simultaneamente, sobre cada um desses diferentes campos".[2]

Moro, como já disse, professa abertamente o newtonismo e contrapõe as suas teorias sobre os fósseis e os eventos da Terra às teorias de Leibniz. Naquilo que chamei de terreno das escolhas iniciais, ele está muito próximo de Vallisneri e muito distante de Burnet, Woodward e de todos os outros inúmeros 'construtores de mundos' da segunda metade do século XVII e da primeira do século XVIII. Moro não se move e nem pretende mover-se no terreno da cosmologia, nem no de uma história natural da Terra, e muito menos no terreno, ainda mais arriscado e comprometedor, de uma história do Universo.

O seu problema, pelo menos inicialmente, está compreendido dentro de limites bem definidos; é específico e tem caráter técnico: como se explicam aquelas 'produções marinhas', aqueles 'peixes, crustáceos e os outros empedrados produtos do Mar' que se encontram sobre os montes?[3]

A essa pergunta Moro dá duas respostas expressas de forma negativa e uma terceira expressa de forma positiva.

A primeira resposta *nega* que o recurso ao Dilúvio Universal seja capaz de explicar o fenômeno dos 'corpos marino-monteses'.[4] A segunda resposta (que está solidamente ligada à primeira) *nega* todas as teorias que afirmam que o mar no passado recobriu até as mais altas montanhas nas quais estão presentes fósseis de origem marinha.[5]

---

2. Gould (1987), p. 4.
3. Moro (1740), p. 7, 1.
4. *Ibid.*, p. 15, 23.
5. *Ibid.*, p. 210.

A terceira resposta de Moro *afirma* que 'os despojos ou relíquias' de animais e plantas que se encontram hoje na superfície ou dentro dos montes foram no passado animais e plantas nascidos, nutridos e crescidos nas águas do mar, antes que dessas águas se elevassem as atuais montanhas. Esses seres vivos foram levados para onde agora se encontram 'empedrados', quando aqueles montes 'saindo do seio da Terra coberta de água se elevaram àquelas alturas em que agora os vemos'.[6]

A teoria de Moro refuta a explicação mais difundida, que é também a que se apresenta como a mais óbvia: "Este pensamento é talvez o primeiro que se apresenta a quem se ponha a pensar seriamente sobre as causas do nosso fenômeno." Segundo os defensores (tanto antigos como modernos) da tese que parece a mais 'natural', 'o mar um dia inundou as planícies e os montes onde agora se encontram abundantes quinquilharias marinhas', ou então, mais lapidarmente, 'onde agora estão os corpos marinhos antigamente era mar'. Esta explicação, segundo Moro, é decididamente falsa porque não pode dar conta da retirada da grande quantidade de água que recobria a superfície da Terra até a altura dos montes.[7]

Portanto, para Moro, não é absolutamente verdade que as águas do Dilúvio ou as águas do mar tenham um dia *recoberto* a Terra e suas montanhas. A verdade é o contrário: são as montanhas que *emergiram* do fundo do mar. Esta teoria de uma imprevista e 'catastrófica' emersão do mar (em tempos diversos) das montanhas, das ilhas e dos continentes, configura-se aos olhos de Moro como uma verdadeira e genuína novidade, como uma 'descoberta'. Ela talvez tenha 'passado pela mente' de outros autores, dela se teve talvez 'algum vislumbre', mas essa 'proposição' nunca foi 'nem francamente exposta, nem claramente explicada, nem suficientemente provada'.[8]

---

6. *Ibid.*, p. 231.
7. *Ibid.*, p. 193, 196, 203.
8. *Ibid.*, p. 231 ss.

Grandes alternativas

A imagem da história da ciência como uma marcha triunfal para a frente e como sucessão de 'conquistas' deixou os historiadores quase cegos diante da existência das grandes alternativas que os cientistas do passado tiveram que enfrentar. Muitos físicos, biólogos ou geólogos que se interessam pela história de sua disciplina procedem deste modo: assumem como 'verdadeiro' um manual hoje em uso e, sobre essa base, determinam os 'núcleos de verdade' contidos nas velhas teorias. Nessas 'histórias', tudo se passa como se se tratasse de deduções, de passagens lógicas de uma verdade para outra. A intenção celebrativa, paradoxalmente, acaba desse modo por esvaziar de sentido as próprias proezas que se quer celebrar. São de fato eliminadas da história ou consideradas inexistentes as dificuldades reais diante das quais se encontraram os cientistas dos séculos passados. Até mesmo o alcance revolucionário de suas escolhas é completamente obscurecido.

Na metade do século XVIII, não era certamente fácil limitar os problemas a campos particulares da 'geologia' ou manter-se dentro dos tranquilos limites de uma pesquisa setorial. Inserido numa perspectiva muito mais ampla em relação ao que é característico da geologia pós-darwiniana, o discurso sobre os fósseis, baseado numa tradição bem consolidada, levava em consideração fatos de natureza muito heterogênea. Esse discurso se encontra e se entrelaça com a narração do Gênese, com os temas cosmológicos da formação e da destruição do Universo, com o milenarismo e o catastrofismo, com os grandes princípios teológico-naturais da plenitude e da cadeia dos seres, com os problemas relativos ao Dilúvio e à existência dos primeiros homens sobre a Terra. Dentro de uma riquíssima produção de teorias (que atinge seu ápice entre 1680 e a metade do século XVIII), apresentam-se problemas de caráter geral e são continuamente rediscutidos pressupostos filosóficos e religiosos. Desse modo, criam-se situações complicadas que põem filósofos naturais e teólogos diante de alternativas difíceis.

A CIÊNCIA E A FILOSOFIA DOS MODERNOS

Nesta seção são enumeradas algumas dessas alternativas diante das quais se encontra todo discurso seiscentista e setecentista sobre a natureza e a história da Terra.

1. Restos orgânicos ou jogos da natureza?

Um enorme peixe lúcio descrito por Leibniz 'tinha o corpo dobrado e a boca aberta, como se, sepultado ainda vivo, se tivesse enrijecido por causa da gorgônea força petrificante'.[9] Muitos dos estranhos objetos naturais encontrados sob a superfície terrestre exibem as formas, as linhas, as suturas, as saliências, a cavidade e os orifícios das conchas. Devemos concluir daí que se trata de conchas que 'se encheram de lodo, de argila ou de sucos petrificantes e que, com o passar do tempo, se transformaram em pedras'? Ou será que se trata de verdadeiras pedras especiais, singulares e estranhas? Inúmeros estudiosos tinham aderido à tese dos 'lusus naturae', das brincadeiras ou jogos da natureza. Jamais se deve, como se fazia segundo os cânones da historiografia positivista, conceber o crescimento do pensamento científico como constituído por uma multidão de semianalfabetos da qual emergem milagrosamente os defensores das verdades hoje codificadas. Os defensores das teses tradicionais nunca são desprovidos de argumentos e não é nada fácil convertê-los à verdade das novas teorias. Simplício não é nem um ingênuo nem um desprevenido, enquanto Salviati e Sagredo estão empenhados numa tarefa realmente difícil.

Se a natureza é capaz de exprimir uma numerosa quantidade de formas, por que devemos ficar admirados pelo fato de que algumas formas aparecem, por assim dizer, repetidas? Por que não seria possível aceitar a ideia de que existem pedras que têm formas estranhas e que se assemelham a conchas, a dentes de tubarão, a órgãos e membros humanos? Não encontramos continuamente formas familiares nos troncos das plantas, nos objetos da vida quotidiana, até mesmo nas nuvens e nas sombras? Quando vemos

---

9. Leibniz (1749), p. 29 ss.

o *retrato* pintado ou esculpido de um homem que viveu há muito tempo, o que pensamos? Pensamos acaso que aquela tela particular ou aquele simples pedaço de mármore *foi há tempos um homem real*, em carne e osso? Pensamos acaso que o tempo destruiu a substância humana que estava ali presente, de modo que permaneceram apenas os delineamentos? Ou será que nos limitamos a pensar, como é justo, que existiu há tempos um homem de verdade, de carne e osso, e que aquela tela ou aquela pedra são alguma coisa que *se assemelha muito* a um homem real, sem jamais ter sido um homem de carne e osso? E se os homens, que na sua pequenez se limitam 'a imitar a Natureza através da Arte', são capazes de pintar e esculpir retratos deveras *semelhantes,* por que então deveríamos negar esta mesma admirável capacidade à Natureza Divina?

Esta grande alternativa não nascia no plano de uma controvérsia sobre as formas dos objetos fósseis. Implicava modos alternativos de *observá-los.* Diferentes pressupostos filosóficos (ou diferentes metafísicas) condicionavam (e condicionaram) qualquer tomada de posição diante dessa alternativa. Dentro de *cada uma* das duas diferentes soluções (a dos restos orgânicos e a dos *lusus naturae*) emergiam entretanto graves dificuldades.

a) A tese da origem orgânica levava a constatar notáveis diferenças entre as espécies vivas e as plantas e animais fósseis. O destaque de tais diferenças levava necessariamente à conclusão de que algumas espécies animais tinham sido extintas. Mas admitir a extinção de espécies vivas não implicava uma inadmissível ruptura na 'plenitude' da realidade natural e na 'grande cadeia do ser'? Não equivalia a reconhecer elementos de imperfeição e não plenitude na obra do Criador?

b) Por outro lado, aceitando a tese das virtudes plásticas ou dos fluidos petrificantes, não se deve admitir que existem na natureza semelhanças totalmente casuais e formas que não têm qualquer função? Como é admissível aceitar a existência de tais semelhanças num universo concebido como uma sucessão perfeita e harmoniosa de formas? Robert Hooke, que é um defensor da origem

A CIÊNCIA E A FILOSOFIA DOS MODERNOS

orgânica, irá servir-se justamente deste argumento: se é verdade que a natureza não faz nada em vão, não é contrário à ordem do grande Reino da Natureza que aqueles corpos 'devam a sua curiosa figura a uma virtude plástica e não tenham outro objetivo no mundo a não ser exibir a sua forma?'[10]

2. Pedras ou documentos?

Observando bem, a alternativa era entre, de um lado, uma imagem da natureza como série de formas imutáveis e como ordem de estruturas permanentes e, de outro lado, uma imagem da natureza como processo que se desenvolve no tempo, como conjunto de estruturas só aparentemente constantes. No *primeiro caso*, os fósseis são vistos como pedras e objetos naturais mais estranhos que as outras pedras e objetos existentes na natureza. No *segundo caso*, podem ser vistos como *vestígios* ou *documentos* do passado, como o traço de processos que se desenvolveram no tempo. No primeiro caso, eles são apenas *observados*. No segundo caso, são *observados e lidos*, como se lê um documento. A natureza, através deles, como o reino do imutável, não se contrapõe mais à história, que é o reino do devenir e da mudança. A própria natureza tem uma história, e as 'conchas' e os 'crustáceos' são alguns dentre os documentos desta história.

Todo discurso tendente a relacionar as discussões sobre a 'geologia' com as discussões sobre as 'épocas da natureza' e a 'descoberta do tempo', deve partir de um reconhecimento inicial. Giorgio Agricola, no *De natura fossilium* (1546), elaborou uma classificação englobando as gemas, os gessos, os metais, o âmbar, as pedras, os 'fluidos endurecidos' (como o betume) e, finalmente, as 'pedras', no âmbito das quais são incluídos alguns 'fósseis' no sentido moderno do termo. Para abandonar a antiga classificação baseada na identificação do termo 'fóssil' com 'tudo aquilo que está colocado abaixo da superfície da Terra' e que tem o caráter

---

10. Hooke (1665), p. 17.

comum da 'petrosidade'; para chegar à definição moderna dos fósseis como restos ou marcas de organismos que viveram há tempos sobre a Terra, foi preciso não só 'distinguir o orgânico do inorgânico dentro de um espectro contínuo de objetos fósseis',[11] mas foi preciso também aceitar o pressuposto de que para explicar aqueles curiosos objetos era necessário fazer referência à sua origem e formação, interpretando-os, justamente, como vestígios ou documentos. Vendo-os apenas como objetos 'semelhantes' a objetos já existentes na natureza, considerando-os com base em pressupostos teóricos solidamente ligados a filosofias aristotélicas ou neoplatônicas, durante muito tempo foi possível explicar sua presença sem qualquer necessidade de ver neles *documentos* da história da Terra ou *signos* e *resultados* da obra do tempo.

3. Cego acaso ou admirável desígnio?

Sobre o tema da ordem e da desordem, que tem uma parte essencial na filosofia dos séculos XVII e XVIII, tradições diferentes contrapõem-se com vigor. Ao ver de Boyle, de Newton, dos newtonianos e, mais tarde, de Leibniz, a física cartesiana configura-se como uma retomada na Idade Moderna da ímpia tradição dos antigos materialistas e de Lucrécio. Que outra coisa tinha feito Descartes no pequeno tratado *Le monde ou traité sur la lumière* a não ser descrever o nascimento do mundo? Supondo que Deus tenha introduzido na massa total da matéria uma quantidade invariável de movimento, as várias partes da matéria teriam sido capazes, em virtude de seus próprios movimentos, de 'organizar-se por si num sistema'. Está ausente do Universo um 'desígnio intencional', enquanto a passagem do Caos inicial para a ordem do mundo configura-se como possível com base nas simples leis da natureza, independentemente da intervenção ordenadora de Deus. As leis da natureza, escreveu Descartes no capítulo sexto do *Mundo*, 'bastarão para fazer com que as partes do Caos cheguem

---

11. Rudwick (1976), p. 44.

A CIÊNCIA E A FILOSOFIA DOS MODERNOS

a liberar-se por si, dispondo-se numa bela ordem, de modo a assumir a forma de um mundo perfeitíssimo'. A tese de Newton era exatamente o oposto da que é atribuída a Descartes: "As partículas sólidas, na primeira criação, foram variadamente associadas por decisão de um Agente Inteligente."[12]

Nas *Boyle Lectures* (iniciadas por Richard Bentley em 1691-92), a filosofia natural de Newton tornou-se uma potente arma ideológica: servia, em conjunto e ao mesmo tempo, de um lado, para a demonstração da existência de Deus, da sua Providência, de um desígnio intencional presente no Universo; de outro lado, para refutar os epicuristas e os *Freethinkers*, que concebem o Universo como um efeito do acaso, que pensam que a máquina do mundo não tem necessidade nem de um Relojoeiro nem de um Arquiteto, e que se mostram ainda defensores de um milenarismo popular ligado à revolução de 1688. Neste terreno, John Keill, primeiro professor de física newtoniana em Oxford, atacou violentamente (em 1698) os *world-makers*, ou construtores de mundos imaginários, e os *flood-makers*, ou construtores de imaginários dilúvios.[13]

Muitas destas polêmicas foram suscitadas pela publicação das edições latinas e inglesas (entre 1680 e 1690-91) da *Telluris Theoria Sacra* de Thomas Burnet, discípulo de Cudworth no Christ College de Oxford e correspondente de Newton. Diferentemente de Boyle e de Newton, e de tudo o que farão mais tarde os newtonianos, Burnet tinha concebido o mundo não como a manifestação de um harmonioso desígnio, mas como uma 'Grande Ruína' e um Caos renovado. Tinha visto na Terra uma espécie de recusa ou *recrementum* da natureza, desprovida de ordem ou de objetivos. Rejeitou a coincidência entre revelação e conhecimento natural. Rejeitou finalmente a possibilidade de fazer o livro da natureza corresponder ao da Escritura, negando que se pudesse ler no segundo uma veraz descrição do primeiro. A matéria *mais* o movimento *mais* o tempo bastam para dar lugar à realidade do

---

12. Rossi (1979), p. 64, 73.
13. *Ibid.*, p. 93-95.

mundo. O cego mecanismo e o cego acaso dos epicuristas antigos e dos epicuristas modernos (os cartesianos) contrapunham-se à visão do mundo proposta pelos newtonianos, à sua imagem da natureza como 'santuário de Deus'.[14]

Os dias da criação e as épocas da natureza

Numa longa carta ao conde Carlo Maria di Polcenigo, escrita de San Vito al Tagliamento e datada de 17 de janeiro de 1737, Anton Lazzaro Moro já tinha refutado as explicações 'diluvianas' da origem dos fósseis e tinha anunciado a tese que estará no centro de sua obra de 1740: a explicação dos fósseis deve remontar ao fenômeno de uma emersão das montanhas de um mar já povoado de animais e plantas. Diversamente do tratado posterior, a carta é dedicada principalmente à discussão dos problemas atinentes à interpretação das Escrituras, mas contém também uma exposição sintética dos três 'supostos' ou hipóteses que servirão de fundamento à 'geologia' de Moro: 1. todas as coisas foram 'num momento criadas'; 2. os vegetais e os animais marinhos foram gerados e cresceram nas águas, antes que a Terra fosse libertada das águas; 3. as montanhas não remontam à época da criação, mas a um processo de tempo que é posterior ao da formação das plantas e dos animais marinhos.[15]

'In principio creavit Deus caelum et terram': esta frase não implica, como ensinou Agostinho, que todas as coisas tenham sido criadas naquele primeiro instante. Algumas coisas foram criadas imediatamente do nada e receberam de Deus o seu ser completo sem auxílio de 'causas intermediárias ou segundas', outras (como alguns vegetais e animais) receberam de Deus, no mesmo momento que as primeiras, o seu primeiro ser, estando porém este último 'escondido e envolvido no seio das causas

---

14. *Ibid.*, p. 94, 99.
15. Moro (1857), p. 13.

segundas'.[16] Por essa razão, enquanto algumas coisas aparecem ainda hoje no seu aspecto original, outras mudaram o seu aspecto com o correr do tempo. Se no livro do Gênese conta-se que várias e diferentes coisas foram criadas em vários e diferentes dias, é claro que estas coisas, "recebendo num momento do Deus Criador o seu primeiro ser oculto no seio das suas causas, receberam depois do Deus Administrador da natureza, com a sucessão do tempo, o outro ser completo e formado de aspectos visíveis por meio das segundas causas".[17]

Moro defende com vigor duas teses: 1. aquilo que é 'envolto e fechado' precisa de tempo para libertar-se e fazer-se evidente; 2. Deus, uma vez que criou a natureza, coloca-se como um Administrador das suas invioláveis leis. Quando a Escritura afirma que 'Spiritus Dei ferebatur super aquas (...) indica uma função que traz consigo sucessão de tempo'.[18] Aqueles animais marinhos, que são objeto de tantas disputas, tiveram (como a maioria das criaturas) duas produções diversas que devem ser mantidas cuidadosamente distintas. A primeira é 'do nada pela mão imediata do criador'; a outra provém 'do seio das segundas causas acionadas pelo Administrador da natureza'.[19] A primeira produção é instantânea e é ato divino proporcionado à onipotência e eternidade de Deus; a segunda implica que o ato divino seja adaptado às exigências da natureza que Deus estabeleceu em cada coisa.

Os seis dias da criação não têm nada em comum com aquelas vinte e quatro horas que circunscrevem os nossos dias e 'indicam espaços de tempo mais longos'.[20] No sexto dia, conta-nos a Bíblia, Deus criou Adão e o Paraíso, fez a terra produzir os animais terrestres e levou todos, juntamente com os pássaros, diante de Adão a fim de que este, 'não sem um prévio exame das qualidades naturais de cada animal', lhes impusesse nomes. Só o exame das

---

16. *Ibid.*, p. 13 ss.
17. *Ibid.*, p. 15 ss.
18. *Ibid.*, p. 20.
19. *Ibid.*, p. 30, cf. p. 18.
20. *Ibid.*, p. 32, 35.

qualidades de inúmeras espécies requer 'um espaço de tempo bastante longo'. Quem pode pensar que, após tantos acontecimentos, tenha sobrado ainda tanto tempo, que Adão tenha podido adormecer e Deus tenha podido tomar uma costela sua "e com ela fabricar uma mulher, apresentar-se depois a Adão já acordado e pronunciar aquelas palavras que a Escritura nos diz ter sido proferidas por ele naquele dia"?[21]

Nesta carta de 1737, o piedoso e cauteloso Anton Lazzaro Moro está na realidade utilizando e resumindo um grupo de páginas da *Archeologia philosophica* de Thomas Burnet (publicada em Londres em 1733). Moro evita cuidadosamente citar o ímpio autor contra o qual irá polemizar asperamente só três anos mais tarde. A exigência de sublinhar a necessidade de uma 'sucessão de tempo' também leva Moro (como muitíssimos outros autores dos séculos XVII e XVIII) para um terreno ambíguo e difícil, pleno de tentações e sugestões libertinizantes.

Alguns animais nascem só na primavera, outros só no verão, outros ainda só no outono. Como se pode pensar que todos tenham nascido num só dia e que Deus, assim fazendo, tenha violado as próprias leis da criação?

> Acaso se dirá que Deus levou diante de Adão todas as espécies de animais, trazidos de várias e distantes regiões? Por que levá-los todos num dia, se num dia Adão não podia atender a todos? Se Deus levou diante de Adão os animais nascidos em regiões distantes (...) deve ter feito os quadrúpedes andar com seu passo natural e os voláteis com o seu voo. Mas embora o voo seja mais veloz que o andar e a corrida, quem pode imaginar que os pássaros nascidos na zona tórrida ou nas extremidades das zonas temperadas, em poucos instantes, ou no máximo em poucas horas, tenham voado por tão longos espaços até onde Adão se encontrava?[22]

Longos períodos de tempo 'até iguais a muitos anos' são chamados 'dias' na Bíblia. Dias e anos, por outro lado, só eram tais 'diante do Senhor (...) porque então não existiam homens que

---

21. *Ibid.*, p. 37.
22. *Ibid.*, p. 38 ss.

os medissem e, no princípio, não existiam sequer astros ou planetas que determinassem a sua medida'.[23] Se a Escritura afirma que o Sol foi feito no quarto dia, é claro que antes desse dia o Sol não existia. Todavia, é indubitável que a matéria destinada a formar o Sol já tinha sido criada por Deus 'desde o primeiro momento do tempo'. Antes do quarto dia, o Sol não existia porque não tinha sido juntada a matéria da qual ele é constituído. Essa matéria 'supera pelo menos um milhão de vezes a massa de toda a Terra' e não pode então ser recolhida 'nem num pequeno espaço de tempo nem num espaço local menor que aquele em que se acha todo o grande vórtice planetário'.[24]

Sem que Moro jamais faça referência a Descartes, o termo 'vórtice' retorna três vezes no curso de poucas páginas. Para Moro, é Deus que faz mover circularmente 'a celeste matéria de todo o planetário vórtice'. Com esse movimento, Deus obriga a matéria que formará o Sol a recolher-se no lugar que lhe é destinado. Seja qual for a velocidade que se queira atribuir ao movimento diário do Sol e do seu vórtice, é impossível que o Sol tenha sido formado 'num só dia e só em vinte e quatro horas'. Como a produção das plantas e dos animais, a formação do Sol também

> comprova que aqueles seis dias não foram de medida igual aos dias modernos, mas que foram espaços de tempo de duração muito mais longa, ou seja, de uma duração *proporcional à atividade das causas segundas e à exigência dos efeitos produzidos*; espaços esses que foram chamados dias, conforme o costume frequentemente usado nas Escrituras de exprimir com o nome de dias certos espaços de tempo longos e indeterminados.[25]

O problema dos fósseis e da formação das montanhas tinha levado também Moro – como tantos outros autores dos séculos XVII e XVIII[26] – a introduzir nesta sua carta a dimensão temporal

---

23. *Ibid.*, p. 40.
24. *Ibid.*, p. 46 ss.
25. *Ibid.*, p. 48. Grifo meu.
26. Cf. Rossi (1979).

na história da criação. Moro também se move na direção de um 'alongamento' dos tempos. Ele não enfrenta o problema do insuperável limite de seis mil anos para o intervalo de tempo que separa a criação do presente. Emprega expressões bastante vagas: durações 'sem comparação mais longas que vinte e quatro horas'; 'longos cursos de tempo'; 'longos espaços indeterminados de tempo'.[27] Moro escreve sua carta em 1737. Nos anos cinquenta do século XVIII, em meios realmente muito limitados, os milhões de anos tendem a tornar-se um lugar comum.[28] Moro não avança nenhum número. Mas a sua solução, para além de qualquer cautela, é bastante audaciosa. Se a duração da criação deve ser calculada com base 'na atividade das causas segundas e na exigência dos efeitos produzidos', se as causas atuaram durante muito tempo e os efeitos foram extremamente grandes, é difícil não pensar em tempos extraordinariamente longos. A expressão 'espaços indeterminados' pode esconder um número qualquer.

Sem jamais nomear Descartes nem Burnet, Moro utilizou em sua carta termos característicos da tradição cartesiana e serviu-se de algumas páginas de Burnet. No seu tratado de 1740, ele fará referência explícita e contínua a Newton, um autor que na carta de 1737 não é nomeado nem utilizado de maneira alguma. Moro foi levado a aflorar o difícil problema das épocas da natureza baseado numa exigência precisa: reforçar a hipótese 'geológica' que é realmente sua e que será tratada, com extraordinária amplitude de argumentos, na sua obra maior. As montanhas não existem desde sempre. Formaram-se. E o processo de sua formação é cronologicamente posterior aos processos que levaram à formação das plantas e dos animais marinhos. Só esta hipótese insólita, segundo Moro, pode explicar a existência dos crustáceos e dos outros corpos marinhos que se encontram sobre os montes.[29]

---

27. Moro (1857), p. 48, 50 ss.
28. Rossi (1979), p. 137.
29. Moro (1857), p. 53, 58.

A negação do Caos

No grande livro de 1740 sobre os crustáceos, Moro considera totalmente inaceitável a tese, presente na *Telluris Theoria Sacra* de Thomas Burnet, de uma ruptura e esfacelamento de toda a crosta terrestre. A descrição, contida nesse livro, do processo pelo qual se teria realizado a passagem 'do velho mundo arruinado (...) para o mundo tal qual hoje se vê', parece-lhe totalmente imaginária.[30]

O Caos, esclarece Moro, é o primeiro e verdadeiro fundamento do sistema de Burnet. Daquele Caos, por obra das simples 'leis naturais' da hidrostática, ter-se-ia gerado a ordem do mundo atual. Gravidade e leveza seriam as causas da passagem do Caos da massa primigênia para uma ordenada estabilidade. O sistema de Burnet 'está no meio entre o Caos, que é o seu fundamento, e o estado presente do nosso mundo'. O Caos 'é um estado hipotético e ideal, o estado presente do mundo é um estado físico e real'. O princípio ativo que permite a passagem de um estado para outro, para Burnet, é constituído pela gravidade e pela leveza.[31]

Diante destas teses, mesmo querendo admitir que o Caos possa ser assumido como um fundamento legítimo, Moro avança duas objeções: 1. no sistema de Burnet está ausente o princípio ativo que permite a passagem do Caos para a estabilidade; 2. as leis da hidrostática 'não concordam com o Caos'.[32] Este último ponto é essencial: de fato, como se pode falar de leis em relação ao Caos? Como se pode fazer referência a uma Ordem presente na Desordem?

> Todos os movimentos, que ocorrem na natureza por força das leis hidrostáticas, ocorrem com uma ordem regularíssima segundo os vários graus de gravidade das coisas naturais (...) Como se podiam pôr em prática as leis da hidrostática, quando tudo era obscuro e confuso, quando a matéria não havia assumido qualquer forma, quando nada era mais denso,

---

30. Moro (1740), p. 27 ss.
31. *Ibid.*, p. 29 ss.
32. *Ibid.*, p. 30.

nada era mais raro e, por conseguinte, coisa alguma era mais pesada, coisa alguma era mais leve que outra?[33]

Mesmo na eventualidade de que Burnet se refira não ao Caos verdadeiro, mas apenas a uma 'massa de matéria diluída, confusa e fluida', o seu sistema não funciona e 'cai por terra'. Se na origem houvesse somente uma 'confusão geral de todas as coisas' (como quer uma versão mais 'atenuada' do conceito de Caos), deveríamos 'em toda parte, pelo menos nas maiores do globo terráqueo, encontrar todas as espécies de matéria que o compõem'.[34]

> Se tudo era líquido e confuso, como foi feita depois a divisão tão bela e tão variada em tantas espécies? (...) Acaso alguém pode imaginar que o Caos já tinha preparado peneiras, crivos e filtros tão finos? (...) Que sinal de confusão podemos encontrar naquela singular e maravilhosa disposição onde vemos que em cada planta particular, como se fosse seu reino e seu país, nasce, cresce, alimenta-se, multiplica-se, vive e morre uma espécie particular de animal?[35]

Encontramos em toda parte 'provas manifestas e palpáveis de que tudo é bem ordenado, tudo é regularmente disposto, tudo é distribuído com sapientíssima perspicácia'. A Desordem não pode gerar a Ordem, e é claro que o Caos 'jamais existiu a não ser na cabeça de quem o imagina'. A disposição das partes do mundo parece desordenada à primeira vista, mas na realidade é ordenadíssima: fruto de uma 'infinita Sapiência que tudo rege, dispõe e move'.[36]

A ordem do mundo

A imagem que Moro tem da ordem do Universo reporta-se explicitamente a Newton e a Vallisneri. Assumindo ambos como

---

33. *Ibid.*, p. 30 ss.
34. *Ibid.*, p. 31, 34, 37.
35. *Ibid.*, p. 38 ss.
36. *Ibid.*, p. 39 ss.

verdadeiros mestres, Moro insiste longamente sobre a uniformidade, generalidade e constância das leis da natureza. As leis da natureza são 'estáveis e jamais perturbadas'. A natureza é 'simplíssima no seu operar e nada opera em vão', ela não está disposta 'a fazer ostentação multiplicando várias e diversas causas para a produção de muitos efeitos de uma mesma espécie'. Moro apoia-se nos *Principia* para afirmar que, para todos os fósseis, deve ser dada uma única explicação:[37] "Ninguém me censurará se eu concluir que todas (as produções marinhas) – petrificadas, calcinadas ou sob outra forma – que se encontram longe da sua região nativa, foram para lá levadas ou enterradas da mesma maneira, por uma causa igual ou semelhante."[38]

A ordem da natureza implica a absoluta uniformidade das suas leis. Portanto, para Moro, não é aceitável uma das teses características do *catastrofismo*, que ocupa um lugar central em toda teoria catastrofista. Segundo tal teoria, um confronto entre as condições iniciais da Terra e as suas condições atuais configura-se como ilegítimo. Contra estas afirmações, Moro rebate com teses de tipo *uniformístico*: as *mesmas* leis naturais valem para o passado e para o futuro; todos os efeitos semelhantes foram *sempre* produzidos pelas mesmas causas; aquilo que vemos acontecer hoje é o mesmo que poderíamos ver ontem, se estivéssemos presentes:

> A constância e a uniformidade (da Natureza) em observar as suas estáveis e jamais alteradas leis são uma escolha tão segura e um guia tão fiel, que podemos legitimamente argumentar que todos os efeitos dessa espécie foram no passado e serão no futuro produzidos pela mesma causa ou por uma causa semelhante (...) E já é certo que ninguém quer afirmar que todas estas coisas não sucederam nos tempos antigos da mesma forma que vemos suceder hoje.[39]

A afirmação da ordem do mundo e a recusa do Caos levaram Moro a rejeitar a tese de uma radical diversidade entre o mundo

---

37. *Ibid.*, p. 211-13.
38. *Ibid.*, p. 213.
39. *Ibid.*, p. 212 ss.

presente e o mundo das origens. Uma vez que o atual sistema do mundo não concorda com a ideia comum do Dilúvio, 'simulam-se mundanos sistemas antediluvianos totalmente diversos da atual disposição do mundo'. Dessa maneira, chegou-se a 'desnaturar a própria natureza', a construir sistemas improváveis e inverossímeis.[40]

Para Moro, porém, é só com base na concepção de Ordem e de Uniformidade que se pode construir uma ciência. Só com esta base é que se pode realmente passar *a notis ad ignorata; a magis cognitis ad minus cognita*. A questão dos fósseis 'é um intrincadíssimo Labirinto onde quem entrou até agora não soube encontrar a saída'. Mas recentemente surgiu do mar uma nova ilha. A Natureza, 'qual próvida Ariadne', nos estende finalmente um fio para 'francamente entrar e felizmente sair' desse Labirinto.[41]

As regras da ordem: os fatos e as hipóteses

A concepção 'newtoniana' do mundo como Ordem não concerne apenas à ontologia ou à estrutura do mundo. Tem relações importantes com o método. Na imagem de um mundo uniforme, que segue sempre os caminhos mais simples, baseiam-se as regras metodológicas da pesquisa e até mesmo as diretrizes que presidem à construção de teorias específicas e permitem a formulação de certas hipóteses e a exclusão de hipóteses alternativas.

Na carta a Polcenigo, como vimos, Moro tinha rejeitado a ideia de uma ciência sem 'supostos' ou hipóteses. Ele distinguia entre hipóteses falsas, simuladas, improváveis e hipóteses manifestamente verdadeiras ou necessariamente deduzidas de princípios certos ou razoavelmente provadas.[42] Na obra de 1740, porém, ele se reporta continuamente aos *fatos* como fundamentos da ciência,

---

40. *Ibid.*, p. 23 ss.
41. *Ibid.*, p. 24, 240. "... das coisas conhecidas para as coisas ignoradas, das coisas mais conhecidas para as menos conhecidas."
42. Moro (1857), p. 12.

A CIÊNCIA E A FILOSOFIA DOS MODERNOS

condena as *hipóteses* e, ao mesmo tempo, persegue um ideal 'forte' de cientificidade, concebe a sua teoria como extremamente potente. "Eu penso que esta máxima seja indubitável: ao explicar um fenômeno, quem não o explica todo, não explica nada: e não se pode pretender todo explicado um fenômeno por quem ou não explica todas as circunstâncias, ou não resolve todas as dificuldades que surgem, ou explica uma parte do fenômeno com princípios que não valem para explicar as outras partes."[43]

A adesão a hipóteses demasiado fantasiosas torna os cientistas incapazes de 'ver' os fatos: Woodward 'acreditou ter sempre caminhado pela via das observações de fatos, mas não foi bem assim. Ele 'ou não viu ou fingiu não ver' os numerosos exemplos antigos e modernos que documentam o caráter 'líquido ou mole' que tiveram no passado as pedras sobre as quais se imprimiu a figura dos fósseis. Isso ocorre 'porque as suas diligências já eram por antecipação destinadas a defender o seu novo Sistema'. Na sua pesquisa, Woodward 'abandonou a observação dos fatos', apegou-se 'a meros supostos', 'viu-se na necessidade de fixar uma hipótese ou sistema ideal imaginário e fictício'.[44]

O livro de Moro, como se sabe, contém uma hipótese muito audaciosa sobre a origem dos fósseis marinhos. A favor da sua 'proposição', Moro acumula muitas provas. Mas como fundamento último de sua tese estão os antigos relatos sobre a repentina emersão de muitas ilhas e a recente emersão de uma simples ilha do mar:

> No dia 23 de março de 1707, segunda-feira, ao despontar do Sol, observou-se no golfo da ilha Santorino, entre as duas ilhas Braciani, vulgarmente chamadas a pequena e a grande Cameni, algo como um rochedo flutuante, que de início se acreditou ser um navio naufragado. Alguns marinheiros correram depressa para reconhecer o pretenso navio, mas logo descobriram com espanto que era um recife que começava a sair do fundo do mar. No dia seguinte diversas outras pessoas (...) quiseram desembarcar sobre o referido escolho, que estava todo em movimento e,

---

43. Moro (1740), p. 86.
44. *Ibid.*, p. 97, 98, 173.

entretanto, crescia a olhos vistos (...) Dois dias antes do nascimento deste escolho, ocorreu em toda a ilha de Santorino um terremoto, que só pode ser atribuído ao movimento e elevação daquela grande massa de rocha, que o Autor da Natureza tinha escondido aos nossos olhos pelo espaço de tantos séculos (...) Este escolho, sem outros estrépitos, continuou a crescer até 4 de junho, e nesse tempo já ocupava cerca de meia milha de comprimento e vinte e cinco pés de altura sobre a superfície do mar.[45]

A ordem e a uniformidade da Natureza garantem a validade dos procedimentos analógicos:

> A uniformidade da Natureza no seu operar é um princípio tão sólido que, sabendo-se até agora que muitas ilhas se elevaram do fundo do mar pela violência dos fogos subterrâneos, só esta notícia deveria bastar para tornar imutável e invariável o nosso sentimento de que todas as outras ilhas, da mesma forma, pela mesma razão, saíram do mesmo fundo do mar.[46]

Moro realmente não teme recorrer às analogias: as pequenas ilhas e os pequenos escolhos que saíram do fundo dos mares têm, com as grandes ilhas da Bretanha, de Bornéu, de Madagascar, a mesma proporção que tem um projétil de dez libras com as muralhas e os aterros de uma fortaleza. Mas se a arte humana, que é pálida imitadora da natureza, é capaz de fazer esses projéteis voarem das bocas dos morteiros e derrubar e abater aquelas muralhas e aquelas fortalezas, por que não deveríamos acreditar que a Grande Mãe Natureza não seja capaz de "expulsar do seu seio as grandes ilhas e os grandes montes, elevando-os a grandes alturas? E por que não poderia fazer o mesmo com as grandes ilhas e com os continentes? Ásia, África, Europa, Américas nada mais são que grandes ilhas ou penínsulas".[47]

Se os montes das ilhas foram produzidos pela violência dos fogos subterrâneos, todos os montes da terra firme terão nascido desse mesmo modo. As razões a favor dessa tese são 'uma,

---

45. *Ibid.*, p. 213-15.
46. *Ibid.*, p. 252.
47. *Ibid.*, p. 254, 295.

metafísica e intelectual; outra, física, visível e palpável'. A razão metafísica é que os efeitos de uma mesma espécie só podem ter sido produzidos por causas de uma mesma espécie. Na natureza vigora de fato o princípio de jamais efetuar *'per plura, quod fieri poterat per pauciora'*, então não é concebível que na ilha de Chipre nasça um Olimpo por causa dos fogos subterrâneos e que outro Olimpo nasça na Tessália 'por via de outras incógnitas causas'.[48]

Os montes da terra firme certamente não estiveram desde o princípio na situação em que agora se encontram. A falsidade desta hipótese é mostrada pelo fato de que alguns montes saíram repentinamente da Terra. E se a hipótese não vale para todos os montes, não pode valer para nenhum:

> Não é portanto legítima a suposição de que todos os montes foram criados no lugar em que agora se encontram: e se não é legítima para todos, não é para nenhum. Pelo contrário, os exemplos apresentados nos alertam que devemos atribuir à causa evidente que produziu esses mundos a produção de todos os outros, conforme a regra newtoniana: *Effectum naturalium ejusdem generis eaedem sunt causae.*[49]

A causa de todos os montes é única e sempre a mesma. Quem admite não conhecer a causa de *todos* os montes não pode pretender conhecer a causa de *alguns*, uma vez que 'uma só, uma mesma causa não pode ao mesmo tempo ser sabida e não sabida'.[50] A escassez dos atuais vulcões não constitui absolutamente um desmentido da tese de Moro. O fato de que inúmeros montes não vomitem fogo não demonstra nada. Muitos afirmam que um fato isolado não pode 'dar prova de uma proposição geral'.[51] Esta objeção é válida 'quando os exemplos passam de um gênero para outro, e quando são retirados de coisas artificiais, ou de algum modo arbitrárias e contingentes'. Mas quando se trata das operações da natureza, um único fato (a nova ilha emersa do mar, em

---

48. *Ibid.*, p. 263. "(...) por muitas coisas o que se poderia fazer por poucas."
49. *Ibid.*, p. 265. "(...) dos efeitos naturais do mesmo gênero, são as mesmas as causas."
50. *Ibid.*, p. 308 ss.
51. *Ibid.*, p. 267, 238.

1707) 'nos dá plena segurança de que outros semelhantes se deram por meio da mesma razão e do mesmo modo'.[52] *Um único caso* é suficiente para tornar uma teoria sustentável. A ordem, a constância e a simplicidade da natureza garantem a legitimidade desta passagem: ao ver como nasce um homem isolado, não há razão para concluir que todos nascem da mesma maneira? E Newton não nos ensinou que *'somnia temere confingenda non sunt, nec a Naturae analogia recedendum est, cum ea simplex esse soleat et sibi semper consona'*? E não escreveu nos *Principia* que se uma única partícula indivisa fosse susceptível de divisão poderíamos concluir que as partes indivisas são separáveis e podem ser divididas ao infinito?[53]

Quem aceita a hipótese de Moro sobre a formação dos montes (e, por conseguinte, sobre a formação das planícies) não pode admitir que ela não valha para qualquer lugar, 'seja grande, seja pequeno, seja marítimo, seja mediterrâneo, porque a Natureza não muda sistemas, nem admite inconstância no seu operar'.[54]

Os milagres, a ciência, as catástrofes

O Dilúvio, que não é a causa dos corpos marino-montanos, não explica a presença deles sobre os montes. Ele 'não foi efeito de causas naturais'. As águas do Dilúvio são cerca de vinte e duas vezes maiores que as águas de todos os mares. Não existem 'recipientes da natureza' que possam acolhê-las. Foram anuladas por Deus ou por Deus freadas?[55] Na perspectiva de Moro, o Dilúvio configura-se como um verdadeiro milagre. Para realizá-lo, Deus 'usou o braço imediato da sua já não ordinária, mas absoluta Onipotência (...) moveu as causas segundas fora do seu uso

---

52. *Ibid.*, p. 238.
53. *Ibid.*, p. 239. "(...) os sonhos não devem ser tido por arbitrários, nem devem ser afastados da analogia da natureza, pois esta não costuma ser simples e sempre coerente consigo mesma."
54. *Ibid.*, p. 296.
55. *Ibid.*, p. 15, 22, 19.

A CIÊNCIA E A FILOSOFIA DOS MODERNOS   357

habitual' e causou um efeito 'ultrapassando todos os limites da Natureza'. Existe uma única 'história verdadeira' do Dilúvio, e ela é narrada na Sagrada Gênese.[56]

Se o Dilúvio é um 'prodígio' efetuado pelo Onipotente, fora da ordem natural, ele deve ser comparado à parada do Sol efetuada por Deus a pedido de Josué, ao obscurecimento do Sol na morte de Jesus, ao milagre da multiplicação dos pães e dos peixes. Qualquer tentativa de explicar estes prodígios com 'princípios naturais' está condenada de saída. Também por isso, como proclama o título do capítulo décimo quarto, 'a explicação do Dilúvio dada por Burnet, em relação à permanência das águas sobre a Terra, opõe-se à Divina Escritura'. Burnet descreveu um Dilúvio 'que só existiu na sua cabeça'. O seu relato é 'nulo, falaz, inconsistente'. A explicação 'natural' dada por Burnet não se coaduna com o estado presente do mundo: 1. não explica a proveniência da quantidade de água necessária para a inundação; 2. não explica nem a proveniência, nem a permanência, nem a retirada das águas; 3. não justifica a existência de um espaço suficiente 'para alojar a primigênia Terra após a sua dissolução'.[57]

Em relação a este problema, Moro pretende ser muito claro: "Aceito, creio e confesso a verdade do Dilúvio Universal, tal qual nos é proposta pela Divina Escritura: e jamais terei o atrevimento de acrescentar algo à substância daquele relato infalível."[58]

O capítulo dezessete do segundo livro é dedicado a responder às possíveis objeções daqueles que consideram as teses de Moro contrárias ao relato da Sagrada Escritura, e querem por isso condená-lo a um perpétuo esquecimento.[59] Uma primeira objeção é a seguinte: se o descobrimento da Terra, quando foi libertada das águas do Dilúvio, 'se fez de uma vez, num só dia', como se pode afirmar que os estratos dos montes e das planícies tenham sido 'feitos em muitas vezes', e como se pode afirmar que aqueles

---

56. *Ibid.*, p. 16, 82.
57. *Ibid.*, p. 83, 75, 77, 82.
58. *Ibid.*, p. 16.
59. *Ibid.*, p. 312-18.

montes que conservam fósseis de origem marinha tenham aparecido depois que os mares foram povoados de peixes?

O Texto Sagrado, responde Moro, não fala do descobrimento de *toda* a Terra, nem exclui uma 'notável sucessão de tempo'. Até aqueles autores que interpretam o Dilúvio não como um milagre, mas como um evento posto em ação por Deus com base nas leis naturais, devem admitir essa sucessão no tempo. A quantidade de tempo requerida pela hipótese de Moro *não é necessariamente muito longa*.[60] Moro esforça-se, como muitíssimos autores dos séculos XVII e XVIII, para não afirmar a necessidade de tempos longos para a história da natureza e da Terra. Ele não pretende enfrentar o problema da relação entre os tempos da história bíblica e os tempos da história natural. Afirmar que os estratos dos montes foram 'feitos em muitas vezes' não impede de pensar que Deus tenha realizado estas operações sucessivas nos poucos momentos do terceiro dia da criação. Mas o argumento principal contra as possíveis objeções dos teólogos, para Moro, é constituído pelos eventos que pontilham a história da Terra. O catastrofismo e a doutrina dos fogos subterrâneos constituem uma poderosa linha de defesa contra as acusações de heterodoxia:

> Encontro no eruditíssimo Gassendo que, na América, no ano de 1604, dia 24 de novembro, no Peru, não muito longe da cidade de Lima, ocorreu um terremoto que, num oitavo de hora, arrasou cidades, castelos, casas, montes, rios e tudo o que encontrava num espaço de 300 léguas ao longo do mar e de 70 léguas dentro do continente. E pelas mesmas razões que promovem a elevação das terras também dão ocasião ao abaixamento das mesmas, cada um pode compreender que, com o concurso da vontade do Criador, a Natureza pode muito bem, no espaço de poucas horas, com o uso dos fogos subterrâneos, fazer sair das águas muitíssimos e vastíssimos trechos de terra; e assim fazer com que, ainda segundo o meu sistema, no terceiro dia depois da criação, as águas se recolhessem nos mares e aparecesse aquela terra que devia depois ser habitada pelos homens e pelos animais.[61]

---

60. *Ibid.*, p. 313 ss.
61. *Ibid.*, p. 314 ss.

A CIÊNCIA E A FILOSOFIA DOS MODERNOS

Terremotos e catástrofes apresentam enfim um argumento decisivo. Sabemos com certeza que a ilha de Santorino é um pedaço de terra emerso das águas em 1707, 'não no terceiro dia da criação, mas na nossa época'. O mesmo vale para o Monte Novo, surgido perto de Pozzuoli em 1538, e para tantas outras ilhas emersas do mar de que falam os historiadores antigos. Para permanecer na ortodoxia, basta afirmar que 'uma grandíssima parte da Terra' (não *toda* a Terra) foi libertada das águas no terceiro dia da Criação. Outros numerosos 'descobrimentos' podem ter acontecido em tempos muito distantes daquele terceiro dia. Disso, dão testemunho irrefutável 'os nossos olhos ou as observações físicas ou a história verídica'.[62]

O discurso sobre os terremotos, no século XVII e no século XVIII, não concerne apenas às teorias elaboradas pelos 'foguistas' e pelos 'eletricistas', e não pode ser explicado nem reduzido no âmbito daquelas teorias.[63] Por trás das hipóteses particulares concernentes às suas causas, atuavam (mais uma vez) grandes escolhas de caráter metafísico referentes ao papel e à função das catástrofes na história da Terra e do Universo. Na longa controvérsia entre *uniformistas* e *catastrofistas*, Anton Lazzaro Moro ocupa uma posição singular. Como os uniformistas, ele acreditou que a história passada tenha sido totalmente uniforme à história atual, e o que ocorreu no passado tenha sido totalmente igual ao que ocorre hoje. Julga que as erupções vulcânicas, os terremotos, as emersões de montanhas aconteceram no passado em escala não diversa da atual. Pensa em leis de natureza estável e constante, numa natureza simples, ordenada, 'não perturbada', numa perene e não alterável identidade das causas que provocam os eventos. Mas, ao contrário dos uniformistas, ele não tem absolutamente o senso de uma longa história com um andamento contínuo e aparentemente tranquilo que, para realizar grandes mudanças, pouco a pouco e de modo imperceptível, requer tempos *extraordinariamente longos*. Elabora

---

62. *Ibid.*, p. 316 ss.
63. Placanica (1985), p. 67-103.

uma hipótese de caráter geral que é decididamente *catastrofista*, que atribui todas as mudanças à ação de forças imprevistas, a movimentos instantâneos, a eventos descontínuos e inesperados. Muitos catastrofistas tentaram inserir a narração do Dilúvio dentro de uma história 'científica' da Terra. Nesta tentativa, apoiavam-se numa convicção precisa: julgavam que a ideia de que as leis da natureza não fossem sempre as mesmas reforçava a confiança nos milagres e a necessidade de reconhecer uma ação e uma providência divina nos acontecimentos da natureza. Moro chega a este reconhecimento percorrendo um caminho muito diverso: identifica o Dilúvio com uma ação milagrosa e coloca como fundamento da tarefa científica o conceito newtoniano de uma ordem providencial que subjaz ao mecanismo, constitui seu pressuposto e o torna aceitável.

Como todos os seus contemporâneos, Moro encaminhou-se para um terreno ambíguo e escorregadio: porque, se é verdade que aqueles que interpretavam o Dilúvio como um evento simplesmente histórico eram acusados de pouca consideração pelo Texto Sagrado, também é verdade que defender o caráter genuinamente milagroso do Dilúvio implicava a possibilidade de ser acusado de ateísmo por aqueles que afirmavam, baseados numa veneranda e sempre viva tradição, que era não só legítimo e possível, mas também obrigatório para um cristão, conciliar a narração da Bíblia com os resultados da filosofia natural.

Dos perigos implícitos na adoção de uma ou de outra das duas hipóteses alternativas, Moro estava totalmente consciente. Na carta de 1737, ele se reportava, a este propósito, a uma observação de Vallisneri: "Observava aquele estimadíssimo literato que certas questões, por serem mescladas de sagrado e de profano, tornam-se dificílimas porque dependem das histórias envoltas com os Mistérios ou dos Mistérios envolvidos com as histórias."[64]

---

64. Moro (1857), p. 7.

Um 'naturalíssimo sistema'

Através de um longo caminho, com base num método rigoroso, Moro pensa ter chegado a resolver o difícil problema ('o nó apertadíssimo') da presença dos fósseis de animais marinhos sobre os montes. Mas julga que a sua pesquisa pode também vantajosamente configurar-se como 'o descobrimento de um naturalíssimo sistema', capaz de explicar os procedimentos seguidos pela natureza ao dispor as partes da Terra mais próximas da superfície. Ao método analítico de uma exposição que procedia de modo 'retrógrado', passando do presente para o passado, contrapõe-se, no último capítulo do livro, um método sintético que tem a tarefa de descrever os acontecimentos da Terra dentro daquela mesma ordem 'em que sucederam desde o princípio até hoje'.[65]

Partindo de um problema específico, Moro foi levado à elaboração de um verdadeiro sistema e, como ocorre em todos os sistemas de que é tão rica a literatura científica do século XVIII, Anton Lazzaro Moro também acaba por substituir a narração do Gênese por uma narração diferente. No início, a Terra não tinha 'proeminências nem montuosidades', mas era 'inteiramente e igualmente redonda'. A sua superfície, inteiramente coberta de água doce numa profundidade de cerca de 175 pértigas, 'era absolutamente plana e arredondada (...) e constava toda de seixos'. A atividade dos violentos fogos subterrâneos fez emergir os montes primários da superfície pedrosa. No ato de elevar-se, ou depois de elevados, ou antes ainda de emergir da água, aqueles montes 'explodiram, romperam-se e se esfacelaram', expelindo pelas aberturas 'materiais terrestres em grande quantidade: areia, argila, seixos, alguns duros, outros liquefeitos, metais, fósforos, sais, betume e toda espécie de minerais'. Em forma de gigantescos rios, estes materiais desceram para a água abaixo ao longo dos declives; em parte caíram do alto, da altura de que tinham sido lançados. Sais e betumes tornaram a água salgada, e formaram-se os fundos

---

65. Moro (1740), p. 426 ss.

marinhos. Continuando a expulsão de materiais, vieram a sobrepor-se, no fundo do mar, muitos e vários estratos, 'até que, mormente nas vizinhanças dos próprios montes, os estratos afundados cresceram sobre a superfície da água'. Quanto mais se restringia a superfície da água por causa das terras que se elevavam do fundo ou eram vomitadas dos montes, tanto mais a água crescia em profundidade. Também abaixo dos novos estratos acenderam-se outros fogos, e foram 'expulsos para cima' os montes secundários, que não são puro seixo, mas feitos de estratos. Montes primários e montes secundários continuaram a lançar para fora novos materiais que se superpuseram aos estratos anteriores.[66]

Não existiam, naquele tempo, nem plantas nem animais marinhos. Enquanto o mar continuava a salgar-se, a terra fértil 'começou a produzir vegetais, tanto no mar como fora dele'. Uma vez crescidos os vegetais, 'nasceram da terra feraz os animais': primeiro os animais marinhos, depois – 'já coberta de bosques e de verduras a seca terra' – os animais terrestres e finalmente o homem, que foi 'o habitante daquela primeira e antiquíssima superfície terrena'. Novos montes continuaram a surgir da profundeza da terra: alguns da zona seca, e estes são privados de 'produções marinhas', outros do fundo do mar: e são estes que trazem 'os produtos marinhos (...) nas partes externas ou internas ou em ambas conjuntamente'. As antigas terras férteis, antes de serem cobertas por estratos sempre novos, permaneceram durante muito tempo ao ar livre. Por isso, escavando, encontram-se agora 'aquelas árvores, plantas e ossos daqueles animais que medraram e viveram naqueles obscuros tempos'. As terras supervenientes eram amiúde muito diversas das terras soterradas. Por essa razão, "as terras posteriores produziram plantas e animais diversos daqueles que as antigas terras produziam; ocorre então que, cavando até aqueles estratos profundos, encontram-se certas espécies de

---

66. *Ibid.*, p. 426-28.

A CIÊNCIA E A FILOSOFIA DOS MODERNOS

árvores e ossos de certos animais que presentemente não vivem nem nascem na habitada superfície superior".[67]

Os novos estratos não sobrevieram 'todos em toda parte a um só tempo e numa mesma estação'. Por isso, nos poços ou nas minas, encontram-se vários estratos que dão provas manifestas de terem sido habitados.

Os animais que 'nascem da terra feraz'; a sua 'primeira e antiquíssima superfície'; 'o caminhar dos anos'; os animais que viveram 'em tempos obscuros': as referências contínuas à ordem divina que opera no mundo, à vontade de Deus na ascensão dos fogos subterrâneos, as referências ao Texto Sagrado e aos diversos dias da Criação, não devem impedir-nos de captar o tom 'lucreciano' que está presente em muitas páginas de Moro. Também não devemos esquecer os dados óbvios, mas frequentemente negligenciados, da cronologia. Moro escreve antes de Benoît de Maillet, antes de Buffon, antes de Boulanger. Escreve uma obra rica de problemas, de hipóteses, de observações, apoiada num objetivo sempre lúcido e vigoroso. Ele não enfrenta um tema de fundo: as relações entre os tempos breves da cronologia bíblica e os tempos imensuráveis da história natural. Mas adquiriu a noção do tempo, da ciência da Terra como uma ciência histórica, da Natureza como contínua 'mudança'. Ele sabe que o que aconteceu deve ser reconstruído, que a natureza é um processo e que aquilo que hoje construímos será um dia apenas uma 'relíquia' sepultada por novos estratos:

> O tempo futuro mostrará talvez que a Natureza ainda não está cansada de operar tantas mudanças: aos homens dos séculos futuros, que habitarão os novos estratos que provavelmente sobrevirão à presente superfície terrena, caberá talvez, cavando a profundeza da terra, encontrar os fragmentos e restos das coisas naturais ou factícias que agora usamos nesta ilustrada superfície de hoje.[68]

---

67. *Ibid.*, p. 430 ss.
68. *Ibid.*, p. 431 ss.

BIBLIOGRAFIA

Textos

ACOSTA, J. *Historia natural y moral de las Indias*. Sevilha, 1598.

ADANSON, M. *Familles des plantes*. Paris, 1763.

ASTLE, TH. *The Origin and Progress of Writing*. Londres, 1784.

BACON, F. *Saggi morali del signore Francesco Bacone con un altro suo trattato della Sapienza degli Antichi tradotti in italiano*. Londres, 1618.

– *Saggi morali: opera nuova corretta e data in luce dal Sig. Caval. Andrea Cioli Seg. di Stato del Sr.mo Gran Duca di Toscana e un trattato della Sapienza degli Antichi*. Florença, 1619.

– *The Works of Francis Bacon*. R. L. ELLIS, J. SPEDDING, D. D. HEATH (ed.). Londres, 1857-92. 7 v.

– *The Letters and Life of Francis Bacon Including All His Occasional Works*. J. SPEDDING (ed.). Londres, 1890-95. 7 v.

– *Scritti*. Paolo ROSSI (ed.) Turim: Utet, 1975.

BECHER, J. J. *Character pro notitia linguarum universalis*. Frankfurt, 1661.

BECK, C. *The Universal Character*. Londres, 1657.

BEECKMAN, I. *Journal tenu de 1604 à 1634*. C. de WAARD (ed.). La Haye: Martinus Nijhoff, 1939. 3 v.

BONET, J. P. *Reduction de las letras y arte para enseñar a ablar los mudos*. Madri, 1620.

BONIFACIO, G. *L'arte de'cenni con la quale formandosi favella visibile si tratta della muta eloquenza*. Vicenza, 1616.

BOREL, P. *De vero telescopii inventore, cum brevi omnium conspiciliorum historia*. Hagae Comitum, 1655.

- *Discours nouveau prouvant la pluralité des mondes, que les astres sont de terres habitées et la terre une estoile.* Genebra, 1657.

BOYLE, R. *The Works of the Honourable Robert Boyle.* TH. BIRCH (ed.). Londres, 1772. 7 v.

BRAHE, T. *Opera omnia.* I. L. E. DREYER (ed.). Copenhague, 1913 ss.

BREITHAUPT, CH. *Ars decifratoria sive scientia occultas scripturas solvendi et legendi. Praemissa est disquisitio historica de variis modis occulte scribendi tam apud veteres quam recentiores usitatis.* Helmstadt, 1737.

BRITANNICUS MERCURIUS, ver J. HALL.

BRUNO, G. *Opera latine conscripta.* F. FIORENTINO, F. TOCCO, G. VITELLI, V. IMBRIANI, C. M. TALLARIGO (ed.). Neapoli-Florentiae, 1879-91. 3 v.

- *Opere italiane.* G. GENTILE (ed.). Bari: Laterza, 1907-08. 2 v.

- *La cena delle ceneri.* G. AQUILECCHIA (ed.). Turim: Einaudi, 1955.

- *Dialoghi italiani,* G. AQUILECCHIA (ed.). Florença: Sansoni, 1958.

BUFFON, G. -L. LECLERC, conde de. *Histoire naturelle générale et particulière.* Paris, 1749.

- *Storia naturale. Primo discorso sulla maniera di studiare la storia naturale. Secondo discorso: storia e teoria della Terra.* M. RENZONI (ed.). Turim: Boringhieri, 1959.

BULWER, J. *Chirologia or the Naturall Language of the Hand.* Londres, 1644.

BURNET, TH. *Telluris Theoria Sacra.* Londini, 1680-89.

- *Sacred Theory of the Earth.* Londres, 1691.

- *Archeologia philosophica* (1692). Londini, 1733.

- *The Sacred Theory of the Earth.* Introdução de B. WILLEY. Carbondale: Southern Illinois University Press, 1965.

BURTON, R. *The Anatomy of Melancholy* (1621). Londres: Everyman Library, 1948. 3 v.

CAMILLO, G. *Idea del Theatro.* Florença, 1550.

- *Opere.* Veneza, 1584.

CAMPANELLA, T. *De sensu rerum et magia.* Frankfurt, 1620.

- *Atheismus triumphatus.* Parisiis, 1636.

- *Metaphysica.* Parisiis, 1638.

- *Apologia di Galileo.* L. FIRPO (ed.). Turim: Utet, 1968.

- *Apologia pro Galilaeo.* S. FEMIANO (ed.). Milão: Marzorati, 1973.

CAVE, W. *Scriptorum Ecclesiasticorum Historia Literaria.* Genevae, 1705.

CHILDREY, J. *Britannia Baconia.* Londres, 1660.

CLAVIUS, CH. *In Sphaeram Iohannis de Sacro Bosco Commentarius.* Lyon, 1602.

COMENIUS, G. A. *The Way of Light* (1641; publicada em 1668). E. T. CAMPAGNAC (ed.). Londres, 1938.

- *Opere.* M. FATTORI (ed.). Turim: Utet, 1974.

COPÉRNICO, N. *De revolutionibus orbium caelestium.* A. KOYRÉ (ed.). Turim: Einaudi, 1975.

A CIÊNCIA E A FILOSOFIA DOS MODERNOS

- *Opere*. F. BARONE (ed.). Turim: Utet, 1979.

COUTURAT, L. *Opuscules et fragments inédits de Leibniz*. Paris, 1903.

CYRANO DE BERGERAC. *Oeuvres complètes*. Texto organizado e apresentado por J. PRÉVOT. Paris: Librairie Belin, 1977.

- *L'altro mondo ovvero Stati e Imperi della Luna*. T. BERNIERI (ed.). Introdução de L. ERBA. Roma: Theoria, 1982.

DALGARNO, G. *Ars signorum, vulgo character universalis et lingua philosophica*. Londini, 1661.

- *The Works of George Dalgarno of Aberdeen*. Texto apresentado ao Maitland Club, Edinburgo, 1834.

DELLA PORTA, G. B. *L'arte del ricordare*. Nápoles, 1566.

- *De furtivis literarum notis vulgo de ziferis*. Neapoli, 1602.

DESCARTES, R. *Oeuvres de Descartes*. CH. ADAM, P. TANNERY (ed.). Paris: Léopold Cerf, 1897-1913. 11 v.

- *Correspondence*. CH. ADAM, G. MILHAUD (ed.). Paris: Alcan, Presses Universitaires de France, 1936-63. 8 v.

- *Opere*. (Introdução de E. GARIN). Bari: Laterza, 1967. 2 v.

DONNE, J. *Poems*. H. J. C. GRIERSON (ed.). Londres, 1933.

EPÉE, C. -M., Abbé de l'. *In stitution des sourds et des muets par la voie des signes méthodiques*. Paris, 1776.

FONTENELLE, B. de. *Eloge de M. de Tournefort*. In: *Historie de l'Académie des sciences*, 1708.

- *Entretiens sur la pluralité des mondes* (1686). Amsterdã, 1719.

GALILEI, G. *Opere di Galileo Galilei*. A. FAVARO (ed.). Florença: Barbera, 1890-1909 e 1929-39. 20 v.

- *Opere*. F. BRUNETTI (ed.). Turim: Utet, 1964.

GASSENDI, P. *Institutio astronomica iuxta hypotheses tam veterum quam Copernici et Tychonis*. Parisiis, 1647.

- *Opera*. Lugduni, 1658.

GILBERT, W. *De magnete*. Londini, 1600.

- *De mundo nostro sublunari philosophia nova*. Amstelodami, 1651.

GUERICKE, O. von. *Experimenta nova*. Amstelodami, 1672.

GUIGNES, J. de. *Mémoire dans laquel on essaye d'établir que le charactère hieroglyphique des Egyptiens se retrouve dans les charactères des Chinois*. Paris, 1764.

GUYTON, B. *Mémorie sur les dénominations chimiques*. Paris, 1782.

GUYTON, B., LAVOISIER, A. L. DE, BERTHOLLET, C., FOURCROY, A. F., conde de. *Méthode de nomenclature chimique*. Paris, 1787.

HALL, J. (Britannicus Mercurius). *Mundus alter et idem sive Terra Australis ante hac semper incognita longis itineribus peregrini Academici nuperrime lustrata*. Hanoviae, 1607, Frankfurt, s.d.

368   PAOLO ROSSI

- *The Discovery of a New World or a Description of the South Indies.* H. BROWN (ed.). Cambridge (Mass.), 1937.

HOBBES, Th. *Opera philosophica quae latine scripsit omnia.* W. MOLESWORTH (ed.). Londres, 1839-45a. 5 v.

- *The English Works.* W. MOLESWORTH (ed.). Londres, 1839-45b. 5 v.

- *Il Leviatano.* R. GIAMMANCO (ed.). Turim: Utet, 1955.

HOOKE, R. *Micrographia.* Londres, 1665.

HUET, P. -D. *Historie de commerce et de la navigation des anciens.* Paris, 1716.

HUGO, H. *De prima scribendi origine et universa rei literariae antiquitate.* Antverpiae, 1617.

HUYGENS, Ch. *Oeuvres complètes.* La Haye: Martinus Nijhoff, 1888-1950. 22 v.

KARAMYSCHEW, A. de. *Necessitas historiae naturalis Rossiae quam, preside D. D. C. Linné, proposuit Alexandr. de Karamyschew, Upsaliae, 1766 mai 5.* In: LINNÉ, 1769, v. 7.

KEPLER, J. *Opera Omnia.* C. FRISCH (ed.). Frankfurt a. M.: Heyder und Zimmer, 1858-71. 8 v.

- *Gesammelte Werke.* M. CASPAR (ed.). Munique: Beck, 1937-59. 18 v.

- *Dissertatio cum Nuncio Sidereo.* G. TABARRONI (ed.). Publicação d' Osservatorio Astronomico di Bologna. Bolonha, 1965a.

- *Kepler's Dream.* J. LEAR (ed.). Berkeley-Los Angeles: University of California Press, 1965b.

- *Kepler's Somnium.* E. ROSEN (ed.). Madison: University of Wisconsin Press, 1967.

- *Dissertatio e Narratio.* E. PASOLI, G. TABARRONI (ed.). Turim: Bottega d'Erasmo, 1972.

KIRCKER, A. *Polygraphia nova et universalis ex combinatoria arte detecta.* Romae, 1663.

- *Turris Babel sive Archontologia.* Amstelodami, 1679.

LEIBNIZ, G. W. *Protogaea, sive de prima facie telluris.* Goettingae, 1749.

- (cf. COUTURAT, 1903).

- *Die philosophischen Schriften.* C. J. GERHARDT (1875-90) (ed.). Hildesheim: G. Olms, 1965. 7 v.

LINNÉ, C. von. *Systema naturae* (1753). Holmiae, 1758.

- *Philosophia botanica.* Coloniae, 1784.

- *Amoenitates Academicae.* Holmiae, 1796. 7 v.

LODOWICK, F. *The Grundwork for the Framing a New Perfect Language.* Londres, 1646.

MALPIGHI, M. *De pulmonibus.* S. BAGLIONI (ed.). Roma, 1944.

MAUDIT, P. M. *Mélanges des diverses poésies divisez en quatre livres.* Lyon, 1681.

MEDE, J. *Clavis Apocalyptica.* Londini, 1627.

MERCATI, M. *De gli obelischi di Roma* (1598). G. CANTELLI (ed.). Bolonha: Cappelli, 1981.

A CIÊNCIA E A FILOSOFIA DOS MODERNOS

MERSENNE, M. *Quaestiones in Genesim*. Parisiis, 1623.

– *L' impiété des Déistes*. Paris, 1624.

– *Observations physiques*. In: *Harmonie universelle*. Paris, 1636.

MONTAIGNE, M. de. *Saggi*. F. GARAVINI (ed.). Milão: Mondadori, 1966.

MORHOF, D. *Polyhistor literarius philosophicus et practicus*. Lubecca, 1732. 2 v.

MORO, A. L. *De'crostacei e degli altri corpi marini che si truovano su'monti libri due*. Venezia, 1740. (Reimpressão da edição de Veneza 1740, com um Proêmio de G. PICCOLI e um Apêndice inédito. Bolonha: A. Forni, 1987.)

– *Dell' origine de'crostacei e delle altre marine produzioni che si truovano su' monti. Lettera del Signor Anton Lazzaro Moro al Conte Carlo Maria di Polcenigo* (1737). Udine: Tipografia Trombetti-Murero, 1857.

Opus Epistolarum D. Erasmi Roterodami. Oxford-Londres, 1906-47. v. 11.

PASCAL, B. *Oeuvres*. Texto organizado e comentado por J. CHEVALIER. Paris: Bibliothèque de la Pléiade, 1950.

PEIRESC, N. FABRI de. *Lettres aux Frères Dupuy*. Paris, 1892.

PETTY, W. *Advice to Hartlib*. Londres, 1648.

– *The Petty Papers*. Marquis of Lansdowne (ed.). Londres, 1927. 3 v.

PICO DELLA MIRANDOLA, G. *Disputationes adversus astrologiam divinatricem*. E. GARIN (ed.). Florença: Vallecchi, 1952, 3. v.

PLOT, R. *The Natural History of Oxfordshire*. Oxford, 1705.

RAMUS, P. *Scholarum mathematicarum libri XLI*. Basileae, 1569.

RAY, J. *Methodus plantarum nova*. Londini, 1682.

– *Historia plantarum*. Londini, 1686.

– *Three Physico-theological Discourses*. Londres, 1693.

– *Philosophical Letters*. Londres, 1718.

– *The Wisdom of God Manifested in the Work of the Creation* (1691). Londres, 1720.

– *Selected Remains of the Learned John Ray by the Late William Derham*. Londres, 1740.

– *The Correspondence of J. Ray*. D. LANKASTER (ed.). Londres, 1848.

REFTELIUS, J. M. *Reformatio botanices quam preside D. D. C. Linnaeo, proposuit Johann. Mat. Reftelius Upsaliae 1762 decembre 18*. In: LINNÉ (1769). v. 6.

RHAETICUS, G. *De libris Revolutionum N. Copernici narratio prima*. Basileae, 1541.

ROBINET, J. B. *De la nature*. Amsterdã, 1766. 4 v.

ROSSELLI, C. *Thesaurus artificiosae memoriae*. Venetiis, 1579.

SCHOTT, G. *Technica curiosa sive mirabilia artis*. Norimbergae, 1664.

SPIZELIUS, T. *De re literaria Sinensium*. Romae, 1652-53.

TORRICELLI, E. *Opere*. A. VASSURIA, G. LORIA (ed.). Faenza, 1919. 3 v.

TOURNEFORT, J., PITTON de. *Institutiones rei herbariae*. Parisii, 1700.

– *Eléments de botanique ou méthode pour connoître les plantes* (1694). Lyon, 1797. 6 v.

370 PAOLO ROSSI

TRIGAULT, N. *Histoire de l' expédition chrétienne au royaume de la Chine.* Lyon, 1616.

TRITHEMIUS, J. *Polygraphiae libri sex* (1518). Coloniae, 1571.

– *Steganographia quae hucusque a nemine intellecta* (...) *clarissime explicantur* (1606). Norimbergae, 1721.

URQUHART, TH. *The Works of Sir Thomas Urquhart.* Edinburgo, 1834.

VICO, G. B. *Opere.* P. ROSSI, RIZZOLI (ed.). Milão, 1959.

VIGENÈRE, B. de. *Traité des chiffres ou secrètes manières d'écrire.* Paris, 1587.

WALLIS, J. *Opera mathematica.* ex Theatro Sheldoniano, Oxoniae, 1695. 3 v.

– *Dr. Wallis' Account of Some Passages of His Own Life.* In: Peters Langfot's Chronicle, Oxford, 1725.

WARD, S. *Vindiciae Academiarum.* Londres, 1654.

WEBB, CH. *An Historical Essay Endeavouring the Probability That the Language of China Is the Primitive Language.* Londres, 1669.

WEBSTER, J. *Academiarum Examen.* Londres, 1653.

WILKINS, J. *A Discourse Concerning a New World and Another Planet.* Londres, 1640.

– *An Essay towards a Real Character and a Philosophical Language,* Londres, 1668.

– *Mercury or the Secret and Swift Messenger Shewing How a Man May with Privacy and Speed Communicate His Thoughts to a Friend at Any Distance* (1641). Printed by Rich Baldwin, Londres, 1694.

ZABARELLA, J. *Opera logica* (1578). Köln, 1597 (reimp. fotomec. Olms, Hildesheim, 1966).

– *De rebus naturalibus libri XXX* (1590). Frankfurt, 1607 (reimp. fotomec. Minerva, Frankfurt, 1966).

Estudos

AARSLEFF, H. *The Study of Language in England.* Princeton: Princeton University Press, 1967.

– *From Locke to Saussure. Essays on the Study of Language and Intellectual History.* Minneapolis: University of Minnesota Press, 1982 [trad. it., parcial, *Da Locke a Saussure. Saggi sullo studio del linguaggio e la storia delle idee.* Bolonha: Il Mulino, 1984].

ABBRI, F. *Le terre, le acque, le arie. La rivoluzione chimica del Settecento.* Bolonha: Il Mulino, 1984.

ABETTI, G. *Storia dell'astronomia.* Florença: Vallecchi, 1949.

AGASSI, J. "Towards an Historiography of Science." In: *History and Theory,* I, p. 1-37, 1962.

ALCOVER, M. *La pensée philosophique de Cyrano de Bergerac.* Genebra: Librairie Droz, 1970.

A CIÊNCIA E A FILOSOFIA DOS MODERNOS

ALLEN, D. "The Predecessors of Champollion." In: *Proceedings of the American Philosophical Society*, CIV, 5, p. 527 ss., 1957.

ALMAGIÀ, R. "La dottrina della marea nell'antichità classica e nel medioevo." In: *"Memorie della R. Accademia Nazionale dei Lincei"*, CCCII, 5ª ser., Classe di scienze fisiche, matematiche e naturali, V, p. 375-513, 1905.

AMERIO, R. *Galileo e Campanella: la tentazione del pensiero nella filosofia della riforma cattolica*. In: R. AMERIO et al. *Nel terzo centenario della morte di G. Galilei*. Milão: Vita e Pensiero, 1952. p. 314-51.

ARBER, A. *Herbals: Their Origin and Evolution: a Chapter in the History of Botany*. Cambridge: Cambridge University Press, 1953.

BADALONI, N. *Tommaso Campanella*. Milão: Feltrinelli, 1965.

BANFI, A. *Galileo Galilei*. Milão: Ambrosiana, 1949.

– *Galileo Galilei* (1930). Milão: Feltrinelli, 1962.

BARONE, F. *Logica formale e trascendentale*. Turim: Edizioni di Filosofia, 1957.

BELLONE, E. *L'infanzia della scienza*. In: BELLONE, ROSSI, 1982. p. 21-26.

BELLONE, E., ROSSI, Paolo (ed.). *Leonardo e l' età della ragione*. Milão: Scientia, 1982.

BERLIN, B. "Speculations on the Growth of Ethnobotanical Nomenclature." In: *Language and Society*, 1, p. 51-86, 1972.

BERNARDI, W. *Le metafisiche dell' embrione: scienze della vita e filosofia da Malpighi a Spallanzani*. Florença: Olschki, 1986.

BLAKE, R. M. *Theories of Hypothesis among Renaissance Astronomers*. In: MADDEN, 1960, p. 22-49.

BLASS, H. "Zur Geschichte der Systematik der Wirbeltiere." In: *Archeion*, 1933.

BLUNT, W. *The Art of Botanical Illustration* (1950). Londres: Collins, 1955.

BOAS, M. *Bacon and Gilbert*. In: WIENER, NOLAND, 1957, p. 474-77.

– *The Scientific Renaissance: 1450-1630*. Londres: Collins, 1962 [trad. it. *Il rinascimento scientifico: 1450-1630*. Milão: Feltrinelli, 1973].

BOLL-BEZOLD, F. *Sternglaube und Sterndeutung*. Leipzig, 1931.

BOLTON, H. C. "History of Chemical Notation." In: *Transactions of the New York Academy of Sciences*, II, p. 102-06, 1882-83.

BONTINCK, F. *La lutte autour de la liturgie chinoise au XVIIe ^{et} XVIIIe $^{siècles.}$* Louvain, 1962.

BURTT, E. A. *The Metaphysical Foundations of Modern Physical Science* (1924). Londres: Routledge and Kegan Paul, 1950.

BUTTERFIELD, H. *The Origins of Modern Science*. Londres: Bell and Sons, 1949 [trad. it. *Le origini della scienza moderna*. Bolonha: Il Mulino, 1962].

CAFIERO, L. "Robert Fludd e la polemica con Gassendi." In: *Rivista Critica di Storia della Filosofia*, XII, p. 367-410, 1964.

CAJORI, F. *History of Physics*. Nova York: Macmillan, 1899; 2. ed. 1929.

CANTELLI, G. Appendice II, *Pitture messicane, caratteri cinesi e immagini sacre: alle fonti delle teorie linguistiche di Vico e Warburton*. In: CANTELLI, 1986. p. 339-405.

– *Mente, corpo, linguaggio: saggio sull'interpretazione vichiana del mito*. Florença: Sansoni, 1986.

CANTIMORI, D. "Umanesimo e Luteranesimo di fronte alla Scolastica: Caspar Peucer." In: *Studi Germanici*, 1936.

CARRIÈRE, M. *Die philosophische Weltanschauung der Reformationszeit*. Leipzig: Wigand, 1887.

CASINI, P. *L' universo macchina*. Bari: Laterza, 1969.

CASPARI, F. *Humanism and the Social Order in Tudor England*. Chicago: University of Chicago Press, 1954.

CASSIRER, E. *Individuum und Cosmos in der Philosophie der Renaissance*. Leipzig: Tuebner, 1927 [trad. it. *Individuo e cosmo nella filosofia del Rinascimento*. Florença: La Nuova Italia, 1935].

– *Dall' Umanesimo all' Illuminismo*. P. O. KRISTELLER (ed.). Florença: La Nuova Italia, 1967.

CASTELLI, E. (ed.). *Umanesimo ed esoterismo*. Pádua: Cedam, 1960.

CH'EN SHOU-YI. "J. Webb: a Forgotten Page of the Early History of Sinology in Europe." In: *Chinese Social and Political Science Review*, III, p. 295-330, 1935.

CILIBERTO, M. *La ruota del tempo. Interpretazione di Giordano Bruno*. Roma: Editori Riuniti, 1986.

CLAVELIN, M. *La philosophie naturelle de Galilée*. Paris: Colin, 1968.

COHEN, I. B. *Revolution in Science*. Cambridge (Mass.): Harvard University Press, 1985.

COLIE, R. L. "Dean Wren's Marginalia and Early Science in Oxford." In: *The Bodleyan Library Record*, p. 541-51, 1960.

COOK, D. J., ROSEMONT, H. JR. "The Pre-established Harmony between Leibniz and Chinese Thought." In: *Journal of the History of Ideas*, XLII, p. 260-87, 1981.

CORNELIUS, P. *Languages in Seventeenth and Early Eighteenth-Century Imaginary Voyages*. Genebra: Librairie Droz, 1965.

CORNFORD, F. M. "Innumerable Worlds in the Pre-Socratic Philosophy." In: *Classical Quarterly*, p. 1-16, 1934.

CRAIG, H. *The Enchanted Glass: the Elizabethan Mind in Literature*. Oxford, 1952.

CRAVEN, W. G. *Giovanni Pico della Mirandola Symbol of His Age. Modern Interpretation of a Renaissance Philosopher*. Genebra: Librairie Droz, 1981 [trad. it. *Pico della Mirandola: un caso storiografico*. Bolonha: Il Mulino, 1984].

CRISTANTE, L. (ed.). *Anton Lazzaro Moro. Contributi per una ricerca.* Pordenone: Edizioni della Provincia di Pordenone, 1988.

CROMBIE, A. C. *Medieval and Early Modern Science.* Nova York: Doubleday Anchor Books, 1959 [trad. it. *Da Sant' Agostino a Galileo. Storia della scienza dal v al XVII secolo.* Milão: Feltrinelli, 1970].

CROSLAND, M. P. *Historical Studies in the Language of Chemistry.* Londres: Heinemann, 1962.

CUMONT, F. *Astrology and Religion among the Greeks and Romans* (1912). Nova York: Dover Books, 1960.

DAGOGNET, F. *Tableaux et langages de la chimie.* Paris: Editions du Seuil, 1969 [trad. it. *Tavole e linguaggi della chimica.* Roma-Nápoles: Edizioni Theoria, 1987].

– *Le catalogue de la vie.* Paris: Presses Universitaires de France, 1970 [trad. it. *Il catalogo della vita.* Roma-Nápoles: Edizioni Theoria, 1986].

DAMPIER, W. *A History of Science.* Cambridge: Cambridge University Press, 1953 [trad. it. *Storia della scienza.* Turim: Einaudi, 1953].

DARWIN, G. *The Tydes and Kindred Phenomena in the Solar System* (1898). São Francisco: H. Freeman Company, 1962.

DAUDIN, H. *Les méthodes de la classification et l'idée de série en botanique et en zoologie de Linné a Lamarck.* Paris, 1926.

DAUMAS, M. (ed.) *Histoire de la science.* Paris: Pléiade, 1957.

DAVID, M. *Le débat sur l'écriture e l'hiéroglyphe aux XVII[e et XVIIIe siècles].* Paris: SEVPEN, 1965.

DE ANGELIS, E. *La critica del finalismo nella cultura cartesiana.* Florença: Le Monnier, 1967.

DE MAURO, T. "A proposito di J. J. Becher. Bilancio della nuova linguistica." In: *De Homine,* 7-8, p. 134-46, 1963.

DE MOTT, B. *Comenius and the Real Character in England.* In: PMLA, 1955, p. 1068-81.

– "Science versus Mnemonics." In: *Isis,* XLVIII, p. 3-12, 1957.

DIJKSTERHUIS, E. J. *The Mechanisation of the World Picture.* Oxford: Oxford University Press, 1961 [trad. it. *Il meccanicismo e l'immagine del mondo.* Milão: Feltrinelli, 1971].

DREYER, J. L. *Tycho Brahe.* Edinburgo, 1890.

– *A History of Astronomy from Thales to Kepler* (1906). Nova York: Basic Books, 1959 [trad. it. *Storia dell' astronomia da Talete a Keplero.* Milão: Feltrinelli, 1970].

DUGAS, R. *Léonard de Vinci dans l' histoire de la mécanique.* In: FEBVRE et al. 1953, p. 89-114.

DUHEM, P. *La théorie physique, son objet, sa structure.* Paris: Marcel Rivière, 1906.

– *Etudes sur Léonard de Vinci: ceux qu'il a lu, ceux qui l'ont lu.* Paris: Hermann, 1906-13. 3 v.

- *Le système du monde. Histoire des doctrines cosmologiques de Platon à Copernic.* Paris: Hermann, 1913-59. 10 v.

EINSTEIN, A. *Autobiographical Notes.* In: P. A. SCHLIPP (ed.). *Albert Einstein: Philosopher-scientist.* The Library of Living Philosopher, Evanston (Ill.), 1949, p. 1-95 [trad. it. *Autobiografia scientifica.* Turim: Boringhieri, 1979].

EMERY, C. "John Wilkins' Universal Language." In: *Isis*, XXXIX, p. 174-85, 1948.

ERBA, L. *Magia e invenzione. Note e ricerche su Cyrano de Bergerac e altri autori del primo Seicento francese.* All' insegna del pesce d'oro. Milão, 1969.

FARRINGTON, B. *Francis Bacon, Philosopher of Industrial Science.* Nova York: H. Schuman, 1947 [trad. it. *Francesco Bacone filosofo dell'età industriale.* Turim: Einaudi, 1967].

- *The Philosophy of Francis Bacon. An Essay on Its Development from 1603 to 1609 with New Translation of Fundamental Texts.* Liverpool: Liverpool University Press, 1964.

FAVARO, A. "Amici e corrispondenti di G. Galilei: R. White." In: *Atti del R. Istituto Veneto*, LXXI, 1911.

FEBVRE, L. et al. *Léonard de Vinci et l' expérience scientifique au seizième siècle.* Paris: Presses Universitaires de France, 1953.

FESTUGIÈRE, R. P. *La révélation d' Hermes Trismegiste.* Paris, 1950. 3 v.

FIRPO, L. "Filosofia italiana e Controriforma." In: *Rivista di Filosofia*, 1950, 1951.

FLAMMARION, C. *La pluralité des mondes habités.* Paris, 1862.

FORBES, R. J., DIJKSTERHUIS, E. J. *A History of Science and Technology.* Londres: Penguin Books, 1963. 2 v.

FORMIGARI, L. *Linguistica ed empirismo nel Seicento inglese.* Bari: Laterza, 1970.

FOUCAULT, M. *Les mots et les choses: une archeologie des sciences humaines.* Paris: Gallimard, 1966 [trad. it. *Le parole e le cose.* Milão: Rizzoli, 1967].

GALLUZZI, R. *Istoria del Granducato di Toscana sotto il governo della Casa Medici.* Florença: Cambiagi, 1781.

GARIN, E. *Giovanni Pico della Mirandola: vita e dottrina.* Florença: Le Monnier, 1937.

- *Medioevo e Rinascimento.* Bari: Laterza, 1954.

- *Studi sul platonismo medioevale.* Florença: Le Monnier, 1958.

- *La cultura filosofica del Rinascimento italiano.* Florença: Sansoni, 1961.

- *Scienza e vita civile nel Rinascimento italiano.* Bari: Laterza, 1965.

- *Lo Zodiaco della vita: la polemica sull'astrologia dal Trecento al Cinquecento.* Bari: Laterza, 1976.

- "Ancora sull'Ermetismo." In: *Rivista Critica di Storia della Filosofia*, XXXII, p. 342-47, 1977.

GEYMONAT, L. *Storia del pensiero filosofico.* Milão: Garzanti, 1955. 3 v.

- *Galileo Galilei.* Turim: Einaudi, 1957.

- *Filosofia e filosofia della scienza.* Milão: Feltrinelli, 1960.

GILLISPIE, CH. C. *The Edge of Objectivity. An Essay in the History of Scientific Ideas.* Princeton: Princeton University Press, 1960 [trad. it. *Scienza e potere in Francia alla fine dell' Ancien Régime.* Bolonha: Il Mulino, 1983].

GINZBURG, C. *Il formaggio e i vermi: il cosmo di un mugnaio del' 500.* Turim: Einaudi, 1976.

GOULD, S. J. *Time's Arrow, Time's Cycle: Myth and Metaphor in the Discovery of Geological Time.* Cambridge (Mass.): Harvard University Press, 1987.

GRAUBARD, M. "Astrology's Demise and Its Bearing on the Decline and Death of Beliefs." In: *Osiris,* p. 229-57, 1958.

GRUNAWAIDENA, D. C. "Studies in Biological Works of J. Ray." In: *Proceedings of the Linnean Society,* 1936.

GUIDOBONI, E. (ed.). "Terremoti e storia." *Quaderni Storici,* XX, 3, 1985.

HACKING, I. *Representing and Intervening.* Cambridge: Cambridge University Press, 1983. [trad. it. *Conoscere e sperimentare.* Bari: Laterza, 1987].

HALL, A. R. *The Scientific Revolution: 1500-1800.* Londres: Longmans, Green and Co., 1954 [trad. it. *La rivoluzione scientifica: 1500-1800.* Milão: Feltrinelli, 1976].

- *From Galileo to Newton: 1630-1720.* Londres: Collins, 1963 [trad. it. *Da Galileo a Newton: 1630-1720.* Milão: Feltrinelli, 1973].

HARBISON, H. *The Christian Scholar in the Age of the Reformation.* Nova York, 1956.

HARRIS, R. A. "Manual of Tides." *Appendix 8 to U. S. Coast and Geodetic Survey* (1897).

HARRIS, V. *All Coherence Gone.* Chicago: University of Chicago Press, 1949.

HAYDN, H. *The Counter-Renaissance.* Nova York: Charles Scribner's Sons, 1950 [trad. it. *Il Controrinascimento.* Bolonha: Il Mulino, 1967].

HEILMANN, L. "J. J. Becher, un precursore della tradizione meccanica." In: *De Homine,* 7-8, p. 131-34, 1963.

HOOYKAAS, R. "La riforma protestante e la scienza (1972)." In: *Comunità,* XXVIII, p. 115-59, 1974.

INGEGNO, A. *Cosmologia e filosofia nel pensiero di Giordano Bruno.* Florença: La Nuova Italia, 1978.

- *Galileo, Bruno, Campanella.* In: LOMONACO, TORRINI, p. 123-39, 1987.

IVERSEN, E. *The Myth of Egypt and Its Hieroglyphs in the European Tradition.* Copenhague: Gec Gad Publishers, 1961.

JOHNSON, F. R. *Astronomical Thought in Renaissance England.* Baltimore, 1937.

JONES, R. F. *The Seventeenth Century. Studies in the History of English Thought from Bacon to Pope.* Stanford: Stanford University Press, 1951.

JUNG, C. G., PAULI, W. *Naturerklärung und Psyche.* Zurique, 1952.

KNOWLSON, J. R. "The Idea of Gesture as a Universal Language in the XVIIth and XVIIIth Centuries." In: *Journal of the History of Ideas*, XXV, p. 495-508, 1965.

– *Universal Languages Schemes in England and France: 1600-1800*. Toronto, 1975.

KOCHER, P. H. *Science and Religion in Elizabethan England*. S. Marino (Calif.): The Huntington Library, 1953.

KOESTLER, A. *The Sleepwalkers. A History of Man's Changing Vision of the Universe*. Londres: Hutchinson, 1959.

KOYRÉ, A. *Etudes galiléennes*. Paris: Hermann, 1939.

– *Du monde de l' "à-peu-près" à l' univers de la précision* (1948). In: KOYRÉ, 1961b, p. 311-29 [trad. it. *Dal mondo del pressappoco all' universo della precisione*. Turim: Einaudi, 1967].

– "La gravitation universelle de Kepler à Newton." In: *Archives internationales d' Histoire des Sciences*, IV, p. 638-53, 1951.

– *From the Closed World to the Infinite Universe*. Baltimore: Johns Hopkins Press, 1957 [trad. it. *Dal mondo chiuso all' universo infinito*. Milão: Feltrinelli, 1970].

– *La révolution astronomique: Copernic, Kepler, Borelli*. Paris: Hermann, 1961a [trad. it. *La rivoluzione astronomica: Copernico, Keplero, Borelli*. Milão: Feltrinelli, 1966a].

– *Etudes d'histoire de la pensée philosophique*. Paris: Colin, 1961b.

– *Newtonian Studies*. Cambridge (Mass.): Harvard University Press, 1965 [trad. it. *Studi newtoniani*. Turim: Einaudi, 1972].

– *Etudes d' istoire de la pensée scientifique*. Paris: Presses Universitaires de France, 1966b.

KUHN, TH. *The Copernican Revolution*. Cambridge (Mass.): Harvard University Press, 1957 [trad. it. *La rivoluzione copernicana*. Turim: Einaudi, 1972].

– *Mathematical versus Experimental Tradition*. In: KUHN, 1977. p. 31-65.

– *The Essential Tension: Selected Studies in the Scientific Tradition and Change*. Chicago: Chicago University Press, 1977 [trad. it. *La tensione essenziale: cambiamenti e continuità nella scienza*. Turim: Einaudi, 1985].

LACH, D. F. "The Chinese Studies of Andrea Müller." In: *Journal of the American Oriental Society*, XL, 1940.

– "Leibniz and China." In: *Journal of the History of Ideas*, VI, p. 436-45, 1945.

LAFFIN, J. *Codes and Ciphers: Secret Writing through the Ages*. Londres, 1964.

LAUDAN, H. *Progress and Its Problems: Towards a Theory of Scientific Growth*. Los Angeles: California University Press, 1977 [trad. it. *Il progresso scientifico: prospettive per una teoria*. Roma: Armando, 1979].

LENOBLE, R. *Mersenne ou la naissance du mécanisme*. Paris: Vrin, 1943.

– *Origines de la pensée scientifique moderne*. In: DAUMAS, 1957, p. 367-534.

LIEBIG, J. von. *Ueber Fr. Bacon von Verulam und die Methode der Naturforschung.* Munique, 1863.

LOCKWOOD, D., BAINTON, R. "Classical and Biblical Scholarship in the Age of the Renaissance and Reformation." In: *Church History,* 1941.

LOMONACO, F., TORRINI, M. (ed.). *Galileo e Napoli.* Nápoles: Guida Editori, 1987.

LOVEJOY, A. O. *The Great Chain of Being* (1936). Cambridge (Mass.): Harvard University Press, 1957 [trad. it. *La grande catena dell'essere.* Milão: Feltrinelli, 1966].

LUPORINI, C. *La mente di Leonardo.* Florença: Sansoni, 1953.

MADDEN, E. H. *Theories of Scientific Method: the Renaissance through the Nineteenth Century.* Seattle: University of Washington Press, 1960.

MAY, E. *Kleine Grundriss der Naturphilosophie.* Mesenheim Glan: Westkulturverlag, 1949 [trad. it. *Elementi di filosofia della scienza.* Milão: Bocca, 1951].

MC COLLEY, G. *The Seventeenth Century Doctrine of a Plurality of Worlds.* In: "Annals of Science", p. 385-430, 1936.

MICHEL, P. H. *La cosmologie de G. Bruno.* Paris: MICHEL, 1962.

MUNITZ, M. K. *One Universe or Many?* In: WIENER, NOLAND, p. 593-617, 1957.

NICOLINI, F. "Introduzione." In: G. B. VICO. *Autobiografia.* Milão: Bompiani, 1947.

– *La religiosità di G. B. Vico.* Bari: Laterza, 1949a.

– *Commento storico alla seconda Scienza Nuova.* Roma: Edizioni di Storia e Letteratura, 1949b.

NICOLSON, M. H. *The Breaking of the Circle: Studies on the Effects of the "New Science" on Seventeenth-Century Poetry.* Nova York-Londres: Columbia University Press, 1960a.

– *Voyages to the Moon* (1948). Nova York: Macmillan, 1960b.

– *Science and Imagination* (1956). Ithaca: Cornell University Press, 1962.

– *Keplero, il Somnium e John Donne.* In: WIENER, NOLAND, 1971, p. 315-36.

PANOFSKY, E. *Titian's Allegory of Prudence.* In: *Meanings of Visual Arts.* Nova York, 1957 [trad. it. *Il significato delle arti visive.* Turim: Einaudi, 1962].

PASINI, M. *Thomas Burnet: una storia del mondo tra ragione, mito e rivelazione.* Florença: La Nuova Italia, 1981.

PASQUINELLI, A. *Letture galileiane.* Bolonha: Il Mulino, 1961.

– *Linguaggio, scienza, filosofia.* Bolonha: Il Mulino, 1964.

PELLEGRINI, G. *La prima versione dei Saggi Morali di F. Bacone.* Florença: Le Monnier, 1942.

PHILMUS, R. M. *Science Fiction from Its Beginning to 1870.* In: N. BARRON (ed.). *Anatomy of Wonder.* Nova York, 1976.

PINOT, V. *La Chine et la formation de l'esprit philosophique en France (1640-1740).* Paris: Paul Geuthner, 1932.

PINTARD, R. *Le libertinage érudit dans la première moitié du dix-septième siècle.* Paris: Boivin, 1943. 2 v.

PIRO, F. "Filosofia o 'teologia naturale' dei Cinesi? Leibniz, Malebranche e l'universalità del lessico onto-teologico europeo." In: *Filosofia e Teologia*, 1, p. 75-93, 1988.

PIUTTI, R. *Biografia* [de A. L. Moro] *tra autografi e apografi.* In: CRISTANTE, 1988, p. 15-72.

PLACANICA, A. *Il filosofo e la catastrofe: un terremoto nel Settecento.* Turim: Einaudi, 1985.

POPPI, A. *La dottrina della scienza in G. Zabarella.* Pádua: Antenore, 1972.

PRATT, F. *Histoire de la Cryptographie.* Paris, 1940.

PRÉVOT, J. *Cyrano de Bergerac, romancier.* Paris: Belin, 1977.

RANDALL, J. H. *Il ruolo di Leonardo da Vinci nella nascita della scienza moderna.* In: WIENER, NOLAND, 1971, p. 214-27.

RAVEN, C. E. *J. Ray Naturalist.* Londres, 1950.

REES, G. "Atomism and Subtlety in Fr. Bacon's Philosophy." In: *Annals of Science*, XXXVII, p. 550-85, 1980.

REESE, M. M. *Shakespeare.* Bolonha: Il Mulino, 1987.

RIGHINI BONELLI, M. L., SHEA, W. *Reason, Experiment and Mysticism in the Scientific Revolution*, Nova York: Science History Publications, 1975.

RITTERBUSH, PH. C. *Ouvertures to Biology. The Speculations of Eighteenth-Century Naturalists.* New Haven-Londres, 1964.

ROGER, J. *Les sciences de la vie dans la pensée française du XVIIIe siècle.* Paris: Vrin, 1963.

– "La théorie de la terre au XVIIe siècle." In: *Revue d' Histoire des Sciences*, XXVI, p. 23-48, 1973.

ROSSI, PAOLO. *I filosofi e le macchine: 1400-1700.* Milão: Feltrinelli, 1962.

– *Le sterminate antichità: studi vichiani.* Pisa: Nistri Lischi, 1969.

– *Francesco Bacone: dalla magia alla scienza* (1957). Turim: Einaudi, 1974.

– *Storia e filosofia: saggi sulla storiografia filosofica.* Turim: Einaudi, 1975.

– *Immagini della scienza.* Roma: Editori Riuniti, 1977.

– *I segni del tempo: storia della Terra e storia delle nazioni da Hooke a Vico.* Milão: Feltrinelli, 1979.

– *Clavis universalis: arti della memoria e logica combinatoria da Lullo a Leibniz* (1960). Bolonha: Il Mulino, 1983.

– "Universal Languages, Classifications and Nomenclatures in the Seventeenth Century." In: *History and Philosophy of Life Sciences*, II, p. 243-70, 1984.

– "Il sogno di Keplero." In: *Intersezioni*, V, p. 377-82, 1985.

– *I ragni e le formiche: un'apologia della storia della scienza.* Bolonha: Il Mulino, 1986.

ROSSI MONTI, M. *La conoscenza totale: paranoia, scienza e pseudo-scienza.* Milão: Il Saggiatore, 1984.

A CIÊNCIA E A FILOSOFIA DOS MODERNOS

RUDWICK, M. J. S. *The Meaning of Fossils.* Londres: Macdonald, 1976.

RUSSO, L. (ed.). *La fantascienza e la critica.* Milão: Feltrinelli, 1980.

SARTON, G. *Léonard de Vinci ingenieur et savant.* In: FEBVRE et al., 1953, p. 11-22.

SCHMITT, CH. Experience and Experiment: a Comparaison of Zabarella's View with Galileo's in De Motu. In: *Studies in the Renaissance,* XVI, p. 80-138, 1969.

SEZNEC, J. *La survivance des dieux classiques.* Londres: Warburg Institute, 1940.

SHEA, W. *La Controriforma e l'esegesi biblica di Galilei.* In: A. BABOLIN (ed.), *Problemi religiosi e filosofia.* Pádua: La Garangola, 1975.

SINGER, CH. *A Short History of Scientific Ideas.* Oxford, 1959 [trad. it. *Breve storia del pensiero scientifico.* Turim: Einaudi, 1961].

SINGLETON, CH. (ed.). *Art, Science and History in the Renaissance.* Baltimore: John Hopkins Press, 1967.

SLAUGHTER, M. M. *Universal Languages and Scientific Taxonomy in the Seventeenth Century.* Cambridge: Cambridge University Press, 1982.

SOLDATI, B. *La poesia astrologica nel Quattrocento.* Florença: Barbera, 1906.

SOLINAS, G. *Il microscopio e le metafisiche: epigenesi e preesistenza da Cartesio a Kant.* Milão: Feltrinelli, 1967.

SPENCE, J. D. *The Memory Palace of Matteo Ricci.* Nova York: Vicking Penguin, 1984 [trad. it. *Il palazzo della memoria di Matteo Ricci.* Milão: Il Saggiatore, 1987].

SPINK, J. S. *French Free-Thought from Gassendi to Voltaire.* Londres: The Athlone Press, 1960 [trad. it. *Il libero pensiero in Francia da Gassendi a Voltaire.* Florença: Vallecchi, 1974].

STIMSON, D. *The Gradual Acceptance of the Copernican Theory of the Universe.* Hannover, 1917.

SUVIN, D. *Metamorphoses of Science-Fiction. On the Poetics and History of a Literary Genre.* New Haven: Yale University Press, 1979 [trad. it. *Le metamorfosi della fantascienza. Poetica e storia di un genere letterario.* Bolonha: Il Mulino, 1985].

THORNDIKE, L. *History of Magic and Experimental Sciences.* Nova York: Columbia University Press, 1923-56. 8 v.

– "The True Place of Astrology in the History of Science." In: *Isis,* XLVI, p. 273-78, 1955.

TILLYARD, E. M. W. *The Elizabethan World Picture.* Londres, 1963.

TOULMIN, S. *The Fabric of the Heavens.* Londres: Hutchinson, 1961.

TUVESON, L. *Millenium and Utopia. A Study in the Background of the Idea of Progress* (1949). Nova York: Harper Torchbooks, 1964.

URBACH, P., *Francis Bacon's Philosophy of Science: an Account and a Reappraisal.* Peru: Open Court, (Ill.), 1988.

VAILATI, G. *Scritti.* Leipzig-Florença: J. A. BARTH -B. SEEBER, 1911.

VANNI ROVIGHI, S. *Antologia galileiana.* Brescia: La Scuola, 1974.

– *Storia della filosofia moderna.* Brescia: La Scuola, 1976.

VILLEY, B. *The Seventeenth Century Background. Studies in the Thought of the Age in Relation to Poetry and Religion.* Londres: CHATTO, WINDUS, 1950 [trad. it. *La cultura inglese del Seicento e del Settecento.* Bolonha: Il Mulino, 1975].

VOLKMANN, L. *Bilder Schriften der Renaissance. Hieroglyphik und Problematik in ihren Beziehungen und Fortwirkungen.* Leipzig, 1923.

WALKER, D. P. *Spiritual and Demonic Magic from Ficino to Campanella.* Londres: Warburg Institute, 1958.

WESTFALL, R. S. *Science and Religion in Seventeenth Century England.* Yale University Press, 1958.

WESTMAN, R. S. *Magical Reform and Astronomical Reform: the Yates Thesis Reconsidered.* In: WESTMAN, MCGUIRE, 1977, p. 5-91.

WESTMAN, R. S., MC GUIRE, J. E. *Hermeticism and the Scientific Revolution.* Los Angeles: W. A. Clark Memorial Library, 1977.

WIENER, PH., NOLAND, A. (ed.). *Roots of Scientific Thought: a Cultural Perspective.* Nova York: Basic Books, 1957 [trad. it. *Le radici del pensiero scientifico.* Milão: Feltrinelli, 1971].

YATES, F. A. *Giordano Bruno and the Hermetic Tradition.* Londres: ROUTLEDGE, KEGAN PAUL, 1964 [trad. it. *Giordano Bruno e la tradizione ermetica.* Bari: Laterza, 1969].

– *The Art of Memory.* Londres: ROUTLEDGE, KEGAN PAUL, 1966 [TRAD. IT. *L' arte della memoria.* Turim: Einaudi, 1972].

– *The Hermetic Tradition in Renaissance Science.* In: Singleton, 1967, p. 255-74.

– *Ideas and Ideals in the North European Renaissance. Collected Essays III.* Londres: ROUTLEDGE, KEGAN PAUL, 1984.

ZAMBELLI, P. "Uno, due, tre, mille Menocchio?" In: *Archivio,* 1, p. 51-90, 1979.

FONTES

O primeiro dos ensaios aqui recolhidos (cap. 1) foi publicado nas Atas do Primeiro Congresso Internacional sobre Pico della Mirandola: *L' opera e il pensiero di Giovanni Pico della Mirandola nella storia dell' Umanesimo*, Istituto Nazionale di Studi sul Rinascimento, Florença, 1966, *II*, p. 315-32. O capítulo 2 é o texto da minha 'Introdução' ao volume organizado por Paolo Rossi e Enrico Bellone, *Leonardo e l'età della ragione*, Scientia, Milão, 1982, p. 1-5. O capítulo 3 é o meu 'Bacon e a Bíblia', publicado em *Archiwum Historii Filozofii y mysli Spolecznej XII* (1966), p. 105-25. O capítulo 4, 'Galileu Galilei e o livro dos Salmos', apareceu na *Rivista di Filosofia, LXIX* (1978), p. 45-71. 'Os aristotélicos e os modernos: as hipóteses e a natureza' (cap. 5) foi publicado primeiro em inglês: *The Aristotelians and the Moderns: Hypothesis and Nature*, em *Annali dell' Istituto e Museo della Storia della Scienza di Firenze, VII* (1982), p. 3-28; e apareceu em seguida em L. Olivieri (organizador), *Aristotelismo veneto e scienza moderna*, Antenore, Pádua, 1983, p. 125-54. O capítulo 6, de forma mais abreviada, foi editado (com o título 'Galileu e Bacon') nos *Saggi su Galileo Galilei*, organizado pelo Comitê nacional para a celebração do *IV* Centenário de seu nascimento, Barbera, Florença, 1967, p. 3-51. A introdução 'O processo de Galileu no século XX', assim como os capítulos 7 e 8, foram publicados pela primeira vez no volume *Aspetti della*

Rivoluzione scientifica, Morano, Nápoles, 1971, p. 223-62 e 293-369. O capítulo 7 apareceu também, com o título *Nobility of Man and Plurality of Worlds,* em A. C. Debus (organizador), *Science, Medicine and Society in the Renaissance. Essays to Honour Walter Pagel,* Neale Watson Academic Publications, Nova York, 1972, v. 2, p. 131-62. O capítulo 9 reproduz, com muitos acréscimos e integrações, o texto da comunicação lida no congresso sobre Anton Lazzaro Moro, que se desenvolveu em San Vito al Tagliamento nos dias 12 e 13 de março de 1988.

ÍNDICE REMISSIVO

Aarsleff, H., 321
Abbri, F., 321, 328
Abelardo, Pietro, 71
Abetti, G., 31
Acosta, José de, 182, 272
Adami, Tobia, 261 ss.
Adanson, Michel, 312, 329
Adorno, Theodor W., 14, 16 ss., 20
Agassi, Joseph, 210
Agostinho, Santo, 70, 83, 344
Agricola, Giorgio,203, 341
Alberto Magno, 316
Alciati , Andrea, 270
Alcover, M., 252, 284
Aldrovandi ,Ulisse, 315 ss
Alexandre, o Grande, 145
Allen, D., 270
Almagià, R., 169
Ambrósio, Santo, 70
Amerio, R., 200
Andrews, bispo, 81
Arber, A., 313
Arendt, Hannah, 19 ss.
Ariosto, Ludovico, 241
Aristarco de Samos, 160, 209
Aristóteles, 63 - 66, 69 - 71, 83, 92, 97,
    123, 126 - 128, 123, 143 - 146, 160,
    163, 169, 189, 192, 198, 210 ss., 217,
    240, 245

Arquimedes, 90, 112, 150, 241
Assenfratz, Jean Henry, 329
Astle, T., 279
Audet, Pierre Auguste, 329
Auzot, Adrien, 260
Averróis, 144
Avicenna, 128

Bacon, Francis, 15 - 17, 22, 25, 43 - 47, 54
    - 56, 62, 63, 63- 85, 97 - 101, 136, 143,
    145 ss., 164 - 167, 169, 172 - 178, 181
    ss., 192 - 207, 209 - 212, 216, 227, 245,
    267 - 275, 277 - 282, 285 ss., 292, 297,
    300 ss., 313
Badaloni, N., 220
Bahuin, Gaspar, 313
Bainton, R., 72
Banfi, Antonio, 110
Barberini, cardeal, 167
Barone, Francesco, 273
Basilio, 70
Becher, Johann J., 266, 293ss., 332
Beck, Cave, 292 - 294
Bedel, William, 280
Beeckman, Isaac, 176ss.
Bellarmino e Roberto, cardeal, 19, 25, 91,
    100, 164, 187
Bellone, Enrico, 56
Benedetti, Giovan Battista, 240
Bentley, Richard, 343

Berck, Johan, 164
Berlin, B., 321
Bernanos, Georges, 17
Bernardi, W., 326
Berzelius, Jöns Jacob, 327
Billio, Giovanni, 165
Blake, William, 23, 197
Bloch, Ernst, 22 ss.
Boas, M., 31, 196
Boehme, Jakob, 23,25
Boll-Bezold, F., 32, 37
Bolton, H. C., 328
Bonet, Juan Pablo, 272
Bontinck, F., 273
Boodt, Anselmus Boethius de, 316
Borel, Pierre, 2, 2 - 246, 255, 261 ss.
Bouvet, padre,
Bovillus, Carolus (Charles de Bouelles), 44
Boyle, Robert, 100, 134, 141, 275, 290, 34
Brahe, Tycho, 47, 156 -159, 162, 190 -
    196, 223, 240, 263
Braunfels, Otto, 313
Breithaupt, Christian, 279
Brown, Norman, 23 ss.
Browne, Thomas, 290
Bruce, Edmund, 23 ss.
Brunetti, Franz, 109
Bruno, Giordano, 109, 160, 165, 189 ss.,
    194, 215 - 218, 221 - 224, 229 - 235, 238
    - 241, 249, 254 - 256, 260, 263, 283
Buffon, Georges-Louis Leclerc, conde de,
    315, 321, 326
Bulwer, John, 271
Burckhardt, Jacob, 43
Burnet, Thomas, 254 ss., 263, 336, 343 -
    345, 348 ss., 357
Burton, Robert, 240
Burtt, E. A., 18, 187
Butterfield, H., 31, 210

Cafiero, L., 73
Cajori, F., 211
Calvino, 100, 117
Camillo Giulio, 311 ss.
Campanella, Tommaso, 91, 165, 210, 220
    ss., 239 -242, 245, 252, 262
Cantelli, G., 270

Cantimori, D., 69
Capella, Marciano, 270
Cardano, Girolamo, 63, 286
Carrière, M., 30
Casini, P., 321
Caspari, F., 70
Cassirer, Ernst, 34 ss. 38, 43, 47, 95 ss.,
    109, 121
Castelli, Benedetto, 90, 94, 103, 110, 113,
    115, 163
Cave, William, 71
Cavendish, Margaret, 240
Cesalpino, Andrea, 169 ss.
Cesi, Federico, 91 ss.
Champollion, Jean-François, 270
Chapelain, Jean, 260
Ch'en Shou-Yi, 273
Childrey, Joshua, 276
Ciampoli, Giovanni, 110
Cícero, Marco Tullio, 63, 273
Ciliberto, M., 189
Cioli, Andrea, 167
Cipriano, 70
Clavelin, M., 133, 178
Clavius, Christoph, 190
Clemente, Alessandrino, 279
Clovius, Andreas, 164
Colet, John, 70
Colie, Rosalie L., 291
Colombo, Cristóvão, 209, 227, 246
Colonna, Francesco, 270
Comênio, 280, 284, 288, 290, 311
Copérnico, Nicolau,
Cornelius, Paul, 285, 288, 302
Cosme II, grão-duque de Toscana, 110,
    115, 167
Couturat, Louis, 309
Craig, H., 32
Craven, W. G., 43 - 47
Cristante, L., 335
Cristina di Lorena, 90, 94, 102 ss., 109,
    112 ss., 116, 167
Cristina di Svezia, 251
Crombie, A. C., 31, 121, 123
Crosland, M. P., 328, 330
Cudworth, Ralph, 62, 321, 343
Cumont, Franz, 37

Cusa, Nicolau de, 222, 233, 239, 256, 259, 281
Cyrano de Bergerac, Hector-Savinien de, 240, 252 ss., 263

Dagognet, F., 313, 321, 328
Dalgarno, George, 288 ss., 289 ss., 293 - 300, 303- 310, 329
Dampier, W., 31
Dante Alighieri, 18
Darwin, Charles, 100, 169
Daubenton, Louis-Jean-Marie, 313
Daudin, H., 313
David, Madeleine, 270, 273, 279
Davies, John, 261
De Angelis, E., 249
Dee, John, 160
Della Porta, Giambattista, 269 ss., 271, 278, 283, 286
De Mauro, Tullio, 268
Demócrito, 16, 143, 201, 220, 232, 241 ss., 252, 321
De Mott, Benjamin, 290, 311 ss., 321
De Prémare, padre, 272
Descartes, René, 18, 22, 44, 134 ss., 165, 185, 212, 249 - 252, 262, 267, 276, 321, 343, 346 ss.
Diderot, Denis, 25, 248
Digby, Kenelm, 241
Digges, Thomas, 160, 239
Dijksterhuis, E. J., 31. 33
Dini, Piero, 90 ss., 103, 112 - 116, 156, 208
Diodati, Elia, 117 ss.
Dionísio, o Aeropagita, 90, 106, 112, 114, 151
Dioscoride, 322
Donne, John, 162, 213 - 216
Dreyer, J. L., 31, 192, 194, 197, 229
Dugas, Roger, 51
Duhem, P., 51, 169
Duns Scoto, Giovanni, 63, 130
Dürer, Albrecht, 313
Dury, John, 280, 288

Einstein, Albert, 16, 152
Ellis, R. L., 169
Emery, Clark, 308
Ennio, 302
Epée, Charles-Michel, Abbé de l', 272

Epicuro, 220, 241, 252, 321
Erasmo de Rotterdam, 70
Erba, L., 252
Espinosa, Baruch, 252, 259
Euclides, 64, 90, 102, 112, 144, 160, 203, 260

Farrington, Benjamin, 63
Fattori, M., 280
Favaro, A., 164
Festugière, R. P., 37
Ficino, Marsilio, 38, 44, 90, 112, 160, 240, 269
Filippo III, langravio d' Assia, 223
Filone, 74
Filopono, Giovanni, 189
Firpo, Luigi, 92, 220
Fludd, Robert, 73
Fontenelle, Bernard Le Bovier de, 240, 252, 255, 263, 312, 329
Forbes, R. J., 31
Formigari, L., 321
Foscarini, Paolo Antonio, 100, 187
Foucault, Léon, 329 ss.
Freud, Sigmund, 14, 23 ss.

Galeno, Claudio, 63 ss., 246, 322
Galilei, Galileu, 13, 15, 18, 22, 25, 31, 54, 56, 87 - 97, 100 - 118, 123, 141, 151 ss., 173 - 190, 194,198 - 201, 203 - 209, 212, 220 - 223, 226 ss., 230 - 237, 241, 247 ss., 252, 260, 263
Gallanzoni, Gallanzone, 198
Galluzzi, R., 167
Garin, Eugenio, 32 ss., 51, 69, 90, 92, 188
Gassendi, Pierre, 135 ss., 159 ss., 185, 187, 211, 252
Geoffroy, Etienne-François, 327
Gesner, Conrad, 316
Geymonat, Ludovico, 33, 109, 156 ss., 185, 187, 211
Gilbert, William, 156, 161, 195 - 198, 206, 209, 232, 239
Gille, Bertrand, 52
Gillispie, C. C.,313
Ginzburg, C., 262
Giorgio, Veneto, 91
Giovanni, Bonifacio, 271
Gmelin, Frederick Johann, 313, 316

386 PAOLO ROSSI

Godwin, Francis, 240, 284
Gombrich, Ernst, 57
Gould, Stephen J.,269, 336
Graubard, M., 30
Gregório, 70
Grunawaidena, D. C., 321
Guénon, René, 20
Guericke, Otto von, 252
Guicciardini, Piero, 110, 115
Guignes, Joseph de, 272
Guyton, Louis-Bernard de Morveau, 330 ss.

Haak, Theodor, 278, 280
Hackin,g J., 212
Hall, A. R., 192 ss., 212
Hall, J., 256
Halley, Edmund, 237
Hamilton, William, 280
Harbison, H., 69
Harriot, Thomas, 239, 261
Harris, R. A., 169, 216
Harris, V., 161
Hartlib, Samuel, 280, 288, 290, 311
Havelius, Johannes, 240
Haydn, H., 62
Heidegger, Martin, 13 ss., 18, 20
Heilmann, Luigi, 268
Hermes, Trismegisto, 160, 208
Hesíodo, 64
Hesse, Marie B., 155
Heylyn, Peter,240
Hipócrates, 38, 64
Hobbes, Thomas, 134 - 137, 178, 185, 252
Homero, 64
Hooke, Robert, 141, 333, 340 ss.
Hooykaas, R., 99 ss. 108
Horkheimer, Max, 14 - 16, 20
Huet, Pierre-Daniel, 260 - 272
Hugo, Herman, 273, 287
Husserl, Edmund, 14 -16, 20
Huygens, Christiaan, 165, 211, 240, 256 - 260, 263

Ibn' Ezrã, 90
Ingegno, A., 223
Iversen, E., 270

Jaime I da Inglaterra, 79
Jaspers, Karl,18
Jerônimo, 70
João Crisóstomo, 70
Johnson, F. R., 159
Jones, Richard F., 276
Jonston, John, 309
Jung, Carl Gustav, 33

Kant, Immanuel, 37
Karamyschew, A. de, 314, 316
Keill, John, 343
Kepler, Johannes, 46, 134, 168, 176, 190 ss., 197, 204, 209, 220, 224 - 226, 229 - 244, 249, 252, 257 ss, 293 ss.
Kierkegaard, Soren A., 14, 17
Kinner, Ciprian, 290, 311, 329
Kircher, Athanasius, 240, 257, 269, 272, 278 ss., 293 ss.
Knowlson, J. R., 272
Kocher, P. H., 35, 259
Koestler, Arthur, 19 ss., 171, 224
Kosik, Karel, 21
Koyré, Alexandre, 30, 34, 51, 124, 138, 159, 190 ss., 197, 210, 216, 229 - 232, 247, 249
Kristeller, Paul O., 43
Kuhn, Thomas, 30, 122, 142 ss., 217

Lach, D. F., 273
Laffin, J., 279
La Mothe le Vayer, François de, 252
Laudan, H., 122
Lavoisier, Antoine Laurent, 329
Lear, John, 225
Leibniz, Gottfried W., 252, 272 ss., 280, 295, 309, 337, 339, 343
Lenoble, Robert, 31, 34, 157, 188 ss., 215
Leonardo da Vinci, 51 - 57
Leopoldo d' Austria, 165
Leucippo, 232
Lévi-Strauss, Claude, 330
Lewis, Christopher, 138
Liceti, Fortunio, 249
Liebig, Justus von, 15, 156
Linneo, Carlo, 313 ss., 317, 325, 327
Lockwood, D., 72

A CIÊNCIA E A FILOSOFIA DOS MODERNOS

Lodowick, Francis, 280 ss., 289
Lorini, Niccolò, 103
Lovejoy, A. O., 32, 216, 223 ss., 226, 229
Lower, William, 200, 239, 261
Löwith, Karl, 17 ss.
Luciano di Samosata, 225, 241
Lucrécio, 241, 250, 260, 343
Luís XIV, rei da França, 259
Lullo, Raimondo,267, 280
Luporini, Cesare, 57
Lutero, Martin,17, 117

Maccagni, Carlo, 52
McColley, G., 239
Magalhães, Fernão de, 200
Maimônides, Moisés, 189
Maistre, Joseph de, 15
Malpighi, Marcello, 135
Marcuse, Herbert, 19
Marx, Karl, 14, 17, 22, 24
Matthew, Tobie, 163, 165
Maudit, P. M., 163, 215
May, E., 205
Mayerus, Michael, (Michael Maier), 294
Mede, Joseph, 62
Melanchthon, Philipp, 202, 239
Melisso, 23, 241
Mercati, Michele, 272
Mersenne, Marin, 47, 54, 137, 157 ss.,
   165, 185, 187, 215
Micanzio, Fulgenzio, 167
Michel, P. H., 219
Milton, John, 18, 61, 162
Montaigne, Michel E. de, 241, 246, 248
More, Henry, 62, 239, 250, 253
Morhof, Daniel George, 270
Morin, Jean, 159
Moro, Anton Lazzaro, 333 -338, 344 -363
Morus, Thomas, 70
Munitz, M. K., 239

Naudé, Gabriel, 215
Newton, Isaac, 29 ss., 54, 153, 203, 212,
   335, 341 ss., 348, 350, 356
Nicolini, F., 301
Nicolson, Marjorie, 32, 216, 224 - 226, 239
Nietzsche, Friedrich W., 14, 17

Noël, padre, 159

Ockham, Guilherme de, 297
Olbers, Heinrich, 297
Orapollo, 269
Orfeu, 160
Orsini, cardeal, 165
Osiander, Andrea, 189 ss., 194
Oughtred, William, 276

Palingenio, Stellato, 160, 222, 239, 241
Panofsky, Erwin, 270
Paracelso, 25, 63, 72, 245, 290
Pascal, Blaise, 159 ss., 185, 252, 260
Pasquinelli, Alberto, 109, 328
Patrizi, Francesco, 91, 168, 173, 196, 218, 284
Pauli, W., 33
Peiresc, Nicolas Claude Fabri de, 157, 167, 213
Pellegrini, G., 163 ss., 166
Perrault, Charles, 260
Perrault, Nicolas, 260
Petty, William, 277, 281
Philmus, Robert M., 224
Piccolomini, Francesco, 126
Pico della Mirandola, Giovanni, 30 ss., 36,
   38 - 40, 43- 47, 280
Pietro d' Abano, 91
Pietro Lombardo, 71
Pinot V., 272 ss.
Pintard, R., 216
Piro, F., 273
Pitágoras, 241, 257
Placanica, A., 359
Platão, 63 ss., 204, 259, 269
Plotino, 90, 269
Plutarco, 241
Polcenigo, Carlo Maria di, 344, 352
Pomponazzi, Pietro, 91, 132
Poppi, Antonino, 126
Postel, Christian H., 280
Pratt, F., 279
Prévot, J., 252
Proclo, 90, 112, 189
Pseudo-Dionísio, ver Dionísio, o Aeropagita
Ptolomeu, 40, 65, 188

Rabelais, François, 220

Ramus, Petrus, 195, 197, 202, 245, 297
Randall, John H., 43, 51, 55
Raven C. E., 321
Rawley, William,63
Ray, John,100, 282, 313, 318 - 323, 330
Recorde, Robert, 160
Rees, G., 143
Reese, M. M., 261
Reftelius, J. M., 314
Renzoni M., 321, 326
Reuchlin, Johannes, 91
Rhaeticus, G., 207
Ricci, Matteo, 292
Riccioli, Giovan Battista, 240
Righini-Bonelli, M. L., 90
Ritterbush, P. C., 313
Roberval, Gilles P., 157 ss., 189
Roger, J., 326
Ross, Alexander, 99
Rosselli, Cosma, 283
Rossi Monti, M., 149
Rossi, Paolo, 34, 45, 90, 114, 122, 134, 155, 185, 196, 202, 219, 224, 270, 272 ss.
Ruarus, Martin, 159
Rudwick, M. J. S., 342
Russell, Bertrand, 58
Russo, L., 224

Sagredo (personagem de Galileu), 175, 179 ss., 248, 339
Salviati (personagem de Galileu), 179 - 182, 228, 248, 339
Sarpi, Paolo, 166
Sarton, George, 51, 55
Sartre, Jean-Paul, 21, 331
Sashott, Daniel, 241
Scaligero, Giulio Cesare, 168
Schmidt, Alfred, 22
Schmitt, Charles, 141, 145, 150
Schopenhauer, Arthur, 17
Schott, Gaspar, 295
Sêneca, 302
Sennert, Daniel, 309
Seznec, J., 35
Sfrondato, Pandolfo, 168, 171
Shakespeare, William,43, 46
Shea, W., 90, 92

Sidney, Philip, 61
Simplício (personagem de Galileu), 127, 129, 139, 175, 183, 248, 339
Simplício, 189
Singer, C., 31, 210
Slaughter, M. M., 313
Sócrates, 245
Sófocles, 208
Soldati, B., 30
Solinas, G., 326
Southwell, Robert, 276
Spedding, J., 165
Spence, J. D., 283
Spenser, Edmund, 61
Spieghel, Adriaan van den, 309
Spink, J. S., 252
Spizelius, Theophilus, 293
Sthal Georg Ernst,
Stimson, D., 32
Stobeo, 37
Suvin, D., 224
Swift, Jonathan, 290

Telesio, Bernardino, 91, 173
Thorndike, Lynn, 29, 33, 36, 38, 169
Tillich, Paul, 14
Tillyard, E. M. W., 62, 160, 216
Tomás de Aquino, 63, 71, 189
Torricelli, Evangelista, 205
Toulmin, S., 210
Tournefort, Joseph Pitton de, 311, 322 -325, 327
Trigault, Nicolas, 272, 287
Tritêmio, Giovanni (Trithemius), 279, 285
Tuveson, L., 62
Twisse, William, 62
Tyndale, William, 70

Urbach, P., 155
Urquhart, Thomas, 291

Vailati, G., 207
Valeriano, Pierio, 269, 294
Valéry, Paul, 17
Valla, Giorgio, 239
Vallisneri, Antonio, 336, 350, 362

A CIÊNCIA E A FILOSOFIA DOS MODERNOS

Vasoli, Cesare, 139
Verne ,Jules, 225
Vico, Giambattista, 269 - 282, 297, 300
Viète, François, 276
Vigenère, Blaise de, 278
Villey, B., 62
Volkmann, L., 270
Vossius, 285

Wackhenfels, Wackher von, 232
Walker, D. P., 36, 43
Wallis, John, 277 ss.
Ward, Seth, 276
Webb, John, 273
Weber, Max, 17
Webster, John, 275
Weiditz, Hans, 313
Wells, Herbert G., 225
Westfall, R. S., 99

Westman, R. S., 90
Whichcote, Benjamin, 62
White, Richard, 164 ss.
Wilkins, John, 99, 100, 227, 285 - 298, 301 ss., 304 ss., 308 - 310 ss., 318 - 321, 329
Willoughby, Francis, 321
Woodward, Horace, 336, 354
Wren, Christopher, 290
Wycliffe, John, 71

Xenofonte, 241

Yates, F. A., 47, 159, 282

Zabarella, Giacomo, 126, 134, 139 - 144
Zambelli, P., 262
Zolla, Elémire, 17
Zoroastro, 160

SOBRE O LIVRO

Coleção: Biblioteca Básica
Formato: 14 x 21 cm
Mancha: 25 x 44 paicas
Tipologia: Goudy Old Style 12/14
Papel: Pólen 90 g/m² (miolo)
Cartão Supremo 250 g/m² (capa)
1ª edição: 1992
2ª reimpressão: 2011

EQUIPE DE REALIZAÇÃO

Produção Gráfica
Sidnei Simonelli (Gerente)

Edição de Texto
Maria Apparecida F. M. Bussolotti (Assistente Editorial)
Maria Apparecida F. M. Bussolotti (Preparação de Original)
Bernadete dos Santos Abreu
Fábio Gonçalves e
Fernanda Spinelli Rossi (Revisão)
Oitava Rima Prod. Editorial (Atualização Ortográfica)

Editoração Eletrônica
Oitava Rima Prod. Editorial

Projeto Visual
Lourdes Guacira da Silva

Impressão e acabamento